John Rawls: Das Recht der Völker

Klassiker Auslegen

___

Herausgegeben von
Otfried Höffe

Band 70

John Rawls:
Das Recht der Völker

Herausgegeben von
Henning Hahn und Reza Mosayebi

DE GRUYTER

ISBN 9978-3-11-064998-7
e-ISBN (PDF)978-3-11-065063-1
e-ISBN (EPUB) 978-3-11-065134-8
ISSN 2192-4554

Library of Congress Control Number: 2019947161

Bibliografische Information der Deutschen Nationalbibliothek
Die Deutsche Nationalbibliothek verzeichnet diese Publikation in der Deutschen
Nationalbibliografie; detaillierte bibliografische Daten sind im Internet über
http://dnb.dnb.de abrufbar.

www.degruyter.com

Inhalt

Siglen

GF   Rawls, John (2006): *Gerechtigkeit als Fairneß. Ein Neuentwurf.* Kelly, Erin (Hg.). Übersetzt v. Joachim Schulte. Frankfurt/M: Suhrkamp.

GM   Rawls, John (2004): *Geschichte der Moralphilosophie. Hume, Leibniz, Kant, Hegel.* Herman, Barbara (Hg.). Übersetzt v. Joachim Schulte. Frankfurt/M: Suhrkamp.

JF   Rawls, John (2001): *Justice as Fairness. A Restatement.* Kelly, Erin. (Ed.). Cambridge (MA): Harvard University Press.

KK   Rawls, John (1992 [1980]): „Kantischer Konstruktivismus in der Moraltheorie". In: Ders.: *Die Idee des politischen Liberalismus.* Aufsätze 1978–1989. Hinsch, Wilfried (Hg.). Frankfurt/M: Suhrkamp, 80–158.

OA   Rawls, John (1996 [1993]): „Das Völkerrecht". In: Shute, Stephen/Hurley, Susan (Hg.): *Die Idee der Menschenrechte.* Oxford Amnesty Vorlesungen 1993, Frankfurt/M: Fischer, 53–103.

PL   Rawls, John (1998): *Politischer Liberalismus.* Frankfurt/M: Suhrkamp.

RV   Rawls, John (2002): *Das Recht der Völker. Enthält „Nochmals: Die Idee der öffentlichen Vernunft".* Übersetzt v. Wilfried Hinsch. Berlin, New York: De Gruyter.

TG   Rawls, John (1975): *Eine Theorie der Gerechtigkeit.* Frankfurt/M: Suhrkamp.

TJ   Rawls, John (1999 [1971]): *A Theory of Justice.* Revised Edition. Cambridge (MA): Harvard University Press.

https://doi.org/10.1515/9783110650631-001

Danksagung

Das vorliegende Buch ist ein umfassender Kommentarband zum dritten Hauptwerk von John Rawls' *Das Recht der Völker* (*The Law of Peoples*), welcher zwanzig Jahre nach dessen Erstpublikation (1999) erscheint. Dieser Band ist nicht nur der erste vollständige Kommentarband zu diesem Werk. Er komplettiert auch die zwei Kommentarbände zu dessen beiden ersten Hauptwerken (*Eine Theorie der Gerechtigkeit* und *Politischer Liberalismus*) in der Reihe *Klassiker Auslegen*.

Die Erscheinung des Bandes ist einer Reihe von Personen und Institutionen zu verdanken. Prof. Otfried Höffe, der Herausgeber von *Klassiker Auslegen*, hat freundlicherweise der Aufnahme des Bandes in diese erfolgreiche Reihe zugestimmt. Für sein Vertrauen und Mittun möchten wir uns noch einmal herzlich bedanken. Mit der freundlichen Unterstützung der Fritz Thyssen Stiftung wurde die Veranstaltung unserer Tagung am 4. und 5. Juli 2018 ermöglicht, aus der der gesamte Band hervorging. Dafür ebenso unseren herzlichen Dank. Der richtet sich auch an die Beitragenden in diesem Band. Ohne deren lebhafte Diskussion während der Tagung sowie in einem zusätzlichen Workshop in Bochum wäre dieses Buch nicht zustande gekommen. Die Tagung und der Workshop haben Dank Prof. Corinna Mieth an der Ruhr-Universität Bochum stattgefunden. Christine Bindal, Benjamin Hofbauer, Marvin Rosenhoff, Matthias Wolf (studentische Hilfskräfte von Reza Mosayebi), Georgy Kopshteyn (studentische Hilfskraft von Henning Hahn) und Martina Tomczak (Sekretariat von Prof. Mieth) sind wir für die Organisation der Tagung, Überprüfung der Manuskripte, Literaturrecherche, sowie Herstellung der Personen- und Sachregister äußerst dankbar. Nicht zuletzt gilt unser Dank dem Verlag De Gruyter.

Henning Hahn & Reza Mosayebi
Berlin, den 07 Juli 2019

https://doi.org/10.1515/9783110650631-002

Otfried Höffe

1. Einleitung:
Rawls, Das Recht der Völker

1 Einführung

Der Philosoph, der vor allem an der Harvard University gelehrt hat, John Rawls, vertritt in seinem umfangreichen Gesamtwerk einen einzigen Gedanken: Die erste Tugend sozialer Institutionen, die politischer Gerechtigkeit, ist als Fairness zu verstehen. Ihr zufolge besitzt, hier im scharfen Gegensatz zum Utilitarismus, jeder Mensch, heißt es gleich zu Beginn der Hauptschrift *A Theory of Justice* (1971; auf Deutsch *Eine Theorie der Gerechtigkeit*, 1975), „eine aus der Gerechtigkeit entspringende Unverletzlichkeit, die auch im Namen des Wohls der ganzen Gesellschaft nicht aufgehoben werden kann". Dieser Grundgedanke beherrscht auch Rawls' Monographie zum Völkerrecht: *The Law of Peoples* (1999; auf Deutsch: *Das Recht der Völker*, 2002).

Wie von beiden zu erwarten, vom längst berühmten Autor, John Rawls, und dem hochaktuellen Thema, einem Völkerrecht, das hier nicht juristisch oder politikwissenschaftlich, sondern philosophisch betrachtet wird, hat sich binnen kurzem eine intensive weitläufige Debatte zwischen Kritikern und Verteidigern von Rawls entfaltet. (Vgl. schon Brock (2010), die zwar wie dort üblich nur anglophone Texte berücksichtigt, dabei aber auch zwei deutsche Autoren, Wilfried Hinsch und Rainer Forst, bespricht.)

1.1 Politische Gerechtigkeit ohne Völkerrecht?

In seiner fraglos überragenden Gerechtigkeitstheorie *Eine Theorie der Gerechtigkeit* befasst sich John Rawls vor allem mit der Gerechtigkeit eines Gemeinwesens. Von diesem Blickwinkel aus könnte man das Völkerrecht für so gut wie bedeutungslos halten, weshalb es keiner Überlegungen wert sei.

Für Rawls' philosophisches Vorbild, Immanuel Kant, hatte sich eine derartige Erörterung noch von selbst verstanden. Seine Gerechtigkeitstheorie, *Metaphysische Anfangsgründe der Rechtslehre* (kürzer: *Rechtslehre*) genannt, entfaltet nämlich das öffentliche Recht in allen hier denkbaren Dimensionen: als Staatsrecht, als Völkerrecht und – Kants Innovation – als Weltbürgerrecht.

Eine derartige Systematik von drei Dimensionen des öffentlichen Rechts fehlt in Rawls' *Eine Theorie der Gerechtigkeit*. Trotzdem spielt das Völkerrecht schon

https://doi.org/10.1515/9783110650631-003

dort eine Rolle, allerdings nicht mehr als eine Nebenrolle, zudem eine so kleine, dass die meisten Leser es übersehen. Bei keinem der 87 Paragraphen taucht es im Titel auf, so dass, wer das Thema sucht, sehr gründlich lesen muss.

Man darf sich erinnern: Im Rahmen von Teil II von *Eine Theorie der Gerechtigkeit*, ihrer Theorie der „Institutionen", dort im „Kapitel 6. Pflicht und Verpflichtung", erörtert Rawls sehr ausführlich die etwaige Berechtigung eines staatsbürgerlichen Ungehorsams (*civil disobedience*) und vertritt dabei vier seines Erachtens „durchaus bekannte Grundsätze" des Völkerrechts, dort noch als „law of nation" bezeichnet. Rawls beginnt mit dem Gleichheitsgrundsatz: „Unabhängige Völker [*peoples*], die in Staaten organisiert sind, haben bestimmte gleiche Grundrechte." (TG, 416) Als Folgerung, zweiter Grundsatz, leitet er das Recht auf Selbstbestimmung ab, als weitere Folgerung, dritter Grundsatz, das Recht auf Selbstverteidigung und auf die Bildung von Verteidigungsbündnissen. Und zum vierten Grundsatz erklärt er die Pflicht Verträge einzuhalten, „sofern sie mit den übrigen Grundsätzen für die zwischenstaatlichen Beziehungen verträglich sind" (ebenda).

Im Rahmen dieser prägnanten Kurzfassung des Völkerrechts geht Rawls auf die zwei klassischen Fragen einer „Kriegsethik" ein, auf das *ius ad bellum*, also das Recht im Sinne einer Befugnis zum Krieg, und auf das *ius in bello*, auf die bei einer Kriegsführung moralisch erlaubte Verhaltensweise. Wer mit Rawls Kants Schrift *Zum ewigen Frieden* (1795) heranzieht, findet in Rawls' Hinweis in zurückhaltender Weise einen Kantischen Gedanken wieder: dass die im Krieg „verwendeten Mittel nicht die Möglichkeit des Friedens zerstören" dürfen (TG, 417). Überraschenderweise spricht der Autor beim *ius in bello* sogar von einem nationalen Interesse. Er begründet es aber, für einen Gerechtigkeitstheoretiker nicht mehr überraschend, für den Bürger einer Weltmacht vielleicht doch, mit folgendem Argument: In Übereinstimmung mit Gerechtigkeitsüberlegungen strebt die entsprechende Nation nicht nach der Beherrschung der Welt oder nach nationalem Ruhm, ebenso wenig nach wirtschaftlichen Vorteilen oder Gebietsgewinnen.

1.2 Ein Blick in die Geschichte

Der heute längst geläufige Ausdruck „Völkerrecht" wird erstaunlicherweise erst im 16. Jahrhundert geprägt, damals zur Übersetzung des römischen Rechtsbegriffs *ius gentium*. Dieses besteht ursprünglich im alten Rom in einem allgemeinen, bei allen Völkern als gültig angesehenen Recht. Dabei steht thematisch das internationale, von nationalen und religiösen Elementen freie Handelsrecht im Vordergrund. Dieses ist rechtssystematisch gesehen kein inter-nationales Recht, sondern ein römisches, insofern „nationales" Recht, aber zuständig für den Rechtsverkehr zwischen römischen und fremden Bürgern.

Für die weitere Geschichte des Völkerrechts empfiehlt sich ein Blick in die politische Geschichte Europas. Seit dem Spätmittelalter setzt sich hier mehr und mehr der Gedanke von Territorialstaaten durch, deren Fürsten, die Landesherren, für sich die höchste Macht, die Souveränität, beanspruchen. Deshalb werden die Rechtsbeziehungen zwischen souveränen Staaten virulent, folglich ein Völkerrecht jetzt im Sinne eines internationalen öffentlichen Rechts aktuell.

In der frühen Neuzeit erhält der Ausdruck rasch die seit dem entscheidende Bedeutung eines *ius inter gentes*, eines zwischen den Völkern bzw. Staaten und deren Herrschern, den Fürsten, geltenden Rechts. Um dies zu betonen, wird im Englischen seit dem 19. Jahrhundert nicht mehr von „law of nation", sondern von „international public law" gesprochen. Ähnlich und etwa zur selben Zeit weicht im Französischen die vorher herrschende Bezeichnung „droit des gens" dem neuen Ausdruck „droit international public".

Obwohl also die Ausdrücke spät auftauchen, ist die Sache selbst weit älter. Ansätze oder Vorformen eines Völkerrechts gibt es, wie zu erwarten, in der Antike. Schon für das Jahr 3100 v. Chr., also für eine Zeit vor mehr als 5000 Jahren, haben Archäologen Verträge zwischen verschiedenen mesopotamischen Stadtstaaten entdeckt. Völkerrechtlichen Charakter im modernen Verständnis haben auch Verträge, die im 13. Jahrhundert v. Chr. die ägyptischen Pharaonen mit Königen der Hethiter abschlossen. Ähnliches findet sich bei den griechischen Poleis/ Stadtstaaten, obwohl sie, für heute überraschend, keine für das gesamte Griechenland gemeinsame zwischen- oder überstaatlich geltende Rechtsordnung kannten. Rom wiederum schloss im Verlauf der Entwicklung seines „universalen" Reiches, das nämlich alle damals in Rom bekannten Länder umfasste, mit den Nachbarn Verträge, die aber *de facto* weniger (Völker-)Rechtscharakter hatten, denn sie waren Mittel einer gegebenenfalls vor Gewalt nicht zurückschreckenden Politik.

Da ein echtes Völkerrecht Rechtscharakter hat, legt sich nun als zuständige Disziplin die Jurisprudenz nahe. In der Tat ist das Völkerrecht seit langem eine Domäne der Juristen. Seine moderne Form wird aber zunächst von philosophisch hochgebildeten spanischen Moraltheologen wie Bartolomé de las Casas, Francisco de Vitoria und Francisco Suárez entwickelt. Obwohl es dann mit Hugo Grotius in die Kompetenz der Juristen wandert, bleibt es wegen natur- und vernunftrechtlicher Komponenten noch lange im Einflussbereich von Philosophen, im deutschen Sprachraum beispielsweise von Christian Wolff und Immanuel Kant. In dieser Tradition eines philosophischen Völkerrechts steht Rawls' Oxforder Amnesty-Vorlesung, die zunächst für einen Sammelband, *On Human Rights*

(1993), überarbeitet, für die spätere Veröffentlichung aber noch einmal gründlich verändert wurde.

Im Vorwort von *Eine Theorie der Gerechtigkeit* berief sich Rawls auf drei Autoren, Locke, Rousseau und Kant, und gibt freilich dem dritten Autor das größte Gewicht. In seinem Völkerrecht scheint Locke gar nicht, Rousseau eher nebensächlich auf, während Kant zum alles entscheidenden Vorbild aufsteigt. Des Näheren beruft sich Rawls auf Kants bahnbrechende und bis heute systematisch aktuelle Schrift *Zum ewigen Frieden* (1795). Rawls erwähnt hier Kants Vorstellung eines *foedus pacificum* und unterstellt dabei, dass auch seine US-Leser wissen, was mit einem „Friedensvertrag" gemeint ist. Dass Kant das Völkerrecht auch in der *Rechtslehre* (1796/97) erörtert, lässt Rawls außer Acht. Das schmälert nicht seine Wertschätzung des Weltbürgers aus Königsberg. Die in diesem Band kooperativ kommentierte Völkerrechtstheorie endet sogar mit einer Berufung auf Kant.

1.3 Ein Recht von Völkern, nicht von Staaten?

Ursprünglich, nicht nur in *Eine Theorie der Gerechtigkeit*, sondern auch in der in Oxford gehaltenen Vorlesung, nennt Rawls die für sein Thema entscheidende Bezugsgruppe „Nationen", jetzt spricht er aber von „Völkern" (*peoples*). Als Grund für den Wechsel der Bezeichnung gibt der Autor zunächst an, nur Völker, aber nicht Staaten seien Akteure, denen man eine moralische Motivation, nämlich „eine innere Bindung an die Grundsätze des Rechts der Völker", zuschreiben könne (§ 1.3, 19 f.) An diesen Argumenten ist bemerkenswert, dass Rawls sich nicht gegen den von ihm zuvor verwendeten Ausdruck „Nation", sondern „Staat" absetzt, so dass der Wechsel des Leitausdrucks nicht ganz verständlich wird. Auch Nationen darf man wohl moralische Motivationen in Rawls' Verständnis zusprechen.

Überzeugender ist erst Rawls' zweites Argument, das später hinzukommt: Völker sind – erneut im Unterschied zu Staaten – nicht im herkömmlichen Sinn souverän (§ 2.2, 28), was für Rawls' Völkerrechtstheorie wichtig sein wird.

Der Autor gliedert seine knappe Schrift in vier ungleich umfangreiche Teile bzw. Kapitel. I: Der erste Teil der Idealtheorie (schöner wäre freilich: der idealen Theorie), II: Der zweite Teil der idealen Theorie, III: Nichtideale Theorie, IV: Abschluss.

Diesen Kapiteln geht eine informative „Einleitung" voran. Am Ende steht ein wieder umfangreiches „Nochmals"-Kapitel. Dieses behandelt einen Begriff, die Idee der öffentlichen Vernunft (*The Idea of Public Reason*), der in *Eine Theorie der Gerechtigkeit* fehlt, denn dort ist nur, allerdings häufiger, von Öffentlichkeit (*pu-*

blicity) die Rede. Für Rawls' Überarbeitung seiner ursprünglichen Gerechtigkeitstheorie zu einer Theorie eines politischen Liberalismus (*Politischer Liberalismus* 1998, englisches Original 1993), einer „modernen konstitutionellen Demokratie", wie er selbst sagt, ist nämlich die genannte Idee wesentlich. Da der Autor sein Völkerrecht auf der Grundlage dieser überarbeiteten Gerechtigkeitstheorie entwickelt, ist es gut vertretbar, sein damals neuestes Verständnis einer Idee der öffentlichen Vernunft hier vorzulegen.

1.4 Eine realistische Utopie

Rawls' Grundfrage lautet: Unter welchen Bedingungen kann das Zusammenleben von Völkern friedlich bleiben und als gerecht gelten? Das schließt die immer wieder aktuelle Frage ein, unter welchen Umständen Kriege gerechtfertigt sein können. Die Antwort bezeichnet Rawls als eine „realistische Utopie". Mit ihr will er nach eigener Erläuterung im Unterschied zu einer Abhandlung über das internationale Recht oder einem Lehrbuch zu diesem Thema „die Grenzen dessen, was wir gewöhnlich für praktisch-politisch halten", ausdehnen. Dieser von Rawls als „utopisch" qualifizierte Gesichtspunkt wird jedoch „realistisch" ausgearbeitet, weil er kein politisches Schlaraffenland entwirft, vielmehr „eine realisierbare soziale Welt beschreibt". Nun bedeutet „Utopia" wörtlich ein „Nirgendland", weshalb man, um entsprechende Vorbehalte erst gar nicht aufkommen zu lassen, den Ausdruck „Vision" vorziehen und dann von einer „realistischen Vision" sprechen könnte. Die Wortwahl ist aber nicht entscheidend, sondern die gemeinte Sache.

Laut Rawls zeichnet sich der utopische Charakter in einem Gemeinwesen durch drei Grundsätze vernünftiger liberaler Gerechtigkeitskonzeptionen, aus. Erstens gibt es die aus konstitutionellen Gemeinwesen, also Rechts- und Verfassungsstaaten, bekannten Grundrechte und Freiheiten. Zweitens haben diese, ergänzt um Lebenschancen, einen Vorrang gegenüber dem Gemeinwohl und gegenüber perfektionistischen Werten. Schließlich sind allen Bürgern die für den Gebrauch ihrer Freiheit notwendigen Grundgüter zu garantieren.

Für die Beziehung zwischen Völkern stellt Rawls acht zu beachtende *Grundsätze* auf und beginnt – er bleibt in seinen Originalitätsansprüchen wie immer bescheiden – mit (1) der Freiheit und Unabhängigkeit der Völker, schließt (2) die Pflicht, Verträge einzuhalten und (3) die Gleichheit und das Partizipationsrecht der Völker an. Es folgen die politisch hochbrisante (4) Pflicht der Nichteinmischung, das selten strittige (5) Recht auf Selbstverteidigung und die wieder nicht allseits anerkannte (6) Pflicht, die Menschenrechte anzuerkennen. Die Liste schließt mit der (7) Pflicht, im Falle einer Kriegsführung bestimmte

Einschränkungen zu beachten, und einer von Rawls selber als umstritten einge-
schätzten (8) Pflicht, Völkern, die unter gewissen ungünstigen Bedingungen leben
zu helfen.

1.5 Völkerrechtliche Toleranz

Weil das Recht der Völker von deren politischer Grundstruktur abhängen könnte,
führt Rawls eine Unterscheidung verschiedener Arten von Gesellschaften ein. An
deren gerechtigkeitstheoretischen Spitze stehen die liberalen Gesellschaften, für
die folgende Merkmale charakteristisch sind: (1) Institutionell kommt es auf eine
konstitutionelle Demokratie, (2) in aktueller Hinsicht, damit gegen die Reduktion
der staatlichen Gemeinsamkeiten auf einen Verfassungspatriotismus, auf „geteilte Zuneigungen" und (3) moralisch, genauer, rechtsmoralisch betrachtet auf
die feste Bindung an Rechts- und Gerechtigkeitsvorstellungen an.

An normativ zweiter Stelle stehen die zwar nichtliberalen, aber achtbaren
Völker, da „sie gewisse Bedingungen des politisch Rechten und Gerechten erfüllen und für das Zusammenleben der Völker ein gerechtes Recht achten" (§ 7.1,
71 f.). Zusammen bilden die liberalen und nichtliberalen Völker die wohlgeordneten Völker. Ihnen stehen all die Staaten gegenüber, die sich einem vernünftigen
Recht der Völker verweigern, also „Schurkenstaaten", die im englischen Original
aber nicht „rogue states", sondern „outlaw regimes", zu ächtende Regime, hei-
ßen. Auf der Grundlage dieser Unterscheidung führt Rawls zwei „Urzustände"
(*original positions*) ein, zusätzlich zu dem aus *Eine Theorie der Gerechtigkeit* bekannten Urzustand, in dem unter einem Schleier des Nichtwissens die Gerechtigkeitsprinzipien für ein einzelnes Gemeinwesen gewählt werden, einen zweiten
Urzustand, in dem über die Prinzipien der internationalen Beziehungen entschieden wird.

Vor diesem Hintergrund weitet Rawls in drei Argumentationsschritten seine
Vertragstheorie auf das Zusammenleben von Völkern aus. Im „Ersten Teil der
idealen Theorie" geht er von liberalen demokratischen Völkern aus und nimmt
plausiblerweise als deren Grundinteressen an: die politische Unabhängigkeit, den
Schutz der eigenen politischen Kultur, die territoriale Integrität, den Wohlstand
der Bürger und die angemessene Selbstachtung. Der „zweite Teil der idealen
Theorie" weitet die Vertragstheorie auf achtbare Völker aus. Er schreibt diesen
aber nicht liberale Gerechtigkeitsgrundsätze vor, sondern erkennt in einer neuen
Art einer „völkerrechtlichen" Toleranz auch nichtliberale Völker als gleichberechtigte Mitglieder einer internationalen Gemeinschaft an.

1.6 Gerechte Kriege?

Als wahrhaft politischer Denker scheut sich Rawls nicht vor politisch relevanten Erörterungen, die er als Philosoph zwar ziemlich grundsätzlich vornimmt, die aber in aktuelle, sogar tagespolitisch relevante Fragen hineinragen. Rawls wendet sich ihnen im dritten Teil, der „nichtidealen Theorie", zu, bei der es auf den gerechten Krieg, auf „belastete" Gesellschaften und auf die Verteilungsgerechtigkeit zwischen den Völkern ankommt.

Gegen einen sich selbst vergessenen Pazifismus betont Rawls ein Recht auf Krieg, dies allerdings nur zur Selbstverteidigung. Im Fall liberaler Gesellschaften zählt hierzu die Verteidigung liberaler demokratischer Institutionen und der vielen religiösen und nichtreligiösen Traditionen und Lebensformen der bürgerlichen Gesellschaft. Wer sich noch an die heftigen Debatten der 1960er und 1970er Jahre erinnert, findet hier Argumente gegen die damals prominent vertretene These, die sich gegen eine verteidigungspolitisch erlaubte, vielleicht sogar gebotene Zusatzrüstung wandte, stattdessen unter dem Motto „lieber rot als tot" eine eventuelle Unterwerfung Deutschlands durch die Sowjetunion hinzunehmen bereit war.

Dass Rawls unter seine These, das Recht auf Selbstverteidigung, eine Vorwärts-Verteidigung subsumieren, also den späteren von den USA angeführten Irak-Krieg als legitim behaupteten Präventivkrieg akzeptieren würde, darf man bezweifeln. Auf keinen Fall aber gehören laut Rawls zur Selbstverteidigung Kriege für ökonomischen Wohlstand, für die Erringung natürlicher Ressourcen, für geostrategische Macht oder sogar für ein Weltreich. Denn der betreffende Staat würde selbst zu einem „outlaw regime": zu einem Staat, der wegen der Missachtung entsprechender Rechte internationale Ächtung verdient.

Der Philosoph, der im Zweiten Weltkrieg im Pazifik als US-Soldat diente, traut sich öffentlich auszusprechen, was der rechtsmoralische *common sense* schon lange wusste: Weil sich die Brandbomben auf Tokio und die Atombomben auf Hiroshima und Nagasaki gegen die Zivilbevölkerung richteten, waren sie sehr gravierendes Unrecht („very grave wrongs"). Die Bombardierung deutscher Städte seitens Großbritannien wiederum könnte, erklärt Rawls, als Ausnahme einer äußersten Notlage *vielleicht* gerechtfertigt gewesen sein, allerdings nur so lange, wie Deutschland militärisch klar überlegen zu sein schien. Dies war für Rawls bis zum Herbst 1941 der Fall. Eventuell könnte man laut Rawls den Zeitraum sogar bis Stalingrad ausdehnen, bis zur Bombardierung von Dresden aber klarerweise nicht.

Aus zwei Gründen verlangt Rawls, im Krieg die Menschenrechte der Gegenseite, sowohl der Zivilbevölkerung als auch der Soldaten, zu achten: Einerseits, weil das Recht der Völker es gebiete, und andererseits, weil man auf diese Weise den Inhalt und die Bedeutung der Menschenrechte am besten vermittle. Nicht zuletzt erklärt er: „die wohlfeile Berufung auf Zweck-Mittel-Erwägungen […] rechtfertigt zu schnell zu viel und bietet den dominierenden Kräften in einer Regierung eine Möglichkeit, etwaige störende moralische Skrupel zum Schweigen zu bringen." (RV, 127)

1.7 Internationale Verteilungsgerechtigkeit

Die Verteilungsgerechtigkeit spielt schon in *Eine Theorie der Gerechtigkeit* eine bedeutende Rolle. In den für die entsprechende Aufgabe im internationalen Bereich zuständigen Paragraphen rekapituliert Rawls zunächst die drei Gründe, die seines Erachtens im jeweils eigenen Gemeinwesen, der „heimischen Gesellschaft", für einen Abbau von Ungleichheit sprechen: Es komme darauf an, das Leiden und die Bedrängnis der Armen zu erleichtern, deren Selbstachtung zu stärken und die Fairness von Wahlen und der politischen Mitverantwortung zu sichern.

Besondere Beachtung fand damals das all dem dienende, in der Debatte allerdings nicht unstrittige, „Differenzprinzip". Danach gilt bei einem Systemvergleich nicht etwa diejenige gesellschaftliche Ordnung als gerecht, die den Abstand zwischen Reich und Arm verringert, sondern diejenige, in der die am wenigsten Begünstigten möglichst gut dastehen. In entscheidungstheoretischen Begriffen ist die Maximin-Regel, die Maximierung der Minimalsituation, geboten. Jetzt, in seinem Völkerrecht, nennt Rawls dieses Gebot den dritten liberalen Grundsatz und variiert ihn zur Forderung, dafür zu sorgen, dass „die am wenigsten Begünstigten […] über ausreichende allgemein dienliche Mittel verfügen, um einen vernünftigen und wirksamen Gebrauch ihrer in den ersten zwei liberalen Grundsätzen erklärten Freiheiten zu machen und um ein vernünftiges lebenswertes Leben zu leben" (RV, 141). Wohl überzeugenderweise bleibt Rawls hier einerseits dem Minimum-Aspekt der Maximin-Regel treu, streicht aber andererseits den Maximierungsanteil.

Die entsprechende Forderung erhebt Rawls für die internationale Perspektive. So wie innerhalb eines Volkes „Ungleichheiten nicht grundsätzlich ungerecht sein müssen", gebe es auch für die „Grundstruktur der Gesellschaft der Völker" keinen Grund, „den Abstand zwischen dem durchschnittlichen Wohlstand der Völker" über dasjenige Maß hinaus zu verringern, das dank einer Unterstützungspflicht seitens der wohlhabenderen Völker das folgende Ergebnis zustande gebracht werde: Alle Völker verfügen über eine arbeitsfähige liberale oder achtbare Regierung.

Mit diesem Gedanken wendet sich Rawls ausdrücklich gegen andere Positionen, vor allem gegen den von den sogenannten Globalisten Charles Beitz und Thomas Pogge vertretenen, stärker egalitären Grundsatz. Auch wenn Egalitaristen vielerorts politische und philosophische Anhänger haben, hat Rawls' Gegenposition – lediglich eine Unterstützungspflicht statt eines globalen Egalitarismus – eine erhebliche Überzeugungskraft. Entscheidend ist das leitende Argument: Für die Geschicke eines Landes komme es auf seine politische Kultur an, womit die politischen und bürgerlichen Tugenden seiner Mitglieder gemeint sind. Der Umfang seiner Ressourcenausstattung hingegen ist dafür kein entscheidender Faktor. Infolgedessen „wirft die Zufälligkeit natürlicher Ressourcen keine Probleme auf" (RV, 145).

Hier könnte man noch ergänzen: dass bekanntlich relativ ressourcenarme Länder wie Deutschland sich zu besonderen Anstrengungen motiviert fühlen, ihre keineswegs vollständige, aber doch relative Armut an natürlichen Ressourcen auszugleichen und eine an Bildung und Ausbildung, nicht zuletzt an unternehmerischen Initiativen reiche Gesellschaft zu schaffen.

Zur Illustration seiner Position führt Rawls ein erneut überzeugungsstarkes Gedankenexperiment durch: Angenommen zwei wohlgeordnete Länder gleicher Bevölkerungsgröße befinden sich auf demselben Wohlstandsniveau. Nun entscheidet sich das eine Land für die Industrialisierung und eine Erhöhung seiner realen Sparquote. Laut *Eine Theorie der Gerechtigkeit*, § 44, auf die Rawls hier selber zu Recht verweist, geht es dabei etwa um „Nettoinvestitionen in Maschinen und andere Produktionsmittel bis zu Bildungsinvestitionen", jedenfalls um die Einschränkung des gegenwärtigen Konsums. Das andere Land hingegen zieht ein ländlicheres und entspannteres gesellschaftliches Leben vor. Falls dann, zwei Jahrzehnte später, das erste Land doppelt so wohlhabend wie das zweite geworden ist, besteht kein Grund, das erste Land zugunsten des zweiten zu besteuern.

Rawls bekräftigt also die Freiheit jedes (wohlgeordneten) Landes, seinen eigenen gesellschaftspolitischen Weg zu gehen. Zu dieser Freiheit gehört allerdings auch die (RV, 141 f.) Aufgabe, für die Folgen der freien Entscheidungen einzustehen. Man kann hier dieses Argument hinzusetzen: Da der Wohlstandsgewinn des ersten Landes gegenüber dem zweiten Land nicht über Nacht, sondern nach und nach zustande kommt, hat das zweite Land, wenn ihm der Wohlstandsgewinn denn doch als wichtig erscheint, die Möglichkeit, die frühere Entscheidung zu korrigieren. Für gerechte oder achtbare Institutionen jedenfalls – Rawls bekräftigt diesen schon früher vertretenen Gedanken –, ist kein großer Wohlstand vonnöten.

Übrigens hätte sich Rawls hier auch auf sein Prinzip der völkerrechtlichen Toleranz berufen können. Danach ist seine Theorie gegen unterschiedliche Gerechtigkeitskonzeptionen der Völker, sofern sie zumindest achtbar sind, indifferent. Infolgedessen müsste man, selbst wenn es gute Argumente zugunsten eines globalen Egalitarismus gäbe, eine völkerrechtlich tolerante Theorie der Völker akzeptieren, die eine bescheidenere internationale Verteilungsgerechtigkeit, nämlich Rawls' bloße Unterstützungspflicht vertritt.

1.8 Zwei Schlussüberlegungen

In den vorletzten Paragraphen seiner eigentlichen Völkerrechtstheorie – das „Nochmals Kapitel darf als „Anhang" hier außer Acht bleiben –, in § 17, hebt Rawls zwei miteinander zusammengehörige Gedanken hervor. Nach dem ersten, in gewisser Weise „negativen" Gedanken ist der Ansatz nicht ethnozentrisch oder „schlicht westlich", vielmehr „in seiner Reichweite universal". Denn er verlangt nichts anderes als die Bereitschaft, „mit allen anderen Gesellschaften eine Beziehung der fairen Gleichheit einzugehen" (§ 17.1). Nach dem anderen Gedanken, der positiven Kehrseite des ersten Gedankens, beinhaltet Rawls' Theorie völkerrechtliche Toleranz. Denn eine Verpflichtung aller Völker auf sein Vorbild einer liberalen Gesellschaft lehnt Rawls ab. Zum Hintergrund der völkerrechtlichen Toleranz gehört ein bescheidenes Verständnis der Möglichkeiten philosophischer Argumentation. Rawls bestreitet nämlich, dass die Philosophie Argumente finden könnte, „die sich gegenüber allen anderen Argumenten überzeugend durchzusetzen vermögen". Denn: „Solche Argumente gibt es [...] nicht." Man mag die von Rawls angeblich nicht existierenden Argumente „universalistisch" nennen. Bei seiner These, derartige Argumente gebe es nicht, übersieht er aber zwei Stufen von derartigen Ansprüchen:

Auf der ersten, zu Recht abgelehnten Stufe gibt es Argumente für „letzte Ziele", die ein Volk verfolgen mag, die aber von anderen Völkern nicht übernommen werden. Hier herrscht ein Recht auf Differenz. Auf der zweiten Stufe geht es um jene formalen Kriterien für die entsprechenden Argumente, die das Recht auf Differenz rechtfertigen. Hierhin gehört zum Beispiel Rawls überzeugende Erörterung der distributiven Gerechtigkeit zwischen Völkern (§ 16). Demnach haben Völker, wie gesagt das Recht, sich entweder für eine Industrialisierung zu entscheiden, und dafür ihre (reale) Sparquote zu erhöhen, um nach einer Zeit einen deutlich höheren Wohlstand zu erreichen, oder diese Entscheidung abzulehnen. Sie müssen dann allerdings einen niedrigeren Wohlstand in Kauf nehmen.

Für den Entwurf eines besseren internationalen Lebens gibt es unterschiedliche Einstellungen. Auf der einen Seite kann man beispielsweise ein reines Wunschdenken zelebrieren, dann eine pure Utopie entwerfen, der ein bloßes Nirgendwo, eine Unrealisierbarkeit vorzuwerfen ist. Auf der anderen Seite kann man, was zumal in deutschsprachigen Debatten beliebt ist, ein Verständnis von

Kritik üben, eine negative Kritik, die sich mit Ablehnungen zufrieden gibt. Gegen beide Tendenzen richtet sich Rawls allerletzter Paragraph „§ 18 Versöhnung mit unserer sozialen Welt". Aufgrund von „vier grundlegenden Tatsachen", für Rawls fast schon „Binsenweisheiten", hält der Autor eine Gesellschaft für möglich, seine diesbezügliche Theorie daher „in einem realistischen Sinn [für] utopisch". Die Tatsachen, auf die sich Rawls beruft, sind ein vernünftiger Pluralismus, eine demokratische Einheit in Vielheit, eine öffentliche Vernunft und ein liberaler demokratischer Frieden.

Erwartungsgemäß ist Rawls aber nicht einfachhin affirmativ. Seine hier einführend skizzierte Theorie eines Völkerrechts stellt zwei klare Grenzen auf. Gemäß dem Grundinteresse, die größten Übel der menschlichen Geschichte (nämlich: „ungerechte Kriege, Unterdrückung, religiöse Verfolgung, Sklaverei und andere mehr") zum Verschwinden zu bringen, ist jeder „Fundamentalismus" abzulehnen, für den „die vom politischen Liberalismus vorgestellte soziale Welt ein Alptraum sozialer Zersplitterung und falscher Lehren" ist, „wenn nicht das Böse selbst". Als ein „Liberalismus der Freiheit [...] Seite an Seite mit Kant, Hegel und J.S. Mill" – auffallenderweise fehlt der für die Anfänge der USA so wichtige, für Rawls aber vermutlich zu „liberalistische" John Locke – hält Rawls religiöse, spirituelle Fragen keineswegs für unwichtig. Sie werden nicht einmal „privatisiert", wohl aber nicht „politisiert", das heißt nicht „für ideologische Zwecke dienstbar gemacht" (RV, 161).

Bevor Rawls abschließend noch einmal auf Kant Bezug nimmt, wiederholt er die Grundintention dieser Abhandlung: Sie versucht, die Leitideen der beiden größten vorangehenden Werke, *Eine Theorie der Gerechtigkeit* und *Politischer Liberalismus*, „um Leitlinien für die Außenpolitik einer liberalen Gesellschaft der Völker" auszuweiten.

Zitierte Literatur

Brock, Gillian (2010): „Recent Work on Rawls's *Law of Peoples: Critics versus Defenders*". In: *American Philosophical Quarterly* 47, 85 – 101.

Elif Özmen

2 Das Recht(e) in *Das Recht der Völker* (Einleitung)

In der kurzen Einleitung werden in vier Abschnitten die grundlegenden Begriffe und Problemstellungen, Thesen und Argumente von *Das Recht der Völker* skizziert und wichtige rechtsphilosophische Bestimmungen vorgenommen. Dabei wird die Kenntnis von Überlegungen und Konzepten, die sich den früheren Gerechtigkeitstheorien verdanken, vorausgesetzt. Fragen der internationalen Gerechtigkeit, die Rawls als Fragen der prinzipiengeleiteten Außenpolitik wohlgeordneter Völker versteht, werden daher konsequent in der Logik und Systematik des für den Einzelstaat konzipierten egalitären, demokratischen und liberalen Gerechtigkeitsprinzips verhandelt. Insbesondere kommen die Einsichten eines dezidiert politischen Liberalismus zum Tragen, so dass die soziale Wirksamkeit des Rechts der Völker in der Bestimmung seiner inhaltlichen Richtigkeit stets mitbedacht werden muss. Die Kontinuität der Theorien der Gerechtigkeit legt den Schluss nahe, dass Fragen internationaler Gerechtigkeit keine Theorie aus eigenem Recht begründen, d. h. weder von einem Standpunkt der Unparteilichkeit oder Verallgemeinerbarkeit aus reflektiert werden, noch zu einer globalen bzw. kosmopolitischen Gerechtigkeitskonzeption führen. *Das Recht der Völker* ist daher keine eigenständige Theorie der internationalen Gerechtigkeit, sondern bietet lediglich Ergänzungen oder „Ausweitungen" derjenigen Gerechtigkeitsgrundsätze, „die sowohl von liberalen als auch von nichtliberalen, aber achtbaren Völkern als Maßstab ihres gegenseitigen Handelns akzeptiert werden können" (RV, VI).

2.1 Ein Überblick: Worum geht es?

Der erste Abschnitt enthält neben einer konzeptionellen Bestimmung des Rechts der Völker einen Überblick über den Aufbau des Werkes. Hierbei werden die zentralen und, wie die Rezeptionsgeschichte zeigt, auch höchst strittigen Begriffe von *Das Recht der Völker* eingeführt. So bedient sich Rawls einer neuartigen Sozialontologie, indem er die klassischen korporatistischen, kollektivistischen und individualistischen Subjekte der politischen Philosophie – wie Staat, Nation, Gesellschaft oder Person, Partei, Bürger*in – ersetzt durch *Völker* (*peoples*). Die Präsentation von „fünf Arten heimischer Gesellschaften" (RV, 2) steht in der Aristotelischen Tradition der Verfassungsschemata; so werden neben vernünftigen liberalen (*reasonable liberal peoples*, RV, §§ 1–6) und achtbaren Völkern

https://doi.org/10.1515/9783110650631-004

(*decent hierarchical peoples*, §§ 7–12) auch Schurkenstaaten (*outlaw states*), wohlwollende absolutistische (*benevolent absolutism*) sowie belastete Gesellschaften (*burdened states*) (§§ 13–16) aufgelistet und charakterisiert.

Die Ausweitung der Vertragstheorie auf eine „Gesellschaft von Völkern" wird im Rahmen der *Idealtheorie* erfolgen, d. h. unter der Voraussetzung optimaler Bedingungen, seien sie politischer, sozialer, kultureller, ökonomischer oder psychologischer Art, die eine vollständige Regelkonformität – dass die Völker tun, was sie sollen – sichern (RV, §§ 1–12). In Analogie zur wohlgeordneten Gesellschaft, die „nicht nur auf das Wohl ihrer Mitglieder zugeschnitten ist, sondern auch von einer gemeinsamen Gerechtigkeitsvorstellung wirksam gesteuert wird" (TG, 21), bezeichnet Rawls liberale und achtbare Völker, die durch das Recht der Völker ver- und gebunden sind, als „wohlgeordnete Völker" (RV, 2). Zwischen diesen Völkern bestehen Kooperationsbeziehungen, die durch eine gemeinsame normative Gerechtigkeitskonzeption angeleitet werden.

Die *nichtideale Theorie* widmet sich hingegen Situationen, in denen die internationalen Gerechtigkeitsnormen nicht anerkannt oder nur mangelhaft befolgt werden (RV, §§ 13–16), z. B. weil sich Regierungen bewusst außerhalb des internationalen Rechtssystems positionieren (und in diesem Sinne *outlaws* sind) oder ungünstige historische, soziale und ökonomische Umstände herrschen. Mit diesen anderen Völkern (bzw. Gesellschaften oder Staaten) kann (vorläufig) kein normativer Konsens über das Rechte erlangt werden, so dass die Beziehungen zueinander durch Konkurrenz und Konflikt oder durch Ungleichheit bestimmt werden. Daher müssen sich wohlgeordnete Völker entweder „zur Wehr setzen", sei es durch Sanktionen oder durch gerechte Kriege, oder sie müssen überprüfen, ob und in welchem Maße sie „zur Hilfeleistung verpflichtet sind" (RV, 3).

Abschnitt 2 formuliert den Anspruch, eine Theorie internationaler Gerechtigkeit im Sinne einer *realistischen Utopie* vorzulegen, die „die Grenzen dessen, was wir gewöhnlich für praktisch-politisch halten, ausdehnt" (RV, 4). Diese normativ-regulative Idee wird getragen von zwei Leitideen, die einen historischen und systematischen Zusammenhang von Gesellschaftspolitik, d. h. einem institutionellen Gefüge im Sinne der Rawls'schen Grundstruktur, herstellen mit Gerechtigkeit und Frieden. Bürger*innen und Völker, die unter solchen zivilen und gerechten Bedingungen leben, werden diese Institutionen anerkennen und dafür Sorge tragen, „dass ihre soziale Welt Bestand hat" (RV, 5).

Die Fokussierung auf die realistische Utopie im Sinne eines selbststabilisierenden Rechts der Völker hat zur Folge, dass zahlreiche Probleme internationaler Gerechtigkeit nicht oder nur kurz behandelt werden können. In Abschnitt 3 streift Rawls solche Themen, die gleichwohl als drängend und beunruhigend bewertet werden: ungerechte Kriege, Massenvernichtungswaffen und Einwanderung. Insofern demokratische Gesellschaften keinen Grund haben, gegeneinander in den Krieg zu ziehen, und ihre Aggressionen auf die moralisch legitimen Fälle der Selbstverteidigung und des Menschenrechtsschutzes beschränken (RV, § 5, §§ 13–14), kann es *per definitionem* keinen ungerechten Krieg für wohlgeordnete Völker geben. Massenvernichtungswaffen sind für sie ohnehin nur im Rahmen eines Gleichgewichts des Schreckens gegenüber bösartigen Schurkenstaaten denkbar. Und auch das Problem der Einwanderung ist aus der Perspektive der wohlgeordneten Völker auflösbar. Zum einen würden die primären Ursachen für Immigration (Menschenrechtsverletzungen, Ungleichheit und Unterdrückung von Frauen, Hunger und Not) durch das Recht der Völker bekämpft werden und letztendlich „verschwinden" (RV, 7). Zum anderen seien Regierungen primär ihrem eigenen Volk und dessen Interessen auf dem eigenen Territorium gegenüber verantwortlich, so dass es eine Pflicht zur Aufnahme von Migrant*innen nicht gebe.

Der letzte und vierte Abschnitt enthält eine Reihe von methodologischen Ausführungen. Insbesondere werden die zuvor verstreuten Anmerkungen, dass das Recht der Völker eine Ausweitung der liberalen Gerechtigkeitskonzeption auf einen achtbaren nichtliberalen Standpunkt verlange, aufgegriffen. Diese Ausweitung der Perspektive, die im Rahmen der Theoriebildung als ein zweites Urzustandsszenario modelliert werden wird (RV, 35–38), stellt Rawls als eine „Vergewisserung" (RV, 9), mithin als begründungstheoretische Notwendigkeit einer politischen Konzeption des Rechts der Völker dar.

2.2 Rechtsphilosophische Verortung: Was für ein Recht ist das Recht der Völker?

Die Rawls'schen Theorien der Gerechtigkeit enthalten bemerkenswerterweise keine Theorie der Rechte. So wird in *Eine Theorie der Gerechtigkeit* das Verhältnis von Gerechtigkeit zu Rechten, Grundrechten und Freiheiten nicht systematisch geklärt; Fragen der Rechtssetzung (der Konstitutionalisierung, Gesetzgebung und Rechtsprechung) werden zweitrangig behandelt. Und das Problem der Bewehrung von Rechten, also Sanktionen und Strafen, kommt auch in *Politischer Liberalismus*, der sich der Frage der sozialen Wirksamkeit der Gerechtigkeit ausdrücklich widmet, praktisch nicht vor. Eine rechtsphilosophische Rekonstruktion macht deutlich, dass Rawls keine juristische, soziologische oder historische Theorie der Rechte intendiert, wiewohl die Geschichte der Menschenrechtserklärungen und ihre Inkorporation in die spezifischen Rechtssysteme repräsentativer konstitutioneller Demokratien wie auch die soziale Funktion von Grundrechten im Hintergrund eine Rolle spielen. Stattdessen geht es ihm um eine rechtsethische Begründung eines Systems gleicher Grundfreiheiten, deren inhaltliche bzw. normative Richtigkeit von einem Entscheidungsverfahren, das fairen Bedingungen genügt, abhängig gemacht wird. In Bezug auf die verfassungsmäßig garantierten subjektiven Grundrechte behält sich Rawls eine möglichst kurze, klar begrenzte und essentielle Liste unbedingt zu leistender Jedermann-Rechte vor, in der etwa soziale Anspruchsrechte keinen Platz haben (vgl. Özmen 2010). Diese rechtstheoretischen Beschränkungen werden in *Das Recht der Völker* fortgesetzt.

a. Objekt, Subjekt und Reichweite des Rechts

Das Recht der Völker hat einen definierten Gegenstandsbereich, nämlich „die Grundsätze und Normen internationalen Rechts und internationaler Praktiken", und ein eigenes Rechtssubjekt, die „Gesellschaft der Völker", in welcher alle eingeschlossen sind, „die in ihren wechselseitigen Beziehungen den Idealen und Grundsätzen des Rechts der Völker folgen" (RV, 1). Damit steht es, anders als die Bezeichnung nahelegen könnte, nicht in der Tradition des Römischen Rechts, wo *ius gentium* das von allen Nationen anerkannte Völkergemeinrecht bezeichnet. Das Recht der Völker ist kein herkömmliches Völkerrecht als Recht von und für Staaten; vielmehr reguliert es die friedlichen Beziehungen zwischen sich wechselseitig anerkennenden demokratischen und achtbaren Völkern. In *Eine Theorie der Gerechtigkeit* hatte Rawls hingegen noch von einem Recht der Nationen gesprochen (TG, Abschn. 58), welches in einem zweiten Urzustand beschlossen wird. Für die hier beteiligten Parteien – die Abgesandten verschiedener Nationen – gilt nun gerade nicht, dass sie die Interessen eines homogenen Volkes vertreten. Überhaupt kennen sie „die besonderen Verhältnisse ihrer eigenen Gesellschaft, ihre Macht [...] und persönliche Stellung" wegen des Schleiers des Nichtwissens nicht und müssen in Unkenntnis ihrer Interessen die „moralische Grundlage des Völkerrechts" bestimmen (TG, 415). Demgegenüber beruht das Konzept der Völker zwar nicht auf völkischen, nationalistischen oder ethnischen Eigenschaften, sondern auf einem moralischen Charakter, d. h. der Bereitschaft, unter Bedingungen der Reziprozität mit anderen in fairer Weise zu kooperieren. Aber zugleich sind die Mitglieder eines Volkes durch kulturelle und soziale Bande miteinander verbunden bzw. einander zugeneigt durch Sprache, Kultur und eine gemeinsame Geschichte (vgl. RV, § 2). Diese unterstellte Homogenität dient offenbar dazu, eine funktionale Äquivalenz zwischen den Sozialontologien der früheren Theorien und denen von *Das Recht der Völker* sowie der Urzustandsmodelle zu behaupten (RV, § 3; kritisch hierzu Buchanan 2000; Beitz 2000; 678 ff. und von Villiez in diesem Band).

Die *Reichweite* des Rechts der Völker im Sinne seiner positivrechtlichen Wirksamkeit und Gültigkeit mag auf die Gesellschaft der Völker beschränkt sein, aber seine normativrechtliche Geltung, insbesondere der harte menschenrechtliche Kern, greift weiter aus. Anders könnte gar nicht verständlich gemacht werden, dass gerechte Kriege im Verhältnis zu Schurkenstaaten oder Hilfspflichten gegenüber belasteten Gesellschaften legitimiert *und* legalisiert werden können. In beiden Fällen der nichtidealen Theorie fungiert das Recht der Völker als Richtschnur der Außenpolitik im Umgang mit den Anderen, die stets als *mögliche Gleiche* behandelt werden sollen. Das gilt auch und gerade für die *Ultima Ratio* der Außenpolitik, den gerechten Krieg: „Auch wenn es schwierig sein mag, muss der gegenwärtige Feind als zukünftiger Partner eines gemeinsamen und gerechten Friedens betrachtet werden" (RV, 126).

b. Die Rechtszwecke

Mit dem Recht der Völker verfolgt Rawls, soweit ich sehe, vier Rechtszwecke. Zum einen werden *(i) Rechtsansprüche und Rechtspflichten begründet*, insgesamt acht Grundsätze (RV, § 4.1):
- die Freiheit, Gleichheit und Souveränität der Völker,
- die Pflicht zur Nichteinmischung und Vertragstreue,
- das Recht auf Selbstverteidigung,
- die Grundsätze des *ius ad bellum* und des *ius in bello*,
- unter bestimmten Umständen: Hilfspflichten, denen aber keine Rechte auf Hilfe korrespondieren, sowie
- die Menschenrechte.

Das Prinzip der Achtung der Menschenrechte findet sich, durchaus etwas verloren und ohne Spezifizierung, in dieser Liste erst unter Punkt 6 (RV, 41), wobei an späterer Stelle deutlich wird, dass „die Menschenrechte" weniger als die *Allgemeine Erklärung der Menschenrechte* der Vereinten Nationen von 1948 und die beiden *Internationalen Pakte* von 1966 umfassen, nämlich nur das Recht auf Leben, Freiheit, Eigentum und auf formale Gleichheit (RV, § 8, 80). Diese mit Bezug auf die liberale Menschenrechtstheorie wie auch den faktisch erreichten internationalen Menschenrechtsstandard bemerkenswert kurze Liste wird zudem sehr knapp begründet. Nur diese „besonders dringlichen Rechte" (RV, 96) seien verallgemeinerbar („politisch nicht provinziell", RV, 80) und geeignet, dem Pluralismus der Völker vernünftige Grenzen zu setzen (RV, 97).

Durch die Grundsätze des Rechts der Völker werden *(ii) Rechtsverhältnisse konstituiert und mit Sanktionen bewehrt*. Mit der Gesellschaft der Völker entsteht eine Korporation, die Rawls als ein rationales Kooperationsgefüge rekonstruiert, als Ergebnis einer auf wechselseitige Zustimmung und erwarteten Vorteil gegründeten freiwilligen Übereinkunft „von gleichberechtigten Völkern [...], die sich im Urzustand in symmetrischen Positionen befinden" (RV, 9). Es geht also nicht um die Errichtung einer Weltregierung oder einer Weltgerichtsbarkeit, sondern um ein Netzwerk internationaler Organisationen, die sich mit Fragen der Sicherheit, der Finanzen und dem Handel beschäftigen (wie UNO, WTO, Weltbank). Hier schließen sich Gerechtigkeit und Nützlichkeit nicht nur nicht aus, sondern gehen Hand in Hand: „Ich behaupte, dass dieses Szenario realistisch [...] [und] utopisch ist und hochgradig erstrebenswert, weil es Vernünftigkeit und Gerechtigkeit mit Bedingungen verbindet, die es Bürgern ermöglichen, ihre grundlegenden Interessen zu verwirklichen" (RV, 6). Analog wird von den grundlegenden Interessen der Völker wie auch ihrer Vernünftigkeit gesprochen.

Rawls greift an dieser Stelle auf eine Begrifflichkeit aus *Politischer Liberalismus* zurück, wo das Vernünftige und das Rationale als tugendhafte Vermögen der Bürger wohlgeordneter Gesellschaften gelten. Personen (ergo: Völker) sind demzufolge vernünftig (*reasonable*), wenn sie solche Grundsätze als faire Kooperationsbedingungen vorschlagen, von denen sie glauben, dass sie sie für jeden anderen vernünftigerweise akzeptabel sind, sich gegenüber allen rechtfertigen lassen und von ihnen selbst wie auch den anderen freiwillig unter der Bedingung der Reziprozität befolgt werden können (vgl. PL, 2. Vorl.; RV, § 2). Personen (ergo: Völker) sind rational (*rational*), insofern sie über „ihre ureigensten Zwecke und Interessen" (PL, 123) deliberieren, urteilen, Rangfolgen erstellen und geeignete Mittel zur Realisierung dieser Zwecke ergreifen. Das Rationale ist instrumentell und auf den eigenen Nutzen bezogen, wohingegen das Vernünftige nicht nur den Vorteil, sondern auch die Stabilität der Kooperation in den Blick nimmt, und zwar eine Stabilität aus den „richtigen", d.h. nicht bloß rational zu erschließenden Gründen, wie Rawls in beiden Werken immer wieder betont. Eben weil das Recht der Völker sich für die Völker lohnt, erscheint es ihnen nicht nur gerecht und geboten, sondern auch erstrebenswert.

Für das Recht der Völker bedeutet die Kongruenz des Rationalen und Vernünftigen, dass sich internationale Rechtsverhältnisse als faire Kooperationsverhältnisse insofern lohnen, als *(iii) demokratischer Frieden und zivile Wirtschaftsformen gestiftet werden*. Demokratische Gesellschaften führen keine Kriege gegeneinander, und zwar nicht, weil die „Bürgerschaften solcher Gesellschaften besonders gerecht oder gut wären, sondern [weil] sie schlicht keinen Grund haben" (RV, 6). Es verlockt wohlgeordnete Völker einfach nicht, in gefährliche, kostenintensive, destruktive, mithin irrationale Unternehmungen zu ziehen. Zudem befördert demokratischer Frieden Handels- und Wirtschaftsbeziehungen, die ihrerseits nützlich sind. Sie vergrößern den Wohlstand der Nationen und sie stärken den demokratischen Frieden, eine Erwartung, die schon Kant in *Zum Ewigen Frieden* hegte (vgl. den Beitrag von Förster in diesem Band).

Schließlich ist der langfristige Rechtszweck, den das Recht der Völker verfolgt, *(iv) der Wechsel von Regimen:* „Der Zweck des Rechts der Völker wäre vollständig erfüllt, wenn alle Gesellschaften in die Lage versetzt wären, entweder liberale oder achtbare Regime zu etablieren" (RV, 3). Die Leitidee und auch die Bewährungsinstanz für diese Entwicklung sind die Menschenrechte, denn nur „sie beschränken die interne Autonomie eines Regimes" (RV, 97) und erlegen den Handlungen und Zielen von Staaten, Gesellschaften und Völkern verbindliche Grenzen auf. Der Universalismus des menschenrechtlichen Kerns des Rechts der Völker wird also noch einmal herausgestellt; „[i]hre politische (moralische) Kraft erstreckt sich mit anderen Worten auf alle Gesellschaften, und sie sind für alle Völker und Gesellschaften, einschließlich der Schurkenstaaten, verbindlich" (RV, 98).

2.3 Methodologie und Geltungsanspruch: Warum ist das Recht der Völker politisch, nicht metaphysisch?

Bereits im Eingangssatz wird das Recht der Völker als eine „politische Konzeption des Rechten" (RV, 1) bestimmt. Die Notwendigkeit einer Wendung ins Politische wie auch der Vorrang des Rechten vor dem Guten wurden bereits in *Politischer Liberalismus* mit Verweis auf das Faktum des Pluralismus begründet. Für die Grundsätze internationaler Gerechtigkeit gilt in noch stärkerem Maße, dass sie sich im Lichte des Pluralismus und der damit einhergehenden Probleme der Kohäsion und Stabilität zu bewähren haben. Dass die „Idee der politischen Gerechtigkeit [...] dieselbe wie im politischen Liberalismus" ist (RV, 4 f.), ihr „ähnelt" (RV, 1) bzw. „innerhalb des politischen Liberalismus" (RV, 8) entwickelt wird und wie dieser einen „eng begrenzten Fokus" (RV, 4) aufweist (wenngleich sie auch „allgemeiner" ist, RV, 1, „mehr abdecken" soll und eine „Ausweitung" darstellt, RV, 2), spricht ebenfalls für eine methodologische, argumentative und inhaltliche Kontinuität zwischen den Werken von Rawls.[1]

---

1 Es gibt allerdings gewichtige Einwände gegen die auch von Rawls selbst vertretene Kontinuitätsthese, vgl. Pogge 2006.

a. Das Rechte, das Gute und das Problem des Pluralismus

Grundsätzlich stellen die Begriffe des Rechten und des Guten einen konzeptionellen Rahmen für den Rawls'schen Liberalismus bereit, insofern mit diesen Konzepten Typen normativer Theorie, Gegenstandsbereiche der praktischen Philosophie sowie epistemische und begründungstheoretische Merkmale von Politikethiken klassifiziert werden können (vgl. Özmen 2015). Der Rawls'sche Liberalismus ist demzufolge eine deontologische liberale Theorie, die ihren Gegenstandsbereich, das Problem der gerechten Verteilung der Grundgüter, durch einen Vorrang des Rechten vor dem Guten (*priority of the right over the good*) spezifiziert. Gerechtigkeitsgrundsätze formulieren einschränkende Bedingungen dafür, welche persönlichen Zwecke und Vorstellungen vom eigenen Wohl und welche kollektiven und individuellen Ziele als legitim gelten und verfolgt werden können (TG, 434 f.). In *Politischer Liberalismus* wird der Vorrang des Rechten (neben dem übergreifenden Konsens und dem öffentlichen Vernunftgebrauch) zur Lösung des Stabilitätsproblems herangezogen. Der Leitsatz „Gerechtigkeit zieht die Grenze, das Gute setzt das Ziel" (*justice draws the limit, and the good shows the point*, PL, 267) bedeutet, dass die liberale Demokratie den Wert des Pluralismus anerkennt, aber ihn zugleich beschränkt. So lassen die Institutionen der wohlgeordneten Gesellschaft ausreichend Raum für Lebensweisen, die von den Bürger*innen als wertvoll erachtet werden. Zugleich hat der gesellschaftliche Pluralismus und die Toleranz, die er abnötigt, vernünftige Grenzen, die sich im Vorrang der Freiheit und des Rechts sowie der Fähigkeit und Bereitschaft der Bürger*innen ausdrücken, „in Fragen der Gerechtigkeit ihre Ansprüche auf diejenigen Dinge zu beschränken, welche die Gerechtigkeitsgrundsätze zulassen" (PL, 103).

Diese selektierende institutionelle und bürgerschaftliche Praxis kann aber nur dann als legitim und konsensfähig gelten, wenn sie nicht bloßer Ausdruck einer umfassenden Konzeption des Guten ist. Es stellt sich daher die Frage: „Wie können einander zutiefst entgegengesetzte, aber vernünftige umfassende Lehren zusammen bestehen und alle dieselbe politische Konzeption einer konstitutionellen Ordnung bejahen?" (PL, 14). Die Dringlichkeit und Schwierigkeit dieser Frage erschließt sich erst im Hinblick auf das Faktum und das Problem des Pluralismus. Denn dieser ist es, der das „drängende Problem der Stabilität aus den richtigen Gründen" überhaupt erst aufwirft, und es ist ebenfalls der Pluralismus, der es verbietet, dass wir der bestehenden „Vielfalt gegensätzlicher und einander ausschließender religiöser, philosophischer und moralischer Lehren" (PL, 67) anders als mit Toleranz begegnen.

In *Das Recht der Völker* ist das Gegenstück zum Faktum des innergesellschaftlichen Pluralismus „die Vielfalt vernünftiger Völker mit verschiedenen ihnen eigenen religiösen und nichtreligiösen Kulturen und geistigen Traditionen" (RV, 13). Und erneut stellt sich die Frage, wie im Lichte dieser Vielfalt und trotz der Gegensätze der Völker in Hinsicht auf Fragen des Guten dieselbe politische Konzeption des Rechten bejaht werden kann. Daher ist für eine „liberale Außenpolitik eine wesentliche Frage [...], inwieweit nichtliberale Völker toleriert werden müssen" (RV, 9), d. h. an welcher Stelle die Grenzen des Rechten zu setzen sind und welcher Pluralismus des Guten innerhalb dieser Grenzen vernünftig erscheint.

b. Vergewisserung durch Toleranz

Mit der Formulierung, dass das Recht der Völker „innerhalb" des politischen Liberalismus und seiner methodologischen Grundlagen entwickelt werden muss, legt sich Rawls auf ein Begründungsverfahren fest, das „das Prinzip der Toleranz auf die Philosophie selbst an[wendet]" (PL, 74). Somit ist eine Theorie der internationalen Gerechtigkeit politisch, nicht metaphysisch, wenn sie im Bewusstsein des Faktums des Pluralismus alle strittigen, inkommensurablen und konfliktträchtigen Lehren meidet. Diese Zurückhaltung bezüglich der Überzeugungen, die nur vor dem Hintergrund der je eigenen umfassenden Lehre (nämlich der liberalen Gerechtigkeit) begründet erscheinen, ist die Voraussetzung für eine Übereinkunft auf der Ebene der Gerechtigkeit des Rechts der Völker, die trotz aller Uneinigkeit auf der Ebene des Guten gelingen soll. Denn eine politische, nicht metaphysische Konzeption der Gerechtigkeit kann, eben weil sie mit Blick auf ihre begründungstheoretischen Grundlagen freistehend ist, mit einer Vielzahl umfassender Lehren in Übereinstimmung gebracht werden, ohne selbst eine solche Lehre vorauszusetzen. Daher besteht in der Gesellschaft der Völker, die durch eine gemeinsame vorgeordnete Konzeption des Rechten verbunden sind, ein vernünftiger Pluralismus in Fragen des Guten fort. Während liberale Völker auf das individuelle Wohlergehen, gleiche demokratische Partizipation und ein reiches Bündel an subjektiven Rechten gegründet sind, zeigen sich anständige nichtliberale Völker stärker gemeinwohlorientiert und geben sich daher eine hierarchische und kollektivistische politische Ordnung.

Diesen Unterschieden zum Trotz, die man als Liberale bedauern mag, aber vom seinerseits liberalen Standpunkt der Toleranz aus hinnehmen muss, kann das Rechte im Sinne des Rechts der Völker von liberalen und achtbaren Völkern bejaht werden und zunehmende Loyalität erfahren. Das löst nicht nur das zwischenstaatliche Stabilitätsproblem, sondern dient zudem als eine Art begründungstheoretische Vergewisserung des Rechts der Völker. Wir, die liberalen Völker, sollen „die Sache auch vom Standpunkt achtbarer Völker aus betrachten"

(RV, 8), und zwar nicht, um diese von der Richtigkeit unseres Standpunktes argumentativ zu überzeugen oder „um ihnen Gerechtigkeitsgrundsätze vorzuschreiben, sondern um uns selbst zu vergewissern, dass die Ideale und Grundsätze der Außenpolitik eines liberalen Volkes auch von einem achtbaren nicht liberalen Standpunkt aus gesehen vernünftig" erscheinen (RV, 8). Eine solche Vergewisserung der Vernünftigkeit, der Konsens-, nicht aber Wahrheitsfähigkeit des eigenen Standpunktes durch einen Perspektivenwechsel, sei „ein wesentliches Merkmal liberaler Konzeptionen" (RV, 9) – jedenfalls, wenn sie politisch, nicht metaphysisch sind.

Diese begründungstheoretische Wende ins Politische ist Gegenstand zahlreicher kritischer andauernder Debatten, die hier nicht nachvollzogen werden können (vgl. den Beitrag von Jugov in diesem Band). Wichtig ist aber festzuhalten, dass sich Rawls schon in der Einleitung wie auch im Verlauf der Argumentation in *Das Recht der Völker* auf einen solchen politischen, nicht metaphysischen Begründungsmodus festlegt, und zwar aus Gründen, die sich in Analogie zum heimischen Fall der Einzelstaatsgerechtigkeit erschließen lassen. Diese sind:

- das *Faktum des Pluralismus der Völker und ihrer Konzeptionen des Guten*, wobei dieser Pluralismus nicht nur als ein Problem (der Stabilität), sondern zuvorderst als ein Wert (für die „angemessene Selbstachtung", RV, 38) begriffen wird; daher kann und darf kein Volk und keine Gesellschaft sich monistisch-hegemonial als einzig vernünftig oder gerecht begreifen und diese Sichtweise (einer umfassenden Lehre) anderen aufdrängen.
- die *Tolerierbarkeit eines vernünftigen Pluralismus*, so dass das Recht der Völker zwar eine Grenze zieht – auch in Kazanistan müssen die Menschenrechte der Bürger*innen geachtet und eine zivile, durch Verträge abgesicherte Außenpolitik gepflegt werden –, aber das Gute setzt immer noch das Ziel im Sinne des Rousseauschen *amour-propre* (RV, 38). Rawls verweist diesbezüglich auf identitätsstiftende gemeinschaftliche Erinnerungen, kulturelle Leistungen, den Sinn für Ehrbarkeit bis hin zu einem angemessenem Patriotismus der Völker (RV, 50).
- der *Vorrang des Rechten vor dem Guten*, wobei sich dieser normative Kern der Gerechtigkeit in *Das Recht der Völker* nicht aus einer universalistischen Konzeption eines rationalen Minimalkonsenses speist (wie in TG), sondern auf einen überlappenden Konsens der Überzeugungen verwiesen ist, der sich zwischen anständigen und liberalen Völkern wahrscheinlich ergeben wird (wie in PL; vgl. RV, 35).

2.4 Erste kritische Rückfragen

Das Recht der Völker als realistische Utopie soll den Anwendungsbereich und Erwartungshorizont der politischen Philosophie erweitern, ohne dass behauptet wird, „dass andere Arten zu dem Recht der Völker zu gelangen, falsch sind" (RV, 9). Nicht andere Wege, sondern andere Ziele und Inhalte eines Völkerrechts werden von Rawls, ganz in der Linie der kohärentistisch-konstruktivistischen Bescheidenheit, die er sich seit den 1980er Jahren auferlegt hat, zurückgewiesen. Die Theorie-Alternativen, mit denen sich Rawls im Laufe des Textes kritisch auseinandersetzt, sind zum einen der *Realismus*, demzufolge es zwischen eigeninteressierten Staaten gar kein Regelwerk geben kann, das sich nicht in Begriffen der Macht, Hegemonie und der instrumentellen Rationalität erschöpfen würde (historische Gewährsmänner wären Thukydides, Machiavelli und Hobbes). Desweiteren wendet sich das Recht der Völker gegen die klassische *Naturrechtstradition* von Grotius, von Pufendorf oder Locke, d. i. die Vorstellung, dass Rechte mit Bezug auf nicht-konventionelle Quellen wie Gott, Vernunft, Natur eingesehen werden können. Auch ein *Kosmopolitismus*, wie er im Anschluss an den kontraktualistischen und kantianischen Gehalt von *Eine Theorie der Gerechtigkeit*, etwa von Charles Beitz und Thomas Pogge, entwickelt worden ist, wird verworfen. Zugleich folgt Rawls explizit „Kants Spur" mit dem Verweis auf den Friedensbund (*foedus pacificum*, RV, 9; zu den ideengeschichtlichen Hintergründen der Theorie-Alternativen vgl. Boucher 2006). Dieser geht laut Kant „auf keinen Erwerb irgend einer Macht des Staats, sondern lediglich auf Erhaltung und Sicherung der Freiheit eines Staats für sich selbst und zugleich anderer verbündeter Staaten", um „so den Freiheitszustand der Staaten gemäß der Idee des Völkerrechts zu sichern und sich durch mehrere Verbindungen dieser Art nach und nach immer weiter auszubreiten" (*Zum ewigen Frieden* AA 08: 356).

Die Berechtigung der Kantianischen Selbstverortung von *Das Recht der Völker* wirft eine Reihe von Fragen und möglichen Einwänden auf. Erstens überzeugt die historische Referenz an Kant insofern nicht, als für diesen die Erlaubnis zu einer gerechten Kriegsführung gerade nicht mit dem Völkerrecht, welches dem ewigen Frieden dient, vereinbar wäre: „Bei dem Begriffe des Völkerrechts, als eines Rechts zum Kriege, lässt sich eigentlich gar nichts denken (weil es ein Recht sein soll, nicht nach allgemein gültigen äußern, die Freiheit eines jedes einzelnen einschränkenden Gesetzen, sondern nach einseitigen Maximen durch Gewalt, was Recht sei, zu bestimmen)" (*Zum ewigen Frieden* AA 08: 356 f.). Die Utopie Kants intendiert einen globalen Föderalismus von Republiken, wohingegen Rawls' realistische Utopie erst mal nur mit einem Verbund liberaler und achtbarer nichtliberaler Völker rechnet.

Zweitens gibt Rawls in der Einleitung zwar der Hoffnung Ausdruck, dass sich das Recht der Völker zunehmend verbreitet. Denn gemäß zweier Leitideen seien die „großen Übel in der menschlichen Geschichte – ungerechte Kriege und Unterdrückung, religiöse Verfolgung und die Verweigerung der Gewissensfreiheit, Hungersnot und Armut, von Völker- und Massenmord ganz zu schweigen – eine Folge der politischen Ungerechtigkeit" (RV, 4), mithin kein Schicksal. Daher würden sie durch gerechte Politik und internationales Recht allmählich zum Verschwinden gebracht werden – ein urliberales Versprechen der Befreiung des Menschen von seinen natürlichen und konventionellen Fesseln durch eigene Kraft, primär mit den Mitteln der Herrschaft des gleichen Rechts. Aber Rawls verbindet diese Leitideen gerade nicht mit Kant, sondern einer historischen Referenz an Jean-Jacques Rousseau. Durch den zweimaligen Verweis auf den Beginn des *Gesellschaftsvertrags* (RV, 5; 15) wird der kontraktualistische Zusammenhang von dem, „was das Recht zuläßt" und dem, „was der Vorteil vorschreibt" – der Stabilität generierende Zusammenhang von Gerechtigkeit und Nutzen – erläutert. Menschliche Übel als Folge von politischer Ungerechtigkeit werden demzufolge durch die Institutionen des Rechts der Völker ausgeräumt werden *und* diese werden sich selbst stabilisieren durch eine affirmative Haltung der Völker. Die erhoffte Bejahung des Rechts der Völker durch die Völker erinnert an die Metamorphose von *homme* zu *citoyen*, die laut Rousseau den bürgerlichen Stand und die bürgerliche Freiheit erst ermöglicht (Rousseau 1762, I.8; diese Anleihen finden sich schon in PL, vgl. Özmen 2015, 128). Auch passt die Figur des idealen Staatsmannes als Führer eines Volkes, der sich in schwierigen, potentiell kriegerischen Situationen bewährt (RV, § 14), weit besser zu Rousseaus Imagination eines weisen Gesetzgebers (Rousseau 1762, II.7) als zu Kant, der, wie übrigens das Gros der liberalen Tradition, auf die Wirkungsmacht von Recht und Gesetz und nicht auf die Kompetenzen einzelner Führungspersonen vertraut.

Drittens wird die Möglichkeit eines geordneten friedlichen Zusammenlebens in der Gesellschaft der Völker davon abhängig gemacht, dass das Recht der Völker mit der Natur der sozialen Welt vereinbart werden kann. Diese Vereinbarkeit mit dem Faktum des Pluralismus soll durch Toleranz – als Methode der Vergewisserung und als Haltung – erwiesen werden, ganz in Analogie zu dem Toleranzkonzept von *Politischer Liberalismus* (Özmen 2015, 123 f.). Für den heimischen Fall verordnet Rawls eine Neutralität des Staates gegenüber den pluralen Konzeptionen des Guten der Bürger*innen. Aber was kann Toleranz (oder Neutralität) in internationaler Perspektive bedeuten; wer soll hier wen tolerieren? Dem Recht der Völker geht es darum, „inwieweit nichtliberale Völker toleriert werden müssen" (RV, 9). Diese Einseitigkeit der Toleranz ist bemerkenswert; schließlich müssen auch achtbare Völker die (liberalen) Vorstellungen vom Guten der liberalen Völker erdulden, wiewohl sie diese offenbar für falsch erachten. Im heimischen Fall wird die Vernünftigkeit des Pluralismus durch den Vorrang des Rechten, d. h. die Konstitutionalisierung und staatliche Garantie der individuellen Grundrechte und Freiheiten, gesichert. Was aber kann vernünftiger Pluralismus in internationaler Perspektive bedeuten, wenn das Faktum des unvernünftigen Pluralismus der Normalfall internationaler Beziehungen ist, wie Rawls mit seiner Unterscheidung der wohlgeordneten Völker und dem nichtachtbaren, belasteten, absolutistischen und schurkischen Rest selbst zuzugeben scheint. Jedenfalls für Kant ist das Problem der Errichtung des Staats- wie auch des Völkerrechts eines, das „selbst für ein Volk von Teufeln (wenn sie nur Verstand haben) auflösbar" ist (*Zum ewigen Frieden* AA 08: 366), indem das Völkerrecht schlussendlich zu einem Weltbürgerrecht transformiert.

Viertens: Auch in Hinsicht auf die wenigen, aber weitreichenden Bemerkungen zu Fragen der Einwanderung scheint Rawls mit dem Kantischen Gedanken der Hospitalität zu brechen, verstanden als das „Recht eines Fremdlings, seiner Ankunft auf dem Boden eines andern wegen, von diesem nicht feindselig behandelt zu werden" (*Zum ewigen Frieden* AA 08: 358). Zwar meint auch Kant, dass es kein Recht auf Einwanderung gibt, denn „dieser kann ihn abweisen", aber eben nur, „wenn es ohne seinen Untergang geschehen kann" (ebd., AA 08: 358). Rawls dagegen kennt keine Unterscheidung zwischen *migrants* und *refugees*. Auch ist ihm die historische Willkür oder auch Ungerechtigkeit territorialer Grenzen offenbar bewusst, aber das motiviert kein Prinzip kompensatorischer Gerechtigkeit. Im Gegenteil, Völker müssen sich schlicht damit abfinden, „dass sie ein Versagen bei der Regulierung ihrer eigenen Größe oder bei der Sorge für ihr Land nicht [...] durch Migration in das Gebiet eines anderen Volkes wettmachen können" (RV, 7). Dass keineswegs Völker, sondern einzelne Menschen migrieren und dass die Gründe hierfür nicht in einem letztlich selbstverschuldeten Mangel an politischer Kultur und Tugendhaftigkeit, fehlendem Willen und Begabung zu Kooperation und geringer Innovationskraft liegen (RV, 131), sondern in konkreten intrastaatlichen Konflikten und Rechtsverletzungen, für diese Fakten der politischen Verfolgung in Schurkenstaaten und der unverschuldeten Anlässe der erzwungenen Migration zeigt sich Rawls völlig blind (vgl. Benhabib 2004). Gleiches gilt für historisches Unrecht, wie den transatlantischen Sklavenhandel und die Kolonisierungsgeschichte, die sich faktisch in der institutionellen, ökonomischen und politikethischen Rückständigkeit gegenwärtiger (in diesem Sinne tatsächlich belasteter) Gesellschaften manifestieren (vgl. Caney 2002, Abschn. V).

Ein fünfter, liberaler Zweifel betrifft die knappe Liste der Menschenrechte. Letztlich reduziert Rawls den faktischen Bestand des internationalen Menschenrechtsregimes in dramatischer Weise, so dass aus der *Allgemeinen Erklärung* lediglich die Artikel 3 bis 18 aufgenommen werden und z. B. Meinungs- und Versammlungsfreiheit (Art. 19, 20) wie auch demokratische Partizipationsrechte

(Art. 21) außen vor bleiben (das sind eben die Rechte, die es bei achtbaren Völkern wie in Kazanistan nicht geben wird). Grundsätzlich ist zu fragen, ob die „besonders dringlichen Menschenrechte" durch Rawls' Liste überhaupt erfasst werden (vgl. Beitz 2000, 683 ff., und den Beitrag von Mosayebi in diesem Band). Im Besonderen stellt sich die Frage, ob Rawls dem normativen Sinn der Menschenrechte gerecht wird, die als individuelles Bollwerk fungieren gegen staatliche, kulturelle und gemeinschaftliche Zumutungen, gerade auch die Gebote der Gemeinwohlorientierung, wie sie in Kazanistan herrschen. Man könnte, ganz in der Tradition des Liberalismus, argumentieren, dass Bevölkerungen von Gesellschaften, gleich welchen Typs, gerade nicht aus Völkern, sondern aus Gruppen von Individuen bestehen, die durchaus verschiedene und gegebenenfalls konfligierende Ansichten über das Gute und Gerechte vertreten. Weil Bevölkerungen nicht homogen sind und daher keine Korrelation von Staat und *peoples* oder von Gesellschaft und Volk herzustellen ist (Buchanan 2000, 721), ist die allgemeine, gleiche und kategorische Verbindlichkeit der Menschenrechte als Individualrechte nachvollziehbar. Systematisch betrachtet gehören Vorstellungen vom Gemeinwohl zu Konzeptionen des Guten, wohingegen der normative Individualismus schon seit den Anfängen des Liberalismus bei Locke und Kant zu einem konstitutiven Bestandteil des Liberalismus als einer Theorie des Rechten gezählt wird. Können Menschenrechte als subjektive Rechte überhaupt ohne eine individualistische Sozialontologie formuliert und in kategorische Geltung gesetzt werden? Rawls' Antwort scheint zu lauten, dass das Recht der Völker eben nicht nur für liberale (ergo: individualistische), sondern auch für nichtliberale Völker, so sie denn achtbar sind, zustimmungsfähig sein muss, und das sei nur mit einer Absage an eine umfassende liberale Menschenrechtskonzeption zu erreichen. Daher geht es in *Das Recht der Völker* offenbar auch nicht um Gerechtigkeit als solche (vgl. Niederberger 2013), sondern darum, dass die Völker und Politiken, die völkerrechtlichen Grundsätze und außenpolitischen Handlungen akzeptabel, annehmbar, angemessen, gebührend, vernünftig, fair[2] – eben nicht gerecht an sich, sondern gerecht genug – sind.

Literatur

Benhabib, Seyla (2004): „The Law of Peoples, Distributive Justice, and Migrations". In: *Fordham Law Review* 72, 1761–1786.
Beitz, Charles (2000): „Rawls's Law of Peoples". In: *Ethics* 110, 669–696.

---

2 Diese Formulierungen finden sich durch den gesamten Text verstreut immer wieder.

Boucher, David (2006): „Uniting What Right Permits with What Interest Prescribes: Rawls's Law of Peoples in Context". In: Martin, Rex/Reidy, David (Eds.): *Rawls's Law of Peoples. A Realistic Utopia?*. Malden: Wiley-Blackwell, 19 – 37.

Buchanan, Allen (2000): „Rawls's Law of Peoples: Rules for a Vanished Westphalian World". In: *Ethics* 110, 697 – 721.

Caney, Simon (2002): „Cosmopolitanism and the Law of Peoples". In: *Journal of Political Philosophy* 10, 95 – 123.

Kant, Immanuel (1795): „Zum ewigen Frieden. Ein Philosophischer Entwurf". In: Gesammelte Schriften, hg. von der Königlichen Preußischen Akademie der Wissenschaften, AA Bd. 08, Berlin 1902 ff., 341 – 381.

Niederberger, Andreas (2013): „Liberales Tolerieren statt globaler Gerechtigkeit. John Rawls– Konzeption eines Rechts der Völker". In: Becker, Michael (Hg.): *Politischer Liberalismus und wohlgeordnete Gesellschaften: John Rawls und der Verfassungsstaat*. Baden-Baden: Nomos, 131 – 164.

Özmen, Elif (2010): „Freiheit als Interesse höchster Stufe. John Rawls über politische und soziale Rechte im Konflikt". In: *Archiv für Rechts- und Sozialphilosophie*, Beiheft 125, 51 – 68.

Özmen, Elif (2015): „Der Vorrang des Rechten und die Ideen des Guten". In: Höffe, Otfried (Hg.): *John Rawls: Politischer Liberalismus*. Berlin u. a.: De Gruyter, 113 – 129.

Pogge, Thomas (2006): „Do Rawls's Two Theories of Justice Fit Together?". In: Martin, Rex/Reidy, David (Eds.): *Rawls's Law of Peoples. A Realistic Utopia?*. Malden: Wiley-Blackwell, 206 – 225.

Rousseau, Jean-Jacques (1762): *Vom Gesellschaftsvertrag oder Grundsätze des Staatsrechts*. Stuttgart: Reclam, 2003.

Tamara Jugov
3 Konstruktivismus in *Das Recht der Völker:* Zwischen Utopie und Realismus

Warum ist Rawls' Völkerrecht so realistisch ausgefallen?

John Rawls' internationale Gerechtigkeitskonzeption hat viele seiner Anhänger enttäuscht. Als die lang ersehnte internationale Erweiterung von Rawls' heimischer Gerechtigkeitstheorie in Form von *Das Recht der Völker* erschien, fanden Rawls' Schülerinnen und Anhänger, dass Rawls es bei seiner internationalen Konzeption mit dem Realismus[1] seiner „realistischen Utopie" übertrieben habe. Während Rawls' Gerechtigkeitstheorie in den letzten Jahren eher für ihren zu stark utopischen bzw. „zu idealen" Charakter kritisiert wurde, war der Tenor bei Erscheinen von Rawls' Völkerrechtskonzeption also genau umgekehrt: Rawls' Recht der Völker wurde als *status-quo*-lastiger Entwurf gesehen, der geltendes Völkerrecht abbildet anstatt einen ausreichend idealen Entwurf einer gerechten globalen Ordnung vorzulegen (Beitz 2000; Buchannen 2000; Pogge 2001; Tan 1998; Caney 2005). Rawls' Völkerrecht, so die Kritik, würde vor der *de facto* bestehenden internationalen Ordnung affirmativ einknicken, anstatt sie der dringend benötigten kritischen Prüfung zu unterziehen. Dies haben insbesondere solche Kritiker moniert, die gegen die Staatszentriertheit von Rawls' Völkerrecht für die kosmopolitische Geltungsreichweite von Gerechtigkeitsprinzipien argumentieren. Welche Gründe zu Rawls' vorsichtiger und wenig idealer internationaler Konzeption geführt haben, ist bis heute umstritten.

Ich werde im Folgenden argumentieren, dass die Gründe für Rawls' internationalen Realismus vor allem in seiner konstruktivistischen Methode und dem damit einhergehenden stetig entschlackten Begründungsprogramm zu suchen sind. Um dieses Argument zu führen, werde ich in einem ersten Schritt drei Kri-

---

Für hilfreiche Anmerkungen zu diesem Text danke ich Sebastian Bender, Henning Hahn und Reza Mosayebi.

1 Mit der Rede von „Realismus" ist in diesem Beitrag nicht die Strömung des Realismus in den Theorien internationaler Beziehungen gemeint. Die Rede von Realismus bzw. Utopismus bezeichnet im Folgenden die Frage nach dem angemessenen Abstraktionsgrad einer *normativen* Theorie.

https://doi.org/10.1515/9783110650631-005

tikpunkte einführen, die in Bezug auf Rawls' Völkerrechtskonzeption erhoben wurden (Abschnitt 1). Anschließend werde ich Rawls' konstruktivistische Methode näher beleuchten und aufzeigen, was Rawls mit der Rede von „Konstruktivismus" in verschiedenen Phasen seines Werks meint (Abschnitt 2). Abschließend werde ich argumentieren, dass der Fokus auf Rawls' konstruktivistische Methode dabei helfen kann, die realistischen Tendenzen von Rawls' Völkerrechtskonzeption besser verstehen und kritisieren zu können (Abschnitt 3).

1 Die Kritik an Rawls' realistischem Völkerrecht

Wenden wir uns in einem ersten Schritt der Kritik an Rawls' Völkerrechtskonzeption zu. Ein erster Kritikpunkt betrifft Rawls' Entscheidung, als zentrale „Einheiten" bzw. Rechtfertigungsadressaten im Konstruktionsprozess seiner internationalen Theorie Völker, nicht aber Individuen anzunehmen. Rawls macht deutlich, dass er deshalb von Völkern und nicht Staaten ausgeht, weil diese einen „moralischen Charakter" besitzen (RV, 30). Er versteht Völker als politische Einheiten, die einen mindestens „annehmbar gerechten" oder „achtbaren" Charakter aufweisen.[2] In seiner internationalen Konzeption lässt Rawls also die Repräsentanten derartig moralisierter Völker in einen Konstruktionsprozess eintreten, in dem normative Prinzipien zur Regulierung internationaler Beziehungen ermittelt werden sollen. Dafür lässt Rawls Völker – und nicht Individuen – das Gedankenexperiment eines nunmehr globalen Urzustands durchlaufen. Dies, so haben kosmopolitische Kritiker beklagt, steht im offensichtlichen Gegensatz zu Rawls' Gerechtigkeitstheorie für einzelne Staaten, in der einzelne Bürger mit bestimmten moralischen Vermögen die zentrale Bezugseinheit bilden (Pogge 2001, 247 ff.). Fällt Rawls hier etwa in eine kommunitaristische oder nationalistische Position zurück und gesteht der kollektiven Volksebene einen moralisch irreduziblen Eigenwert zu? Dies scheint angesichts Rawls' heimischer Theorie wenig wahrscheinlich. Warum also geht Rawls in seiner internationalen Konzeption von Völkern aus? Geschieht dies, um den Realismus seiner realistischen Utopie zu erhöhen?

Eine zweite Kritik betrifft Rawls' Entscheidung, noch im Rahmen der idealen Theoriebildung das liberale Toleranzprinzip auf nichtliberale, aber sogenannte

---

2 Die Rede von „Staaten" möchte Rawls deshalb vermeiden, weil ihm diese zu eng mit der klassischen völkerrechtlichen Vorstellung (uneingeschränkter) Souveränität verflochten scheint, der er wiederum einen deutlichen Amoralismus attestiert (RV, 29).

„achtbare" Völker anzuwenden (vgl. die Beiträge von Henning Hahn und Reza Mosayebi in diesem Band). Rawls unterscheidet in seiner Völkerrechtskonzeption noch deutlicher als in seiner heimischen Theorie zwischen einer idealen Ebene der Theoriebildung – hier werden Prinzipien für die idealisierte Figur „wohlge-ordneter" Völker entwickelt – und einer nichtidealen Ebene der Theoriebildung – auf dieser werden Prinzipien für den Umgang mit Gesellschaften entwickelt, die (noch) nicht wohlgeordnet sind, etwa durch natürliche Umstände belastete Ge-sellschaften oder Schurkenstaaten (RV, 113). Rawls geht davon aus, dass nicht nur liberal-demokratische Gesellschaften „wohlgeordnet" sind, sondern dass auch eine zweite Kategorie von Völkern – die Rawls als „achtbar" bezeichnet – dieses Kriterium erfüllt. Entsprechend nimmt Rawls an, dass sich liberale Völker bereits im Rahmen eines ersten Erweiterungsschrittes der idealen Theorie dazu ent-schließen würden, international auch nichtliberale, aber achtbare Völker zu to-lerieren, die ihrerseits die von Rawls vorgeschlagenen Völkerrechtsprinzipien wählen würden (RV, 72). Was genau meint Rawls mit der Rede von „wohlgeord-neten" Völkern? Wohlgeordnete Völker sind Rawls zufolge solche, deren politi-sche Institutionen wirksam durch eine „Gemeinwohlvorstellung" der Gerechtig-keit organisiert sind (RV, 87) und die die Menschenrechte ihrer Bürger mehr oder weniger achten (RV, 80). Achtbare Gesellschaften müssen dabei beispielsweise keine demokratische Regierungsform aufweisen, aber ihre Bürger in Bezug auf wichtige Fragen zumindest „konsultieren". Achtbare Völker sind moralfähig (RV, 80) und nach außen friedlich (RV, 79). Allerdings betrachten sie ihre Bürger nicht als Gleiche und Freie (RV, 88). Warum entscheidet sich Rawls dazu, nicht-liberale, aber achtbare Völker als vollwertige Einheiten und Rechtfertigungs-adressaten der idealen Teile seiner Völkerrechtskonzeption zu verstehen? Der Grund hierfür liegt darin, dass Rawls auch international vom Faktum eines „vernünftigen Pluralismus" ausgeht. In seiner heimischen Theorie bezeichnet der „vernünftige Pluralismus" den Umstand, dass Personen verschiedene Konzep-tionen des Guten haben, die alle gleichermaßen vernünftig scheinen. Analog dazu nimmt Rawls an, dass wir auch international von „eine[r] Vielfalt vernünftiger Völker mit verschiedenen ihnen eigenen religiösen und nichtreligiösen Kultu-ren und geistigen Traditionen" (RV, 13) ausgehen müssten. Selbst wenn wir uns wünschten, dass alle Völker genauso wären, wie unser eigenes – eine „Kultur freier Institutionen", so Rawls, schließe die Vorstellung einer in Glaubens- und Überzeugungsfragen homogenen Welt aus (RV, 14, vgl. auch 157 ff.).

Gegen Rawls' Ausweitung des Toleranzprinzips auf achtbare Völker wurden zwei Kritikpunkte ins Feld geführt: Erstens wurde kritisiert, dass achtbare Völker vom Prinzip des normativen Individualismus zu weit abweichen, etwa indem sie die fundamentalen Rechte mancher Personen nicht ausreichend schützen. In diesem Sinne hat Kok-Chor Tan die Analogie zwischen dem vernünftigen Pluralismus individueller Konzeptionen des guten Lebens in Rawls' heimischer Theorie mit dem globalen Pluralismus vernünftiger und achtbarer Völker als unhaltbar kritisiert. Diese ließe sich nicht aufrechterhalten, weil es im ersten Fall um einen Pluralismus in Bezug auf letzte moralische – etwa religiöse – Fragen gehe, während es im zweiten Fall um Uneinigkeiten in Bezug auf politische Fragen gehe, also mit Bezug auf solche Fragen, die Rawls' Gerechtigkeitstheorie eigentlich zu lösen vorgibt (Tan 2001, 282 ff.). In diesem Sinne sei es einem liberalen Staat in Rawls' heimischer Konzeption sehr wohl erlaubt, unvernünftige Lehren als falsch zu kritisieren (Tan 2001, 283). Daraus schlussfolgert Tan, dass sich Rawls' Völkerrecht nicht aus den prinzipiellen moralischen Verankerungen von Rawls' heimischer Theorie herleiten lässt und insbesondere die Rolle nichtliberaler Völker in den idealen Teilen der Theorie einen realistischen Kompromiss und den Rückfall in einen „modus-vivendi" anzeige (Tan 2001, 285). Wenn die Figur achtbarer Völker hingegen als vereinbar mit einem normativen Individualismus, etwa dem der Menschenrechte, verstanden wird, lässt sich eine andere Kritik führen: In diesem Fall bliebe unklar, warum dann überhaupt noch Völker, nicht aber einzelne Personen als moralisch fundamentale Rechtfertigungsadressaten von Rawls' Völkerrecht verstanden werden (Pogge 2001, 248).

Eine dritte Kritik betrifft Rawls' Begrenzung von egalitären Gerechtigkeitsprinzipien auf innergesellschaftliche Kontexte. Rawls hatte in seiner heimischen Theorie für weitreichende Umverteilungsprinzipien argumentiert: Neben dem Gebot der Chancengleichheit hatte sich Rawls hier für das sogenannte Differenzprinzip stark gemacht, demzufolge nur solche Unterschiede in der Ressourcenausstattung von Personen gerechtfertigt sind, von der die Gruppe der am schlechtesten Gestellten noch profitiert. Demgegenüber plädiert Rawls international lediglich für ein Hilfsprinzip gegenüber durch ungünstige Umstände „belasteten" Gesellschaften. Dieses Hilfsprinzip hat keinen komparativ bestimmten – d. h. egalitären – Inhalt, sondern findet in der angestrebten Wohlgeordnetheit belasteter Gesellschaften einen klaren Abbruchpunkt (RV, 147). Für diese vergleichsweise wenig umfassende Hilfspflicht plädiert Rawls, weil er nicht alle Gründe, die Ungleichheit im innerstaatlichen Kontext zu einem moralischen Problem machen, auch zwischen Völkern als gegeben ansieht (RV, 141 ff.). Lediglich dem Leiden der Bevölkerungen in belasteten Gesellschaften gelte es entgegenzutreten. Darüber hinaus seien Völker jedoch frei sich zwischen verschiedenen Wirtschaftspolitiken und mehr oder weniger erfolgreichen politischen Kulturen zu entscheiden. Die daraus resultierenden ökonomischen Unterschiede bilden Rawls zufolge kein Gerechtigkeitsproblem (RV, 145 ff.).

Auch hier lautet ein erster Kritikpunkt, dass Rawls mit dieser Entscheidung schlicht zu wenig ambitioniert geblieben ist und statt eines gerechten Kosmopolitismus eine zu realistische Position vorschlägt. Zumindest die Verteilung natürlicher Ressourcen müsse bei der Formulierung von internationalen Distributionsprinzipien mitberücksichtigt werden (Pogge 1994). Eine auf den ersten Blick entgegengesetzte Kritik beklagt hingegen nicht zu großen, sondern mangelnden Realismus: Da Rawls eine Wahlsituation zwischen intern gerechten Staaten vor dem Hintergrund einer globalen *Tabula rasa* modelliert, ist er nicht in der Lage, bestehende Hintergrundungerechtigkeiten zwischen Völkern im Rahmen seiner Theorie zu berücksichtigen. Dagegen setzt die offensichtliche Existenz einer *globalen* institutionellen Grundstruktur – etwa globale Verflechtungen in der Handels-, Währungs- oder Finanzpolitik – Rawls' Bild scheinbar autarker westfälisch souveräner Einheiten unter Druck (Buchanan 1999, 705 ff.). Erst der Blick auf *de facto* bereits bestehende Globalisierungsstrukturen vermag zu erklären, wie Ungleichheiten zwischen Staaten – auch oberhalb der Grenze ihrer unbelasteten Wohlgeordnetheit – auf eine Weise hervorgebracht und perpetuiert werden, die uns durchaus ungerecht scheint. So sind reiche Staaten – etwa durch ihr Übermaß an Expertise, Ressourcen und Macht – häufig in der Lage, armen Staaten für sie günstige Handels- und Kooperationsbedingungen zu diktieren, was die Ungleichheit zwischen ihnen weiter verschärft (Pogge 2001, 251 ff.).

Wie lassen sich diese verschiedenen Kritikpunkte in Hinblick auf den vermeintlichen Realismus von Rawls' Theorie nun aufschlüsseln? Ist Rawls' Völkerrecht zu realistisch geraten, etwa indem es zu viele Fakten über die bestehende Welt unkritisch inkorporiert oder diesen gar eine begründende Funktion für die Formulierung sozialer Regulationsregeln zuerkennt, wie G.A. Cohen dies gegen Rawls' Konstruktivismus moniert hat (Cohen 2008)? Oder abstrahiert Rawls im Gegenteil auf ungerechtfertigte Weise von zentralen empirischen Fakten über unsere Welt – etwa bezüglich des Bestehens einer globalisierten institutionellen Grundstruktur – und läuft an dieser Stelle Gefahr, eine zu utopische Theorie vorzulegen? Eine entscheidende Neuerung von Rawls' Völkerrechtskonzeption besteht darin, dass Rawls sich der Frage nach dem Realismus bzw. Utopismus – also nach dem „Abstraktionsgrad" – von Gerechtigkeitskonzeptionen in dieser explizit zuwendet. Unter einer realistischen Utopie versteht Rawls eine solche Konzeption, die die Welt zwar kritisch-normativ infrage stellt und ausdehnt, was wir „üblicherweise als die Grenzen des praktisch-politisch Möglichen betrachten" (RV, 13), die gleichzeitig aber doch von gegebenen historischen Umständen – etwa einem vernünftigen Pluralismus – ausgeht und solche empirischen Umstände in die Theoriebildung mit aufnimmt. Welches sind aber diejenigen historischen Umstände, die eine realistische Utopie unbedingt zu berücksichtigen hat, um nicht zu utopisch zu werden? Gehört die Existenz von Staaten dazu? Wie verhält es sich mit der Existenz globaler ökonomischer Verflechtungen? Und welches sind diejenigen empirischen Fakten, die eine Theorie eben nicht mehr berücksichtigen darf, um nicht *zu* realistisch und *status-quo*-lastig zu werden? Im Folgenden werde ich aufzeigen, wie der Fokus auf Rawls' konstruktivistische Methode uns dabei helfen kann, solche Fragen zu beantworten.

2 Rawls' Konstruktivismus

Rawls kennzeichnet seinen Ansatz seit den Dewey-Lectures der 1980er Jahre als Spielart eines „Kantischen" bzw. später eines „Politischen" Konstruktivismus. Was genau ist mit dem Verweis auf „Konstruktivismus" gemeint? In der Ethik und insbesondere Meta-Ethik bezeichnet der Begriff Konstruktivismus solche Positionen, die moralische Normen darüber identifizieren, dass diese in einer bestimmten Konstruktionsprozedur gewählt werden würden. Insofern bilden Normen konstruktivistischen Positionen zufolge keine dem Konstruktionsprozess vorgängige Wahrheit über die Welt ab. Wie Rawls es formuliert: „Kantian constructivism holds that moral objectivity is to be understood in terms of a suitably constructed social point of view that all can accept. Apart from the procedure of constructing the principles of justice, there are no moral facts" (Rawls 1999 [1980], 307). Gegen realistische Positionen in der Meta-Ethik bezweifeln konstruktivistische Ansätze also die Existenz einer von menschlicher Erkenntnis unabhängigen Normen- und Wertordnung, die nur noch „entdeckt" oder intuitiv aufgespürt werden muss (Rawls 1999 [1989], 511 und O'Neill 2003, 248). Von anderen antirealistischen Positionen im Streit um den ontologischen Charakter von Normen – etwa dem Relativismus oder dem Subjektivismus – unterscheiden sich konstruktivistische Positionen dadurch, dass sie zwar nicht an die von menschlicher Erkenntnis unabhängige Existenz von Normen glauben, aber trotzdem daran, dass Personen starke – praktische bzw. handlungsanleitende – Normen gegenüber anderen Personen begründen können, indem sie bestimmte konstruktivistische Prozeduren zu deren Identifizierung anwenden. Die so identifizierten Normen können zwar keine metaphysischen Wahrheits-, aber sehr wohl Objektivitätsstandards für moralisch richtiges Verhalten festlegen (PL, 190 ff.). Wie die Philosophin Onora O'Neill betont, ist der ethische Konstruktivismus damit ein ambitioniertes Projekt: Er möchte an der intersubjektiven Begründbarkeit moralischer Normen festhalten und sich gleichzeitig agnostisch zu deren ontologischem Status verhalten (O'Neill 2003, 348 f.).

Rawls wendet sich dem Konstruktivismus in seinen 1980 gehaltenen Dewey-Lectures deshalb zu, weil er dem Problem eines vernünftigen Pluralismus in liberalen Gesellschaften eine zunehmend zentrale Stellung einräumt – diesen hält er für ein empirisches Faktum, von dem jede realistische Theorie notwendig ausgehen muss. In *Eine Theorie der Gerechtigkeit* hatte Rawls die Metapher der Konstruktion noch eher lose gebraucht, um das hypothetische Denkexperiment des Urzustandes zu bezeichnen. Rawls schlägt den Urzustand als Prozedur zur Konstruktion von Gerechtigkeitsprinzipien vor. Dabei sind Vernunftannahmen in die Modellierung des Urzustands eingelassen – etwa in den Umstand, dass Parteien in diesem ihre genaue Position innerhalb der Gesellschaft nicht kennen –, während die Parteien im Urzustand als rational vorgestellt werden. Der Konstruktionsprozess des Urzustands in *Eine Theorie der Gerechtigkeit* gilt für eine noch recht allgemein verstandene Öffentlichkeit. Doch Rawls macht sich in den 1980er Jahren zunehmend Sorgen darüber, ob seine Gerechtigkeitstheorie auch unter den Bedingungen eines vernünftigen Pluralismus allen Betroffenen gegenüber gut zu rechtfertigen ist. Als vernünftigen Pluralismus bezeichnet Rawls den Umstand, dass sich Personen in Bezug auf letzte moralische und religiöse Fragen – also in Bezug auf das, was Rawls als „umfassende" Lehren bezeichnet –, uneins sind (PL, 138). Dieses empirische Faktum, so Rawls, würde dazu führen, dass die Ergebnisse seiner Theorie der Gerechtigkeit letztlich „unrealistisch" (PL, 13) seien und vor allem langfristig keine „Stabilität aus den richtigen Gründen" garantierten (PL, 38; vgl. zur Rolle von Stabilitätsüberlegungen bei Rawls' Übergang von einer „metaphysischen" zu einer „politischen" Konzeption Freeman 2007, 164 und 11 ff.). Als Folge schränkt Rawls in seinem zweiten Buch, *Politischer Liberalismus*, den Geltungsumfang seiner Gerechtigkeitstheorie ein. Mit dem Slogan „politisch, nicht metaphysisch" weist er darauf hin, dass seine Gerechtigkeitstheorie nicht mehr als zeitlich und geographisch universelle moralische Konzeption zu verstehen sei, sondern als eine auf die spezifische politische Ausgangssituation liberaler Gesellschaften bezogene Theorie. Rawls bleibt den Inhalten seiner frühen Gerechtigkeitstheorie dabei weitestgehend treu. Was sich geändert hat, ist ihr meta-theoretischer Status. Seine Gerechtigkeitstheorie ist nun nicht mehr in der metaphysischen Wahrheit moralischer Normen – d. h. in „umfassenden" Lehren – fundiert. Stattdessen bezeichnet sie lediglich den Bereich eines politischen, „übergreifenden Konsenses" (PL, 44 und 110), auf den sich alle vernünftigen Personen einer liberalen Gesellschaft einigen können. Diese zunehmende Enthaltsamkeit in Fragen der Fundierung und sein Agnostizismus in Bezug auf den Wahrheitsgehalt „umfassender" moralischer Lehren und Normen bringen Rawls dazu, eine konstruktivistische Methode einzuführen und zum zentralen methodologischen Bestandteil seiner Theorie zu machen. Rawls versteht seine Gerechtigkeitstheorie damit nicht mehr im Sinne einer theoretischen Konzeption der Erkenntnis über Gerechtigkeit. Vielmehr stelle diese einen praktischen Vorschlag zur gerechten und öffentlichen Ordnung solcher sozialen Probleme bereit, die in einer liberalen und demokratischen Gesellschaft notwendig auftreten.

Während Rawls seine Methode in den Dewey-Lectures noch als einen „Kantischen Konstruktivismus" bezeichnet hatte, spricht er ab *Politischer Liberalismus* von einem „Politischen Konstruktivismus" (PL, 169). Das Hauptziel von Rawls' politischem Konstruktivismus besteht darin, Gerechtigkeitsgrundsätze unter dem empirischen Umstand eines vernünftigen Pluralismus zu konstruieren (PL, 173, vgl. auch 184 ff.). Das Ziel dieser Methode ist es also nicht, die Wahrheit über eine unabhängig existierende moralische Ordnung zu formulieren, wie der rationale Intuitionismus dies tut. Denn ein solch umfassender Anspruch auf Wahrheit hat eben immer das Problem, dass sich Menschen in politischen Situationen in Bezug auf letzte Wahrheiten, aber auch „über die moralische Ordnung der Werte [...] oder darüber, was einige für die Vorschriften des Naturrechts halten" (PL, 178) uneins sind.

Stattdessen schlägt Rawls einen Konstruktionsprozess vor, der einer möglichst großen Menge von Personen mit zwar vernünftigen, aber doch divergierenden Weltanschauungen und umfassenden Lehren gegenüber rechtfertigbar ist: Dafür muss er von besonders unkontroversen und allgemein anerkannten Prämissen ausgehen und als diese versteht Rawls solche „grundlegenden Ideen", die in „der öffentlichen politischen Kultur" begründet sind „sowie in den von den Bürgern geteilten Grundsätzen und Konzeptionen der praktischen Vernunft" (PL, 178). Die Ergebnisse dieses Konstruktionsverfahrens gilt es dann noch durch die Anwendung des Überlegungsgleichgewichts – d. h. durch Abwägung mit unseren wohlerwogenen Urteilen – zu überprüfen (PL, 177). Gerechtigkeitsprinzipien als Ergebnis eines „Konstruktionsprozesses" zu verstehen, in dem allgemein geteilte Annahmen über die praktische Vernunft und unser Personensein eingelassen sind, hat den Vorteil, dass sich Personen nur noch über vergleichsweise unkontroverse Tatsachen einig sein müssen, etwa darüber, dass der Schleier des Nichtwissens im Urzustand unsere bereits vorhandenen Ideen von Fairness und Vernunft wirksam modelliert.

Statt um die Formulierung einer metaphysisch „wahren" Theorie geht es Rawls also darum, ausgehend von einem notwendig situierten Standpunkt ein Objektivitätsideal zu formulieren (PL, 200; für eine solche Interpretation, vgl. auch Street 2010). Ein Objektivitätsideal ist dabei sehr wohl in der Lage, Urteile als mehr oder weniger vernünftig zu bezeichnen, dies geschieht aber immer in Bezug auf ein konstruiertes Ideal öffentlicher Rechtfertigung, nicht mit Bezug auf die Vorstellung von „Wahrheit" *per se* (PL, 194). Dies basiert auf Rawls' Vorstellung, dass Wahrheit über Gerechtigkeit nicht einfach durch die theoretische Vernunft „erkannt" werden könne, sondern durch die praktische Vernunft konstruiert werden müsse (PL, 173). Dabei sieht Rawls seinen politischen Konstruktivismus nicht als Gegensatz zu umfassenden Lehren – Personen, die daran glauben, dass es moralische Wahrheiten gibt, könnten das schmalere – politische, aber nicht metaphysische – Ideal von Gerechtigkeit als Fairness immer noch im Modus eines übergreifenden Konsens es und nur in Bezug auf die Regelung öffentlicher Sachverhalte anerkennen (PL, 175 ff.).

Dabei betont Rawls immer wieder, dass der Konstruktionsprozess von gewissen Ideen – nämlich der praktischen Vernunft, einer Konzeption der Person sowie einer Vorstellung von Gesellschaft als Kooperationssystem – konstitutiv ausgehe. Mehr noch: Rawls spricht häufig davon, dass der Konstruktionsprozess für die gesuchten Gerechtigkeitsprinzipien aus diesen drei Ideen „als ihrer Basis gewonnen" wird bzw. in diese „eingebettet" sei (PL, 185). Rawls betont also, dass diese drei Ideen ihrerseits nicht konstruiert werden (PL, 191). Nicht alle Teile von Rawls' Gerechtigkeitstheorie werden damit konstruiert: „Wir benötigen sozusagen das Ausgangsmaterial" (PL, 186). Wie Rawls weiter betont, würden „nur die inhaltlichen Gerechtigkeitsgrundsätze" konstruiert. Dagegen würde das „Verfahren selbst [...] einfach nur dargelegt" (PL, 186), und zwar ausgehend „von den Grundkonzeptionen der Gesellschaft und der Person, den Grundsätzen der praktischen Vernunft und der öffentlichen Funktion einer politischen Gerechtigkeitskonzeption" (PL, 186).

Daran schließt sich die offensichtliche Frage an, woher dann diejenigen – nicht selber konstruierten – „Grundkonzeptionen" stammen, die die Basis von Rawls' Verfahren bilden, nämlich die Konzeptionen der Person, der Gesellschaft und der praktischen Vernunft (PL, 189). Rawls' Antwort auf diese Frage klingt recht Kantisch: Er bezeichnet diese drei Ideen als „Konzeptionen der praktischen Vernunft" (PL, 191).[3] Konzeptionen der praktischen Vernunft charakterisieren Rawls zufolge Handelnde „die ihre Vernunft gebrauchen, und sie bestimmen den Inhalt der Probleme und Fragen, auf die die Grundsätze der praktischen Vernunft angewendet werden" (PL, 190). Hier scheint Rawls in etwa Folgendes zu sagen: Weil wir uns als vernünftige Personen mit praktischer Vernunft in gesellschaftlichen Zusammenhängen bewegen, stellen sich uns erst manche Probleme – etwa die Frage nach der gerechten Organisation unseres Zusammenlebens. Um diese Fragen zu lösen, müssen wir nicht nur unsere praktische Vernunft anwenden, sondern das auch anhand von Kriterien und Idealen tun, die wir autonom aus der

---

3 Kant charakterisiert die praktische Vernunft im Sinne einer kreisförmigen Aktivität: Nur weil und insofern wir praktische Vernunft haben, stellen sich uns gewisse Probleme. Und um diese lösen zu können, benötigen wir nicht nur eine Vorstellung von ihnen, sondern auch auf sie anwendbare normative Kriterien. Kant plädiert dafür, normative Kriterien für den Gebrauch praktischer Vernunft aus dieser selbst zu konstruieren: Kant zufolge ist praktische Vernunft dann autoritativ, wenn sie auf eine bestimmte Art und Weise gebraucht wird – und nicht deshalb, weil sie unabhängige oder vorgängige Wahrheiten richtig erkennt. Das meint Kant damit, wenn er sagt, dass praktische Vernunft eine „selbstgesetzgebende" Aktivität sei (Kant AA 04: 39).

Aktivität praktischer Vernunft entwickeln und die unsere Vorstellung von uns als moralische Personen in sozialen Zusammenhängen widerspiegeln.

Dabei bilden die Begriffe der Person und der Gesellschaft in Rawls' Theorie offensichtlich den zentralen Idealtypus solcher praktischer Konzeptionen. Weil sie Konzeptionen der praktischen Vernunft sind, so Rawls, besitzen sie eine „eigentümliche allgemeine Form" (PL, 190). Rawls postuliert beispielsweise, dass Personen, um zum praktischen Vernunftgebrauch in der Lage zu sein, die von ihm vorgeschlagenen zwei moralischen Vermögen besitzen müssen: Sie müssen erstens vernünftig sein, also einen Gerechtigkeitssinn haben. Sie müssen zweitens rational sein, also ihre je verschiedene individuelle Konzeption des Guten mit den vorhandenen Mitteln zwecknutzenrational verfolgen wollen (PL, 190). In Bezug auf die gesuchte möglichst allgemein verfasste Definition von „Gesellschaft" ist interessant, dass Rawls bereits in *Politischer Liberalismus* von solchen Kriterien ausgeht, die auch von achtbaren Gesellschaften erfüllt werden können: Deren Mitglieder müssen sich zwar nach gewissen – auch normativen – Kriterien an sozialer Kooperation beteiligen, es reicht jedoch, wenn die kooperierenden Parteien von den öffentlich anerkannten Regeln und Verfahren, die soziale Kooperation wirksam leiten, *glauben*, dass sie angemessen sind (PL, 191). Darüber hinaus geht Rawls davon aus, dass auch solche Gesellschaften, die wirksam von „umfassenden", etwa religiösen Lehren organisiert werden, noch auf einer solchen Gerechtigkeitskonzeption basieren, die „in irgendeinem Sinne dem Allgemeinwohl dient" (PL, 192) und eine Konzeption des „Rechten und Guten" als Grundlage gesellschaftlicher Kooperation enthält.[4] Rawls gibt zu, dass „diese Vorstellung von Gerechtigkeit schwach erscheinen mag" (PL, 192). Dennoch benötigten wir eine Idee von Gesellschaft, die nicht nur auf funktionalem Zwang, sondern auf implizit anerkannten Gerechtigkeitsstandards beruhe (PL, 192), auch dann, wenn diese noch nicht das normative Ideal von Rawls' eigener Gerechtigkeitskonzeption erreicht haben.

Allerdings stellt sich hier die Frage, ob Rawls die Konzeption der Person und der Gesellschaft wirklich ausreichend allgemein beschrieben hat, um dem ziemlich anspruchsvollen Label von „Konzeptionen der praktischen Vernunft" gerecht zu werden. Dem widerspricht in erster Linie, dass Rawls die verwendeten Konzeptionen der Person und der Gesellschaft als „vertraute" (PL, 73) und „grundlegende Ideen" versteht, die er aus dem Fundus implizit anerkannter politischer Ideen und Grundsätze „der öffentlichen politischen Kultur einer demokratischen Gesellschaft" (PL, 79) gewinnt. Diese grundlegenden Ideen, so be-

---

4 Der Unterschied zu Rawls' favorisierter Gerechtigkeitskonzeption von *Gerechtigkeit als Fairneß* besteht darin, dass sich Bürger in letzterer als „Gleiche und Freie" sehen können (PL, 191).

schreibt Rawls sein Projekt weiter, gelte es durch klare Formulierung in eine allgemeine und möglichst idealtypische Form zu bringen (PL, 73). Damit sind die beschriebenen „Grundkonzeptionen" der Person und der Gesellschaft bzw. das „Ausgangsmaterial" von Rawls' Konstruktionsprozess aber in zwei entscheidenden Hinsichten begrenzt: Erstens ist ihre Geltungsreichweite auf die vorgängige Existenz derjenigen politischen Institutionen und Gesellschaftsformationen begrenzt, deren grundlegenden Ideen sie idealtypisch ausdrücken. Zweitens scheinen bestimmte politische Institutionen bereits zur Fundierung solcher Normen existieren zu müssen. Ich bespreche beide Punkte nacheinander: Von Bedeutung ist erstens, dass Rawls – etwa im Gegensatz zu Kant – den Konstruktionsprozess auf bestimmte Personengruppen beschränkt. Rawls' Objektivitätsideal adressiert nicht alle vernünftigen Personen *per se*, sondern immer die Bürger einer bestimmten politischen Ordnung. Indem sie sich auf die in einem praktischen Konstruktionsprozess zugrunde gelegte Menge von Personen bezieht, stellt sie also Objektivität „für uns" dar (PL, 200). Wie Rawls an anderer Stelle schreibt, richtet sich der Konstruktionsprozess von Gerechtigkeit als Fairness an die Bürger einer bestimmten politischen Ordnung: „As I said in the beginning, in public reason ideas of truth or right based on comprehensive doctrines are replaced by an idea of the politically reasonable addressed to citizens as citizens" (Rawls 1999 [1997], 607). Rawls' politischer Konstruktivismus setzt die Existenz politischer Einheiten also voraus. Dies wird auch darin deutlich, dass Rawls seine heimische Gerechtigkeitstheorie für den idealisierten Sonderfall einer „geschlossenen" Gesellschaft entwirft.

Dass die Existenz politisch bereits verfasster Gesellschaften in Rawls' Werk als eine notwendige Existenzbedingung für die Anwendbarkeit seiner idealen Theorie verstanden werden muss, haben inzwischen eine Reihe von Theoretikern betont (James 2005, 302; Abizadeh 2007). Rawls' konstruktivistische Methode macht nur dann Sinn, wenn „politisches" Ausgangsmaterial zur Verfügung steht, von dem aus sie gestartet werden kann. Rawls' Gerechtigkeitstheorie ist in diesem Sinne eben nicht als utopisches Optimalitätsideal zu verstehen, sondern nimmt ihren Ausgang von der Existenz bestehender sozialer Praktiken, die wir als politisch zentral identifizieren und in Bezug auf die wir – in einem zweiten Schritt – fragen können, wie sie organisiert sein müssen, um gerecht zu sein (James 2005, 294 ff.). In diesem Fokus auf politisch bereits verfasste Öffentlichkeiten als Existenzbedingungen seiner konstruktivistischen Methode ist Rawls' politischer Konstruktivismus von Kants moralischem Konstruktivismus deutlich verschieden (O'Neill 2003, 357 ff.; Dreben 2003, 340 ff.).

Zudem geht Rawls' politische Gerechtigkeitstheorie nicht nur von der Existenz politischer Institutionen aus und zielt auf die Regelung eines lediglich politischen Gegenstands – die institutionelle Grundstruktur von Gesellschaft – ab, sondern wird – über den Begriff der Person und der Gesellschaft – auch in politischen Konzeptionen *fundiert*. Weil Rawls die Konzeption der Person und der Gesellschaft nicht unabhängig rechtfertigt, sondern als „vertraute" (PL, 73) und „grundlegende Ideen" versteht, die bereits Bestandteil „der öffentlichen politischen Kultur einer demokratischen Gesellschaft" (PL, 79) sind und in seiner Theorie lediglich neu interpretiert werden (PL, 73), haben ihm eine Reihe von Theoretikern attestiert, letztlich einen Kohärentismus oder eine Methode der immanenten normativen Rekonstruktion zu vertreten (vgl. den Beitrag von Jörg Schaub in diesem Band). Hierfür spricht auch, dass Rawls insbesondere in *Politischer Liberalismus* immer wieder betont, dass seine Theorie von solchen Ideen ausgehe, die in demokratisch-liberalen Öffentlichkeiten bereits wirksam geteilt werden oder zumindest latent vorhanden sind: „Da sich Rechtfertigungen an andere richten, geht [sic] von bestehenden oder möglichen Gemeinsamkeiten aus, und wir beginnen mit geteilten grundlegenden Ideen, die implizit zur öffentlichen politischen Kultur gehören" (PL, 182; vgl. auch Rawls 1999 [1985], 394). Folglich klassifiziert zum Beispiel Burton Dreben Rawls' Projekt insgesamt als ein kohärentistisches, das eine Art der komplexen konzeptuellen Analyse leiste. Rawls würde von normativen Ideen, wie einer konstitutionell verfassten liberalen Demokratie, bereits ausgehen und diese dann lediglich auf ihre interne Konsistenz hin überprüfen (Dreben 2003, 322). So würde er für das Konzept der liberalen Demokratie gar nicht unabhängig argumentieren, sondern lediglich überprüfen „what the concept leads to, what it entails, what it demands" (Dreben 2003, 323). Onora O'Neill hat Rawls dafür kritisiert, dass seine konstruktivistische Methode in einen zu weitreichenden Kohärentismus kollabiere: „democracy and the bounded states in which democracy may exist are evidently presupposed rather than justified in Rawls' theory of justice" (O'Neill 2003, 353). Rawls' politischer Konstruktivismus habe es mit dem Politischen insofern übertrieben, als dass er eine geschlossene Gesellschaft voraussetze, in der sich die Frage der Gerechtigkeit erstmal nur für Bürger, nicht jedoch gegenüber Fremden stelle (O'Neill 2003). Auch Jürgen Habermas hat Rawls' Methodologie vorgeworfen, eher eine Art der immanenten normativen Rekonstruktion bereits bestehender Praktiken als der externen Begründung politischer Prinzipien zu leisten. Zwar gibt Habermas zu Bedenken, dass Rawls' Kohärentismus nicht im Sinne eines Rorty'schen Kontextualismus aufgefasst werden dürfe: Denn Rawls würde nicht nur die Intuitionen einer *bestimmten* Gesellschaft rekonstruieren, sondern vielmehr einen idealtypischen „Grundstock intuitiver Gedanken, der in der politischen Kultur einer zeitgenössischen Gesellschaft und in deren demokratischen Traditionen angelegt ist" (Habermas 1996, 79) herausarbeiten. Vor allem der Begriff der Person müsse so neutral gefasst sein, dass er sich aus den Deutungsperspektiven verschiedener Weltanschauungen akzeptieren lasse. Allerdings kritisiert auch Habermas, dass

Rawls mit seiner Idee eines übergreifenden Konsenses letztlich die interne Konsistenzprüfung von in liberal-demokratischen Gesellschaften abgelagerten Weltanschauungen mit einer externen Begründung verwechselt habe (Habermas 1996, 80). Auf die Frage der externen Begründung komme es jedoch an und diese, so Habermas, könne auch Rawls' Vernunftbegriff nicht ausreichend leisten, weil sich dieser wiederum nur aus der „von allen geteilten Perspektive des öffentlichen Vernunftgebrauchs" (Habermas 1996, 84) herleite, ohne die Vernünftigkeit der Menge je individueller, umfassender Weltbilder, die den relevanten Ausgangspool für öffentliche Ideen in der betreffenden Gesellschaft bilden, auf ihre Wahrheitsfähigkeit untersuchen zu können (Habermas 1996, 86 f.). In Bezug auf die Fragen der Geltungsreichweite und der Fundierung scheint Rawls' Konstruktivismus mit seinem Fokus auf in bereits bestehenden Institutionen abgelagerten normativen Grundideen also stark konservative Tendenzen aufzuweisen. Insbesondere läuft Rawls' Gefahr, den Umfang und die Normativität bestehender Institutionen nicht kritisch genug hinterfragen zu können.

3 Wie Rawls' konstruktivistische Methode den Realismus seiner Völkerrechtskonzeption erläutert

Der Fokus auf Rawls' konstruktivistische Methode kann dabei helfen, unsere Ausgangsfrage nach der Bewertung des Abstraktionsgrades von Rawls' internationaler Konzeption zu beantworten. Gelingt es Rawls mit seiner internationalen Völkerrechtskonzeption die angekündigte „realistische Utopie" vorzulegen? Ist Rawls' Völkerrecht zu utopisch oder bleibt dieses im Gegensatz zu realistisch, etwa indem es von zu vielen historischen Fakten – beispielsweise dem Bestehen von Staaten – ausgeht und es so versäumt, ungerechte Fakten zu kritisieren? Um diese Fragen zu beantworten, ist es hilfreich auf die eingangs skizzierten Kritikpunkte an Rawls' Völkerrechtskonzeption zurückzukommen.

Insbesondere Rawls' Entscheidung, als zentrale Rechtfertigungsadressaten im Konstruktionsprozess seiner internationalen Theorie Völker, nicht aber Individuen anzunehmen, lässt sich mit Blick auf Rawls' konstruktivistische Methode weiter erhellen. Ebenso wie die Urzustandsprozedur bereits im heimischen Fall von der Existenz vorhandener politischer Institutionen ausgehen muss – und die darin latent vorhandenen grundlegenden Ideen einer demokratisch-liberalen Öffentlichkeit artikuliert und durch den konstruktiven Prozess intern prüft, interpretiert und miteinander in Einklang bringt – lässt sich Rawls' Völkerrecht ebenfalls als interne normative Rekonstruktion und Kohärenzprüfung von global bereits vorhandenen Grundideen interpretieren. Die objektive Gültigkeit von Gerechtigkeitsprinzipien wird nicht über deren Korrespondenz zu einer vorausliegenden moralischen Ordnung festgestellt, sondern in Bezug auf einen bestimmten – bereits vorhandenen – politischen Rahmen durch die Urzustandsprozedur konstruiert. Auch in seiner Völkerrechtskonzeption geht Rawls von bestehenden gesellschaftlichen Kooperationsformen aus, die durch politische Institutionen bereits verfasst sind und in Bezug auf die es die Urzustandsprozedur zu durchlaufen gilt. Zweitens konzentriert sich Rawls auch international auf latent vorhandene öffentliche Grundideen derjenigen fundamentalen Normen und Werte, die das völkerrechtliche System prägen und es organisieren und versucht diese durch seine Konzeption in eine miteinander kohärente Ordnung zu bringen. Diese kohärentistische Methode der normativen Rekonstruktion bietet eine überzeugende Erklärung dafür, warum Rawls die internationale Ordnung primär im Sinne einer Friedens- und Nicht-Interventionsordnung statt im Sinne einer dichteren Kooperations- bzw. gar Gerechtigkeitsordnung beschreibt: Das Prinzip der Friedenssicherung und Nicht-Intervention zwischen souveränen Staaten ist *de facto* in unserer Völkerrechtsordnung prominenter verankert als kosmopolitische Normen der Solidarität und des normativen Individualismus. Dies erklärt, warum Rawls sein Völkerrecht von der kollektiven Person eines politisch verfassten Volks, statt von natürlichen, d. h. individuellen Personen aus denkt. Rawls' Konstruktivismus benötigt eben das Vorhandensein eines *politischen* Rahmens und als diesen nimmt Rawls international offensichtlich die Existenz einer Pluralität staatsähnlicher Völker an.

Ein offensichtliches Problem dieser Methode besteht darin, dass diese darauf angewiesen ist, dominante politische Praktiken als gegeben vorauszusetzen. Dies führt zu einem *status-quo*-Bias mit Bezug auf den Umfang politischer Einheiten. Was ist, wenn eine Welt ganz ohne Staaten und Völker möglicherweise die gerechtere wäre? Oder wenn eine zu Völkern alternative politische Einheit als Ausgangsgröße für das konstruktivistische Verfahren gewählt werden sollte? Es ist eben der konstruktivistische Ausgang von notwendig schon vorhandenen institutionellen Strukturen, der den Vorwurf eines übergebührlichen Realismus auf sich gezogen hat. Denn hier lauert die Gefahr, sich nur mit bereits existierenden sozialen Praktiken und denjenigen Personen, die in diese bereits inkludiert sind, zu beschäftigen. Hingegen bleibt die Möglichkeit, die Schaffung neuer oder möglicherweise alternativer institutioneller Arrangements begründen zu können, eingeschränkt (für solche Kritiken vgl. James 2005, 302 f.; Ronzoni 2009). Auch die Effekte bestehender Institutionen auf Außenstehende – etwa auf Flüchtlinge, die aktuell keinen eigenen, sie schützenden Staat besitzen – können mit dieser Methode gerechtigkeitstheoretisch nicht eingeholt werden.

Rawls' umstrittene Entscheidung, nichtliberale, aber achtbare Völker auf der idealen Ebene der Theoriebildung als vollwertige Bezugseinheiten ernst zu nehmen, kann ebenfalls mit dem Verweis auf seinen Konstruktivismus erläutert werden. So erklärt der konstruktivistische Fokus auf öffentlich bereits artikulierte Ideen, warum Rawls den Menschenrechten in seiner Völkerrechtskonzeption zwar Bedeutung einräumt – weil auch diese global bereits wirksam kodifiziert und damit in Teilen institutionalisiert sind. Gleichzeitig spiegelt Rawls' Völkerrechtskonzeption aber auch das Spannungsverhältnis zwischen staatlicher Souveränität und dem normativen Individualismus der Menschenrechte wider. Nicht zuletzt aufgrund dieses Spannungsverhältnisses behandelt Rawls nichtliberale, aber achtbare Völker als vollwertige Mitglieder der Idealtheorie, und zwar selbst dann, wenn sie die Rechte ihrer Bewohner nicht im Sinne von „Gleichen und Freien" achten (RV, 88). Mit seiner Methode der normativen Rekonstruktion kann Rawls zwar auch international auf die Vorstellung von nach reziproken Kriterien kooperierenden Gesellschaften und moralischen Personen zugrückgreifen. Allerdings ist die liberale Idee, dass Bürger sich als „Freie und Gleiche" begegnen, global eben nicht universell geteilt. Damit können solche partikularen – liberalen – Ideale eben nicht als „latent" in der internationalen Kultur abgelagerte gelten. Ein globales Äquivalent zu solchen Ideen scheint mit einer schmalen Konzeption von Menschenrechten nicht vollständig erreicht.

Indem sich Rawls' internationale Theorie in Bezug auf die Frage nach dem Wahrheitswert moralischer Normen agnostisch verhält, verspricht sie eine umfassendere Geltungsreichweite als konkurrierende kosmopolitische Theorien. Indem sie zum Wahrheitsgehalt umfassender Lehren nichts aussagt – beispielsweise einer umfassenden, liberalen Konzeption von Menschenrechten – kann sie beispielsweise auch gegenüber korporatistischen oder kommunitaristischen Gesellschaften gerechtfertigt werden. Allerdings kommt diese universelle Geltungsreichweite durch eine eingeschränkte externe Begründung der Theorie zustande. Wenn bestimmte Gruppen – zum Beispiel Frauen oder ethnische Minderheiten – in den Konsultationsprozess eines achtbaren Volkes nicht gleichberechtigt einbezogen werden, können sie diesen Missstand jedenfalls nicht mit Verweis auf Rawls' Völkerrechtskonzeption kritisieren.

Hier nimmt Rawls den Umstand eines vernünftigen Pluralismus also auch in Bezug auf die Frage der politischen Organisation von Gesellschaften tatsächlich ernst. Dies hat ihm viel Kritik von Seiten solcher kosmopolitischer Kritiker eingebracht, die eine umfangreichere Konzeption von Menschenrechten deshalb als universelles moralisches Ziel verstehen, weil sie deren Geltung aus umfassenderen Wahrheiten, etwa zur Bedürftigkeit von Personen gewinnen (Caney 2005; Sen 2006). Rawls' Hinwendung zu einer „politischen" statt metaphysischen Begründung führt letztlich dazu, dass er in seiner globalen Konzeption kein eindeutig liberaler Theoretiker mehr ist. Damit müsste Rawls gerade für solche Theorie-strömungen interessant sein, die einen eurozentrischen Universalismus kritisieren und mehr Bescheidenheit und Pluralismus in Bezug auf die normative Theoretisierung globaler Tatsachen fordern.

Inwiefern hilft der Verweis auf Rawls' konstruktivistische Methode nun den dritten Kritikpunkt – die fehlenden globalen Umverteilungsforderungen im nicht-idealen Teil von Rawls' Konzeption – besser zu verstehen? Ist Rawls an dieser Stelle einfach vor den vorherrschenden Meinungen und Umverteilungsverweigerungen in unserer realen Welt eingeknickt? In diese Richtung argumentiert etwa Charles Beitz. Beitz erklärt das Fehlen eines globalen Differenzprinzips in Rawls' Werk damit, dass dessen Völkerrecht überhaupt nicht als gerechtigkeitstheoretischer Entwurf verstanden werden dürfe, sondern im Sinne einer normativen Anleitung für die Außenpolitik liberaler Gesellschaften gelesen werden müsse (Beitz 2000, 275 ff.). Dieser Vorschlag reduziert die Idealität von Rawls' Völkerrecht noch weiter. Allerdings scheint klar, dass Rawls – selbst wenn er das Ziel seiner Abhandlung in der politischen Handlungsanleitung nur für bestimmte Gesellschaften sieht – dies doch in einem prinzipiengeleiteten, theoretischen Rahmen versucht. Auch wenn es also unwahrscheinlich ist, dass reiche Staaten ihren Umverteilungspflichten in der realen Welt vollumfänglich nachkommen werden, müssten diese Pflichten doch *richtig* bestimmt werden.

Eine zweite Verteidigungsstrategie von Rawls' Entscheidung, auf ein globales Differenzprinzip zu verzichten, betont, dass es belastete Gesellschaften in einer idealen Welt gar nicht geben würde. Belastete Gesellschaften stellen Rawls zufolge einen Sonderfall „nichtidealer" Umstände dar. In einer Welt, die die Anwendungsbedingungen für den idealen Teil von Rawls' Theorie voll erfüllte, würden belastete Gesellschaften schlicht nicht vorkommen, hier würde jede Person in einer wohlgeordneten Gesellschaft leben (Ypi 2010). Diese Verteidigungsstrategie betont also die theorieinternen Idealisierungsleistungen, die mit dem Verweis auf „wohlgeordnete" Gesellschaften bereits getroffen sind. Doch auch diese Lesart kann das entscheidende Problem von Rawls' Umverteilungskonzeption nicht beheben. Als dieses hatte ich eingangs Rawls' Abstraktion von bestehenden globalen Hintergrundungerechtigkeiten zwischen Staaten identifiziert. Der Grund dafür, dass Rawls von den globalen Macht- und Beherrschungsverhältnissen zwischen Staaten zu weitgehend abstrahiert, liegt meines Erachtens nicht nur darin, dass er solchen bestehenden Verhältnissen gegenüber zu unkritisch ist. Vielmehr scheint mir der Grund für dieses Problem ebenfalls in Rawls' konstruktivistischer Methode zu liegen. Diese muss nämlich diejenigen politischen Institutionen, von denen sie konstitutiv ausgeht, in einem moralisierten Sinne beschreiben. Schließlich, so hatte ich oben argumentiert, geht

Rawls Konstruktivismus nicht nur vom Umfang bestehender politischer Institutionen aus, sondern wird auch in bestehenden politischen Grundideen fundiert. Und dieses „Ausgangsmaterial" für den Konstruktionsprozess darf nicht zu unmoralisch ausfallen. Als Folge werden soziale und politische Strukturen nicht einfach „nur" empirisch beschrieben; stattdessen werden sie normativ idealisiert beschrieben. Denn erst in deren normativ aufgeladener Beschreibung findet sich wichtiges Ausgangsmaterial für den Rawls'schen Konstruktionsprozess.

Beispielsweise suggeriert Rawls an vielen Stellen seines Völkerrechts, dass Völker kollektive moralische Personen sind und sich moralisch verhalten. Im Gegensatz zum Staatsbegriff würde der Verweis auf Völker keinen notwendigen Zusammenhang zur Vorstellung nach Macht strebender, lediglich von Eigennutz getriebener Einheiten suggerieren (RV, 31). Stattdessen spricht Rawls z. B. davon, dass Völker „geachtet" werden wollen. Gesellschaftliche Kooperation ist bei Rawls bereits begrifflich „faire" Kooperation. Und die internationale Ordnung wird als eine solche beschrieben, die Frieden wahrt, die Autonomie von Völkern garantiert und deren wechselseitige Achtung und Reziprozität ausdrückt (vgl. James 2005, 300). Diese normativen Idealisierungen stellen sicher, dass der behandelte Gegenstand ausreichend normative Ressourcen für eine immanente Rekonstruktion derjenigen „impliziten" Werte und Normen bereitstellt, auf die sich Rawls' konstruktivistische Methode verlassen muss. Dies führt nicht nur zu dem Problem, dass die Anwendungsschwelle für die idealen Teile von Rawls' Theorie sehr hoch angesetzt ist. Fundamentaler scheint mir das Problem, dass derartige normative Idealisierungen unseren Blick auf bereits bestehende Ungerechtigkeiten verstellen – etwa auf Beherrschungsverhältnisse zwischen mächtigen und armen Staaten, zwischen reichen Staaten und Geflüchteten oder zwischen international agierenden Firmen und Staaten oder Individualpersonen. Im schlimmsten Fall verstellen uns solche normativen Idealisierungen den Blick auf die Analyse bestehender – ungerechter – sozialer und politischer Hintergrundstrukturen.

Literatur:

Abizadeh, Arash (2007): „Cooperation, Pervasive Impact, and Coercion: On the Scope (not Site) of Distributive Justice". In: *Philosophy & Public Affairs* 35, 318 – 358.

Beitz, Charles (2000): „Rawls's Law of Peoples". In: *Ethics* 110, 669 – 696.

Buchanan, Allen (2000): „Rawls's Law of Peoples: Rules for a Vanished Westphalian World". In: *Ethics* 110, 696 – 721.

Caney, Simon (2005): *Justice beyond Borders: A Global Political Theory*. Oxford: Oxford University Press.

Cohen, G. A. (2009): *Rescuing Justice and Equality*. Harvard: Harvard University Press.

Dreben, Burton (2003): „On Rawls and Political Liberalism". In: Freeman, Samuel (Ed.): *The Cambridge Companion to Rawls*. Cambridge: Cambridge University Press, 316–347.

Habermas, Jürgen (1996): „Versöhnung durch öffentlichen Vernunftgebrauch". In: Habermas, Jürgen (Hg.): *Die Einbeziehung des Anderen*. Frankfurt/M: Suhrkamp, 65–95.

Freeman, Samuel (2007): *Rawls*. London, New York: Routledge.

James, Aaron (2005): „Constructing Justice for Existing Practice: Rawls and the Status Quo". In: *Philosophy & Public Affairs* 33, 281–316.

Kant, Immanuel (1785): „Grundlegung zur Metaphysik der Sitten". In: Gesammelte Schriften, hg. von der Königlichen Preußischen Akademie der Wissenschaften, AA Bd. 04, Berlin, 385–446.

O'Neill, Onora (2003): „Constructivism in Rawls and Kant". In: Freeman, Samuel (Ed.): *The Cambridge Companion to Rawls*. Cambridge: Cambridge University Press, 347–367.

Pogge, Thomas (1994): „An Egalitarian Law of Peoples". In: *Philosophy & Public Affairs* 23, 195–224.

Pogge, Thomas (2001): „Rawls on International Justice". In: *Philosophical Quarterly* 51, 246–253.

Rawls, John (1999 [1980]): „Kantian Constructivism in Moral Theory". In: Freeman, Samuel (Ed.): *John Rawls. Collected Papers*. Cambridge: Harvard University Press, 303–358.

Rawls, John (1999 [1985]): „Justice as Fairness: Political not Metaphysical". In: Freeman, Samuel (Ed.): *John Rawls. Collected Papers*. Cambridge: Harvard University Press, 388–414.

Rawls, John (1999 [1989]): „Themes in Kant's Moral Philosophy". In: Freeman, Samuel (Ed.): *John Rawls. Collected Papers*. Cambridge: Harvard University Press, 497–528.

Rawls, John (1999 [1997]): „The Idea of Public Reason revisited". In: Freeman, Samuel (Ed.): *John Rawls. Collected Papers*. Cambridge: Harvard University Press, 573–615.

Ronzoni, Miriam (2009): „The Global Order: A Case of Background Injustice? A Practice-Dependent Account". In: *Philosophy & Public Affairs* 37, 229–256.

Sen, Amartya (2006): „What Do We Want From A Theory Of Justice?". In: *The Journal of Philosophy* CIII, 215–238.

Street, Sharon (2010): „What is Constructivism in Ethics and Metaethics?". In: *Philosophy Compass* 5, 363–384.

Tan, Kok-Chor (1998): „Liberal Toleration in Rawls's Law of Peoples". In: *Ethics* 108, 276–295.

Ypi, Lea (2010): „On the Confusion between Ideal and Non-ideal in Recent Debates on Global Justice". In: *Political Studies* 58, 536–555.

Carola Freiin von Villiez

4 Politische Konstruktion einer realistischen Utopie zwischen Völkern (§§ 1–3)

Mit *Das Recht der Völker* legt Rawls seinen Völkerrechtsentwurf für eine Gesellschaft von ihm so benannter wohlgeordneter Völker (RV, 2) vor. In konsequenter methodologischer Weiterführung seiner liberalen innergesellschaftlichen Gerechtigkeitskonzeption soll auch hier zur gerechtigkeitstheoretischen Überprüfung des Ist-Zustandes herausgearbeitet werden, was dem Leser als unter experimentellen Konstruktionsbedingungen der Unparteilichkeit gerechtfertigt und zugleich als moralintuitiv anerkennungsfähig erscheinen sollte. Dies soll, in Übertragung seines zuvor in *Politischer Liberalismus* entfalteten pluralistischen Ansatzes auf die globale Ebene, im ausschließlichen Rückgriff auf die Kategorien und Begrifflichkeiten des Politischen geschehen. Hierdurch hofft Rawls, eine größtmögliche kulturelle und ideologische Neutralität seiner Konzeption wahren zu können, und damit die Utopie eines friedlichen Zusammenlebens von durch ein gemeinsames Völkerrecht vereinigten Völkern zu befördern. Im Folgenden werden §§ 1–3 einer kritischen Analyse unterzogen.

1 Ein realistisch-utopisches Völkerrecht

Rawls fasst sein Vorhaben unter den Titel einer *realistischen Utopie*. Dieses Etikett scheint *prima facie* ungereimt, sucht die Kennzeichnung von Vorstellungen oder Wünschen als „utopisch" doch eigentlich gerade, diese als realitätsfern zu diskreditieren – das vermeintlich Realistische gegen das angeblich Utopische unversöhnlich in Stellung zu bringen. Es ist aber aus den folgenden Gründen wohlgewählt. *Erstens* weist Rawls mit diesem *terminus technicus* beide Grundpositionen, zwischen denen die Debatte über die angemessene Funktion des Völkerrechts oszilliert, als teilweise anschlussfähig aus. *Zweitens* bekräftigt sich darin einmal mehr seine Auffassung, dass Gerechtigkeitskonzeptionen nur dann als vollständig gerechtfertigt gelten können, wenn über begriffsanalytisch saubere und argumentationslogisch wohlbegründete Schlussfolgerungen hinaus auch ihre realweltliche Anschlussfähigkeit aufgezeigt werden kann. Im expliziten Ausgang von aktuellen politisch-rechtlichen Gegebenheiten (RV, 101, 153) offenbart sich denn auch das realistische Moment seiner Völkerrechtskonzeption, wohingegen das utopische in der Hoffnung liegt, diese anhand eines überposi-

https://doi.org/10.1515/9783110650631-006

tiven völkerrechtlichen Urteilsmaßstabs vernunftnäher umformen zu können (RV, 4). *Drittens* verrät sich hier erneut Rawls' interdisziplinäre Ausrichtung. Wo seine innergesellschaftliche Konzeption einen normativ-philosophischen Ansatz mit dem empiriebasierten Ansatz von Wirtschafts- und Sozialwissenschaften methodologisch in Beziehung setzt, zielt seine Völkerrechtskonzeption darauf ab, den empiriebasierten, sogenannten internationalen Realismus und einen normativ argumentierenden liberalen Kosmopolitismus miteinander zu versöhnen (vgl. Freiin von Villiez 2005, 77 f., 173 f.). Während der universalistische Utopismus des Letzteren sich in der Politischen Philosophie bzw. Ethik ungebrochener Beliebtheit erfreut, repräsentiert der, die Theorie Internationaler Beziehungen systematisch als politikwissenschaftliche (Hybrid-)Disziplin begründende, internationale Realismus eine außenpolitisch nach wie vor wirkmächtige Denkschule (vgl. Burchill 2001).

Wie zuvor macht sich Rawls dementsprechend auch hier zur Aufgabe, sein unter der Annahme idealer Umsetzungsbedingungen und -bereitschaft entwickeltes Gerechtigkeitsideal (die sogenannte *ideale Theorie*) um Strategien und Wirkmittel zu ergänzen, die dessen Realisierung unter defizitären lebensweltlichen Bedingungen befördern sollen (die sogenannte *nichtideale Theorie*). Die nichtideale Theorie soll also zeitgemäße, realistische Strategien und Wirkmittel für die aktive Annäherung eines defizitären globalen Istzustandes an den Idealzustand an die Hand geben. Die globalen Missstände resultieren nach Rawls primär daraus, dass sich sogenannte *Schurkenstaaten* der Verpflichtung auf ein vernünftiges (Ideal-)Völkerrecht schlichtweg verweigern, während sogenannte *belastete Gesellschaften* dies zwar nicht tun, jedoch aufgrund ungünstiger ökonomischer, sozialer, kultureller oder religiöser Umstände (noch) nicht in der Lage sind, hinreichend rechenschaftspflichtige innerstaatliche Institutionen zu etablieren, welche sie für eine gleichberechtigte Mitgliedschaft in der Gesellschaft wohlgeordneter Völker (Idealzustand) qualifizieren würden. Mit „Teil III: nichtideale Theorie" widmet Rawls der Erörterung von Strategien und Wirkmitteln zur Behebung dieser beiden Mängel immerhin knapp ein Drittel des Buchtextes und entwirft zu diesem Zweck seine (auf der traditionellen Doktrin fußende, theoriestrategisch angepasste) *Doktrin des gerechten Krieges* und seine *völkerrechtliche Beistandspflicht.*

Als Ausgangspunkt für ein zweistufiges Urzustandsverfahren (§ 3) formuliert Rawls zunächst *Präliminarien* für seine – primär auf den Schutz bereits völkerrechtlich verbriefter (*ergo* als interkulturell grundsätzlich zustimmungsfähig anzusehender) Individual- und Kollektivansprüche zielende – „Grundcharta des Rechts der Völker" (RV, 42). Es sind dies die folgenden sieben Bedingungen einer realistisch-utopischen Gerechtigkeitskonzeption für wohlgeordnete liberale

Gesellschaften und deren Analoga für eine wohlgeordnete Völkergesellschaft (RV, 14–22):

1. Eine liberale Gerechtigkeitskonzeption ist *realistisch*, wenn sie (a) unter den moralpsychologischen und realpolitischen Bedingungen einer modernen pluralistischen Gesellschaft zu Stabilität aus den richtigen Gründen führt und (b) einen Nachweis ihrer Anwendbarkeit unter ebensolchen Bedingungen erbringen kann.[1] Mit der *Stabilitätsbedingung* lehnt sich Rawls explizit an Rousseau an, der (*Vom Gesellschaftsvertrag*, Erstes Buch) ohnehin für die Gesamtidee der realistischen Utopie Pate gestanden zu haben scheint. Sie hebt darauf ab, dass eine realistisch-utopische Gerechtigkeitskonzeption überzeugend darlegen können muss, dass und wie sie zur Einhaltung ihrer eigenen Vorgaben motiviert. Die *Anwendbarkeitsbedingung* erläutert Rawls in Analogie zur anwendbarkeitssichernden Funktion gesellschaftlicher Grundgüter in seiner Konzeption der Gerechtigkeit als Fairness, welche hier aber nicht weiter thematisiert werden soll.

1.* *Stabilität* und *Anwendbarkeit* sind auch für eine realistische Völkerrechtskonzeption zur Modellierung einer vernünftigen Völkergesellschaft notwendige Bedingungen. Mit seiner Erörterung bezeugt Rawls die für seine Völkerrechtskonzeption zentrale Relevanz der Annahme, Völkern könne – im Unterschied zu Staaten – moralisch motivierte Loyalität zu den Völkerrechtsprinzipien zugeschrieben werden (vgl. RV, 19). Dieses Postulat, welches ihn dazu motiviert, Staaten als die traditionellen Akteure des Völkerrechts durch Völker zu ersetzen, kann als der Grundstein angesehen werden, mit dem die Schlüssigkeit seiner Völkerrechtskonzeption steht und fällt. Wie weiter unten erläutert wird, konterkariert Rawls aber just mit dieser Substitution die Anwendbarkeit seiner Konzeption und die Stabilität einer ihr gemäß geordneten Völkergesellschaft.

2. Dem *utopischen* Moment entspricht eine liberale Gerechtigkeitskonzeption, indem sie, im Ausgang von politischen Idealen, Prinzipien und Begriffen, „eine vernünftige und gerechte Gesellschaft" charakterisiert (RV, 16). Die Grundstruktur einer solchen Gesellschaft sichert mittels des Primats unantastbarer individueller Grundrechte, Freiheiten und Lebenschancen sowie mittels einer Garantie der zu deren Realisierung erforderlichen gesellschaftlichen Grundgüter dauerhaft die individuelle politische Autonomie (RV, 16).

2.* Eine im Rückgriff auf politische Ideale, Prinzipien und Begriffe konzipierte, *utopische Völkerrechtskonzeption* modelliert die Grundstruktur einer annehmbar gerechten Völkergesellschaft (RV, 20) durch ihre analoge Positionierung

---

1 Aus der Aufspaltung der ersten Bedingung in das Stabilitäts- und das Anwendungskriterium ergibt sich die Diskrepanz zwischen Rawls' Ankündigung von sieben Bedingungen und seiner numerischen Identifikation von sechs Bedingungen.

der Völker zwischen rational geleitetem Interessenegoismus und vernunftgelei-
tetem Altruismus. Während Rawls' Annahme, dass Völker als Kollektivpersonen
ein (berechtigtes) rationales Eigeninteresse an der Wahrung ihrer Autonomie im
Kontext der Prinzipien von Freiheit, Gleichheit und Reziprozität haben, unmittelbar als konzeptionell relevant einleuchtet, verbleibt die Rede von einem ver-
nunftgeleiteten Altruismus merkwürdig unvermittelt. Die Vermutung liegt nahe,
dass er hier wieder den liberalen Kosmopolitismus in Gegenstellung zum internationalen Realismus bringt. Eine die Auszeichnung des kosmopolitischen Altruismus als vernunftgeleitet stützende Argumentation liefert er allerdings nicht.

3. Als dritte Bedingung für eine realistische Utopie nennt Rawls deren *freistehende* Konzipierung aus der (jeweiligen) öffentlich-politischen Kultur unabhängig von sogenannten umfassenden Doktrinen (RV, 17; s. auch PL, 1., V., § 2 und
4., V., § 5). Hiermit entspricht er der, in Reaktion auf Kritik an den vermeintlichen
metaphysischen Grundlagen seiner ursprünglichen Theorie vorgenommen, Um-
widmung seiner innergesellschaftlichen Gerechtigkeitskonzeption auf liberale
Gesellschaften in *Politischer Liberalismus*.

3.* Die analoge Bedingung sieht Rawls durch die Ausweitung einer dementsprechend *politischen* „Gerechtigkeitskonzeption für eine konstitutionelle Demokratie" auf die Völkerrechtsebene erfüllt (RV, 20). Seine Annahme, auch nicht-
unvernünftige-nicht-liberale Gesellschaften könnten eine so generierte Völkerrechtskonzeption als freistehend (an)erkennen, ist – umso mehr, als die ihr zugrunde gelegte Neutralität seines innergesellschaftlichen Entwurfs selbst von
westlichen Kritikern angezweifelt wurde und wird – problematisch. Überzeugende Argumente gegen die näherliegende Vermutung, dass solche Gesellschaften seine aus ihrem liberalen Ursprungskontext auf die Völkerrechtsebene über-
tragenen politisch-rechtlichen Prinzipen als dem Liberalismus ideologisch und
sozio-kulturell verpflichtete ablehnen müssten, bleibt Rawls aber ebenso schuldig
wie das Realbeispiel auch nur einer seiner Idealdefinition nahekommenden Gesellschaft.

4. Im Zuge von Rawls' Erörterung der *institutionellen* Bedingungen für seine
realistische liberale Gerechtigkeitskonzeption wird deutlich, dass die Gewähr-
leistung einer dauerhaft gerechten und aus den richtigen Gründen stabilen
Grundstruktur Demokratien, die sich dem Faktum des innergesellschaftlichen
Pluralismus verpflichten, vor ganz besondere Herausforderungen stellt. Dauerhaft
gerechte und stabile Institutionen erfordern, dass sich eine hinreichende Anzahl
von Staatsbürgern aus den richtigen Gründen zu den freiheitlich-liberalen Kon-
stitutionsprinzipien und Idealen ihrer Gesellschaft bekennt. Sie hängen hier also
ganz empfindlich von dem Willen ihrer Staatsbürger ab, in einem übergreifenden
Konsens verlässlich das aus konstitutioneller Sicht *Rechte* dem aus doktrinärer
Sicht *Guten* überzuordnen oder diese Trennung zumindest in der Form eines

Verfassungskonsenses zu respektieren. Insofern fordert die (zwangsunbewährte) Umsetzung einer realistischen Utopie, ungeachtet ihrer durch die Konzipierung als freistehende politische Auffassung bereits epistemisch abgesicherten Akzeptabilität, den Normsubjekten eine verlässliche (emotive) *Anerkennungs-* und *Folgebereitschaft* ab. Letztere gründet in einem von Rawls postulierten „angemessenen Gerechtigkeitssinn" (RV, 17), welcher, zum „politischen Kapital einer Gesellschaft" (PL, 248) gehörend, im grundstrukturellen Rahmen aktiv gefördert werden muss, um die wirksame Ausübung der republikanischen, „kooperativen Tugenden des politischen Lebens" (u. a. Vernünftigkeit, Toleranz, Fairness und Kompromissbereitschaft) zu gewährleisten (PL, 255; vgl. RV, 18). Die Umsetzungsaussichten einer realistischen Utopie hängen, mit anderen Worten, entscheidend davon ab, dass ein Staat die individuelle Ausbildung einer demokratischen, pluralismusaffinen Motivation und die politische Mündigkeit seiner Bürger strukturell fördert. Nur so ist sicherzustellen, dass sich die Maßgaben der politischen Gerechtigkeitskonzeption im Konfliktfall gegen sie transzendierende individuelle Wertvorstellungen behaupten können (vgl. PL, 248).

4.* Eine analoge *innere Bindung* der *Völker* an ein vernünftiges Völkerrecht ist für die Umsetzung einer realistisch-utopischen Völkerrechtskonzeption unabdingbar, und Rawls' Annahme, die diesbezügliche Loyalität der Völker variiere entsprechend der Beschaffenheit ihrer jeweiligen *innergesellschaftlichen institutionellen Prozesse*, ist zweifellos korrekt. Zur Untermauerung seiner in diesem Zusammenhang entscheidenden These, „soziale und politische Einheit" setze „historisch gesehen, [...] keine religiöse Einheit" voraus, verweist er auf „Tatsachen des sozialen Handelns" (RV, 18); und seine dahingehende Analyse der historischen Entwicklungen innerhalb Europas ist auch durchaus anschlussfähig. Die Annahme, dass nichtliberale Gesellschaften die Rawls'sche Tatsachendeutung „historischer Kenntnisse und Überlegungen" (RV, 18) als zielführend für ihre eigenen Gesellschaftsideale begrüßen würden, ist hier ebenso fragwürdig, wie ein dahingehender Beleg – gerade mit Blick auf Rawls' pluralistisches Ideal – unabdingbar wäre. Tragfähige Indizien für analoge globale Realisierungsaussichten bleibt Rawls aber auch hier schuldig. Realbeispiele, welche die Legitimität seiner Extrapolation von der innereuropäischen Entwicklung mit ihren spezifischen historischen und intellektuellen Voraussetzungen auf die – durch eine Koexistenz von geschichtlich überaus divers geprägten Kulturkreisen gekennzeichnete – globale Ebene stützen könnten, lassen sich bisher jedenfalls nicht anführen. Zugleich lässt die der Aufklärung geschuldete Erkenntnis, dass die Deutung von Geschichte ein weder ideologisch unschuldiges noch aus wissenschaftstheoretischer Sicht vollumfänglich objektives – zudem stets mit der Unvollständigkeit der Momentaufnahme behaftetes – Unterfangen ist, das Fundament, auf das Rawls hier baut, umso fragiler erscheinen. Ein Realdialog mit dem methodologischen

Ziel eines *empirisch bewährten* Überlegungsgleichgewichts würde hier weitertragen.

Die Substitution des Staatsbegriff durch den Volksbegriff bringt Rawls mit Blick auf die richtig angeführte Relevanz innergesellschaftlicher Institutionen für ein völkerrechtskonformes Zusammenleben noch weiter in die Bredouille, hält er doch, neben den sozialen Institutionen, die politischen Institutionen ebenjenen Staates (RV, 17) – gar den „Staatsmann" (RV, 139) – für die lenkende Förderung der moral- und sozialpsychologischen Entwicklung ihres (Staats-) Volkes verantwortlich. Damit setzt er seine Konzeption zudem einer konzeptionsimmanenten Zirkularität aus. Selbst wenn diese sich auch im Sinne eines dialektischen Erziehungsverhältnisses von Volk und staatlichen Institutionen deuten ließe, so bedarf doch das aus der Vermischung von liberaler Tradition und republikanischen Vorstellungen eines Erziehungsauftrags politischer Institutionen resultierende theorieinterne Spannungsverhältnis weiterer Reflexion. Ambivalent ist hier auch Rawls' Rede vom „Charakter eines Volkes" und dessen historischer Entwicklung (RV, 18), die weiter unten beleuchtet werden soll.

5. Eine Praxis der *öffentlichen Vernunft* befördert die allmähliche Herausbildung eines übergreifenden Konsenses umfasster Doktrinen über eine vernünftige politische bzw. freistehende „Konzeption des Rechten und der Gerechtigkeit", den Rawls für die „soziale Stabilität" wohlgeordneter Gesellschaften als unerlässlich betrachtet (RV, 18).

5.* Der Inhalt der *öffentlichen Vernunft* der *Völkergesellschaft* wird durch die Prinzipien eines freistehend konzipierten Völkerrechts gestellt (vgl. den Beitrag von Andreas Nierderberger in diesem Band). Auf interkulturell variierende Begriffsdefinitionen der Vernunft oder der Rationalität geht Rawls nicht ein. Seiner Hoffnung auf eine der innereuropäischen Geschichte analoge Entwicklung steht hier überdies die wiederholte Erfahrung eines (säkularen ebenso wie metaphysischen) Staatsreligionen scheinbar unweigerlich innewohnenden expansionistischen Charakters gegenüber, so dass, wie er selbst an anderer Stelle einräumt, die Anzahl wohlgeordneter Völker aktuell gen null tendiert (RV, 22).

6. Als letzte, gleichwohl nicht notwendige, Bedingung fordert Rawls einer wohlgeordneten Gesellschaft eine vernünftige Idee der *Toleranz* als Bestandteil ihrer politischen Konzeption ab. Wenngleich er deren Vernunftimplikationen unter Verweis auf seine Ausführungen in *Politischer Liberalismus* schlüssig ableitet, erscheint sein Argument dennoch zirkulär, da die Einhaltung rechtlich gezogener Grenzen der Toleranz – ja bereits deren Ziehung selbst – eine Bereitschaft, politische Macht aus Einsicht in die Angemessenheit dieser Implikationen nur im Einklang mit einem vernünftigen Pluralismus auszuüben, bereits vorauszusetzen scheint. Hier verwundert zudem, dass Rawls die Notwendigkeit einer Idee der Toleranz für seine realistisch-utopische Gerechtigkeitskonzeption unter

Verweis auf die bloße *Vorstellbarkeit* von Gesellschaften relativiert, deren umfassende Lehren allesamt „zu einer entsprechenden Sichtweise führen" (RV, 19).

6.* Rawls' analoge Annahme, der regelmäßige Gebrauch der öffentlichen Vernunft „in der umfasstenderen Gesellschaft der Völker" führe ebenso „unausweichlich zur Toleranz" (RV, 21), ist durch die gleiche Argumentationszirkularität und Realitätsferne belastet.

2 Volk, Nation, Staat

Während die positivrechtliche Kodifizierung der multilateralen Beziehungen zwischen Staaten im Deutschen gemeinhin unter dem Begriff des Völkerrechts gefasst wird, firmiert sie im anglo-amerikanischen Sprachraum unter den Bezeichnungen *Law of Nations* oder *International Law*. Rawls bezeichnet seinen Völkerrechtsentwurf indessen als „Law of Peoples". Auch hier verfolgt er mit seiner Begriffswahl ein konzeptionelles Ziel. *Zum einen* indiziert er damit, dass sein liberaler Entwurf als *überpositiver Beurteilungsmaßstab* für ebenjene, durch die etablierten Titel bezeichnete positivrechtliche Ordnung dienen soll. *Zum anderen* ersetzt er damit explizit Staat und Nation als die traditionellen Grundakteure in Theorie und Praxis des Völkerrechts durch die Variable „Volk". Rawls stellt die folgenden Kriterien für sein liberales Volksideal auf:

1. *Institutionell* betrachtet verfügt ein liberales Volk über eine demokratisch verfasste, *annehmbar gerechte rechtsstaatliche demokratische Regierung* (RV, 26), die sich an den grundlegenden Bedürfnissen ihrer Bürger orientiert und ihnen gegenüber verantwortlich ist.

2. *Kulturell* betrachtet wird es durch *geteilte Zuneigungen* seiner Bürger vereint (RV, 26). Hier tritt die Problematik von Rawls' Begriffssubstitution zutage, denn der – auch für seine Konzeption offenkundig unabdingbare – Begriff des Bürgers als Funktionsbezeichnung für die Normadressaten rechtsstaatlich (gleichwohl nicht notwendig volldemokratisch) geordneter Gefüge ist begriffshistorisch und legitimationslogisch an den des Staates gebunden. Dies verrät denn auch seine Rede von (liberalen) Völkern, die „[z]um Schutz und zur Sicherheit ihrer Bürger versuchen, [...] ihr *Staats*gebiet zu schützen" (RV, 31f.; Hv. C.FvV.). Um ihn unter veränderten Prämissen verwenden zu können, rehabilitiert Rawls den Begriff der *Nation*, den er eigentlich bereits mitverabschiedet hatte, unterscheidet deren Idee dabei aber explizit von der einer Regierung oder eines Staats. Unter Verweis auf Mill schlägt er vor, den Begriff der Nation als Umschreibung für die „Kultur eines Volkes" und die Nation „als ein Muster kultureller Werte" zu verstehen (RV, 225, Fn. 20). Seine Entkräftung der von J.S. Mill als „stärkste Ursache" für das „Gefühl der Nationalität" benannten Kriteriums einer gemeinsamen politischen Ge-

schichte und Erinnerungskultur konterkariert dabei die für Rawls ansonsten charakteristische Betonung der einigenden Identifikationskraft des Politisch-Rechtlichen. Mit seiner geschichtlichen Entkernung des Politischen und der Rechtskultur gibt Rawls, wie im letzten Abschnitt des vorliegenden Beitrags gezeigt werden soll, die – Vertragstheorie und Völkerrecht gleichermaßen tragende – Vorstellung des Staats als diachroner Größe auf, um den Staatsbegriff in den des Regimes aufgehen zu lassen. Die suggerierte politisch-rechtliche Geschichtslosigkeit und sozio-kulturelle Beliebigkeit von Völkern scheint dabei einer Validierung der erhofften analogen Entwicklung Europas und der globalen Entwicklung zuzuarbeiten.

Anders als Rawls in diesem Zusammenhang suggeriert, lässt Mill den Begriff der Nation auch nicht in dem – bei Rawls auch nicht mehr diachronen – Kulturbegriff aufgehen. Dessen Auflistung möglicher nationalgefühlstiftender Ursachen – u.a. „Identität der Rasse und Abstammung", „Gemeinsamkeit der Sprache und der Religion", „Identität der politischen Vorgeschichte*", „Besitz einer nationalen Geschichte" und „geographische Begrenzungen*" (RV, 224, Fn. 17)[2] – zeichnet das Identifikationsmuster einer essentialistisch, sozio-kulturell und politisch-rechtlich verwobenen Herkunfts- und Erinnerungsgemeinschaft, die sich in Abgrenzung von anderen solchen Gemeinschaften versteht, kurzum, einer *nationalstaatlichen Rechtskultur* (hierzu Freiin von Villiez/Mohr 2002). Der Nationenbegriff nimmt grundsätzlich eine unklare Stellung zwischen den Begriffen von Volk und Staat ein (vgl. Mohr 2001, 208), und so lässt sich Rawls' Unterscheidung zwischen Nationen und Völkern auf der einen Seite und Staaten auf der anderen auch legitimationstheoretisch nicht eindeutig abbilden. Lohnenswert wäre in diesem Zusammenhang eine komparative Analyse der Konnotationen und Verwendungsweisen dieser Begriffstrias im US-amerikanischen und im europäischen sprach- und begriffsgeschichtlichen Kontext.

3. *Charakterlich* betrachtet verfügt Rawls' liberales Idealvolk über eine *moralische Natur*, die einer festen Bindung an eine politische Gerechtigkeitskonzeption entspringt. Analog zum moralischen Individuum weist es sich durch seine Befähigung zur *Rationalität* (Konzeption des eigenen Guten oder rationalen Interesses) und *Vernünftigkeit* (Reziprozität) als kollektive moralische Person aus (RV, 30 f.), wohingegen Staaten durch ein ausschließlich auf Macht, Ruhm und Reichtum gerichtetes, durch die Vernunft nicht gezügeltes rationales Staatsinteresse definiert werden (RV, 31).

Mit der Stilisierung seines liberalen Idealvolkes zum Statthalter der Moralität lädt Rawls den Volksbegriff normativ so weit auf, dass sein Begründungspotential

---

2 *Von der Übersetzung in RV abweichende wörtliche Übersetzung.

abermals der Zirkularität anheimfällt. Dabei blendet er die essentielle legitimationstheoretische und lebensweltliche Rückbindung von Staaten an ihre (Staats-) Völker und die daraus *beiderseitig* erwachsenden Verantwortlichkeiten aus: die sich in ihrer Rechenschaftspflichtigkeit manifestierende Zweckgebundenheit staatlicher Organe und ihrer Repräsentanten auf der einen Seite und die Verantwortlichkeit für die zweckmäßige Etablierung und gewissenhafte Kontrolle derselben durch das Staatsvolk auf der anderen. Im Sinne dieser Verantwortlichkeit kann sich ein Staatsvolk – ungeachtet seiner liberalen oder nichtliberalen politischen Organisationsform, und auch angesichts widriger innerstaatlicher Umstände – nicht von seiner faktischen Mitverantwortlichkeit für das Handeln seiner Repräsentanten freisprechen (lassen). Alles andere würde die Idee des autonomen Individuums als Moral- und Rechtbildner *ad absurdum* führen.

3 Realistisch-utopische Konstruktionsbedingungen

Rawls entwirft als eines der Kernstücke seiner Theorie der „Gerechtigkeit als Fairness" das rational-normative Rechtfertigungsmodell eines innergesellschaftlichen Urzustandes zur Festlegung von Gerechtigkeitsgrundsätzen für die Grundstruktur einer liberalen Gesellschaft. In seiner Völkerrechtskonzeption erweitert er dieses Modell, wie er in *Eine Theorie der Gerechtigkeit* bereits viele Jahre zuvor angekündigt hatte, um einen *zwischengesellschaftlichen Urzustand*. In dessen Rahmen sollen zunächst Prinzipien für die Beziehungen zwischen jenen Völkern bestimmt werden, deren Verfassungen die Kriterien *liberaler Wohlgeordnetheit* erfüllen. Diese Prinzipien, die *Grundcharta* seines Völkerrechts, haben eine den innergesellschaftlichen Gerechtigkeitsprinzipien analoge strukturmodellierende Funktion. Während die letzteren die Grundstruktur einer liberalen Gesellschaft modellieren sollen, sollen die Völkerrechtsprinzipien die Grundstruktur der Völkergesellschaft so modellieren, dass alle liberalen Völker – sowie in einem zweiten Schritt die von Rawls als „achtbar" definierten Völker – diese als akzeptabel und gerechtfertigt anerkennen könnten.

Für seinen zwischengesellschaftlichen Urzustand benennt Rawls fünf, dem innergesellschaftlichen Urzustand analoge, Kriterien: Vernünftigkeit, Rationalität, angemessener Gegenstand, Unparteilichkeit und Kohärenz. Auch hier soll die symmetrische Entscheidungspositionierung der Parteien zu einem durch Verfahrensgerechtigkeit abgesicherten Ergebnis führen. Rawls zielt hier, wie mit dem innergesellschaftlichen Urzustand, auf die dauerhafte Sicherung von autonomer Handlungsfähigkeit und Verfügungsgewalt ab, wobei die theorieimmanente Funktion individueller Lebenspläne von der Idee der grundlegenden Eigeninteressen der Völker übernommen wird. Die Annahme, dass Rawls sein Recht der Völker in einem normativen Ideal kollektiver Autonomie letztbegründend verankert, wird von Passagen gestützt, in denen er grundlegende autonomiebezogene Interessen von Völkern benennt, deren Sicherung für ihre Befriedung unerlässlich ist (vgl. ausdrücklich RV, 38 f.).

Während seine Betonung kollektiver Autonomie einem Grundgedanken des modernen Völkerrechts Rechnung trägt, lehnt Rawls aber das dort für die *positivrechtliche Realisierung* eines *Systems größtmöglicher Autonomie* der Völker als unerlässlich verankerte Prinzip staatlicher Souveränität ab, durchaus in Verkennung des essentiellen legitimationstheoretischen Zusammenhangs dieser zwei Grundprinzipien des Völkerrechts. Die Souveränität der Staaten wird, mit dem in ihr begründeten Verbot (über die akute Selbstverteidigung oder Verteidigung alliierter Mächte hinausgehender) zwischenstaatlicher Gewaltanwendung, von Vielen zu Recht als die Geburtsnorm des Völkerrechts betrachtet. Wenn aber die Souveränität der Staaten die Geburtsnorm des Völkerrechts darstellt, so könnte man das Prinzip der politischen, wirtschaftlichen, sozialen und kulturellen Selbstbestimmung der Völker als dessen *Grundnorm* bezeichnen. Das sich in diesem Prinzip ausdrückende Ideal kollektiver Autonomie ist nämlich, wie im letzten Abschnitt des vorliegenden Beitrags gezeigt werden soll, als der *letztbegründende normative Fixpunkt* jedweder positivrechtlichen Souveränitätsbefugnis und aus dieser sich ableitenden staatlichen Souveränitätshandlungen zu verstehen.

Mit seiner Entscheidung, die Rechtfertigung von Völkerrechtsgrundprinzipien in einem zweiten, dem innergesellschaftlichen Urzustand – *quasi lexikalisch* – nachgeordneten, zwischengesellschaftlichen Urzustand vorzunehmen, hat Rawls massive Kritik auf sich gezogen. Dass eine konsequente Weiterführung seiner Konzeption der Gerechtigkeit als Fairness angesichts der kooperativen Vernetzungen der Völker eine globale Anwendung der darin vertretenen Gerechtigkeitsgrundsätze gebieten könnte, hat Brian Barry – in unmittelbarer Reaktion auf Rawls' Ankündigung der Zweistufen-Lösung in *Eine Theorie der Gerechtigkeit* – bereits 1973 erkannt. Eine systematische Weiterentwicklung dieses Gedankens schlug sich aber erst einige Jahre später in Modellen eines *einstufigen internationalen Urzustands* nieder (vgl. Beitz 1979) und wurde seitdem kontinuierlich um daran anschließende Vorschläge sowie um Modelle eines *einstufigen personalen Urzustands* (vgl. Pogge 1989) ergänzt (hierzu Freiin von Villiez 2005). Das gemeinsame Kernziel von mit diesen Alternativmodellen operierenden Theorieansätzen besteht in einer, von Rawls abweichenden, Rechtfertigung und/oder empirischen Ausgestaltung eines internationalen bzw. global-personalen Differenzprinzips (vgl. den Beitrag von Corinna Mieth in diesem Band). Die zahlreichen diesbezüglichen Vorschläge sollen hier nicht näher präsentiert, die Alternativmodelle aber schematisch einer kurzen legitimationstheoretischen Problematisierung unterzogen werden.

Modelle eines *einstufigen internationalen Urzustands* betrachten wohlhabende Staaten als entschädigungspflichtig gegenüber weniger wohlhabenden Staaten und fordern, über die von Rawls formulierte Beistandspflicht kategorial hinausgehend, die politisch-rechtliche Verankerung eines internationalen Differenzprinzips. Die behauptete Entschädigungspflicht macht sich an der Annahme fest, der Wohlstand von Staaten läge in ihren jeweiligen geologischen und klimatischen Gegebenheiten begründet; und Letztere verdankten sich ihrerseits historisch bedingten geographischen Grenzziehungen, welchen, *qua* kontingent, aber keine verteilungsrechtfertigende Kraft innewohne. Die dabei als Grundprämisse etablierte Behauptung eines Kausalzusammenhangs zwischen Reichtum an natürlichen Ressourcen und gesellschaftlichem Wohlstand ist jedoch, wie Rawls selbst schon unter Verweis auf Landes (1998) verdeutlicht, empirisch nicht belastbar (RV, § 16.2). Wenn ein solcher Kausalzusammenhang aber nicht haltbar ist, sind – ungeachtet der behaupteten Kontingenz historischer Grenzziehungen – auch darauf aufbauende Entschädigungsforderungen hinfällig.

Tatsächlich weist die empirische Beweislage eher darauf hin, dass (individueller und kollektiver) Wohlstand – falls nicht primär, so doch zumindest in hohem Maße – von internen Faktoren – wie etwa Leistungsbereitschaft und Innovationsgabe, sozio-kulturellen und politisch-rechtlichen Rahmenbedingungen sowie ökonomischen Entscheidungen und technischen Entwicklungen – abhängt. Insofern lässt sich zur Rechtfertigung von Entschädigungspflichten also bestenfalls ein nicht auseinanderdifferenzierbares Gemenge von solchen internen Faktoren und externen Faktoren zugrunde legen. Erschwerend kommt hinzu, dass die Tauschwerte natürlicher Rohstoffe (ähnlich denen von physischen und mentalen Begabungen oder Talenten) auch noch in einem entscheidungstheoretischen Zusammenspiel von Individuen und/oder Kollektiven bestimmt, und diese damit überhaupt erst zur *Ressource* gemacht werden. All dies lässt einen Rückgriff auf Rawls' eigene Argumentation zur Rechtfertigung innergesellschaftlicher Ausgleichsansprüche mehrversprechend erscheinen. Dieser gemäß lassen sich natürliche Begabungen und Talente allenfalls dann zur Rechtfertigung von Ausgleichsansprüchen heranziehen, wenn – aber auch nur soweit – ihre Entfaltung zu gewinnbringenden Eigenschaften entscheidend von der Einbindung ihrer Träger in einen gemeinsamen institutionellen Rahmen abhängt.

Genau hierauf heben Konzeptionen ab, die Entschädigungsforderungen nicht an die natürliche Verteilung von Ressourcen binden, sondern an deren *Nutzbarmachung*. Die dabei vorgenommene Beschränkung auf fossile Brennstoffe oder Mineralien leuchtet hier allerdings nicht ein. Eine ergebnisoffen auf Unpartei-

lichkeit bedachte Theoriekonzeption müsste vielmehr sämtliche verwertungsre-
levanten Faktoren – also etwa auch agrartechnisch kultivierbares Land, agrartechnisch relevante klimatische Bedingungen (Anzahl und Intensität von Sonnen-
und Regentagen, Temperaturkurve, Jahreszeitenlänge, Anzahl möglicher Ernte-
perioden etc.), Meereszugang, um hiervon nur einige zu nennen – erheben und ihr
wohlstandsrelevantes Rohpotential gemäß ihrer staatsspezifischen Verteilung
berechnen. All dies wäre zudem generationengerecht in geschichtlichem Rück-
blick und Extrapolation zu leisten, unter Hinwegsehen des Nichtvorhandenseins
eines (genuinen) gemeinsamen Institutionenrahmens sowie unter problematischer Entkoppelung der moralphilosophisch und rechtstheoretisch grundlegenden Verbindung von kollektiver Autonomie und kollektiver Eigenverantwortlichkeit für politisch-rechtliche, ökonomische und sozio-kulturelle Entscheidungen.

Modelle eines *einstufigen personalen Urzustandes*, d. i. eines globalen Urzustandes zwischen Individuen, sind vor dem Hintergrund der vorangegangenen
Erwägungen – abgesehen von der hiermit eröffneten Etablierungsmöglichkeit
eines weltstaatlichen Institutionenrahmens – als ebenso problematisch einzu-
stufen. Letztere führt allerdings zu noch gravierenderen Problemen. Ein zweistufiges Begründungsverfahren, wie es Rawls in Anlehnung an Kant vertritt, ist
nämlich (zumindest bei Kant; vgl. Freiin von Villiez 2019) weder der Kapitulation
vor einer defizitären Realität noch bloß pragmatischen Erwägungen hinsichtlich
der Effizienz oder der Zweckmäßigkeit positiven Rechts geschuldet, wie dies oftmals behauptet wird, sondern normativ geboten. Es trägt dem Selbstbestimmungsanspruch der Völker Rechnung, und macht, wie im Nachfolgenden gezeigt
werden soll, die in der Eigenstaatlichkeit sich positivrechtlich voll entfaltende
Idee des Individuums als einem autonomen Moral- und Rechtbildner zum un-
hintergehbaren Fixpunkt der Rechtsbegründung (vgl. Freiin von Villiez 2005;
2019). Dieser Selbstbestimmungsanspruch der Völker mit der ihm korrespondie-
renden Eigenverantwortlichkeit (die auch Rawls einfordert; vgl. RV, § 16) lässt sich
dann auch ebenso wenig durch utilitaristische Argumente einer individuellen
oder kollektiven Nutzenerhöhung aushebeln wie der grundlegende Autonomie-
anspruch des Individuums.

4 Selbstbestimmte Völker und souveräne Staaten

Rawls begründet seine Substitution des Staatsbegriffs durch den Volksbegriff
damit, dass dieser – ob primär historisch oder begriffslogisch bleibt dabei offen –
mit einem traditionellen Souveränitätsverständnis konnotiert sei, welches ein
uneingeschränktes Recht auf Kriegsführung sowie uneingeschränkte innere
Souveränitätsrechte einräume. Dieses traditionelle Verständnis, auf dem das in-

ternationale Recht einst aufbaute, decke sich jedoch nicht mehr mit dem heutigen Verständnis der Stellung von Staaten im Völkerrecht.

Richtig ist, dass das heutige Völkerrecht der inner- und außerterritorialen Ausübung von Staatsgewalt Grenzen setzt. Dies manifestiert sich exemplarisch in der Qualifizierung der äußeren Souveränität von Staaten durch die Selbstbeschränkung legitimer zwischenstaatlicher Gewaltanwendung auf Fälle individueller oder kollektiver Selbstverteidigung, wie sie im Briand-Kellog-Pakt vom 27. 8. 1928 festgeschrieben ist (hierzu Fischer 1999, § 59, 7). Nicht zustimmungsfähig ist hingegen Rawls' Behauptung, das Recht auf kollektive Selbstverteidigung könne nicht aus „heimischen" Gerechtigkeitsgrundsätzen abgeleitet werden (RV, 29), welche sich seinem begründungstheoretisch problematischen Ausgehen von Gesellschaften als geschlossenen Einheiten (RV, 28) und der damit einhergehenden kategorialen Trennung zwischen binnen- und außenrechtlichen Räumen verdankt. Es verschleiert, dass ein qualifiziertes *ius ad bellum* sich aus dem – das Völkerrecht als normativ verbindliche Rechtsordnung begründenden – *innerrechtlichen Selbstbestimmungsanspruch von Völkern* ergibt, von dem sich, normativ-logisch und positivrechtlich, jegliche staatliche Souveränitätsbefugnis herleitet. Während die Ausübung innerstaatlicher Souveränitätsrechte in letzter Instanz an eine diesem entsprechende Selbstbestimmungsbefugnis dauerhaft rückgebunden ist, treten ihm aufruhende Rechte äußerer staatlicher Souveränität im Zuge der völkerrechtlichen Anerkennung von Staaten als originäre Völkerrechtssubjekte normativ-logisch als bloße Schutz- und Abwehrrechte hervor (vgl. Freiin von Villiez 2019). In diesem Sinne ergibt sich ein qualifiziertes *ius ad bellum* als ein Recht auf kollektive Selbstverteidigung (dessen Wirksamkeitssicherung auch ein Recht auf die Verteidigung alliierter Staaten im Rahmen von Verteidigungsbündnissen miteinschließt) tatsächlich aus dem *innergesellschaftlichen* Selbstbestimmungsanspruch der Völker, welcher *metaprinzipiell* – auch für Rawls – die Befugnis zur Festlegung von heimischen Gerechtigkeitsgrundsätzen begründet.

(National-)Staaten können aus gutem Grunde als institutionalisierter Ausdruck dessen, dass sich eine bestimmte Anzahl von – sich als autonom, d. i. grundsätzlich *normativ gleichberechtigt*, verstehenden – Individuen vor dem Hintergrund ihrer übereinstimmenden Selektion von nicht-beliebigen Merkmalen als einander zugehörig, d. i. als eine (Volks-)Gemeinschaft auffasst, betrachtet werden: sie sind die politisch-rechtliche Gestalt dieser Individuen als Gemeinschaft. Die Autonomie solcher Gemeinschaften leitet sich normativ-logisch aus der Autonomie der sie konstituierenden Individuen ab und ist an diese somit auch dauerhaft rückgebunden. Staaten obliegt es, sie zu sichern, indem sie Willen und Interessen ebendieser sie autorisierenden, vergemeinschafteten Individuen realisieren. Diesem Gedanken entspricht das positive Völkerrecht durch seine

Rückkoppelung staatlicher Souveränität an den Selbstbestimmungsanspruch der Völker, welcher (s. UN-Menschenrechtspakte 1966, jeweils Artikel 1) in die positivrechtliche Form eines *kollektiven Menschenrechts* gegossen wurde. Als Recht, das zwar nur von Kollektiven wahrgenommen werden kann, aus legitimationstheoretischer Sicht *indirekt* aber an die sie konstituierenden Individuen unlösbar rückgebunden ist, ist das Selbstbestimmungsrecht der Völker neben den (rein) individuellen Menschenrechten, welche (in Form des als *ius cogens* geltenden völkergewohnheitsrechtlichen Menschenrechts-Mindeststandards; vgl. Ipsen 1999, § 50) die Souveränität der Staaten *direkt* an das Individuum rückbinden als legitimationstheoretischer Fixpunkt jedweden staatlichen Handelns zu betrachten (vgl. Freiin von Villiez 2005, 89 ff., 157 ff.; 2019). Dieses Selbstbestimmungsrecht ist das *ureigene Recht der Völker*.

Dass die individuelle Bekräftigung solcher Vergemeinschaftung sowie deren politisch-rechtlicher Institutionalisierung in Form des Staats und der Staatsgewalt ausübenden Organe legitimationstheoretisch als kontrafaktische Vorgänge zu denken sind, ist eine elementare Lehre aus der Theorie des Gesellschaftsvertrages, welche (im Regelfall, insbesondere aber bei Kant) sowohl die Autorisierenden als auch den/die Autorisierten als *diachrone* Größen auffasst. Rawls bekräftigt mit Kant eine globale Ordnung innenpolitisch und binnenrechtlich voneinander unabhängiger Staaten. Die – im heutigen Völkerrecht wie in Kants Konzeption aufzufindende – Rückkoppelung staatlicher Souveränität an das Selbstbestimmungsrecht der Völker (vgl. Freiin von Villiez 2019) sucht er durch die Benennung von Mindestkriterien für zulässige institutionelle Ausgestaltungsoptionen zu sichern, welche für eine politisch-rechtlich gleichberechtigte Teilhabe in seiner Gesellschaft wohlgeordneter Völker erfüllt sein müssen. Dabei hält er an dem, auch dem positiven Völkerrecht eingeschriebenen, diachronen Charakter des Volkes fest, während er, vom positiven Völkerrecht abweichend, den Staatsbegriff im räumlich-zeitlich bestimmten Begriff des *Regimes* aufgehen lässt und damit den Staat als diachrone Größe verabschiedet. Indem er den Volksbegriff zugleich moralisch überhöht, verklärt Rawls die legitimationstheoretische Beziehung zwischen (Staats-)Völkern und ihren grundlegenden Institutionen.

Das Aufgehen des Staatsbegriffs im Regimebegriff bei gleichzeitiger Überhöhung des Volksbegriffs kommt in Rawls' Rede von Schurken*staaten* und belasteten *Gesellschaften* exemplarisch zum Ausdruck (vgl. den Beitrag von Corinna Mieth in diesem Band). Sie suggeriert, die kriegerischen Auseinandersetzungen dieser Welt seien auf die politisch-rechtliche Enteignung eines Volkes durch Schurken zurückzuführen, und die humanitären Missstände dieser Welt seien der sozio-kulturellen Enteignung einer Gesellschaft durch die Rädelsführer von Ideologien, Religionen und Weltanschauungen geschuldet. Dabei fristen seine bedauernswerten (Staats-)Völker (die Natur der Beziehung von Volk und Gesellschaft lässt Rawls im Nebulösen) ein der ihnen gebührenden politisch-rechtlichen, sozio-kulturellen und ökonomischen Oberhoheit über ihre Institutionen beraubtes Dasein. Hiermit stilisiert Rawls diese (Staats-)Völker konzeptionell zu Opfern von – ihrem Zugriff vermeintlich entzogenen – merkwürdig volksexternen Kräften und entlässt sie so aus der ihnen – legitimationstheoretisch, positivrechtlich und lebenspraktisch – ureigenen Verantwortung: Es ist dies die Verantwortung, ihr eigenes Dasein fortwährend im Sinne des Selbstbestimmungsrechtes der Völker angemessen zu organisieren, welche im Übrigen auch eine Verantwortung für die fortwährende Wahrung der Selbstbestimmung *anderer* Völker als Inhaber dieses Rechtes zwangsläufig beinhaltet, ist doch ebenjene *Pluralität gleichberechtigt-selbstbestimmter Völker* dieser Grundnorm des Völkerrechts als Seinsgrund eingeschrieben.

So könnte man Rawls also entgegenhalten, dass es in letzter Instanz gleichwohl die Völker sind, die diese Missstände zu verantworten haben. Sie resultieren aus deren Versagen, für das ihnen *als Völker unter Völkern* ureigene Recht politisch-rechtlicher, sozio-kultureller und ökonomischer Selbstbestimmung fortwährend und mit aller Konsequenz einzutreten, und lassen sich daher auch nicht durch Absolution mittels eines diachron gefassten Volksbegriffs und eines im Regimebegriff aufgehenden Staatsbegriffs vermeiden oder beheben, sondern einzig durch eine fortwährende individuelle und kollektive Übernahme von Verantwortung für die Qualität der je eigenen Institutionen.

Rawls' Konzeption gründet in dem nachvollziehbaren Wunsch, einem vielfach attestierten Missbrauch innerer wie äußerer staatlicher Souveränität zu begegnen, und damit den Völkern zu ihrem Recht zu verhelfen. Sein Ersatz des Staatsbegriffs durch den Volksbegriff in der Völkerrechtsbegründung ist hierzu aber weder erforderlich noch geeignet. Er begründet diesen mit der Annahme, „Völker" seien – aufgrund ihrer moralischen Natur, und im Unterschied zu Staaten – „nicht im herkömmlichen Sinne souverän" (RV, 28, vgl. 30). Dem ist zu entgegnen, dass im Völkerrecht *erstens*, der Begriff der Souveränität sich grundsätzlich nicht auf Völker bezieht, sondern kategorial auf Staaten, *zweitens*, der Staat dabei als diachrone, nicht in einem Regime aufgehende Größe aufgefasst wird und, *drittens*, die Souveränität dieses diachronen Staats prinzipiell nicht als unbegrenzt verstanden werden kann, da sich die Befugnis zur Ausübung von (inneren wie äußeren) Souveränitätsrechten normativ-logisch bzw. positivrechtlich aus dem Quell des Selbstbestimmungsanspruchs bzw. des Selbstbestimmungsrechtes der Völker speist, und an diesen unlösbar rückgebunden ist. Staaten haben aus legitimationstheoretischer und positivrechtlicher Sicht kein anderes Interesse zu kennen, als die Autonomie ihrer jeweiligen Völker im Sinne des Selbstbestimmungsrechtes der Völker sowie der individuellen Menschenrechte zu realisieren und dauerhaft zu gewährleisten; und das Primärinteresse von (Staats-)Völkern hat einer entsprechenden Organisation ihrer politisch-rechtlichen, sozio-kulturellen und ökonomischen Institutionen zu gelten. Mit seinem Ersatz des Staatsbegriffs durch den Volksbegriff entlässt Rawls die Völker aus ihrer ureigenen Verantwortung für ihre Institutionen. Dabei vermag seine Hoffnung auf eine der gemeinsamen politisch-rechtlichen und sozio-kulturellen Entwicklung innerhalb Europas vergleichbare Entwicklung der globalen Ebene Anhänger des internationalen Realismus wohl kaum zu überzeugen.

Literatur

Barry, Brian (1973): *The Liberal Theory of Justice. A Critical Examination of the Principal Doctrines in* A Theory of Justice *by John Rawls*. Oxford: Clarendon Press.

Beitz, Charles (1979): *Political Theory and International Relations*. Princeton: Princeton University Press.

Burchill, Scott (2001): „Realism and Neo-realism". In: Burchill, Scott et al. (Eds.): *Theories of International Relations*. New York: Palgrave.

Fischer, Horst (1999): „59. Gewaltverbot, Selbstverteidigungsrecht und Intervention im gegenwärtigen Völkerrecht". In: Ipsen, Knut (Hg.): *Völkerrecht*. München: Beck.

Freiin von Villiez, Carola (2019): „Staatliche Souveränität und Selbstbestimmungsrecht der Völker bei Kant und im Völkerrecht". In: Freiin Von Villiez, Carola/Merle, Jean-Christophe (Hg.): *Kants Metaphysik der Sitten*. Berlin: De Gruyter.

Freiin von Villiez, Carola (2005): *Grenzen der Rechtfertigung? Internationale Gerechtigkeit durch transnationale Legitimation*. Paderborn: Mentis-Verlag.

Freiin von Villiez, Carola/Mohr, Georg (2002): „Europa zwischen nationaler und globaler Rechtskultur". In: Elm, Ralf (Hg.): *Europäische Identität: Paradigmen und Methodenfragen,* Zentrum für Europäische Integrationsforschung. Baden-Baden: Nomos.

Ipsen, Knut (1999): „§ 50. Zum völkergewohnheitsrechtlichen Mindeststandard des Individualschutzes". In: Ipsen, Knut (Hg.): *Völkerrecht*. München: Beck.

Landes, David (1998): *The Wealth and Poverty of Nations: Why Some Are So Rich and Some So Poor*. New York, London: W.W. Norton & Co.

Mohr, Georg (2001): „Voraussetzungen und Chancen postnationaler Integration". In: Kaufmann, Matthias (Hg.): *Integration oder Toleranz? Minderheiten als philosophisches Problem*. Freiburg: Alber.

Pogge, Thomas (1989): *Realizing Rawls*. Ithaca: Cornell University Press.

Annette Förster

5 Die Charta des Rechts der Völker als Schlüssel zum Frieden (§§ 4 – 5)

5.1 Einleitung

Rawls wird als *der* Gerechtigkeitstheoretiker des 20. Jahrhunderts gehandelt. In *Das Recht der Völker* vertritt er aber nicht die feststehenden idealen Gerechtigkeitsprinzipien, die wir aus *Eine Theorie der Gerechtigkeit* kennen. Für Rawls umfasst die Charta des Rechts der Völker Grundsätze friedlicher, stabiler und annehmbar gerechter internationaler Kooperation, auf deren Anerkennung liberale Völker im Rahmen einer realistischen Utopie hoffen dürfen. Ziel ist in Anlehnung an Kants *Friedensschrift* nichts anderes als der Weltfrieden: Eine allumfassende „Gesellschaft der Völker", in der die einzelnen Nationen auf Basis der Grundsätze des Rechts der Völker friedlich miteinander kooperieren.

Das Recht der Völker ist keine Maximal-, sondern eine Schwellenkonstruktion: Die Achtung der enthaltenen Grundsätze ist Bedingung für die Toleranz liberaler Regime gegenüber anderen Staatsformen. Der enthaltene Menschenrechtsminimalismus markiert die Schwelle zwischen der Anerkennung staatlicher Souveränität und einem Interventionsrecht.

Die Bestimmung der Grundsätze des Rechts der Völker, der Charta des Rechts der Völker, in einem internationalen Urzustand ist für Rawls' Schrift zentral (§ 4). Die Grundsätze sind der Schlüssel zum potentiell ewigen (demokratischen) Frieden (§ 5). Beide Paragraphen sind Teil der Idealtheorie. Das bedeutet: Die Komplexität wird reduziert, damit zentrale Elemente in den Fokus genommen werden können; liberale Völker werden idealisiert und als autarke und geschlossene Einheiten betrachtet, die den zwei Gerechtigkeitsprinzipien genügen (1. das gleiche Recht auf ein größtmögliches Set an Grundfreiheiten, das für alle möglich ist, 2a. das Differenzprinzip: soziale und ökonomische Ungleichheiten müssen zum größten Vorteil der am schlechtesten gestellten Mitglieder der Gesellschaft sein, 2b. Chancengleichheit). Dabei verwendet Rawls die Begriffe „Volk" und „Staat" eigentümlich: „Völker" sind Idealstaaten, die einen moralischen Charakter haben und ihre Interessen in den Grenzen vernünftiger Prinzipien

Mein Dank gilt den Herausgebern und Mitautorinnen und -autoren des Bandes sowie meinen Lehrstuhlkolleginnen und -kollegen für wertvolle Kritik und Kommentare. Ebenso danke ich Nils Honkomp für Überlegungen zum achtbaren Frieden und Marlies Leenen und Nicolás Véliz für Raum zum Denken und Schreiben.

https://doi.org/10.1515/9783110650631-007

verfolgen; Staaten hingegen verfolgen ihre rationalen Interessen ohne moralische Bedenken und nehmen auch Krieg und Ungerechtigkeit in Kauf.

Aus Perspektive dieser liberalen Völker betrachtet Rawls die internationalen Beziehungen, wie sie sein *könnten* (realistisch) und *sollten* (Utopie). In seiner „realistischen Utopie" will er über Grenzen des normalerweise für möglich Gehaltenen hinausgehen, dabei aber im Rahmen einer möglicherweise erreichbaren Welt bleiben. Entsprechend baut er immer wieder Brücken zwischen Ideal und Realität, indem er die Grundsätze des Rechts der Völker dem Völkerrecht entnimmt oder die These des demokratischen Friedens einem Realitätscheck unterzieht.

Trotz Differenzen zu Rawls' früheren Schriften muss *Das Recht der Völker* im Kontext des Gesamtwerkes gelesen werden. Rawls überträgt zentrale Konzepte wie die Konstruktion des „Urzustandes" (aus *Eine Theorie der Gerechtigkeit*) oder die Idee des „vernünftigen Pluralismus" (aus *Politischer Liberalismus*) auf die internationale Ebene. Die Gerechtigkeitsprinzipien bleiben als Ideal für die politische Konzeption liberal-demokratischer Völker erhalten. Das internationale Urzustandsmodell wird im Folgenden untersucht.

5.2 Der internationale Urzustand

Rawls übernimmt seine Konstruktion des Urzustandes samt dem Schleier des Nichtwissens aus seinen früheren Schriften. Im ersten von zwei zwischenstaatlichen Urzuständen kommen RepräsentantInnen idealisierter liberaler Demokratien zusammen. Aufgabe der VertreterInnen ist die Festlegung der Charta des Rechts der Völker: eines Prinzipienkatalogs auf dessen Basis eine friedliche, stabile und annehmbar gerechte internationale Kooperation zwischen wohlgeordneten liberalen und achtbaren Völkern aufgebaut werden kann und der als Leitlinie liberaler Außenpolitik fungieren soll (RV, 45 f.).

Rawls formuliert eine Reihe von Kriterien für die zu bestimmenden Grundsätze: Sie müssen den Interessen der Völker dienen, das Kriterium der Reziprozität erfüllen (d. h. sie müssen für alle Beteiligten vernünftigerweise annehmbar sein) und mit Blick auf die Beziehungen zwischen den Völkern zu „Stabilität aus den richtigen Gründen" führen (RV, 46, 50 f.). Sie müssen Raum für einen „vernünftigen Pluralismus" wohlgeordneter Völker lassen; auch Völker deren Grundstruktur nicht den beiden Gerechtigkeitsprinzipien entspricht müssen ihnen zustimmen und sie anwenden können.

Anders als in Rawls' früheren Urzustandskonstruktionen wählen die RepräsentantInnen nicht zwischen Alternativen. Sie erwägen die Vorteile der acht von Rawls vorgeschlagenen traditionellen Grundsätze des internationalen Rechts

„und sie sehen keinen Grund, von ihnen abzuweichen oder Alternativen vorzuschlagen" (RV, 46). Rawls behauptet schlichtweg, „dass die acht Grundsätze [...]
allen anderen überlegen sind" (RV, 45). Alternative Kriterien seien zwar vorstellbar, aber Rawls thematisiert lediglich kurz die Ablehnung eines utilitaristischen
Ansatzes: Völker sind pluralistisch und bestehen auf Gleichheit zwischen ihnen,
was die Wahl eines Nutzenprinzips ausschließe. Kein „Volk ist bereit, *als ein
erstes Prinzip* anzuerkennen, das Vorteile für ein anderes Volk die Nachteile
aufwiegen vermögen, die ihm selbst auferlegt werden" (RV, 45). In Anlehnung an
Kants Argumentation würden die RepräsentantInnen auch keinen Weltstaat be-
fürworten, da dieser entweder despotisch, oder durch Bürgerkriege und den
Kampf für Freiheit und Autonomie der Völker instabil wäre. Ebenso verfährt
Rawls in einem weiteren Urzustand, in dem VertreterInnen achtbarer Völker den
Grundsätzen ebenfalls zustimmen.

5.3 Die Grundsätze des Rechts der Völker

Rawls' Charta des Rechts der Völker umfasst 1. die Freiheit, Unabhängigkeit und
gegenseitige Achtung der Völker, 2. das Einhalten von Verträgen, 3. die Gleichheit
und Teilhabe an bindenden Übereinkünften, 4. ein Interventionsverbot, 5. das
Recht auf Selbstverteidigung und die Beschränkung des Kriegsrechts auf dieses,
6. die Achtung der Menschenrechte, 7. Einschränkungen in der Kriegsführung und
8. eine Unterstützungspflicht gegenüber Völkern, die unter ungünstigen Bedingungen leben. Die Liste der Grundsätze sei jedoch unvollständig und bedürfe der
Erklärung und Interpretation. Einige wären in einer Gesellschaft wohlgeordneter
Völker sogar überflüssig (6. und 7.) (RV, 41). Die Charta bleibt demnach für wei-
tergehende Entwicklungen und Interpretationen offen. Anders als bei den Gerechtigkeitsprinzipien gibt es keine Hierarchie unter den Grundsätzen; die Rei-
henfolge birgt keinen Vorrang bestimmter Grundsätze mit Blick auf andere.

Mit der Zustimmung zu den acht Grundsätzen ist die Aufgabe der RepräsentantInnen im Urzustand nicht getan. Sie müssen „Richtlinien für den Aufbau kooperativer Organisationen" formulieren „und sich auf Standards fairen
Handels" einigen sowie „Vorkehrungen zur gegenseitigen Unterstützung" treffen
(RV, 47). Entsprechend schlägt Rawls drei Institutionen vor, die wie die Grundsätze der Realität entliehen sind: eine für den fairen Handel (äquivalent zur
Welthandelsorganisation), ein kooperatives Bankensystem, das Kredite anbietet (eine Weltbank) und eine „Konföderation der Völker" (eine idealisierte Form
der Vereinten Nationen), die etwa im Falle von ungerechten Institutionen oder
Menschenrechtsverletzungen in nationale Belange eingreifen kann. Die Inter-
ventionsmöglichkeiten reichen von Kritik und Rügen über Sanktionen bis hin zu

militärischen Interventionen. Bei dieser knappen Skizze der Institutionen bleiben einige Punkte unklar: Bleibt die Kooperation auf die Beziehungen zwischen Völkern beschränkt und können nur diese an den Institutionen teilhaben und von ihnen profitieren? Oder könnte die idealisierte UN ein Forum des Austausches auch mit wohlwollend absolutistischen Gesellschaften oder Schurkenstaaten bieten? Könnten etwa Kredite ein Mittel zur Unterstützung belasteter Gesellschaften darstellen?

Mit der Charta des Rechts der Völker schließt Rawls an seine Überlegungen aus *Eine Theorie der Gerechtigkeit* an. Dort einigen sich VertreterInnen verschiedener Nationen im Urzustand auf Gleichheit, Selbstbestimmung, Selbstverteidigung, das Einhalten von Verträgen, Grundsätze für das Recht zum Krieg und das Recht im Krieg (TG, 415 f.). In seiner Amnesty Lecture *The Law of Peoples* (1993) sind bereits der Begriff der „Völker" und die ersten sieben Grundsätze enthalten. Während über Rawls' Werk hinweg die Gerechtigkeitsprinzipien weitgehend unverändert bleiben, entwickelt er die Prinzipien internationaler Kooperation über seine Schriften hinweg also weiter.

Eine wirkliche Begründung für die Charta des Rechts der Völker bleibt aus. Zwar handelt es sich um anerkannte Prinzipien des internationalen Rechts (mit Ausnahme der Unterstützungspflicht); im Völkerrecht finden sich aber weitere geteilte Grundsätze, wie sie etwa die beiden Pakte über bürgerliche und politische- bzw. wirtschaftliche, soziale und kulturelle Rechte enthalten. Hinsichtlich der Menschenrechte wählt Rawls einen minimalen Katalog und begründet seine Auswahl damit, dass die enthaltenen Rechte so nicht als westlich oder liberal abgelehnt werden könnten (RV, 80; s. hierzu den Beitrag von Reza Mosayebi in diesem Band).[1] Es bleibt aber unklar, warum konkrete Rechte ein- bzw. ausgeschlossen werden. Verwunderlich scheint dabei, dass Rawls nicht in Übertragung seiner Gerechtigkeitstheorie auf die internationale Ebene ein größtmögliches Set an Grundfreiheiten für alle Individuen und ein internationales Differenzprinzip bzw. Redistributionssystem fordert (s. z. B. Beitz 2000). Rawls opfere was gerecht und vernünftig ist in seiner internationalen Theorie – zugunsten von falsch verstandener Toleranz und Stabilität (Brock 2010, 90).

In einer maximal gerechten, internationalen Gesellschaft liberaler Völker wäre eine Einigung auf solche Prinzipien denkbar. Für seine realistische Utopie setzt Rawls jedoch einen vernünftigen Pluralismus verschiedener liberaler Gesellschaften (die nicht alle die beiden Gerechtigkeitsprinzipien erfüllen) sowie

---

1 „Zu den Menschenrechten gehört das Recht auf Leben (auf das für die eigene Subsistenz und Sicherheit Nötige), auf Freiheit (die Freiheit von Sklaverei, Leibeigenschaft und Zwangsarbeit und ein hinreichendes Maß an Gewissensfreiheit, um die Religions- und Gedankenfreiheit zu garantieren), auf Eigentum (persönliches Eigentum) und auf formale Gleichheit" (RV, 80).

achtbarer Völker (hierarchische Regime, welche über der Schwelle liberaler Toleranz liegen) voraus. Entsprechend können die von ihnen geteilten Grundsätze nur minimale Kriterien enthalten. Weiterreichendes tituliert Rawls als „Ausdruck liberaler Hoffnungen" (RV, 236, Fn. 23), die im Rahmen einer realistischen Utopie (erst mal) Hoffnungen bleiben müssen. Die Grundsätze des Rechts der Völker sollen nicht liberale Prinzipien, sondern einen übergreifenden Konsens zwischen allen wohlgeordneten (liberalen und achtbaren) Völkern beinhalten, mit Raum für Pluralismus bei gegenseitiger Reziprozität. Eine Festlegung auf eine bestimmte Form des Liberalismus, der internationale Geltung entfalten sollte, würde bedeuten, gegen das Prinzip des vernünftigen Pluralismus zu verstoßen und das Selbstbestimmungsrecht der Völker zu missachten.

Rawls geht von einer umfassenden Bindung der Grundsätze des Rechts der Völker aus (RV, 94); sie entfalten ihre Wirkung je nach Staatstyp aber unterschiedlich. Gleichheit und Respekt sowie die Unterstützungspflicht beschränken sich auf wohlgeordnete Völker, die Rechte auf Selbstverteidigung und Nichteinmischung gelten für alle, die nicht aggressiv sind und Menschenrechte achten, was auch wohlwollend absolutistische Gesellschaften und bedingt belastete Gesellschaften einschließt. Die Achtung der Menschenrechte bindet alle Staatstypen, was ebenso für das Einhalten von Verträgen und die Beschränkung der Kriegsführung gelten dürfte. Im Folgenden werden die Grundsätze erörtert und Vorschläge zu Ergänzungen und Spezifizierungen gemacht. Dabei wird das Zusammenwirken zwischen den Grundsätzen deutlich.

1) Die Freiheit, Unabhängigkeit und gegenseitige Achtung der Völker folgt aus dem Urzustand, in dem sich die RepräsentantInnen als Freie und Gleiche begegnen. Diesen Zustand wollen sie – in gegenseitiger Reziprozität – erhalten. Freie und gleiche Gesellschaften können unterschiedliche Staatsformen haben, die auch undemokratisch sein können (vernünftiger Pluralismus). Wenn liberale Demokratien den ersten Grundsatz anerkennen, ist dies hinzunehmen. Diese Toleranzpflicht beschränkt sich auf die Beziehungen zwischen Völkern.

2) Die Einhaltung von Verträgen ist ein anerkanntes Prinzip des Völkerrechts und Grundlage jeder Kooperation. Will Rawls die Fairness aber nicht ganz vernachlässigen, sollten Verträge nicht nur von den beteiligten Parteien einzuhalten sein. Sie sollten auch unter fairen Bedingungen verhandelt werden. Rawls fordert Völker auf ungerechtfertigte negative Verteilungseffekte auszugleichen und faire Standards zu etablieren (RV, 48), verankert dies aber nicht in einem entsprechenden Prinzip. Ein zentrales Feld, in dem diese Ergänzung wichtig wird, ist der internationale Handel. Reichere Staaten – darunter liberale Demokratien – verhandeln internationale Abkommen dank ihrer Überlegenheit mit Blick auf Information, Expertise und Verhandlungsmacht aus einer Vormachtstellung heraus; sie nutzen diese auch, um die Weltwirtschaftsordnung zu ihrem Vorteil zu

gestalten. Durch diese Praxis sind sie für einige der ungünstigen Bedingungen und Ungerechtigkeiten, mit denen belastete Gesellschaften zu kämpfen haben, verantwortlich und profitieren von diesen. Gerechtigkeit und Fairness sollten nicht auf den Kreis wohlgeordneter Völker begrenzt bleiben (Pogge 2001, 251 ff.). Dieses Problem wird von Rawls nicht gesehen, da er davon ausgeht, dass liberale Völker „ein durch faire Hintergrundbedingungen angemessen reguliertes Handelssystem freier Wettbewerbsmärkte" (RV, 47) etablieren und wohlhabendere Volkswirtschaften keine Monopole anstreben oder Kartelle bilden. Eine Ergänzung des zweiten Prinzips scheint mit Rawls' Theorie vereinbar und geboten. Hier zeigen sich das Konkretisierungspotential und der -bedarf mit Blick auf Rawls' Grundsätze.

3) Bei der gleichen Teilhabe an bindenden Verträgen ist die Reziprozität, die alle Grundsätze erfüllen müssen, zentral. In der Idealtheorie wird das Kriterium vom Recht der Völker als Vertrag, als bindende Übereinkunft zwischen gleichgestellten Völkern erfüllt. Rawls erhebt für die Grundsätze jedoch einen umfassenden Geltungsanspruch, der in der nichtidealen Theorie auch gegenüber am Vertrag unbeteiligten Parteien durchgesetzt werden soll. Diese Beschränkung staatlicher Souveränität setzt sich in den folgenden Grundsätzen fort.

4) Das Interventionsverbot ist ein zentrales Gebot des Völkerrechts. Völker haben nicht in die internen Belange anderer Gesellschaften einzugreifen. Mit Blick auf Schurkenstaaten müsse das Prinzip „offensichtlich qualifiziert werden [...]. Es passt zu einer Gesellschaft wohlgeordneter Völker, aber versagt im Falle von Völkern ohne eine innere Ordnung, in denen Kriege und schwerwiegende Verletzung von Menschenrechten verbreitet sind" (RV, 42).

5) Jeder Staat, der nicht aggressiv ist und die Menschenrechte achtet, hat ein Recht auf Selbstverteidigung sowie auf die Verteidigung seiner Verbündeten (womit alle Mitglieder der Gesellschaft der Völker eingeschlossen sein dürften) (RV, 115 ff.). Davon ausgeschlossen bleiben allein Schurkenstaaten. Das Selbstverteidigungsrecht ist jedoch ein grundlegendes, das nicht grundsätzlich abgesprochen werden sollte. Warum sollte sich ein Schurkenstaat nicht gegen einen illegitimen Angriff, etwa durch einen anderen Schurkenstaat, verteidigen dürfen? Hier wäre eine allgemeine Qualifizierung möglich: Gegen eine legitime Gewaltanwendung entfällt das Recht auf Selbstverteidigung, etwa im Fall einer humanitären Intervention zum Schutz vor erheblichen, systematischen Menschenrechtsverletzungen.

6) Auch wenn Rawls keine Hierarchie zwischen den Grundsätzen formuliert, scheint das Gebot der Achtung von Menschenrechten zentral: Der sechste Grundsatz wirkt als Kriterium der Achtbarkeit und als Grenze eines vernünftigen Pluralismus. Es schränkt das Interventionsverbot und das Selbstverteidigungsrecht ein. Menschenrechte müssen im Krieg geachtet und sicherlich auch im

Rahmen der Unterstützungspflicht berücksichtigt werden. Ihr Geltungsanspruch ist universal. Rawls beschränkt seinen Menschenrechtskatalog auf die elementarsten Rechte. Zu vermissen bleiben weitere, im Völkerrecht allgemein akzeptierte Grundsätze wie das Diskriminierungsverbot. Wie bei den Grundsätzen des Rechts der Völker bleibt die Liste aber offen („Zu den Menschenrechten gehört [...]", RV, 80); so entsteht Raum für eine weiterreichende Einigung. Liegt der hier gelistete Menschenrechtskatalog am unteren Ende der Toleranz, findet sich am anderen Ende wohl das im Rahmen der Gerechtigkeitsprinzipien geforderte System gleicher Grundfreiheiten.

7) Die von Rawls ausgeführten Einschränkungen in der Kriegsführung sind rudimentär: Ziel des Krieges ist ein gerechter Frieden; die Kriegsführung muss diesem Ziel dienen (RV, 119; TG, 417). Menschenrechte müssen geachtet werden. Die zentrale Begrenzung ist die Immunität von Nichtkombattanten. Erst als „Trennlinien, die wir nicht überschreiten dürfen" deklariert, werden die Beschränkungen mit Blick auf „Situationen des äußersten Notstandes" (RV, 121) relativiert (s. hierzu den Beitrag von Katja Stoppenbrink in diesem Band). Der siebte Grundsatz ist unterentwickelt: Zentrale Prinzipien wie das Kriterium der Proportionalität (die Gewaltanwendung muss im Verhältnis zum hierdurch errungenen Nutzen mit Blick auf den Krieg stehen) und der Notwendigkeit (die Gewaltanwendung muss zur Erreichung des Kriegsziels notwendig und kein milderes Mittel verfügbar sein) fehlen.

Auch fehlt ein Recht zum Krieg, das Rawls zwar in § 13 anspricht, aber nicht als eigenen Grundsatz nennt. Dass das *ius in bello* den Status eines Grundsatzes erhält und das *ius ad bellum* fehlt, ist verwunderlich. In *Eine Theorie der Gerechtigkeit* werden beide noch gemeinsam aufgeführt. Dies könnte der Tatsache geschuldet sein, dass das Recht zum Krieg auf die Beziehungen zu Unrechtsstaaten bezogen ist, die erst in der nichtidealen Theorie verhandelt werden. Ebenso müsste es sich dann aber mit dem *ius in bello* sowie dem Selbstverteidigungsrecht verhalten. Außerdem verweist Rawls bereits in der Idealtheorie auf das Problem, das Schurkenstaaten für sein Friedensprojekt darstellen. Auch ist das Kriegsrecht eng mit den Grundsätzen vier bis sechs verbunden bzw. qualifiziert diese (RV, 54).

Wie könnte ein Kriegsrecht aussehen? Rawls nennt zwei Situationen, die Krieg legitimieren: der Verteidigungsfall, inklusive der Verteidigung Verbündeter, und extreme Fälle systematischer Verletzungen von Menschenrechten, sollten andere Maßnahmen (wie internationale Ächtung oder Sanktionen) keine Wirkung zeigen, um diese zu stoppen. Die geforderte Konföderation der Völker könnte wie die reale UN als Entscheidungsgremium für legitime Gewaltanwendung fungieren.

8) „Völker sind verpflichtet, anderen Völkern zu helfen, wenn diese unter ungünstigen Bedingungen leben, welche verhindern, dass sie eine gerechte oder achtbare politische oder soziale Ordnung haben" (RV, 41). Hier (und an anderen Stellen) führt die eigentümliche Verwendung des Begriffs „Völker" zu Unklarheiten: Die Unterstützungspflicht könnte sich im Rahmen der Idealtheorie auf die Beziehungen zwischen Völkern beschränken („anderen Völkern zu helfen"), die aufgrund einer Naturkatastrophe, eines Krieges oder auch schlechter politischer Entscheidungen für die Aufrechterhaltung einer wohlgeordneten Grundstruktur zwischenzeitlich Hilfe benötigen. Oder sie bezieht sich, wie es Rawls' Ausführungen in §§ 15–16 nahelegen, auf die Pflicht wohlgeordneter Völker belastete Gesellschaften zu unterstützen (s. hierzu den Beitrag von Corinna Mieth in diesem Band). Möglich ist, dass sich das achte Prinzip in der Idealtheorie auf Völker beschränkt, in der nichtidealen Theorie dann auf belastete Gesellschaften erweitert bzw. übertragen wird. Wird in der Literatur auf die Unterstützungspflicht Bezug genommen, ist die Verpflichtung gegenüber belasteten Gesellschaften gemeint.

Die Charta des Rechts der Völker regelt nicht nur die faire Kooperation zwischen wohlgeordneten Gesellschaften. Sie begrenzt auch den Pluralismus vernünftiger politischer Konzeptionen und zieht so die Grenzen der Toleranz und damit der Nichteinmischung bzw. der Souveränität. Von den fünf Staatstypen (1. liberale und 2. achtbare Völker, 3. wohlwollend absolutistische und 4. belastete Gesellschaften sowie 5. Schurkenstaaten) werden nur die ersten beiden repräsentiert und als freie und gleiche Mitglieder einer Gesellschaft der Völker anerkannt. Das Ziel einer friedlichen, stabilen und annehmbar gerechten internationalen Kooperation ist aus Rawls' Perspektive nur mit Regimen erreichbar, die das Recht der Völker anerkennen, und damit wohl erst zu realisieren, wenn alle Staaten wohlgeordnete Völker sind (Beitz 2000, 676). Da die Grundsätze dem internationalen Recht entliehen sind und hier auf breitere Zustimmung stoßen, kann eine Akzeptanz auch über den Kreis liberaler und achtbarer Gesellschaften hinweg angenommen werden.

5.4 Der demokratische Frieden

Die Grundsätze des Rechts der Völker sind der Schlüssel zu einem stabilen, annehmbar gerechten Frieden zwischen wohlgeordneten liberalen und achtbaren Völkern, der am Endpunkt der realistischen Utopie globale Wirkung entfalten könnte – wenn allen belasteten Gesellschaften zu einer wohlgeordneten Grundstruktur verholfen wurde und Schurkenstaaten bekämpft und reformiert wurden.

Jenseits der realistischen Utopie könnte ein wahrhaft demokratischer Frieden liegen, wenn die Kooperation in der Gesellschaft der Völker achtbare Völker vom Vorteil der Demokratie überzeugt hat und diese sich reformiert haben.

Rawls greift Kants Idee eines *foedus pacificum*, eines Friedensbundes bzw. Friedensvertrags zwischen Völkern auf, weicht aber bei der Definition wohlgeordneter Völker von den Eigenschaften, die Kant für den friedlichen Charakter von Republiken verantwortlich macht, ab.[2] Auch ein Weltbürgerrecht bleibt zu vermissen. Die These eines demokratischen Friedens – Demokratien führen keine Kriege gegeneinander – greift Rawls auf, bezieht sie aber auf liberale und achtbare Völker. Als Folge gibt es in *Das Recht der Völker* verschiedene Friedensthesen: Eine graduelle These eines liberalen Friedens (je liberaler desto unwahrscheinlicher wird der Krieg), eine empirische Variante sowie eine absolute Friedensthese, die achtbare Völker einschließt. Dabei bedient sich Rawls verschiedener Begründungsansätze für den demokratischen Frieden, die teils auf Kant zurückbezogen in den 1990er Jahren diskutiert wurden.

Die Literatur zum demokratischen Frieden (siehe etwa Doyle 1983, Owen 1994, Russett 1993 oder kritisch Layne 1994, Spiro 1994) beschäftigt sich zum einen mit der empirischen Prüfung der These, zum anderen mit verschiedenen Erklärungsansätzen, die teils kompatibel sind und sich ergänzen, teils aber auch als Gegenentwurf entstanden sind: 1. Dem normativen Ansatz zufolge teilen Demokratien Werte, die sie befähigen Konflikte friedlich auszutragen, durch Verhandlung und Kompromiss oder Entscheidung einer anerkannten Autorität. Auf internationaler Ebene erscheinen ihnen gleich gestaltete Regime zuverlässig und vertrauenswürdig, sodass die internen Konfliktlösungsstrategien auch auf zwischenstaatlicher Ebene angewendet werden. 2. Die Normen wirken mit der institutionellen Verfasstheit von Demokratien und daraus hervorgehenden Beschränkungen zusammen. Die Entscheidung zum Krieg ist konstitutionell eingehegt, bedarf der Transparenz, der Zustimmung demokratischer Institutionen sowie der öffentlichen Unterstützung. Auch wollen PolitikerInnen wiedergewählt werden und treiben Kriegsvorhaben nur voran, wenn diese öffentlich als legitim

---

2 In *Zum Ewigen Frieden* fordert Kant in seinem ersten Definitivartikel, dass die bürgerliche Verfassung in jedem Staat republikanisch sein solle, nach „Prinzipien der Freiheit der Glieder einer Gesellschaft (als Menschen), zweitens nach Grundsätzen der Abhängigkeit aller von einer einzigen gemeinsamen Gesetzgebung (als Untertanen) und drittens die nach dem Gesetz der Gleichheit derselben (als Staatsbürger) gestifteten Verfassung" (AA 08: 349 f.). Hinzu kommt die Trennung zwischen legislativer und exekutiver Gewalt. Entscheidend für den wohlgeordneten Charakter eines Volkes hingegen sind die Achtung des Rechts der Völker, insbesondere der Menschenrechte, sowie politische Repräsentation (demokratisch oder aber in einem hierarchischen Konsultationssystem).

wahrgenommen werden und Aussichten auf einen Sieg bei annehmbaren Kosten gegeben sind. Diese Bedingungen erschweren die Entscheidung zum Krieg. 3. Die gegenseitige Abhängigkeit ist zwar nicht an den Regimetyp gebunden; VertreterInnen argumentieren aber, dass Demokratien enger miteinander verbunden sind als mit anderen Regimen, sei es mit Blick auf Handel, geteilte Institutionen oder Allianzen. Die Kooperation stärkt das gegenseitige Verständnis (vgl. Rawls' moralisches Lernen, RV, 49 f.) und ist vorteilhaft für beide Seiten. Ein Krieg würde diese Vorteile riskieren. 4. Zentral für Rawls ist jedoch der Befriedigungsansatz: In Rückgriff auf Raymond Aron (1966) beschreibt er liberale Völker als „befriedigte Völker": Ihre Grundbedürfnisse sind befriedigt, ihre grundlegenden Interessen mit denen anderer Demokratien vereinbar; sie streben nicht nach Expansion, wollen andere nicht beherrschen oder zu einer Religion bekehren (RV, 53). 5. Dem entgegen steht die These, dass weder demokratische Werte oder Strukturen das Phänomen erklären, sondern systemunabhängige Variablen wie Stabilität, Wohlstand, Handel, die Eingebundenheit in internationale Institutionen, eigene Macht und Ressourcen. Ein Krieg würde hierdurch kostspielig und somit strategisch unklug. Die gelisteten Merkmale mögen zwar nicht regimespezifisch sein, sind in Demokratien aber ausgeprägter. Die Punkte 3 bis 5 können zwar prinzipiell von unterschiedlichen Regimetypen erfüllt werden und die Beziehungen zwischen ihnen befrieden. Dennoch, so nimmt es auch Rawls an, werden Befriedigung, Stabilität und Wohlstand sowie eine vertrauensvolle Zusammenarbeit in Institutionen und Allianzen durch die liberale politische Kultur und Grundstruktur befördert und gefestigt (Förster 2014, 127–137).

Rawls verweist auf Russett und Oneal (1997), die drei Faktoren für die geringe Wahrscheinlichkeit eines Konfliktes zwischen Demokratien verantwortlich machen: demokratische Grundordnung, wechselseitige Geschäftsbeziehungen/Handel, geteilte Mitgliedschaft in internationalen und regionalen Organisationen (RV, 231 f.). Diese Kriterien werden von liberalen Völkern erfüllt, die in den drei vorgeschlagenen Institutionen miteinander kooperieren, nicht jedoch von achtbaren Völkern, denen es an der entsprechenden Grundstruktur mangelt. Hier werden normative Gründe (die Grundordnung) und rationale (Kooperationen, die einen Konflikt kostspieliger machen) zusammengebracht. Entsprechend müsste die Erweiterung des Friedensbundes um achtbare Völker dessen Stabilität schwächen. Das ist vielleicht ein Grund, warum Rawls nicht von einem „achtbaren Frieden" spricht, sondern am demokratischen Frieden festhält.

Mit der ersten graduellen Friedensthese beziehe ich mich auf Rawls' Ausführungen zu einer Art Minimaldefinition „annehmbar gerechter konstitutioneller demokratischer Gesellschaften" auf Basis einer abgewandelten Form der beiden Gerechtigkeitsprinzipien. Entsprechend wird Grundrechten, Freiheiten und Lebenschancen ein Vorrang eingeräumt. Anstelle des Differenzprinzips tritt als dritte Bedingung eine Art Grundsicherung: die „Garantie eines ausreichenden Anteils an allgemein dienlichen Mitteln, um es allen Bürgern zu ermöglichen, einen verständigen und wirksamen Gebrauch von ihren Freiheiten zu machen" (RV, 56). Dies soll durch die Erfüllung der Merkmale a – e gesichert sein, die Grundfreiheiten garantieren und einen öffentlichen Vernunftgebrauch ermöglichen. Diese sind: a) ein „gewisses Maß an fairer Chancengleichheit", b) eine „akzeptable Verteilung von Einkommen und Vermögen", c) die Gesellschaft als Arbeitgeber letzter Instanz, um den Bürgern Sicherheit, sinnvolle Arbeit und Selbstachtung zu vermitteln, d) eine Basisgesundheitsversorgung für alle, e) die öffentliche Finanzierung von Wahlen und der Zugang zu Informationen über politische Angelegenheiten (RV, 56 f.). Dadurch schafft Rawls Raum für verschiedene Konzeptionen des Liberalismus bzw. der Demokratie.

Die innere Bindung so gestalteter liberaler Völker an das Recht der Völker führt zu Stabilität aus den richtigen Gründen in einer gerechten Gesellschaft liberaler Völker. Diese These begründet Rawls über die Idee des moralischen Lernens. In *Eine Theorie der Gerechtigkeit* lernen die Bürger im Laufe der Zeit die Gerechtigkeitsprinzipien zu verinnerlichen; sie handeln ihnen entsprechend und entwickeln einen Gerechtigkeitssinn. Auf die internationale Ebene übertragen entwickeln Völker, die das Recht der Völker anwenden, im Laufe der Zeit wechselseitiges Vertrauen; sie erachten die Grundsätze als vorteilhaft und machen sie zum Ideal ihres Handelns (RV, 49 f.). Dies gilt trotz politischer, ökonomischer oder sozialer Veränderungen innerhalb der Gesellschaften sowie des internationalen Raums. Mit diesen Überlegungen stellt Rawls einen Gegenentwurf zu realistischen Theorien vor, da er die stabilen Beziehungen zwischen Völkern nicht auf ein Kräftegleichgewicht bzw. einen *modus vivendi* im internationalen „Kampf um Wohlstand und Macht" (RV, 52) zurückführt. Aus dem moralischen Charakter liberaler Völker leitet Rawls eine „Stabilität aus den richtigen Gründen" ab, die zum (demokratischen) Frieden zwischen den Völkern führt.

Seine erste Friedensthese gliedert Rawls in zwei Teile: Je mehr liberale Demokratien die Merkmale a-e erfüllen, 1. desto sicherer ist der Frieden zwischen ihnen und 2. desto wahrscheinlicher führen sie auch keine Kriege gegen andere Staaten, es sei denn aus Gründen der Selbstverteidigung oder des Menschenrechtsschutzes (RV, 55). Rawls argumentiert – entsprechend des rationalen und vernünftigen Charakters, den er Völkern zuschreibt – in Rückgriff auf verschiedene Begründungsstränge des demokratischen Friedens zweigleisig: normativ (Demokratien als vernünftige, befriedigte Gesellschaften) und rational pragmatisch (Fehlende Güter können günstiger über Handel erworben werden als durch Krieg.). Liberale Völker haben „nichts, worüber sie einen Krieg führen könnten" (RV, 54).

So verstanden ist der demokratische Frieden kein absoluter Frieden, sondern kann unterschiedliche Ausprägungen haben: Es gibt einen mehr oder weniger stabilen Frieden, der vom Zustand der Grundstruktur der demokratischen Regime abhängt. Je genauer die Kriterien erfüllt werden, desto unwahrscheinlicher werden gewaltsame Konflikte – sowohl zwischen den Demokratien als auch darüber hinaus. Entsprechend und in Bezug auf Kants Ausführungen nimmt Rawls im Rahmen seiner realistischen Utopie an, dass „bewaffnete Konflikte zwischen demokratischen Völkern in dem Maße tendenziell verschwinden, in dem diese sich dem Ideal annähern" (RV, 61). Hier lässt Rawls den möglichen Einfluss der internationalen „Großwetterlage" wie etwa den Kalten Krieg außen vor und bleibt dem Bezug zur Grundstruktur verhaftet. Er legt jedoch Kriterien vor, an denen existierende Demokratien gemessen werden können bzw. sich messen lassen müssen. Daraus folgt auch: Wenn es dennoch zu Kriegen zwischen Demokratien kommen sollte, stellt dies nicht seine These in Frage, sondern die Qualität der Grundordnungen der beteiligten Staaten.

Im Rahmen einer zweiten, empirisch geprägten Friedensthese verweist Rawls auf teils „große Unzulänglichkeiten" tatsächlich existierender Demokratien: sie zeigen oligarchische Tendenzen, verfolgen monopolistische Interessen, führen Expansionskriege oder intervenieren „oft verdeckt [...] [in] kleineren oder schwächeren Ländern", darunter auch „weniger fest etablierte und gesicherte Demokratien" (RV, 55). Als Beispiel nennt Rawls unter anderem den Sturz der demokratischen Regierung unter Allende in Chile zugunsten einer grausamen Diktatur mit Unterstützung der USA (RV, 59). Im Kalten Krieg wurden „Ausflüchte [...] angesichts der bestehenden Rivalität der Supermächte durch die bequeme Berufung auf die nationale Sicherheit erleichtert, die es zuließ, schwächere Demokratien als Gefahr darzustellen" (RV, 60), auch wenn eigentlich wirtschaftliche Interessen verfolgt wurden. Hier wird die Fehlfunktion tatsächlicher Demokratien deutlich.

Das Versagen politischer Institutionen und Praktiken führt Rawls zu dem Schluss, dass die These vom demokratischen Frieden in der Realität nicht absolut gelten kann (RV, 59 f.). Dennoch hält er an der Annahme eines demokratischen Friedens fest: „Die historischen Tatsachen scheinen nahe zu legen, dass in einer Gesellschaft annehmbarer gerechter konstitutioneller Demokratien Stabilität aus den richtigen Gründen bestehen würde" (RV, 58), da die „Abwesenheit von Kriegen zwischen den bedeutenderen etablierten Demokratien" eine „empirische Regularität in den Beziehungen zwischen Gesellschaften" sei (RV, 59). Rawls nennt Beispiele, vom Peloponnesischen Krieg bis zu den beiden Weltkriegen (RV, 58 f.). Damit wird die These vom demokratischen Frieden zwar gestärkt, jedoch auf „bedeutende" und „etablierte" Demokratien beschränkt.

Mit Blick auf die Idealtheorie, in der die §§ 4 und 5 verortet sind, und die Beziehungen innerhalb der Gesellschaft der Völker schließt Rawls einen Krieg zwischen Völkern *per definitionem* aus, da sie nicht aggressiv sind und die Menschenrechte achten, wodurch ein Angriffs- bzw. Interventionsgrund fehlt. Wenden Völker dennoch Gewalt gegen Völker an, müssten sie als Schurkenstaaten kategorisiert werden. Diese dritte Friedensthese gilt demnach absolut.

Darüber hinaus schließt Rawls achtbare Völker in seinen Friedensbund wohlgeordneter Völker ein: Liberale und achtbare Völker führen keinen Krieg gegeneinander. Demnach müsste Rawls' These hier die eines „achtbaren Friedens" sein, da liberale Völker auch die Kriterien der Achtbarkeit erfüllen (Förster 2014), oder eines „wohlgeordneten Friedens", als Frieden zwischen allen wohlgeordneten Völkern. Zwischen ihnen scheint ein stabiler Friede möglich, da auch achtbare Völker aus den richtigen Gründen stabil sind und im Verlauf eines moralischen Lernprozesses die Grundsätze des Rechts der Völker nicht nur akzeptieren, sondern auch verinnerlichen. Durch diesen Prozess nimmt die Stabilität des Friedens zu. Zwar sind auch wohlwollend absolutistische Gesellschaften (über die Rawls kaum ein Wort verliert) und belastete Gesellschaften nicht aggressiv, ihnen fehlt es aber an der Stabilität aus den richtigen Gründen, die für Rawls der Schlüssel zu einer stabilen friedlichen Kooperation ist.

Gerade die Annahme eines demokratischen Friedens könnte entgegen Rawls' Ziel eines stabilen Friedens zu einer Zunahme gewalttätiger Konflikte mit Beteiligung liberaler Demokratien führen. Rawls geht davon aus, dass liberale Völker keinen Grund haben, andere zu bekehren, z. B. zu einer Staatsreligion (RV, 53). Was aber, wenn der Liberalismus an die Stelle der Staatsreligion tritt? Wenn allein zwischen liberalen Demokratien ein stabiler Friede möglich ist, dann haben liberale Demokratien ein Interesse daran, andere Staaten zu „bekehren", zu demokratisieren. Der ewige Frieden könnte nur über Krieg erreichbar sein.

Rawls' Ausführung zum „Frieden durch Befriedung" stützen diese Überlegungen: Dieser könne „als ein allgemeiner Friede [nur] dauerhaft sein [...], wenn er zwischen allen Gesellschaften besteht; [...] [ein] einziger, von militärischer und wirtschaftlicher Macht besessener Staat, der auf Expansion und Ehre aus ist, genügt, um den Kreislauf von Krieg und Kriegsvorbereitung am Laufen zu halten" (RV, 54). Daher müssten „Institutionen und Praktiken entwickelt" werden, „um Schurkenstaaten, sobald sie auftauchen, im Zaume zu halten" (RV, 54). Schurkenstaaten müssen zu wohlgeordneten Völkern werden. Gestützt wird dieser Befund durch die Tatsache, dass Demokratien – wenn auch nicht gegeneinander – nicht weniger Kriege führen als andere Staatsformen (Chan 1997, 61) und hier kein Befund für die Annahme einer befriedigten und befriedeten Gesellschaft zu finden ist.

Während die These des demokratischen Friedens in der Realität für die Beziehungen bedeutender etablierter Demokratien historisch also kein Gegenbeispiel kennt, wird die These, wenn sie alle Demokratien einschließt, relativiert; dabei wirken die Merkmale a-e stabilisierend, befriedigend und befriedend. In der Idealtheorie gibt es keinen Platz für Unzulänglichkeiten. Ein Volk, das eine gewaltsame Auseinandersetzung mit einem anderen Volk (liberal oder achtbar) beginnt, würde zum Schurkenstaat. Es müsste demnach ein absoluter achtbarer oder wohlgeordneter Frieden sein. Jenseits der Idealtheorie muss aber auch der Frieden relativ bleiben und ein stabiler Frieden wohl auch ein demokratischer, da achtbare Völker die Kriterien a-e nicht oder weniger deutlich als liberale Gesellschaften erfüllen – vorausgesetzt, dass es überhaupt Gesellschaften gibt, die in Rawls' Kategorie fallen würden. Nimmt man der These zufolge an, dass (nur) in einer internationalen Ordnung aus liberalen Demokratien ewiger Frieden herrschen könnte, kann dies ein Motiv für Kriege oder andere Interventionsformen werden.

5.5 Schlussbetrachtung

Das Recht der Völker ist Rawls' letztes Wort zur Frage internationaler Kooperation. Er hat jedoch Raum gelassen für Ergänzungen, Interpretationen und Entwicklungen seiner Konzeption. Die Liste der Grundsätze bleibt offen, ebenso wie das Set an Menschenrechten, dessen Achtung die Schwelle liberaler Toleranz markiert. Es gibt nicht „das einzige mögliche Recht der Völker [...], sondern eine Familie vernünftiger solcher Rechte" (RV, 219, Fn. 4), die Rawls' Kriterien für die Auswahl der Grundsätze erfüllen. Hierzu sollte auch ein begrenztes Recht zum Krieg gehören. Einige Grundsätze sollten weiter ausgearbeitet werden, so etwa die Begrenzungen im Krieg. Weitere Institutionen, etwa mit Blick auf den internationalen Handel, müssen gestaltet werden.

Das Völkerrecht ist in einem anhaltenden Vertiefungsprozess, insbesondere mit Blick auf das internationale Menschenrechtsregime. Die Grundsätze können dabei als Orientierungspunkte des moralisch Gebotenen und politisch Möglichen dienen. Trotz der Offenheit und Unschärfe der Charta des Rechts der Völker kann sie als Leitlinie einer liberalen Außenpolitik dienen, nicht nur für den Politiker oder die Staatsfrau, sondern auch für BürgerInnen einer liberalen Demokratie, in deren Namen erstere handeln und denen gegenüber sie sich rechtfertigen müssen. Dies gilt auch und gerade für nichtideale, reale Demokratien.

Je befriedigter und stabiler Regime werden, umso wahrscheinlicher wird der Frieden zwischen ihnen. Am Ende, so Rawls' implizite Hoffnung, kann dann vielleicht doch ein ewiger Frieden in einer umfassenden Gesellschaft liberaler

Völker stehen. Der „Zweck des Rechts der Völker wäre vollständig erfüllt, wenn alle Gesellschaften in die Lage versetzt wären, entweder liberale oder achtbare Regime zu etablieren, wie unwahrscheinlich es auch immer sein mag" (RV, 3).

Literatur

Aron, Raymond (1966): *Peace and War*. Garden City, New York: Doubleday & Company.

Audard, Cathrine (2006): „Peace or Justice? Some Remarks on Rawls's Law of Peoples". In: *Revue international de philosophie* 60, 301–326.

Brock, Gillian (2010): „Recent Works on Rawls's Law of Peoples: Critics versus Defenders". In: *American Philosophical Quarterly* 47, 85–101.

Chan, Steve (1997): „In Search of Democratic Peace: Problems and Promise". In: *Mershon International Studies Review* 41. No. 1, 59–91.

Doyle, Michael (1983): „Kant, Liberal Legacies, and Foreign Affairs". In: *Philosophy and Public Affairs* 12, 205–235.

Förster, Annette (2014): *Peace, Justice and International Order. Decent Peace in John Rawls' The Law of Peoples*. Basingstoke: Palgrave Macmillan.

Kant, Immanuel (1795): „Zum ewigen Frieden. Ein Philosophischer Entwurf". In: Gesammelte Schriften, hg. von der Königlichen Preußischen Akademie der Wissenschaften, AA Bd. 08, Berlin 1902 ff., 341–368.

Layne, Christopher (1994): „Kant or Cant: The Myth of the Democratic Peace". In: *International Security* 19. No. 2, 5–49.

Owen, John (1994): „How Liberalism Produces Democratic Peace". In: *International Security* 19. No. 2, 87–125.

Pogge, Thomas (2001): „Rawls on International Justice". In: *The Philosophical Quarterly* 51, 246–253.

Rawls, John (1993): „The Law of Peoples". In: *Critical Inquiry* 20, 36–68.

Russett, Bruce (1993): *Grasping the Democratic Peace. Principles for a Post-Cold War World*. Princeton: Princeton University Press.

Russett, Bruce/Oneal, John (1997): „The Classical Liberals Were Right: Democracy, Independence and Conflict". In: *International Studies Quarterly* 21, 267–294.

Spiro, David (1994): „The Insignificance of the Liberal Peace". In: *International Security* 19, No. 2, 50–86.

Henning Hahn
6 Toleranz gegenüber nichtliberalen Völkern (§§ 7–9)

Im dreigeteilten Aufbau von *Das Recht der Völker* bilden die Paragraphen 7–9 den Einstieg in den zweiten Teil der Idealtheorie. Darin wird der Vertrag zwischen liberalen Völkern auf sogenannte achtbare hierarchische Gesellschaften ausgeweitet. Rawls widmet sich also einer der drängendsten Fragen internationaler Politik: Wie sollen Demokratien mit illiberalen Gesellschaften umgehen? Seine Antwort läuft darauf hinaus, dass sie unter spezifischen Bedingungen gute Gründe haben, illiberale Gesellschaften zu *tolerieren*.

Gründe für ihre Tolerierung sind, dass sie eine achtenswerte Form politischer Selbstbestimmung aufweisen (§ 7) und dass achtbare Gesellschaften die *Charta des Rechts der Völker* aus eigenem Antrieb bejahen. In § 8 beginnt er dann damit, die Grundzüge einer protoliberalen Legitimationstheorie zu entwickeln. Achtbare hierarchische Gesellschaften weisen Elemente von Rechtsstaatlichkeit und politischer Mitbestimmung auf, an die ihre internationale Achtbarkeit geknüpft ist. Sie anerkennen fundamentale Menschenrechte und orientieren sich an einer Gemeinwohlvorstellung der Gerechtigkeit. In § 9 fasst Rawls die in achtbar-hierarchischen Gesellschaften anzutreffende Form politischer Mitbestimmung als eine achtbare Konsultationshierarchie. Vor dem Hintergrund seiner protoliberalen Legitimationstheorie werde ich abschließend der Kritik an Rawls' Tolerierung illiberaler Gesellschaften entgegentreten – und fortbestehende Kritikpunkte benennen.

§ 7 Die Tolerierung illiberaler Völker

Rawls nimmt sich in *Das Recht der Völker* vor, Prinzipien für die Außenpolitik liberaler Demokratien auszuarbeiten. Die Frage, wer Mitgliedschaftsrechte in der Völkergemeinschaft beanspruchen kann, wird aus der Sicht liberaler Völker gestellt. Diese sollten, so Rawls, andere Völker tolerieren, solange sie „bestimmte Bedingungen des politischen Rechten und Gerechten" (RV, 71) einhalten: „Wenn von allen Völkern gefordert würde, sie sollten liberale Gesellschaften sein, fehlte es der Idee des politischen Liberalismus an der gebührenden Toleranz gegenüber anderen Möglichkeiten der gesellschaftlichen Ordnung." (RV, 71)

Mit Blick auf die politische Landkarte erscheint es unvermeidlich, einen zumindest strategischen Umgang mit illiberalen Gesellschaften zu pflegen. Aber in

https://doi.org/10.1515/9783110650631-008

Rawls' idealtheoretischen Überlegungen geht es nicht um Containment, sondern um die Zuerkennung der Vollmitgliedschaft in der internationalen Rechts- und Gerechtigkeitsordnung. Warum aber sollten liberale Gesellschaften Regime tolerieren, in denen Frauen und religiöse Minderheiten nicht gleichgestellt sind, keine demokratische Mitbestimmung herrscht und die Meinungsfreiheit eingeschränkt wird? Warum wird die Frage der Einbindung illiberaler Gesellschaften zu Beginn des zweiten Teils der Idealtheorie gestellt, statt sie im nichtidealen Theorieteil zu behandeln? Offenbar ist Rawls der Überzeugung, dass liberale Gesellschaften moralische Gründe haben, illiberale Gesellschaften unter bestimmten Bedingungen zu achten. Der wichtigste Grund ist, dass die Tugend der Toleranz selbst einen Teil ihrer moralischen DNA bildet.

6.1 Die Bedeutung der Toleranz

Toleranz ist eine widersprüchliche Tugend. Nach Rainer Forst (2003, 30–42) zeichnet sich der Toleranzbegriff durch eine Ablehnungs- und eine Akzeptanzkomponente aus. Die Ablehnungskomponente besagt, dass wir Gründe G(-) haben, ein Etwas E – eine Einstellung, Praxis, Norm oder Meinung – als falsch zu beurteilen; die Akzeptanzkomponente bringt hingegen eine andere Art von Gründen G(+) ins Spiel, die dafür sprechen, E hinzunehmen, also E bei Beibehaltung des ablehnenden Urteils zu tolerieren. Zudem enthalte jede Toleranzkonzeption eine „Zurückweisungskomponente", gemeint ist eine dritte Art von Gründen, die die Grenzen der Toleranz festlegen. Ich spreche hier abweichend von Toleranzgründen. Toleranzgründe G(t) weisen anderen Gründen ihre Bedeutung und Relevanz zu. Sie sind Gründe zweiter Ordnung, durch die Ablehnungs- oder Akzeptanzgründe in bestimmter Weise gewichtet oder begrenzt werden.

Eine Person P toleriert E, wenn sie,
a) einen Grund G(-) hat, E abzulehnen,
b) zugleich einen Grund G(+) hat, E zu akzeptieren, und
c) über einen übergeordneten Grund G(t) verfügt, der den Raum der Gründe so ordnet, dass darin G(+) stärker zu gewichten ist als G(-).

Vor diesem begrifflichen Hintergrund lassen sich nach Forst (2003, 42ff.) vier Konzeptionen von Toleranz unterscheiden:
- *Erlaubniskonzeptionen* sehen in der Akzeptanz des Falschen einen asymmetrisch gewährten (Duldungs-)Akt.
- *Koexistenzkonzeptionen* argumentieren für die strategische Einbindung aufeinander angewiesener Parteien.

- *Respektkonzeptionen* verstehen Toleranz als Ausdruck der wechselseitigen Achtung vor dem moralischen Status des Gegenübers.
- *Wertschätzungskonzeptionen* sehen im Akt der Toleranz einen Ausdruck der Schätzung für die Besonderheit des Anderen.

Es ist instruktiv, Rawls' Toleranzgebot gegenüber illiberalen Völkern vor dem Hintergrund dieser Einteilungen zu rekonstruieren. Beginnen wir mit der Ablehnungskomponente. Es liegt auf der Hand, dass liberale Völker Ablehnungsgründe gegenüber illiberalen Gesellschaften haben. Liberale Völker teilen die Auffassung, dass die Grundstruktur einer Gesellschaft gleiche Freiheiten, demokratische Mitbestimmung und soziale Gerechtigkeit ermöglichen sollte, und sie kritisieren illiberale Gesellschaften für Menschenrechtsverletzungen, soziale Ungleichheiten und Demokratiedefizite: „Sie stimmen", so Rawls, „darin überein, dass illiberale Gesellschaften es versäumen, Personen [...] als wahrhaft Freie und Gleiche zu behandeln, und deshalb sagen sie, dass alle nichtliberale Gesellschaften in angemessener Weise mit Sanktionen der einen oder anderen Form – politischen, wirtschaftlichen oder sogar militärischen – belegt werden müssen." (RV, 72)

Nach liberalen Maßstäben sind illiberale Gesellschaften ungerecht. Auf den ersten Blick besteht das Ziel internationaler Beziehungen darin, illiberale Gesellschaften zu liberalisieren, zumal „eine liberale konstitutionelle Demokratie tatsächlich anderen Gesellschaftsformen überlegen ist" und eine aus liberalen und illiberalen Gesellschaften zusammengesetzte Weltgemeinschaft keine sei, die „gemessen an liberalen Standards, völlig gerecht wäre" (RV, 75). Aber Rawls nennt eben auch Akzeptanzgründe, die für eine Kooperation mit illiberalen Völkern und ihre Aufnahme in die Völkerrechtsgemeinschaft sprechen. Und diese sind nicht nur strategischer Natur. Ein wesentlicher Akzeptanzgrund ist der, dass illiberale Gesellschaften aus ihrer eigenen politischen Kultur heraus bereit sind, die Grundsätze des Völkerrechts anzuerkennen. Die Achtung des Selbstbestimmungsrechts der Völker, die Ächtung von Angriffskriegen oder die Wahrung grundsätzlicher Menschenrechte legen Bedingungen internationaler Toleranz fest, die auch von illiberalen Gesellschaften erfüllt werden.

Was sind also nun die übergeordneten Toleranzgründe liberaler Gesellschaften, die den Raum der Ablehnungs- und Akzeptanzgründe ordnen und Grenzen der Toleranz festlegen? Interessanterweise führt Rawls das Toleranzgebot selbst als einen solchen Grund G(t) ein. Liberale Gesellschaften haben Gründe zur Tolerierung illiberaler Gesellschaften, weil Tolerant-sein zu ihren zentralen politischen Tugenden gehört. Sie sollten im Umgang mit illiberalen Gesellschaften liberale Werte vertreten – und dazu gehört neben Freiheit, Gleichheit und Demokratie eben auch die politische Tugend der Toleranz. Das bedeutet aber nicht, dass liberale Gesellschaften jedwede Gesellschaft zu tolerieren haben. Auf

Akzeptanz stoßen nur diejenigen Gesellschaften, die innerhalb der Grenzen des Tolerierbaren stehen – und diese Grenzen werden im Verlaufe der folgenden Paragraphen weiter festgelegt. Toleranz wird darin lediglich solchen Gesellschaften geschuldet, deren Achtbarkeit (*decency*) auf Funktionsäquivalenten zu liberaler Rechtsstaatlichkeit und Mitbestimmung beruht.

Wir haben nun die Struktur von Rawls' Toleranzbegriff herausgearbeitet, müssen ihn aber noch in Forsts Katalog unterschiedlicher Toleranzkonzeptionen einordnen. Vordergründig vertritt Rawls eine *Respektkonzeption* internationaler Toleranz, die auf der Achtung vor dem moralischen Status achtbarer hierarchischer Gesellschaften basiert: „Ich erinnere daran, dass Völker (anders als Staaten) eine bestimmte Natur haben (§ 2.1). Diese Natur schließt einen gewissen angemessenen Stolz und einen Sinn für Ehrbarkeit ein [...], so wie es der von mir sogenannte 'angemessene Patriotismus' zulässt (§ 5.2)" (RV, 74 f.). Für Rawls sind Völker analog zu moralischen Personen zu betrachten, die über Selbstachtung verfügen und von anderen Völkern Achtung einfordern. Wird ihnen die gebührende Achtung verwehrt, kommt es zu „Bitterkeit und Groll" (RV, 75).

Das bedeutet, dass liberale Völker den Nationalstolz und den Anspruch auf Anerkennung illiberaler Völker ernst nehmen sollten. Es ist die *berechtigte* Selbstachtung bzw. der *begründete* Anspruch auf Anerkennung, der nicht missachtet werden darf und andernfalls zu *berechtigtem* Groll führt. Dahinter steht ein Anspruch auf wechselseitige Achtung zwischen den Völkern, auf den nicht nur liberale, sondern auch legitime illiberale Gesellschaften Anspruch erheben. Rawls' Toleranzgründe kulminieren entsprechend darin, dass „die Bewahrung der gegenseitigen Achtung zwischen den Völkern" (RV, 75) bei der Aufnahme illiberaler Gesellschaften in die Völkergemeinschaft ausschlaggebend ist.

Hier stellt sich allerdings ein Problem. Liberale Völker haben vor dem Hintergrund ihrer historischen Erfahrung eine Form von Respekttoleranz entwickelt, die einseitig auf illiberale Gesellschaften übertragen, von diesen aber nicht reziprok erwidert wird. Denn diese haben nach Rawls keine entsprechende Kultur der Toleranz; sie vertreten auf politischer Ebene eine gemeinsame Idee des Guten und teilen auch nicht die liberale Idee eines vernünftigen Pluralismus. Umgekehrt gilt also nicht, dass illiberale Gesellschaften Gründe haben, liberale Gesellschaften, die etwa aus ihrer Sicht vom rechten Glauben abgefallen sind, als gleichberechtigte Mitglieder der Völkergemeinschaft zu respektieren.

Da es sich in Rawls' Ausführungen nicht um wechselseitige Toleranz zwischen Völkern, sondern um Toleranz liberaler Völker gegenüber illiberalen Völkern handelt, scheinen wir auf eine *Erlaubniskonzeption* der Toleranz zurückzufallen. Schlimmstenfalls lässt sich darin ein post-koloniales Rudiment hineininterpretieren; zumindest aber müssten Gründe dafür nachgeliefert werden, warum illiberale Gesellschaften ebenfalls bereit sein sollten, liberale Gesellschaften *aus Respekt* – und nicht bloß aus strategischem Friedens- und Ko-operationsinteresse – zu tolerieren.

§ 8 Ausweitung auf achtbare hierarchische Völker

Rawls geht nun dazu über, die aus Sicht liberaler Staaten hinreichenden Bedingungen der Achtbarkeit illiberaler Gesellschaften auszuarbeiten. Dabei wird sich zeigen, dass das Ideal eines achtbaren hierarchischen Volkes protoliberalen Vorstellungen – insbesondere dem Rechtsstaatsprinzip – verhaftet bleibt. Voranzustellen ist weiter, dass wir uns im idealtheoretischen Teil befinden. Realpolitisch gibt es eine Reihe illiberaler – faschistischer, totalitärer, autokratischer – Regime, die liberale Gesellschaften nicht als „*bona-fide*-Mitglied" (RV, 77) in der Völkergemeinschaft zu dulden bereit sind. Die Charta des Rechts der Völker selbst setzt der Toleranz klare Grenzen. Nicht zu tolerieren sind Menschenrechtsverletzungen, Aggressionen und internationale Rechtsbrüche. Zwar könnten diese Standards auch von „Gesellschaften, die eine Form des *wohlwollenden Absolutismus* verkörpern" (RV, 78) eingehalten werden, wirklich *achten* können wir aber nur solche Völker, die über die reine Rechtskonformität hinaus eine respektable politische Konstitution und daher eine stabile Disposition entwickelt haben, das Völkerrecht als Ausdruck ihrer eigenen Gerechtigkeitskultur zu befolgen.

In § 8.2 nennt Rawls zwei Kriterien, die Bedingungen dafür festlegen, „unter denen eine achtbare hierarchische Gesellschaft ein ordentliches Mitglied in einer vernünftigen Gesellschaft der Völker sein kann" (RV, 79). Das erste Kriterium besagt, dass achtbare Gesellschaften ihre „legitimen Ziele" nicht mit aggressiven Mitteln verfolgen, sondern gelernt haben, sie durch Handel, Diplomatie und insgesamt friedlich zu erreichen. Die religiöse oder weltanschauliche Staatsdoktrin wird weder militärisch noch auf Weisen verbreitet, die in das Selbstbestimmungsrecht anderer Staaten eingreifen (RV, 79). Rawls schließt damit alle Unrechtsregime aus, die ihre Ziele mit missionarischem oder ideologischem Eifer verfolgen, etwa aufgrund einer militaristischen Interpretation des Dschihad (RV, 93).

Das zweite Kriterium für die Mitgliedschaft achtbarer Gesellschaften in der Völkergemeinschaft lässt sich als Rechtsstaatsgebot auf den Punkt bringen. Rechtsstaatlichkeit bedeutet, dass die Regierung nicht über dem Gesetz steht (*rule of law*), alle Unterworfenen einen Status als Rechtspersonen genießen, gleiche Grundrechte für jeden gelten und legale Bestimmungen im Alltagsleben tatsächlich rechtswirksam werden. In Rawls' Diktion hängt die Rechtsstaatlichkeit achtbarer Gesellschaften an drei Teilkriterien: Das erste besteht darin, dass ihr Rechtssystem die Menschenrechte gewährleistet. Weil Rawls Menschenrechte nicht moralisch, sondern funktional rechtfertigt, nämlich als Standards interner Legitimität und externer Nichteinmischung, vertritt er einen inhaltlichen Minimalismus der Menschenrechte:[1]

> Zu den Menschenrechten gehören das Recht auf Leben (auf das für die eigene Subsistenz und Sicherheit Nötige), auf Freiheit (die Freiheit von Sklaverei, Leibeigenschaften und Zwangsarbeit) und ein hinreichendes Maß an Gewissensfreiheit, um die Religions- und Gedankenfreiheit zu garantieren, auf Eigentum (persönliches Eigentum) und auf formale Gleichheit, wie sie durch die Regeln der natürlichen Gerechtigkeit zum Ausdruck gebracht wird (das heiß, dass gleiche Fälle gleich behandelt werden. (RV, 80)

Menschenrechte legen der Legislative, Judikative und Exekutive einzelner Staaten rechtliche Grenzen auf, sichern die Gleichheit vor dem Gesetz und gewährleisten somit rechtsstaatliche Voraussetzungen. In dieser Funktion seien Menschenrechte „politisch nicht provinziell" (RV, 80); das heißt, sie spiegeln nicht einfach die liberale Tradition gleicher Freiheitsrechte wider, sondern definieren international geteilte Standards moderner Rechtsstaaten.

Das zweite Teilkriterium bezieht sich ebenfalls auf die Rechtsstaatlichkeit achtbarer Völker. Deren Rechtssystem soll so beschaffen sein, „dass es allen Personen auf dem Territorium eines Volkes moralische *bona-fide*-Pflichten [...] auferlegt" (RV, 80). Die aus dem römischen Vertragsrecht stammende Formulierung *bona fides* (dt: guter Glauben) meint, dass einer Rechtsordnung nicht allein durch Zwang Geltung verschafft werden kann, sondern dass sie auf vorrechtlichen Einstellungen wie Rechtschaffenheit, Zuverlässigkeit oder wechselseitigem Vertrauen gründet. *Idealiter* basiert die Autorität achtbarer hierarchischer Gesellschaften nicht auf Furcht, sondern das Recht wird in diesen Ländern geachtet, weil es eine „Gemeinwohlvorstellung der Gerechtigkeit" (RV, 80) transportiert (Rawls folgt hier wie im Folgenden der Rechtstheorie von Philip Soper 1984; vgl. dazu Reidy 2018).

Festzuhalten bleibt somit, dass Völker achtbar sind, wenn sie eine Rechtsordnung etabliert haben, die nicht bloß durch Zwangsgewalt aufrechterhalten werden muss, sondern Rückhalt in einer geteilten Gemeinwohlvorstellung der ihr Unterworfenen findet. Allerdings sind es nicht Individuen, sondern Gruppen, aus deren Sicht die geltende Rechtsordnung befürwortet wird. Für die Ausdehnung der Idealtheorie auf achtbare Völker ist es entscheidend, ob die an dieser Stelle eingeführte korporatistische Gesellschaftskonzeption plausibel ist. In korporatistischen Gesellschaften verstehen sich einzelne Personen immer schon als

---

1 Für eine gründliche Darstellung von Rawls' Menschenrechtsansatz siehe den Beitrag von Reza Mosayebi in diesem Band; sowie Hahn (2013) und Tasioulas (2002).

Mitglieder einer Gruppe (z. B. eines Standes oder einer Zunft) und bilden ihre Identität und Präferenzen in Anbindung an diese Gruppe und ihrer Rolle darin aus. Achtbare hierarchische Gesellschaften sind aus Personen zusammengesetzt, die „zunächst einmal als Mitglieder von Gruppen – Vereinigungen, Korporationen und Ständen – betrachtet werden" (RV, 82). Deren Achtbarkeit hängt davon ab, ob eine korporatistische Gesellschaft in der Moderne überhaupt möglich ist und ob das entsprechende Rechtssystem die Interessen aller Mitglieder abbildet.

Bevor wir diesen Punkt wieder aufgreifen, gilt es, Rawls' drittes Teilkriterium internationaler Achtbarkeit vorzustellen. Es lässt sich darin zusammenfassen, „dass auf Seiten der Richter und anderen Beamten, die das Rechtssystem verwalten, die aufrichtige und nicht unbegründete Überzeugung besteht, dass das Recht tatsächlich von einer Gemeinwohlvorstellung der Gerechtigkeit geleitet ist" (RV, 81). Im Hintergrund steht die Beobachtung, dass in Unrechtsregimen oftmals Rechtsstaatlichkeit *pro forma* simuliert wird. Die Gemeinwohlvorstellung der Gerechtigkeit muss nicht nur in Grundrechten kodifiziert und in den Bevölkerungsgruppen anerkannt sein, sie muss auch in Exekutive und Judikative tatsächlich vertreten und im Leben der Betroffenen rechtswirksam werden.

In § 8.3 erörtert Rawls „Die Grundlagen der zwei Kriterien" (Friedfertigkeit und Menschenrechte). Im Rahmen seines politischen Konstruktivismus ist hier keine moralische Begründung, sondern eine kontraktualistische Explikation zu erwarten. Zunächst stellt er die Vermutung auf, „dass die meisten vernünftigen Bürger liberaler Gesellschaften Völker, die diese beiden Kriterien erfüllen, als ordentliche Mitglieder akzeptieren würden" (RV, 82). Die Idee der Achtbarkeit (*decency*) bezeichnet eine „Minimalidee" (RV, 82) von Legitimität, die hinreichend ist, damit nichtliberale Gesellschaften ordentliche Mitglieder in einer vernünftigen Gesellschaft der Völker sein können (RV, 83).[2]

Vor diesem Hintergrund kann Rawls in § 8.4 zeigen, dass sich Vertreter liberaler und nichtliberaler Völker im Urzustand auf dieselben acht Grundsätze des Rechts der Völker einigen würden, wie es im ersten Schritt der Idealtheorie die Vertreter liberaler Völker getan haben (RV, 84). Achtbare hierarchische Gesellschaften akzeptierten die Freiheit und Unabhängigkeit anderer Völker (Grundsatz 1), beteiligen sich *per definitionem* an der völkerrechtlichen Ächtung von Angriffskriegen (Grundsatz 3), Interventionen (Grundsatz 4) und Kriegsverbrechen (Grundsatz 5) und sie beachten die Menschenrechte (7) und internationale Hilfsverpflichtungen (8):

---

2 Wilfried Hinsch übersetzt „decency" für die deutsche Ausgabe mit Achtbarkeit. Das ist meiner Ansicht nach die treffendste Übersetzung, auch wenn dabei bestimmte Untertöne verloren gehen. Die Idee einer „decent society" ließe sich mit Hegel als sittlich integrierte Gesellschaft begreifen.

Im Lichte der von achtbaren hierarchischen Gesellschaften vertretenen Gemeinwohlvorstellungen der Gerechtigkeit versuchen ihre Vertreter sowohl die Menschenrechte als auch das Wohlergehen des Volkes, das sie vertreten, zu schützen und dessen Sicherheit und Unabhängigkeit zu bewahren. Ihnen liegt an den Vorteilen des Handels, und sie akzeptieren auch die Idee der gegenseitigen Unterstützung von Völkern in Notzeiten. Wir können deshalb sagen, dass die Vertreter von hierarchischen Völkern achtbar und rational sind. (RV, 84)

In der internationalen Gemeinschaft müssen sich achtbare hierarchische Gesellschaften wie einzelne Personen innerhalb liberaler Ordnungen verhalten; das heißt, sie müssen die gemeinsame politische Perspektive über ihre Staatsdoktrin stellen: „Auch wenn innerhalb einer Gesellschaft keine vollständige Gleichheit besteht, kann gleichwohl vernünftigerweise Gleichheit bezüglich ihrer Ansprüche gegenüber anderen Gesellschaften gefordert sein." (RV, 86) Aber warum sollen nichtliberale Gesellschaften außenpolitisch in der Lage sein, eine politische Gerechtigkeitskonzeption unabhängig von ihrer weltanschaulichen oder religiösen Staatsdoktrin zu entwickeln, während sie innerstaatlich genau zu dieser Konsensbildung zwischen unterschiedlichen Ideen des Guten nicht bereit sind? Sollten wir die liberale Fähigkeit zur Annahme einer politischen Konzeption der Gerechtigkeit nicht auch für die innerstaatliche Organisation achtbarer Gesellschaften einfordern?

Entsprechend haben Rawls' Kritiker wiederholt einen Widerspruch darin gesehen, dass auf internationaler Ebene auch solche Völker als Gleiche anerkannt werden sollen, in denen einzelne Personen ungleich behandelt werden. Insbesondere Kok-Chor Tan hat unermüdlich auf eine entsprechende Inkonsistenz hingewiesen (1998, 2000, 2004, 2005, 2006). Tan betont, dass der politische Liberalismus nur mit einem *vernünftigen* Pluralismus vereinbar ist, das heißt mit Sichtweisen, die die grundsätzliche Gleichheit und Freiheit der Person bejahen und sich in Rekurs darauf öffentlich rechtfertigen. Rawls' vermeintliche Analogie zwischen der Tolerierung umfassender vernünftiger Lehren in liberalen Gesellschaften auf der einen und der internationalen Tolerierung nichtliberaler und in diesem Sinne unvernünftiger Gesellschaften auf der anderen Seite, bezeichnet er entsprechend als „deeply flawed" (Tan 1998, 282): „While political liberalism tolerates nonliberal philosophical, moral and religious outlooks, it does not, and cannot, tolerate challenges to liberal political ideals themselves [...] The scope of liberal toleration does not, and cannot, extend to alternatives to liberalism itself. A political philosophy, for reasons of consistency, must take a stance against competing political philosophies." (Tan 2004, 79)

Rawls selbst hat den Einwand, dass „die Gleichbehandlung von Gesellschaften [...] von der Gleichbehandlung ihrer Mitglieder abhängig" (RV, 85) sein müsste, bereits antizipiert. Er versucht ihn dadurch zu entkräften, dass es auch in liberalen Gesellschaften Verbände – wie Kirchen – gäbe, die hierarchisch organisiert sind. Dies sei durchaus damit vereinbar, dass Kirchenvertreter in öffentlichen Angelegenheiten die politische Gleichheit ihrer Mitglieder und anderer Kirchen akzeptieren. Allerdings unterscheiden sich diese Körperschaften darin, dass die Zugehörigkeit zu ihnen freiwillig ist und es hinreichende wie zumutbare Exit-Optionen gibt – und dass der liberale Staat ihnen die Anerkennung anderer Kirchen autoritär abgerungen hat.

Zum Abschluss dieses Abschnitts geht Rawls noch auf die reale Möglichkeit eines Urzustands zwischen liberalen und achtbaren Gesellschaften ein. Die entsprechende Vision einer Föderation von Föderationen, in der regionale Staatenbünde unter dem Dach der Vereinten Nationen zusammenkommen, bleibt aber vage (RV, 87) und die Möglichkeit föderaler Abkommen zwischen liberalen und illiberalen Gesellschaften fragwürdig. So muss etwa Europa als ein genuin liberales Projekt verstanden werden, das über eine regionale Menschenrechtsjurisdiktion und Friedens-, aber auch Wohlstandssicherung weit hinausgeht. Deshalb gestaltet sich die Einbindung illiberaler Gesellschaften (wie die Türkei) schwierig. Wenn Rawls' realistische Utopie internationaler Gerechtigkeit auf regionalen Zusammenschlüssen zwischen liberalen und illiberalen Gesellschaften basiert, handelt es sich vorerst um eine Hoffnung ohne entgegenkommende historische Tendenzen.

§ 9 Achtbare Konsultationshierarchien

Es ist ein wiederkehrendes Argument, dass ein internationales Selbstbestimmungsrecht von der internen Beachtung politischer Selbstbestimmungsrechte abhängt. Nur wenn ein Staat die Interessen seiner Bevölkerung tatsächlich *repräsentiert*, kann er ein Recht auf Nichteinmischung geltend machen. Die Selbstbestimmung eines Staates ist kein Wert an sich; sie hat lediglich einen instrumentellen Wert zur Achtung der kollektiven Autonomie seiner Bürgerinnen und Bürger. Aus liberaler Perspektive setzt die Zuerkennung eines internationalen Selbstbestimmungsrechts Demokratie voraus. Achtbare hierarchische Gesellschaften sind aber keine Demokratien; sie geben nicht jeder Bürgerin eine Stimme, besetzen öffentliche Ämter ohne freie Wahlen oder aufgrund bestimmter Zugehörigkeiten und sie verweigern Frauen, Minderheiten oder religiösen Gruppen *gleiche* politische Rechte und Chancen. Trotzdem soll es sich aus Sicht liberaler Völker um achtbare Gesellschaften handeln. Das liegt daran, dass achtbare hierarchische Gesellschaften politische Mitbestimmungsmechanismen aufweisen, durch die eine undemokratische, aber dennoch hinreichend allgemeine Repräsentation ermöglicht wird. Rawls nennt diese protoliberale Form der Mitbestimmung eine „Konsultationshierarchie".

In § 9.1 („Konsultationshierarchien und gemeinsame Ziele") beschreibt Rawls seine Idee einer allgemeinen Repräsentation ohne Demokratie genauer. Achtbare hierarchische Gesellschaften seien *per definitionem* durch eine Gemeinwohlvorstellung der Gerechtigkeit geleitet, also durch Grundsätze, die die wichtigsten Interessen ihrer Bürgerinnen und Bürger aufgreifen. Im Gegensatz zum wohlwollenden Absolutismus wird in der Konsultationshierarchie eine lückenlose Repräsentanz über ein System von Beratungsebenen gesichert. Dazu ist es erforderlich, „dass die Grundstruktur der Gesellschaft eine Familie von Vertretungsgremien einschließen muss, deren Rolle in der Hierarchie darin besteht, sich an einem eingespielten Konsultationsverfahren zu beteiligen, um sich um das zu kümmern, was die Gemeinwohlvorstellung der Gerechtigkeit des Volkes als die wichtigen Interessen aller Mitglieder des Volkes betrachtet" (RV, 87).

Entscheidend ist, dass die Interpretation und Umsetzung der Gerechtigkeitsgrundsätze durch eine *informierte* Gemeinwohlvorstellung geleitet wird. Dazu sei es hinreichend, wenn die Interessen einzelner Personen jeweils über ihre Gruppe repräsentiert werden. In der Gruppe hat jede Einzelne die Möglichkeit – aber nicht das gleiche Recht –, sich zu artikulieren und auf das Gruppeninteresse als Ganzes Einfluss zu nehmen; in der gesamtgesellschaftlichen Öffentlichkeit hat dann nur noch jede Gruppe die Möglichkeit – aber nicht das gleiche Recht –, angehört zu werden. Achtbare Konsultationshierarchien weisen unterschiedliche „Beratungsebenen" auf, in denen alle, also auch „abweichende Stimmen" in für diese Kulturen „angemessenerweise" (RV, 88) Gehör finden.

Abweichende Meinung können in der Gruppe zum Ausdruck gebracht werden und Regierungen seien „verpflichtet, die abweichenden Meinungen einer Gruppe ernst zu nehmen und auf sie gewissenhaft zu antworten" (RV, 88). Ebenso müssten Beamte und Richter „bereit sein, auf Einwände einzugehen. Sie dürfen sich nicht weigern zuzuhören und denen, die widersprechen, Inkompetenz und Unwissenheit vorwerfen" (RV, 88 f.). Diese Ausführungen zur Meinungsfreiheit und zum Recht, abweichende Meinungen zu vertreten, können nicht darüber hinwegtäuschen, dass ein Recht, gehört zu werden, kategorial schwächer ist als ein Recht, mit gleicher Stimme mitzubestimmen oder auch selbst in die Regierung gewählt zu werden. Der Anspruch, *ernsthaft* angehört zu werden, kann nicht als Grundrecht festgeschrieben werden, sondern scheint lediglich eine wünschenswerte Einstellung der Machthabenden auszudrücken. Dann aber würden sich achtbare hierarchische Gesellschaften kaum mehr von benevolenten Monarchien abgrenzen. Es scheint kaum einen Unterschied zu machen, ob ein absoluter Herrscher einige Stimmen von vornherein ignoriert, oder ob abweichende Meinungen vorgetragen werden dürfen, aber ohne einklagbare Rechte auf Mitbestimmung zu verhallen drohen. Wir müssen hier Fälle vor Augen haben wie das Fahrverbot von Muslima, das in Saudi-Arabien mittlerweile aufgehoben, in

Turkmenistan aber erst kürzlich eingeführt wurde. Das Interesse, selbst Auto zu fahren, muss in einer vermachteten, epistemisch ungerechten bzw. schlicht chauvinistischen Diskursarena vorgetragen werden. Was hilft in solchen Fällen ein Recht, gehört zu werden, wenn es auf den Resonanzboden einer frauenverachtenden Interpretation des Korans fällt?

Um solchen Einwänden zu begegnen, präzisiert Rawls seine Idee einer Konsultationshierarchie in „Drei Bemerkungen" (§ 9.2). Zum ersten erklärt er, warum in einer Konsultationshierarchie Gruppen und nicht einzelne Personen repräsentiert werden. Dahinter steht, wie oben erklärt, seine Orientierung an einem korporatistischen Gesellschaftsmodell: „Da die Gruppen die rationalen Interessen ihrer Mitglieder vertreten, werden einige Personen im Rahmen des Konsultationsprozesses diese Interessen öffentlich vertreten. Sie tun es jedoch als Mitglieder von Vereinigungen, Korporationen und Ständen und nicht als Individuen" (RV, 89). Rawls argumentiert hier auf der Spur von Hegels Kritik am atomistischen Personenmodell in klassisch liberalen Auffassungen. In korporatistischen Gesellschaften begegnen wir der Person immer schon als einem sozialen Selbst, als einer Gruppenzugehörigen, deren Präferenzen durch ihre Rolle in der Gruppe geformt sind, so dass diese über Gruppenvertreter hinreichend repräsentiert werden.

In seiner zweiten Bemerkung geht Rawls darauf ein, inwieweit achtbare hierarchische Gesellschaften selbst religiöse Toleranz walten lassen müssen. Auch hier bleibt er seiner Linie treu, protoliberale Legitimationsstandards einzuziehen. So müsse die dominierende religiöse oder weltanschauliche Lehre „ein hinreichendes Maß an Gewissens-, Religions- und Gedankenfreiheit zulassen" (RV, 90). Dazu gehört, dass keine Religion verfolgt wird, dass sie ohne Furcht praktiziert werden kann und dass zur Not ein Recht auf Auswanderung besteht. Allerdings kann es in achtbaren hierarchischen Gesellschaften Gewissens-, Religions- und Gedankenfreiheit immer nur in prekärer Form geben. Denn selbst wenn sie als Grundrechte verbindlich gemacht wurden, werden sie letztlich durch eine dominierende weltanschauliche oder religiöse Gruppe interpretiert und durchgesetzt.

Die letzte und dritte Bemerkung betrifft Gruppen, die langfristig unterdrückt bzw. deren Menschenrechte systematisch missachtet werden, z. B. Frauen. Unter anderem schlägt Rawls vor, dass Frauen in den Vertretungsgremien der Konsultationshierarchie überproportional vertreten sein sollten – eine Forderung, die etwas halbherzig formuliert wird und faktisch mit den traditionellen Rollenbildern in vielen illiberaler Staaten kollidiert.

In § 9.3 illustriert Rawls schließlich seine Idee einer achtbaren Konsultationshierarchie am berüchtigten Beispiel Kazanistans: „Stellen wir uns ein idealisiertes islamisches Volk mit dem Namen ‚Kazanistan' vor. Das Rechtssystem von

Kazanistan sieht keine institutionelle Trennung von Kirche und Staat vor. Der Islam ist die favorisierte Staatsreligion, und nur Moslems können die oberen Ränge der politischen Autorität besetzen und die wichtigsten Regierungsentscheidungen und politischen Programme, einschließlich der Außenpolitik, beeinflussen. Andere Religionen werden jedoch toleriert [...]" (RV, 92).

Es ist erhellend, kurz einen Blick auf die 1991 gegründete Republik Kasachstan zu werfen, die Rawls wohl unter anderem Modell gestanden hat (eine wichtige Rolle spielt dabei Mottahedeh 1993). Kasachstan ist eine mehrheitlich muslimische Präsidialrepublik, die aber auch gesetzliche Feiertage der christlichen Minderheit anerkennt. Faktisch handelt es sich um ein autokratisches Regime, das derzeit von Präsident Nasarbajew und seiner Familie geführt wird, die Opposition unterdrückt und starke Demokratiedefizite aufweist. Auf dem Weg zum Rechtsstaat hat Kasachstan in den vergangenen Jahren leichte Fortschritte gemacht. Die Menschenrechtssituation verbessert sich langsam, auch wenn es immer noch Meldungen von Foltergefängnissen gibt. Damit entspricht die Republik Kasachstan nicht dem Ideal einer achtbaren Gesellschaft, aber die Idee Kazanistans eignet sich dafür, das den politischen Möglichkeiten und der politischen Kultur Kasachstans angemessene Ideal einer tolerierbaren Gesellschaft vor Augen zu stellen.

Wenn Rawls in diesem Abschnitt ein „hypothetisches achtbares hierarchisches Volk" (RV, 92) beschreibt, dann in der Absicht, die Möglichkeit legitimer illiberaler Gesellschaften vor Augen zu stellen. Dazu gehört der aufgeklärte Umgang Kazanistans mit ethnischen und religiösen Minderheiten, der Zugang von Nicht-Moslems zu höheren Militärrängen, die Absage an eine expansive Politik und eine militaristische Interpretation des Dschihads sowie allgemein die Nichtdiskriminierung nichtmuslimischer Mitglieder (RV, 92f.). Vor allem aber weist Kazanistan eine achtbare Konsultationshierarchie auf, in der:

i)   alle Gruppen zu Rate gezogen werden,
ii) jede Person zu einer der repräsentierten Gruppen gehört,
iii) die Repräsentantinnen dieser Gruppen die grundlegenden Interessen ihrer Gruppen vertreten,
iv) die Regierung die Gruppeninteressen ernsthaft abwägt und ihre Entscheidungen öffentlich rechtfertigt,
v)   diese Entscheidungen die übergeordneten Ziele von Kazanistan (das Gemeinwohl) beachten und in der
vi) sich die leitende Gemeinwohlvorstellung mit einem fairen System der Kooperation in und zwischen den Gruppen vereinbaren lässt. (RV, 93f.)

Um eine vollständige Repräsentation aller Gruppierungen zu gewährleisten, sollte die Regierung Kazanistans Versammlungen einrichten, in der alle Gruppenrepräsentantinnen ihre Angelegenheiten vortragen können und eine begründete Antwort erhalten. Ihnen wird ein Recht auf eine öffentliche Begründung gewährt, die sich an der Gemeinwohlvorstellung der Gerechtigkeit – die Summe aller Gruppeninteressen – orientiert.

An dieser Stelle sind aber Zweifel angebracht, ob in einer Konsultationshierarchie die Interessen aller Personen wirkungsgleich oder zumindest hinreichend repräsentiert werden. Um diesen Vorbehalt zu veranschaulichen, hat etwa Mitchell Avila (2007, 110) zu einem Gedankenexperiment eingeladen, in dem Migranten aus Kazanistan nach „Unitedstan" einwandern und dort ihre umfassende Lehre zur Staatsdoktrin machen. Liberale Völker können, so die Pointe, nicht wollen, dass sie selbst zur achtbaren hierarchischen Gesellschaft werden. Unterstützend lässt sich eine Reihe von Kritikpunkten anführen, die uns auf problematische kollektivistische Voraussetzungen in der Idee der Konsultationshierarchie führen:

1. In einer achtbaren hierarchischen Gesellschaft formt eine Person ihre Präferenzen aufgrund ihrer Rolle, die sie in ihrer Gruppe, Kaste oder Gemeinschaft zugewiesen bekommt. Das birgt das Problem, dass es sich um „falsche Präferenzen" handeln könnte, in der ihre authentischen Anliegen unartikuliert bleiben.

2. Es wird in achtbaren hierarchischen Gesellschaften immer Personen geben, die sich von ihren tradierten Rollenmustern entfremdet haben. In allen illiberalen Gesellschaften gibt es eine liberale Opposition, die für Freiheitsrechte und Demokratie streitet. Die Achtung dieser Gesellschaften bedeutet dann immer auch die Missachtung ihrer liberalen Opposition.[3]

3. Die Repräsentation der Einzelnen *innerhalb* der Gruppe fußt auf dem Wohlwollen der Gruppenanführer und nicht auf Gleich*berechtigung*. Hier kann es zu Verzerrungen und Willkür kommen.

4. Die Repräsentation einzelner Gruppen ist darauf reduziert, dass ihre Forderungen von der Regierung anhand der Gemeinwohlvorstellung der Gerechtigkeit geprüft und nicht ohne Begründung abgelehnt werden. Dabei bleibt stets zweifelhaft, ob diese Prüfung tatsächlich ernsthaft vollzogen wurde.

Die Legitimität von achtbaren hierarchischen Gesellschaften entscheidet sich letztlich an der Frage, ob das bloße Recht auf öffentlichen Dissens und Rechtfertigung hinreichend ist, um Einfluss auf die politische Willensbildung zu nehmen. Rawls gibt darauf eine optimistische Antwort:

---

3 Entsprechend betont Kok-Chor Tan: „The problem of tolerating decent peoples is that it lets down dissenting individual members in these nonliberal societies." (Tan 2006, 85)

> Weiter stelle ich mir zur Illustration dessen, wie abweichende Meinungen, wenn sie zuge-
> lassen werden und Gehör finden, Veränderungen bewirken können, vor, dass in Kazanistan
> abweichende Meinungen zu wichtigen Reformen in Bezug auf die Rechte von Frauen und
> deren Rolle geführt haben, wobei die Richterschaft zustimmte, dass die früheren Normen
> nicht in Übereinstimmung mit der gesellschaftlichen Gemeinwohlvorstellung der Gerech-
> tigkeit gebracht werden konnten. (RV, 94 f.)

Die Hoffnung auf Reformen beruht somit nicht auf dem guten Willen der Herrschenden, sondern auf einem Vertrauen in die Kraft öffentlicher Rechtfertigung.
Diese Überlegungen erinnern an die zeitgenössische Diskussion zu illiberalen
Demokratien (vgl. Zakaria 1997), aber auch nicht zufällig an Kant. Für Kant ist
eine republikanische Regierungsform auch ohne demokratische Mitbestimmungsrechte denkbar, wenn sie öffentlichen Dissens („Freiheit der Feder",
Gemeinspruch AA 08: 304) zulässt und sich öffentlich rechtfertigt (Kants Publi-
zitätsprinzip des öffentlichen Rechts, *Zum ewigen Frieden* AA 08: 386). Kant
meint, dass in Praktiken öffentlicher Rechtfertigung nur solche Maximen des
öffentlichen Rechts bestehen, die mit den Interessen aller Bürgerinnen und Bürger – Rawls' Gemeinwohlvorstellung der Gerechtigkeit – zusammenstimmen.

Entsprechend anerkennen auch achtbare hierarchische Gesellschaften ein
Recht auf Dissens und Rechtfertigung, das nicht an das liberale Recht auf gleiche
Mitbestimmung heranreicht, abweichenden Meinungen aber im öffentlichen
Diskurs verankert und so die Gemeinwohlvorstellung informiert hält. Es handelt
sich um eine allgemeine Repräsentation ohne Demokratie, die achtbaren hierarchischen Gesellschaften eine minimal funktionsäquivalente und damit protoliberale Legitimation verleihen soll. David Reidy fasst das folgendermaßen zusammen:

> Kazanistan secures but the benevolent absolutism denies a right for all to participate, even if
> only indirectly and by way of an established consultative process, in the making of the law in
> and through which the society is organized. In Kazanistan, the law-making process is or-
> ganized so as to facilitate input from all segments of society. And all segments of society have
> a right to express dissent from and to insist on public justifications for the outputs of the law-
> making process so organized. (2018)

Schluss

Mein Kommentar hat stets betont, dass es im zweiten Teil von *Das Recht der
Völker* um die Konstruktion einer realistischen Utopie für illiberale Völker geht,
also Gesellschaften, die sich aus Sicht liberaler Völker als tolerierbar erweisen. Sie
formuliert ein Entwicklungsziel, das kritisch auf bestehende illiberale Gesellschaften angelegt werden muss. Weiter habe ich argumentiert, dass Rawls dazu

eine protoliberale Legitimationstheorie entwickelt. Nichtliberale Völker sind achtbar, wenn sie Funktionsäquivalente zu liberalen Standards aufweisen. Erstens handelt es sich um Rechtsstaaten, in dem Sinne, dass sie die Herrschaft des Rechts anerkennen und es durch fundamentale Menschenrechte konstituieren. Zweitens entwickelt Rawls mit der Idee einer achtbaren Konsultationshierarchie ein protoliberales Funktionsäquivalent zur liberalen Demokratie. Zwar ist die Repräsentation nicht wirkungsgleich, da nicht jede Person gleichberechtigt für sich sprechen kann. In einer Konsultationshierarchie ist aber zumindest jede Person *qua* Gruppenmitglied diskursiv an die öffentliche Gemeinwohlkonzeption angeschlossen.

Der erste Kritikpunkt, den ich hier abschließend festhalten möchte, berührt die Idee einer korporatistischen Gesellschaft. Die rechtsstaatlichen und ökonomischen Erfordernisse, vor denen pluralistische Staaten heute stehen, lassen diese Idee bestenfalls nostalgisch, im Grunde aber revisionistisch erscheinen. Vor allem wirkt sie sich unsolidarisch gegenüber der liberalen Opposition aus, die in allen bekannten Autokratien für demokratische Mitbestimmungsrechte streitet.

Ein zweiter Kritikpunkt lautet, dass liberale Gesellschaften allenfalls Gründe haben, achtbare hierarchische Gesellschaften im Rahmen einer Erlaubnis- oder Koexistenzkonzeption von Toleranz international einzubinden, nicht aber, sie als Gleiche zu achten. Wenn eine Gemeinwohlkonzeption gegen die liberalen Prämissen der absoluten Gleichheit und Freiheit der Person verstößt, warum sollte sie auf internationaler Ebene als eine Kandidatin für einen überlappenden Konsens zwischen wohlgeordneten Völkern anerkannt werden? Und warum sollten sich liberale Gesellschaften verpflichten, nicht einmal diplomatisch und zivilgesellschaftlich für die Liberalisierung solcher Gesellschaften zu werben? Für Blain Neufeld, zum Beispiel, ließe sich gegenüber Kazanistan lediglich eine Duldungskonzeption der Toleranz begründen. Daher sollte Rawls zumindest diplomatische Einmischung und ökonomische Anreize zulassen, „in order to encourage such societies to liberalize their political institutions" (Neufeld 2013, 292).

Wie gezeigt, will Rawls eine Respektkonzeption wechselseitiger Toleranz verteidigen, müsste dazu aber, so ein dritter Kritikpunkt, die Frage beantworten, warum achtbare hierarchische Gesellschaften *aus ihrer Sicht* liberale Gesellschaften, aber auch andere achtbare hierarchische Gesellschaften respektieren sollten. Zeichnen sie sich doch durch eine weltanschauliche oder religiöse Staatsdoktrin aus, aus deren Sicht liberale Gesellschaften, aber auch andere Religionen und Weltanschauungen inakzeptabel erscheinen. Sicher haben auch sie strategische Gründe, mit anderen Gesellschaften eine internationale Rechtsgemeinschaft zu gründen, aber so wie Rawls sie darstellt, weisen sie für eine Respektkonzeption internationaler Toleranz nur eine schwache Toleranzkultur auf – was immerhin impliziert (hier folgt Rawls Mottahedeh, 1993), das achtbare Völker eine eigene Toleranzkultur haben.

Ein vierter und letzter Gesichtspunkt, betrifft einen bestimmten Sinn der These, dass Rawls eine protoliberale Legitimationstheorie entwickelt. Bislang habe ich diesen Begriff weitgehend im Sinne einer minimalen Rechtfertigung verwendet. Achtbare hierarchische Gesellschaften weisen Funktionsäquivalente zu liberalen Freiheitsrechten und Demokratie auf, die zwar nicht wirkungsgleich, aber anerkennenswert sind. Die Rede von einer protoliberalen Legitimation ließe sich aber auch so verstehen, dass es sich bei achtbaren hierarchischen Gesellschaften um Gesellschaften handelt, die sich auf einem verheißungsvollen Weg der Liberalisierung befinden. Unter dem Gesichtspunkt der Übergangsgerechtigkeit sind sie achtbar, weil sie über Mechanismen verfügen, sich aus sich selbst heraus zu reformieren und schrittweise mehr Freiheit, Gleichheit, Demokratie und soziale Fairness zuzulassen. Rawls meint, dass „eine achtbare Gesellschaft, wenn ihr von liberalen Völkern die gebührende Achtung entgegengebracht wird, umso eher im Laufe der Zeit die Vorteile liberaler Institutionen erkennen und Schritte unternehmen, um selbst liberal zu werden" (RV, 75). Demnach wären achtbare hierarchische Gesellschaften als Mitglieder der Völkerrechtsgemeinschaft zu respektieren, weil Grund zu der Hoffnung besteht, dass sich diese Gesellschaften von innen liberalisieren. Diese Hoffnung auf das „liberale Reformen begünstigende politische Klima" (RV, 76) in achtbaren hierarchischen Gesellschaften kann die Spannung zwischen der gebotenen Achtung und dem Wunsch, sie mögen wie wir werden, nicht vollständig auflösen. Aber diese Spannung liegt eben im Wesen der Toleranz.

Literatur

Avila, Mitchel (2007): „Defending a Law of Peoples: Political Liberalism and Decent Peoples". In: *The Journal of Ethics* 11, 87–124.

Forst, Rainer (2003): *Toleranz im Konflikt. Geschichte, Gehalt und Gegenwart eines umstrittenen Begriffs*. Frankfurt/M: Suhrkamp.

Hahn, Henning (2013): „Human Rights as the Universal Language of Critique". In: *Zeitschrift für Menschenrechte* 7, 42–58.

Kant, Immanuel (1795): „Zum ewigen Frieden. Ein Philosophischer Entwurf". In: Gesammelte Schriften, hg. von der Königlichen Preußischen Akademie der Wissenschaften, AA Bd. 08, Berlin 1902 ff., 341–368.

Kant, Immanuel (1793): „Über den Gemeinspruch: Das mag in der Theorie richtig sein, taugt aber nicht für die Praxis". In: Gesammelte Schriften, hg. von der Königlichen Preußischen Akademie der Wissenschaften, AA Bd. 08, Berlin 1902 ff., 273–314.

6 Toleranz gegenüber nichtliberalen Völkern (§§ 7 – 9) —— **95**

Mottahedeh, Roy (1993): „Toward an Islamic theology of toleration". In: Lindholm, Tore/Vogt, Kari (Eds.): *Islamic Law Reform and Human Rights*. Copenhagen: Nordic Human Rights Publishers, 25 – 36

Neufeld, Blain (2013): „Liberal Foreign Policy and the Ideal of Fair Social Cooperation". In: *Journal of Social Philosophy* 44, 291 – 308.

Reidy, David (2018): „Thoughts on Kazanistan". In: *SSRN Electronic Journal* https://www. researchgate.net/publication/323703778_Thoughts_on_Kazanistan, visited on 11 January 2019.

Soper, Philip (1984): *A Theory of Law*. Cambridge: Harvard University Press.

Tan, Kok-Chor (2006): „The Problem of Decent Peoples". In: Martin, Rex/Reidy, David (Eds.): *Rawls Law of Peoples: A Realistic Utopia?*. Malden: Blackwell Publishing, 76 – 94.

Tan, Kok-Chor (2005): „International Toleration: Rawlsian versus Cosmopolitan". In: *Leiden Journal of International Law* 18, 685 – 710.

Tan, Kok-Chor (2004): *Justice Without Borders: Cosmopolitanism, Nationalism, and Patriotism*. Cambridge: Cambridge University Press.

Tan, Kok-Chor (2000): *Toleration, Diversity, Global Justice*. University Park: Pennsylvania State University Press.

Tan, Kok-Chor (1998): „Liberal Toleration in Rawls's Law of Peoples". In: *Ethics* 108, 276 – 295.

Tasioulas, John (2002): „From Utopia to Kazanistan: John Rawls and the Law of Peoples". In: *Oxford Journal of Legal Studies* 22, 367 – 396.

Zakaria, Fareed (1997): „The Rise of Illiberal Democracy". In: *Foreign Affairs* 76, 22 – 43.

Reza Mosayebi

7 Rawls' Menschenrechtskonzeption (§§ 10 – 12)

Im *Zweiten Teil der Idealtheorie* (§§ 7– 12) von *Das Recht der Völker* weitet Rawls seine liberale Gerechtigkeitskonzeption auf nichtliberale, aber achtbare Gesellschaften aus. Rawls befasst sich hier unter anderem mit kooperations- und respektbasierter Toleranz seitens liberaler Gesellschaften gegenüber nichtliberalen, aber achtbaren Gesellschaften (§ 7), mit der begrifflichen Charakterisierung achtbarer Gesellschaften, welche dasselbe Recht der Völker wie liberale Gesellschaften akzeptieren würden (§ 8), mit der näheren Bestimmung einer bestimmten Art achtbarer Gesellschaften (einer Konsultationshierarchie, die Rawls anhand einer „idealisierten" muslimischen Gesellschaft, „Kazanistan", veranschaulicht) (§ 9), mit Menschenrechten (§ 10), mit der Entwicklungsweise des Rechts der Völker aus seiner liberalen Gerechtigkeitskonzeption (§ 11) und, abschließend, mit methodischen und metatheoretischen Bemerkungen (§ 12).

§§ 10 – 12 beinhalten viel mehr Details, als man innerhalb eines Kapitels gerecht werden kann. In meinem Beitrag werde ich mich vor allem auf Rawls' knapp dargestellte, jedoch einflussreiche Konzeption der Menschenrechte konzentrieren und von diesem Standpunkt aus auf Paragraphen des *Zweiten Teils der Idealtheorie* Bezug nehmen (ausführlich zu §§ 7– 9 s. Henning Hahns Beitrag in diesem Band). Dabei werde ich auch Rawls' ersten Entwurf des Rechts der Völker miteinbeziehen, den er im Februar 1993 im Rahmen der *Oxford Amnesty* Vorlesungen (*OA*) präsentiert hat. Auch wenn diese Vorlesung „nicht ausgereift" war (RV, V), verschafft sie angesichts einiger Einzelheiten mehr Klarheit, wenn man sie parallel zu *Das Recht der Völker* in Betracht zieht.

Dabei gehe ich in drei Schritten vor: Erstens werden einige Grundaspekte von Rawls' Menschenrechtskonzeption anhand des *Zweiten Teils der Idealtheorie* dargestellt. Zweitens wird § 10 detailliert kommentiert. Der letzte, dritte Teil beinhaltet eine kurze Darstellung der sogenannten Politischen Konzeption der Menschenrechte, deren Varianten unter Rawls' Einfluss stehen, sowie kritische, wenn auch nicht völlig neue Überlegungen zur fehlenden moralischen Rechtfertigung der Menschenrechte in Rawls' Konzeption der Menschenrechte.

https://doi.org/10.1515/9783110650631-009

1

Von den fünf Arten heimischer Gesellschaften (vernünftige liberale Völker, illiberale, aber achtbare Völker, Schurkenstaaten, durch ungünstige Umstände belastete Gesellschaften und wohlwollende absolutistische Gesellschaften), von deren Interaktion *Das Recht der Völker* handelt, sind die liberalen und die illiberalen achtbaren Völker die Protagonisten des *Zweiten Teils der Idealtheorie*. Rawls benutzt allerdings das Attribut „achtbar" (*decent*) anders als Avishai Margalit (*The Decent Society*, 1998), der es in Bezug auf soziale Wohlfahrt gebraucht. Liberale und illiberale achtbare Völker fallen nach Rawls exhaustiv unter den Oberbegriff „wohlgeordnete Gesellschaften", für die Rawls den Begriff *Volk* (*people*) zu reservieren neigt.

Unter der Idee der wohlgeordneten Gesellschaft als einem *idealisierten* Begriff versteht Rawls verkürzt eine Gesellschaft, welche von einer öffentlichen politischen Gerechtigkeitskonzeption wirksam reguliert wird (GF, 29, 31); spezifischer: eine Gesellschaft, deren Grundstruktur von geteilten Gerechtigkeitsprinzipien tatsächlich reguliert ist und deren Mitglieder, entsprechend einem normal wirksamen Gerechtigkeitssinn, die öffentlich anerkannten Gerechtigkeitsprinzipien, ohne von Sanktionen angetrieben sein zu müssen, einhalten (GF, 31 f.; PL, 105). Eine wohlgeordnete Gesellschaft ist zudem nach Rawls in sich geteilt und pluralistisch (KK, 114; Kazanistan ist zum Beispiel als eine fiktive muslimische wohlgeordnete Gesellschaft „eine im Umgang mit ihren religiösen Minderheiten aufgeklärte Gesellschaft", RV, 95).

Eine Hauptaufgabe des *Zweiten Teils der Idealtheorie* besteht nun darin, die begriffliche Möglichkeit illiberaler, jedoch achtbarer (hierarchischer) Gesellschaften zu zeigen, welche die Ausweitung der Rawls'schen Gerechtigkeitskonzeption auf die völkerrechtliche Ebene anerkennen und befolgen. Dabei ist zu beachten, dass die hierarchische Struktur nur eine mögliche Variante achtbarer Gesellschaften ausmacht. Der *Zweite Teil der Idealtheorie* ist, mit anderen Worten, eine Ausweitung des idealisierten Begriffs der wohlgeordneten Gesellschaft jenseits liberal-demokratischer Gesellschaften. Rawls' Zweck wäre in *Das Recht der Völker* erfüllt, wenn alle Gesellschaften entweder liberale oder achtbare Gesellschaften wären (RV, 3 f.; vgl. OA, 54). Im Rawls'schen Konzept des Rechts der Völker sind *diese* zwei Gesellschaftsarten, welche die normative Last einer annehmbar (*reasonably*) gerechten Gesellschaft der Völker tragen (vgl. RV, 2 f.).

Zur Bestimmung achtbarer hierarchischer Gesellschaften stellt Rawls zwei Kriterien auf (§ 8.2; vgl. OA, 72 f.): Achtbare Gesellschaften sind diejenigen, die, 1., keine aggressiven Mittel zu ihren Zielen wählen; sie sind nicht expansionistisch in dem Sinne, dass die Erweiterung ihres Einflusses nicht mit der äußeren Unabhängigkeit und inneren Autonomie anderer Gesellschaften konfligiert (*Nicht-Aggressivität*). Das zweite Kriterium ist dreiteilig: 2.a. Illiberale Gesellschaften sind dann achtbar, wenn sie Menschenrechte einhalten; 2.b. wenn sie eine lückenlose Verteilung der von Menschenrechten unterschiedlichen, *moralischen* Verpflichtungen unter ihren Mitgliedern aufweisen, welche anerkannterweise mit ihrer Gemeinwohlvorstellung der Gerechtigkeit (*common good idea of justice*) übereinstimmen (*Inklusivität moralischer Verhältnisse*), und, 2.c., wenn eine aufrichtige und nicht unvernünftige Überzeugung seitens der Rechtsverwalter der fraglichen Gesellschaft darüber vorhanden ist, dass das vertretene Rechtssystem tatsächlich von ihrer Gemeinwohlvorstellung der Gerechtigkeit geführt wird (*Vertrauen der Verwalter*) (RV, 79 ff.; vgl. mit leichten Abweichungen in OA, 72 f. und 98, Fn. 24). Die Bedingungen sind einzeln alle notwendig und nur gemeinsam zureichend, um eine Gesellschaft als ein achtbares Volk zu bezeichnen. So sind zum Beispiel wohlwollende absolutistische Gesellschaften solche, die zwar „die meisten" Menschenrechte (RV, 78) achten, aber nicht wohlgeordnet sind, da ihnen eine nennenswerte Rolle der politischen Partizipation, entsprechend dem Teilkriterium 2.b., fehlt (RV, 117). – Es bleibt daher erläuterungsbedürftig, wenn Rawls in § 12.2 behauptet, dass es „keine Liste notwendiger und hinreichender Bedingungen" für die Achtbarkeit (*decency*) gebe (RV, 107).

Im Folgenden werde ich mich auf das Teilkriterium 2.a., die Einhaltung der Menschenrechte, konzentrieren.

1.1 Bei diesem Kriterium vertritt Rawls die These, dass die Nichtverletzung der Menschenrechte, die notwendige Bedingung jedes Systems sozialer Kooperation ist (*Kooperationsthese*). So schreibt Rawls in § 8.2: Einem „soziale[n] System, das diese Rechte verletzt [...,] fehlt die Idee der sozialen Kooperation" (RV, 80); oder in § 8.4: „Was wir heute als Menschenrechte bezeichnen, sind [...] notwendige Bedingungen jedes Systems sozialer Kooperation. Werden sie regelmäßig verletzt, haben wir auf Gewalt gestützte Befehle, ein Sklavensystem, und keine Kooperation irgendeiner Art" (RV, 83).

Das (faire) System sozialer Kooperation ist für Rawls eine fundamentale Idee (GF, 25), die mit anderen grundlegenden Begriffen seiner Gerechtigkeitskonzeption in einem komplexen Netz verbunden ist. In seinem letzten Buch *Gerechtigkeit als Fairness* (2001) schreibt Rawls, dass die Rolle der Gerechtigkeitsprinzipien darin besteht, faire Bedingungen sozialer Kooperation zu bestimmen (GF, 28). In *Politischer Liberalismus* (1993) heißt es, dass eine Konzeption politischer Gerechtigkeit die (fairen) Kooperationsbedingungen „beschreibt [*characterizes*]" (PL, 82). Und in *Eine Theorie der Gerechtigkeit* (1971) betont Rawls, dass, um eine Gerechtigkeitskonzeption vollständig zu verstehen, die Bedingungen der sozialen Kooperation deutlich gemacht werden sollen, von denen jene Konzeption „herrührt" (TJ, 9; meine Übersetzung; s. TG, 26). Insofern ist nach Rawls der *Begriff* (*concept*) der Gerechtigkeit ohne den eines Systems sozialer Kooperation nicht vorstellbar.

Sowohl in *Gerechtigkeit als Fairness* wie auch in *Politischer Liberalismus* bezeichnet Rawls die Idee eines *fairen* Systems der sozialen Kooperation als eine zentrale, „strukturierende" Idee für die Entwicklung seiner Konzeption der Gerechtigkeit. Rawls spricht dabei allerdings ausschließlich von einer bestimmten Version sozialer Kooperation, eines demokratischen Systems der Kooperation, welches mit zwei weiteren fundamentalen Ideen der „Bürger (also derjenigen, die kooperieren) als freier und gleicher Personen" sowie einer wohlgeordneten Gesellschaft in Verbindung steht (GF, 25; PL, 80, 85 ff.). Eine solche Konzeption der sozialen Kooperation ist aber dann nicht ohne weiteres auf achtbare Gesellschaften anwendbar. Denn, während eine achtbare Gesellschaft neben liberalen Gesellschaften als die zweite Form wohlgeordneter Gesellschaften gilt, bestreitet Rawls, dass deren Mitglieder „Bürger" wären (mehr dazu I.5.). Nichtsdestotrotz treffen die Grundaspekte der Idee eines *fairen* Systems der sozialen Kooperation, auf die Rawls in den obigen zwei Werken deutlich hinweist, auch auf das System der sozialen Kooperation in einer achtbaren Gesellschaft, bis zu einem gewissen Grad (dazu 1.5), zu.

Was Rawls unter Gesellschaft als einem System sozialer Kooperation versteht, ließe sich vielleicht am besten zuerst *ex negativo* bestimmen. Ein solches System stellt keine sozialen Aktivitäten dar, die zum Beispiel durch Befehle einer zentralen Autorität *koordiniert* sind. Doch Rawls spricht positiverweise zumindest von drei wesentlichen Merkmalen der sozialen Kooperation. Sie ist, 1., geleitet von öffentlich anerkannten Normen und Verfahren, die von den Kooperierenden akzeptiert und als angemessene Regeln für ihr Handeln betrachtet werden – insofern verlangt die soziale Kooperation nicht nur Öffentlichkeit, deren Normen sollen auch die Kooperierenden intrinsisch motivieren können. Zudem setzt soziale Kooperation, 2., die Idee der „Reziprozität" und, 3., die Idee der rationalen Vorteilhaftigkeit oder des Guten der Kooperierenden voraus; so wird nämlich bestimmt, was aus der Perspektive des jeweiligen Systems der Kooperation zu erreichen ist (GF, 26 f.; PL, 82).

Ich kann hier nicht näher auf das Verhältnis zwischen der Gesellschaft als einem System der Kooperation und der wohlgeordneten Gesellschaft eingehen. Klar ist jedoch, dass die Idee der sozialen Kooperation für Rawls grundlegend ist, und er die Idee der wohlgeordneten Gesellschaft als eine „begleitende Idee" ansieht, die zur näheren Bestimmung einer Gesellschaft als eines (fairen) Systems der Kooperation verwendet wird (GF, 29).

Doch einige Punkte zur Reziprozität – einer „moralische[n] Idee" (GF, 127), die Rawls erst nach *Eine Theorie der Gerechtigkeit* deutlicher und spezifischer behandelt – sind hier wichtig zu erwähnen. Auch bei dieser Idee bzw. diesem „Kriterium" bewegt sich Rawls häufig innerhalb seiner eigenen liberalen Konzeption der Gerechtigkeit. Die Grundaspekte der Idee treffen indes nach Rawls, bis zu einem gewissen Grad (s. 1.5), auch auf achtbare Gesellschaften zu. In einer vereinfachten Version bedeutet Reziprozität zum einen eine Beziehung zwischen den Kooperierenden einer Gesellschaft, wonach jeder zusammen mit allen anderen in angemessener Form profitiert (PL, 122) oder gemeinsame Belastungen teilt. Etwas genauer soll diese Art wechselseitigen Profitierens aufgrund einer omnilateralen Annehmbarkeit seitens aller Beteiligten an der sozialen Kooperation erfolgen (vgl. RV, 16). In motivationaler Hinsicht liegt die Reziprozität für Rawls zwischen „altruistische[r] Unparteilichkeit" und gegenseitigen, jedoch bloß egoistischen Vorteilen. Reziprozität ist weder identisch mit Unparteiisch-sein ausschließlich im Interesse Anderer noch mit der exklusiven Sorge um sich selbst, so dass man allein durch seine eigenen Ziele und Neigungen motiviert wäre (PL, 127; s. GF, 127).

Zum Verständnis der grundlegenden Rolle der Idee der Reziprozität bei Rawls ist beispielsweise beachtenswert, dass er seine zwei Gerechtigkeitsprinzipien als Artikulierung der Reziprozität zwischen freien und gleichen Bürgern sieht (PL, 82f., vgl. 122). Bei Rawls wird normalerweise, wenn die Grundfreiheiten, wofür das erste Gerechtigkeitsprinzip zuständig ist, verweigert werden, das Kriterium der Reziprozität verletzt (RV, 173). Im heimischen Fall liberal-demokratischer Gesellschaften macht Rawls auch klar, dass die Reziprozität als ein Prüfstein politischer Legitimität fungiert (RV, 172, vgl. 168 und 182). Nicht zuletzt hängen die Idee der Reziprozität und die Vernünftigkeit eng miteinander zusammen (etwa PL, 122; mehr hierzu unten).

Angesichts von Rawls' inhaltsreichem Begriff der sozialen Kooperation erweist sich seine Kooperationsthese als stärker als sich auf den ersten Blick vermuten ließe. Klare Implikationen der These sind, dass eine Gesellschaft, in der Menschenrechte verletzt werden, die Möglichkeit öffentlicher, politisch-sozialer Normen, die von den Beteiligten aus Überzeugung heraus befolgt werden können, fehlt. Eine solche Gesellschaft wird letztendlich überwiegend eine Gesellschaft von „Egozentrikern" sein (vgl. PL, 127). Und sie scheitert daran, eine mehr oder minder allgemeine Vorstellung des Guten zu haben, welche die gesellschaftlichen Interaktionen zu gemeinsamen Zielen hinleitet. *Schlimmstenfalls* handelte es sich bei den (meisten) Mitgliedern einer solchen Gesellschaft um ein Aggregat von untergebenen oder beherrschten, selbstsüchtigen und in sozialen Interaktionen unterentwickelten Menschen.

Auch die Idee der Reziprozität, als die zweite Komponente der sozialen Kooperation, enthält hinsichtlich der Menschenrechte starke Implikationen. In *Eine Theorie der Gerechtigkeit* zum Beispiel behauptet Rawls, dass das Nutzenprinzip des klassischen Utilitarismus mit der Idee der Reziprozität unvereinbar ist (TG, 31), was aufgrund der Kooperationsthese zur Folge hat, dass der klassische Utilitarismus menschenrechtswidrig ist.

Rawls' Kooperationsthese ist nicht ohne kritische Reaktion geblieben. Joseph Raz, der in einigen Punkten mit Rawls' Menschenrechtskonzeption einverstanden ist, beanstandet, dass Gesellschaften, welche Rawls' anspruchsvolle („morally very demanding", Raz 2010, 330) Bedingungen sozialer Kooperation nicht erfüllen, notwendigerweise – wie Rawls behauptet (RV, 80) – durch auf Gewalt gestützte Befehle (*command by force*) reguliert wären. Raz glaubt zum Beispiel, dass es keine Gründe gibt selbst feudale Gesellschaften, oder sexistische Gesellschaften, in denen individuelles Privateigentum (das ist eines der genuinen Menschenrechte nach Rawls) der Frauen verneint werden, als gewaltsam organisierte, nicht-kooperative Gesellschaften zu betrachten (Raz 2010, 329 f.; kritisch zu Rawls' Kooperationsthese s. auch Buchanan 2006, 163 f.). Raz ist zwar darin Recht zu geben, dass Rawls' Verständnis der sozialen Kooperation moralisch (zu) anspruchsvoll ist, doch lässt er bei seinem Gegenbeispiel, insbesondere der sexistischen Gesellschaft, gänzlich unbeachtet, aus *wessen* Perspektive der oppressive, nicht-kooperative Charakter der Gesellschaft beurteilt wird (zur Verteidigung der Kooperationsthese, s. Freeman 2006, 37 f.).

Während Menschenrechte in heimischen Fällen eine notwendige Bedingung der politisch-sozialen Kooperation ausmachen, lässt sich analog behaupten, dass sie auch die notwendige Bedingung fairer politisch-sozialer Kooperation zwischen *Völkern* sind. Man achte zum Beispiel darauf, dass nach Rawls die Reziprozität als die zweite Komponente der sozialen Kooperation, nicht nur „zwischen Bürgern als Bürger", sondern auch „zwischen Völkern als Völker" gilt (RV, 46). In seiner *Oxford Amnesty* Vorlesung heißt es daher: Menschenrechte „bringen ein Mindeststandard wohlgeordneter politischer Institutionen all jener Völker zum Ausdruck, die ordentliche Mitglieder einer gerechten [politischen; R.M.] Völkergemeinschaft sind" (OA, 80).

1.2 Rawls' Kooperationsthese dient in *Das Recht der Völker* als Grundlage für eine weitere, knapp dargestellte These, die ich als die *Neutralitätsthese* bezeichnen möchte: Menschenrechte, wenn sie als notwendige Bedingungen sozialer Kooperation verstanden werden, sind neutral gegenüber einer Mehrzahl von Kulturen und Traditionen („können [...] nicht als etwas ausschließlich Liberales oder der westlichen Tradition Zugehöriges zurückgewiesen werden", RV, § 8.2, 80; Menschenrechte, *so verstanden*, „beruhen nicht auf irgendeiner besonderen umfassenden religiösen Lehre oder philosophischen Lehre der menschlichen Natur", RV, § 8.3, 83). Menschenrechte sind daher „politisch nicht provinziell" (RV, 80). Rawls behauptet zwar auch in seiner *Oxford Amnesty* Vorlesung, dass

Menschenrechte „politisch neutral" sind (OA, 81); dass seine Neutralitätsthese auf seiner Kooperationsthese gründet, ist jedoch ein Novum von *Das Recht der Völker*.

Rawls' Neutralitätsthese steht zum Teil unter dem Einfluss von T.M. Scanlons kurzem Beitrag zu Menschenrechten (1979; vgl. Rawls OA, 100, Fn. 39 und 40). Scanlon argumentiert unter anderem für eine „ideological neutrality" der Menschenrechte als „minimal standards" in der internationalen Arena. Er sieht das juridische Faktum, dass Menschenrechte in vielen, selbst nicht liberal-demokratischen Verfassungen anerkannt sind, als eine „normal acceptance", was genügend Grund dafür ist, Menschenrechte gegenüber einer Mehrzahl der Weltanschauungen als neutral zu konzipieren (Scanlon 1979, 83). Das Besondere an Rawls' Neutralitätsthese in *Das Recht der Völker* besteht indes – um es nochmal zu betonen – darin, dass er sie aus seiner Idee der sozialen Kooperation herleitet.

Rawls' Neutralitätsthese mag provozieren. Denn auf der einen Seite berührt sie die heikle Berechtigung der universalen Geltung der Menschenrechte – eine der wichtigsten Herausforderungen der Menschenrechtstheorien –, auf der anderen Seite scheint aber Rawls zur Begründung der These zu wenig anzubieten. Es ist wichtig, sich hierbei zunächst zu vergegenwärtigen, worin die Hauptperspektive von *Das Recht der Völker* besteht. Einige Stellen der *Einleitung* des Werkes mögen zwar nahelegen, dass Rawls hauptsächlich nach den Möglichkeitsbedingungen einer realistischen Utopie fragt, so dass es ihm im Grunde um ein Modell globaler Gerechtigkeit ginge (RV, 4ff.; in *Gerechtigkeit als Fairness* beispielsweise sieht Rawls sein Recht der Völker und globale Gerechtigkeit als gleichbedeutend an, s. GF, 33), doch macht er mehrmals in seinem Werk (vor allem in § 11) unübersehbar deutlich, dass die Grundperspektive von *Das Recht der Völker* die Außenpolitik liberaler Völker ist (vgl. Freeman 2003, 44ff., dem ich in diesem Punkt folge). Die zwei Lesarten sind nach manchen Interpret*innen nicht frei von Spannungen (s. Brock 2010, 97). Dies wäre jedoch vielleicht nicht allzu beunruhigend, wenn man sich in Erinnerung ruft, dass Rawls in *Das Recht der Völker* zeigen will, dass es außerhalb liberaler Gesellschaften auch illiberale Gesellschaften geben kann, welche die Grundsätze der Außenpolitik liberaler Gesellschaften *von Innen heraus* als annehmbar erkennen und befolgen (vgl. RV, 8f.) – in welcher substantiven Lehre auch immer sie diese Grundsätze gegründet sehen. Wenn man Rawls' Neutralitätsthese im Lichte dieser Perspektive betrachtet, so ist sie zumindest aufgrund einer Einschränkung etwas bescheidener als sie zuerst erscheinen mag. Sie ist im strengen Rawls'schen Sinn eine politische, d.h. keine auf einer bestimmten umfassenden Lehre gegründete These. Nichtdestotrotz bleibt Rawls' Kooperationsthese, auf die seine Neutralitätsthese folgt, nach wie vor eine moralisch anspruchsvolle Voraussetzung.

1.3 Dass Rawls die Menschenrechte aus der außenpolitischen Perspektive liberaler bzw. wohlgeordneter Gesellschaften betrachtet und interpretiert, wird durch einen weiteren Gedanken in *Das Recht der Völker* (§ 10) bestärkt. Rawls schreibt den Menschenrechten eine grenzsetzende Rolle für die Souveränität bzw. interne Autonomie fremder Staaten zu (RV, 97). Ich lasse hier die Komplikationen beim Begriff der Souveränität beiseite. Rawls scheint jedenfalls einen minimalen, manchmal als „Westfälisch" bezeichneten Begriff von Souveränität zu verwenden, der schlicht ein Recht auf Nicht-Intervention bzw. Immunität von externer Intervention bedeutet. Wie wir in Teil 2 ausführlicher sehen werden, differieren die Menschenrechte nach Rawls von anderen Klassen der (moralischen) Rechte durch bestimmte legale Funktionen, die sie in der internationalen Arena erfüllen. Sie liefern unter anderem *pro tanto* Gründe, welche Sanktionen über oder Interventionen (ob militärische oder nichtmilitärische) in die inneren Angelegenheiten von menschenrechtsverletzenden Staaten rechtfertigen. Diese Neuerfassung staatlicher Souveränität im Lichte der Menschenrechte sowie die Abschaffung eines absoluten Rechts auf interne Autonomie der Staaten – ein Gedanke, der seit dem Westfälischen Frieden als zentraler Bestandteil des (positiven) internationalen Rechts gilt (s. OA, 60; RV, 28) – ist zwar keine Innovation von Rawls (bereits in den Entwürfen der Menschenrechtsdokumente zwischen den beiden Weltkriegen und nach dem Zweiten Weltkrieg ist die Idee mehrmals anzutreffen), doch gewinnt diese funktional-legale Bestimmung des Begriffs der Menschenrechte hier einen starken und einflussreichen Ausdruck (s. 3.).

1.4 Einer der umstrittensten Aspekte in Rawls' Menschenrechtskonzeption ist seine Liste der Menschenrechte, die er (nicht nur) in *Das Recht der Völker* fast nebenbei darbietet. Rawls' kurze, wenn nicht „minimalistische", Liste deckt einige Menschenrechte, die wir aus den prominenten Menschenrechtsdokumenten kennen, nicht ab. Beispiele sind etwa das Recht auf *gleiche* Äußerungsfreiheit, auf Assoziation, der Anspruch auf politisch-demokratische Rechte sowie, dem Anschein nach, Rechte gegen unterschiedliche Formen der Diskriminierung. Rawls' (Sympathie mit einer kurzen) Liste der Menschenrechte – auch wenn er für diese keinen Anspruch auf Vollständigkeit erhoben hat – wurde auf unterschiedliche Art kritisiert (etwa Donnelly 1989, 39; Tasioulas 2002; Griffin 2008, 24; Benhabib 2012; Hahn 2013), aber auch – allerdings eindeutig seltener – verteidigt (etwa Freeman 2006, 37 f.; Reidy 2004 und 2006, 170). Doch von An- und Verfechtungen von Rawls' Liste abgesehen, stellt sich die Frage, wie er auf eine vergleichsweise verkürzte Liste der Menschenrechte kommt. Es scheint, dass nicht allein die funktional-legale Begriffsbestimmung der Menschenrechte als *pro tanto* rechtfertigende Gründe zur Souveränitätseinschränkung hierfür verantwortlich ist (so aber Hinsch/Stepanians 2006, 126 f.; Beitz 2000). Auch die These der normativen

Neutralität der Menschenrechte spielt dabei eine entscheidende Rolle. Es ist nicht allein die Sorge um eine destabilisierende Inflation der Sanktionen und Interventionen auf internationaler Ebene, sondern auch um die Höhe liberaler Erwartungen gegenüber zu respektierenden illiberalen Gesellschaften, welche Rawls' Liste vergleichsweise einschränken. Und in beiden Fällen scheint Rawls sowohl prudentielle wie auch moralische Gründe gehabt zu haben (letztere Gründe werden deutlich in OA, 92 f.). In diesem Sinne sind Menschenrechte für Rawls zum einen für liberale Gesellschaften gegenüber illiberalen Gesellschaften, zum anderen für wohlgeordnete Gesellschaften gegenüber schlecht-geordneten Gesellschaften, sowohl in rationaler wie in vernünftiger Hinsicht *Mindest*standards.

1.5 Der letztere Minimalaspekt der Menschenrechte verweist auf die Graduierbarkeit des Vernünftigen bei Rawls. In *Das Recht der Völker* führt Rawls die grundlegende Idee aus, dass es einen Spielraum gibt zwischen dem „völlig Unvernünftigen" und dem „völlig Vernünftigen" (§ 9.2, 91). In § 8.3 behauptet er daher, dass die Achtbarkeit zwar weniger als die Vernünftigkeit abdeckt, doch nicht als unvernünftig gilt – die Achtbarkeit ist nur normativ schwächer als die Vernünftigkeit (RV, 82). Beide sind indes Bestandteile der praktischen Vernunft (§ 12.2). Die normative Abschwächung grenzt allerdings an eine Schwelle, die genau durch die Bedingungen (die Kriterien 1. und 2.a – c oben) gebildet ist, welche eine Gesellschaft achtbar machen. Mit anderen Worten gilt die Einhaltung der Menschenrechte für Rawls als notwendige Bedingung des Nicht-völlig-unvernünftig-Seins. Die Idee, dass die Kriterien des Vernünftigen in begrenzter Weise an Strenge verlieren können (s. bereits OA, 90), ist für den gesamten *Zweiten Teil der Idealtheorie* entscheidend. Hätte Rawls eine scharfe Dualität zwischen dem Vernünftigen und dem Unvernünftigen vertreten (etwa analog zu Kants kompromissloser Dichotomie zwischen republikanischer und despotischer Regierungsform, *Zum Ewigen Frieden* AA 08: 352; vgl. auch Rawls' Absetzung seiner Konzeption praktischer Vernunft von der Kants in RV, § 12.2, 106 f.), wäre das ganze Konzept eines vernünftigen Völkerrechts ein immanent liberales gewesen.

Die Idee der Graduierbarkeit hat wichtige Implikationen. Ich werde hier auf drei Anwendungen dieser Idee in Rawls' Menschenrechtskonzeption eingehen, ohne sie dabei zu evaluieren: zuerst darauf, wie Rawls die Idee der Reziprozität als die zweite Komponente fairer sozialer Kooperation auch den achtbaren Gesellschaften zuschreibt; zweitens, auf das Recht auf Gewissens-, Gedanken- und Religionsfreiheit und schließlich auf das Recht auf politische Partizipation, dessen Fehlen in Rawls' Auflistungen der Menschenrechte öfter kritisiert wird.

In § 1 der 2. Vorlesung von *Politischer Liberalismus* besteht für Rawls die enge Verbindung zwischen dem Vernünftigen und der Reziprozität darin, dass das

Vernünftige ein „Element" der Idee eines fairen Kooperationssystems, und somit ein integraler Teil der Reziprozität ist. Vernünftige Personen streben eine soziale Welt an, in der Reziprozität herrscht (PL, 122). Wenn aber die Achtbarkeit eine normativ abgeschwächte Stufe des völlig Vernünftigen ist, so gilt es, dass die Idee der Reziprozität, als Komponente der sozialen Kooperation, gemäßigt bis zu einem gewissen Grad, ebenso mit Achtbarkeit in enger Verbindung steht. Man könnte analog zu Rawls' Aussage in *Politischer Liberalismus* behaupten, dass nicht-unvernünftige Gesellschaften eine soziale Welt anstreben, in der eine, wenn auch aus liberaler Sicht nicht vollkommene Reziprozität herrscht. Rawls legt zwar kein Prinzip bzw. Kriterium vor, wonach man bestimmt, wie genau die normative Abschwächung des völlig Vernünftigen erfolgt, doch folgende zwei Anwendungsfälle zeigen, worin sich ein Kooperationssystem mit voller Reziprozität von einem Kooperationssystem mit einer abgeschwächten Reziprozität unterscheiden kann.

Kontroverserweise gehört die *gleiche* Äußerungsfreiheit *für alle* nach Rawls nicht zu den Menschenrechten (s. RV, 85). Aufgrund der Idee der Graduierbarkeit des Vernünftigen schränkt Rawls das Recht auf gleiche Äußerungsfreiheit für alle ein: „ein hinreichendes Maß an Gewissens-, Religions- und Gedankenfreiheit" reicht für die Achtbarkeit aus, „auch wenn diese Freiheiten nicht in dem Maße ausgedehnt oder gleichermaßen auf alle Mitglieder der achtbaren Gesellschaften verteilt sein mögen, wie es in liberalen Gesellschaften der Fall ist" (RV, § 9.2, 90). Entscheidend ist aber für Rawls, dass die (umfassenden) religiösen oder philosophischen Lehren in einer achtbaren, hierarchischen Gesellschaft nicht „völlig unvernünftig" sind; dass, obwohl eine umfassende Lehre die weltanschauliche Oberhand in der Gesellschaft hat, „keine Religion verfolgt wird oder [..., keine] bürgerlichen und sozialen Bedingungen verweigert werden, die es erlauben, sie in Frieden und ohne Furcht zu praktizieren" (RV, 90). In der *Oxford Amnesty* Vorlesung bietet Rawls allerdings die Gewährung vom „Recht auf Auswanderung" (OA, 75) als eine Art Kompensation für die „Ungleichheit der religiösen Freiheit" innerhalb einer achtbaren, hierarchischen Gesellschaft und sieht es als ein Menschenrecht an (OA, 80; vgl. RV, 90).

Eine weitere Anwendung der Idee der Graduierbarkeit des Vernünftigen trifft man in Rawls' Unterscheidung zwischen *Bürgern* als freien und gleichen Personen in liberalen Gesellschaften und *Mitgliedern* der achtbaren Gesellschaften an (s. RV, § 10.3, 98; etwas deutlicher OA, 81 f., vor allem 95, Fn. 6; in RV, 219, Fn. 2 scheint Rawls allerdings „Bürger", ohne die Qualifikation „als freie und gleiche Personen", auch für achtbare Gesellschaften zu verwenden). In § 8.2 heißt es daher, dass die Personenkonzeption der achtbaren Gesellschaft nicht die Akzeptanz liberaler Ideen erfordere, dass Personen „zunächst einmal Bürger sind und dass sie gleiche Grundrechte als gleiche Bürger haben" (RV, 81). Weiterhin schreibt Rawls in § 9.1, dass „in einer achtbaren hierarchischen Gesellschaft weder alle Personen als freie und gleiche Bürger betrachtet werden noch als verschiedene Individuen, die es verdienen, in gleicher Weise vertreten zu werden (entsprechend der Maxime: Ein Bürger, eine Stimme!)" (RV, 88; s. auch 102, wonach einer achtbaren, hierarchischen Gesellschaft „die liberale Idee der Staatsbürgerschaft fehlt"). Rawls betont, dass eine fundamentale Differenz zwischen Kazanistan, dem idealisierten muslimischen, achtbaren Volk (§ 9.3), und einer liberal-demokratien Ordnung darin besteht, dass andere Religionen oder Lehren in Kazanistan die „meisten" bürgerlichen Rechte genießen, deren Anhängern aber nicht alle Ämter und Positionen prinzipiell offen stehen (RV, 92). Nichtsdestoweniger sind die Mitglieder achtbarer Gesellschaften verantwortliche, miteinander kooperierende Personen und – nach dem zweiten Teilkriterium des zweiten Kriteriums der Achtbarkeit einer Gesellschaft (2.b.) – in ein Netz gegenseitiger moralischer Verpflichtungen eingebunden, so dass sie in irgendeiner mittel- oder unmittelbaren Form durch Vertretung repräsentiert werden (vgl. RV, 93 f.). Die politische Personenkonzeption achtbarer Gesellschaften ist zwar nicht völlig vernünftig, sie ist aber auch nicht unvernünftig. Mit anderen Worten sieht Rawls Menschenrechte als notwendige Bedingung des Nicht-völlig-unvernünftig-Seins, nicht aber als zureichende Bedingung des Völlig-vernünftig-Seins.

1.6 Betrachtet man die Liste der Grundfreiheiten, von denen Rawls' vorrangiges, erstes Gerechtigkeitsprinzip handelt (TG, 82; GF, 80; zur Endversion des Prinzips s. GF, 78), ist es auffällig, dass Rawls' Liste der Menschenrechte eine Schnittmenge mit diesen bildet (z. B. Gewissens- und Gedankenfreiheit; körperliche und psychische Unversehrtheit; persönliches Eigentum; formale, durch die Gesetzesherrschaft festgelegte Gleichheit, RV, 80; s. auch PL, 407). Anhand der Idee der Graduierbarkeit des Vernünftigen scheint es daher nicht abwegig zu sein zu behaupten, dass Menschenrechte für Rawls das abgeschwächte Pendant des ersten, liberalen Gerechtigkeitsprinzips auf der Ebene des Rechts der Völker darstellen. Eine Folge dieses Sachverhalts wäre, dass Menschenrechte nach Rawls, auch wenn er nirgends darauf hinweist, ebenso wie die Grundfreiheitsrechte wesentlich für die Entwicklung und den Einsatz beider moralischer Vermögen des Menschen (des Gerechtigkeitssinns und der Bestimmung einer eigenen Konzeption des Guten) sind (s. GF, § 13.4; vgl. PL, 8. Vorlesung, §§ 5 – 6).

1.7 Erinnern wir uns daran, dass Rawls vier notwendige Kriterien zur begrifflichen Bestimmung achtbarer Gesellschaften angibt: 1. Nicht-Aggressivität; 2.a. Einhaltung der Menschenrechte, 2.b. Inklusivität moralischer Verhältnisse und 2.c. Vertrauen der Verwalter. Hierbei weist das Kriterium 2.a. in mehrerlei Hinsicht eine Sonderstellung auf.

Menschenrechte sind, erstens, für Rawls *in puncto* Berechtigung der Sanktionen bzw. (militärischer oder nichtmilitärischer) Intervention sogar wichtiger als das erste Kriterium der Nicht-Aggressivität: „Ab einem gewissen Punkt stellt sich die Frage eines Eingriffs in Schurkenstaaten schlicht darum, weil sie die Menschenrechte verletzen, selbst dann, wenn diese Staaten ansonsten weder gefährlich noch aggressiv sein sollten" (RV, 237, Fn. 26, vgl. § 13.1, 238, Fn. 1). Das bedeutet, dass es keinen menschenrechtsverletzenden Staat gibt, der sich im Fall der Sanktion bzw. Intervention berechtigterweise verteidigen kann. Andererseits gilt aber, dass „jede Gesellschaft, die nicht aggressiv ist *und* die Menschenrechte ehrt, [...] das Recht auf Selbstverteidigung [hat]" (RV, 117; Hv. R.M.). Zweitens scheint die Einhaltung der Menschenrechte das Kriterium 2.b. (Inklusivität moralischer Verhältnisse) erst zu bedingen. In § 8.3 schreibt Rawls, dass Menschenrechte den Mitgliedern der achtbaren Gesellschaften „ermöglichen" (*enabling*), ihre anderen moralischen „Pflichten und Verpflichtungen zu erfüllen und sich in einem achtbaren System der sozialen Kooperation zu engagieren" (RV, 83; vgl. OA, 80 f. und 74 f.). Drittens liegen Menschenrechte dem Teilkriterium 2.c. (Vertrauen der Verwalter) zugrunde. Das, woran Richter und Beamter als Verwalter des Rechtssystems aufrichtiger- und vernünftigerweise glauben und wonach sie handeln, ist die Gemeinwohlvorstellung der Gerechtigkeit im Rechtssystem. Nach Rawls sollen im Rechtssystem einer achtbaren Gesellschaft, in Übereinstimmung mit dieser Gemeinwohlvorstellung, als *erstes* die Menschenrechte allen Mitgliedern der Gesellschaft zugesichert werden (s. RV, 80 und 108).

Auch ein kurzer Blick auf § 4 von *Das Recht der Völker* (s. dazu Annette Försters Beitrag in diesem Band) bestätigt die Sonderstellung der Menschenrechte, welche in Rawls' „Grundcharta des Rechts der Völker" als 6. Grundsatz auftreten (in *Oxford Amnesty* spricht Rawls übrigens von sieben Grundsätzen anstatt wie in *Das Recht der Völker* von acht, wobei Menschenrechte als letzter Grundsatz angeführt werden, OA, 67). Dort übertrumpfen Menschenrechte deutlich den Grundsatz 4 (Verbot der Einmischung) (RV, § 4.2; s. auch OA, 67). Ferner scheint Rawls zu behaupten, dass Menschenrechte den Grundsatz der Selbstbestimmung oder der Sezession (Grundsatz 1) begrenzen (RV, 42; vgl. unten den Kommentar zur dritten Funktion der Menschenrechte in § 10.2). Weiterhin schränken sie sowohl den, 5., *ius ad bellum*-Grundsatz (Recht auf Selbstverteidigung) wie auch den, 7., *ius in bello*-Grundsatz ein.

Bis hierhin habe ich einige begriffliche Zusammenhänge in Rawls' Menschenrechtskonzeption erläutert, welche auf den besonderen Stellenwert der Menschenrechte innerhalb seiner Theorie des Rechts der Völker hinweisen. Manche dieser Aspekte werden anhand einer näheren Kommentierung des § 10 weiter beleuchtet.

2

§ 10 – der kürzeste Paragraph – von *Das Recht der Völker* ist spezifisch den Menschenrechten gewidmet. In § 10.1 entgegnet Rawls zwei Varianten einer möglichen Kritik, dass seine Theorie des Rechts der Völker angesichts der Menschenrechte nicht liberal genug sei. Dem möglichen Einwand, dass Menschenrechte genau all den Rechten der Bürger entsprächen, die von liberal-demokratischen Regierungen geschützt werden, stellt Rawls schlicht die Behauptung entgegen, dass er die Menschenrechte nur als „eine Klasse besonders dringlicher Rechte" stipuliert, so dass ihre Verletzung sowohl von liberalen wie illiberalen, aber achtbaren Gesellschaften verurteilt werden kann. Dem anderen Einwand, wonach selbst eine eingeschränkte Liste der Menschenrechte nur durch liberal-demokratische Regierungen wirksam „geschützt" werden könne, entgegnet Rawls, dass seine Theorie des Rechts der Völker zwar eine solche historische Faktizität nicht leugnet, doch primär von der *konzeptuellen* Möglichkeit achtbarer Gesellschaften ausgeht (s. auch RV, 96; s. auch 235, Fn. 16).

§ 10.2 gilt als *locus classicus* einiger Grundgedanken jener Theorien der Menschenrechte, die man öfter als die Politische Konzeption der Menschenrechte bezeichnet (mehr dazu in 3.). Hier charakterisiert Rawls die Menschenrechte durch besondere Funktionen, die sie in einer vernünftigen Rechtsordnung zwischen den Völkern erfüllen. Rawls' Aussagen legen sogar nahe, dass die Bedeutung des Begriffs der Menschenrechte von diesen Funktionen abhängt. In einem ersten Schritt (erster Absatz) wird den Menschenrechten *zum einen* eine einschränkende Rolle bezüglich des *ius ad bellum* und des *ius in bello*, *zum anderen* eine grenzsetzende Rolle für die Souveränität bzw. Immunität interner Autonomie der Staaten zugeschrieben (die souveränitätseinschränkende Rolle der Menschenrechte wird bereits in § 2.2 angedeutet; auch Rawls' Antipathie gegen ein uneingeschränktes Souveränitätsprinzip im Völkerrecht ist hier deutlich, RV, 28; s. zudem OA, 60 f.). Rawls beansprucht hiermit allerdings keine Neucharakterisierung der Menschenrechte. Seine Funktionsbestimmungen reflektieren vielmehr die bedeutenden Einschränkungen des Souveränitätsprinzips in der Nachkriegszeit.

In einem zweiten Schritt (zweiter Absatz des § 10.2) wird die spezifische Differenz der Menschenrechte im Lichte ihrer Rolle als notwendiger (jedoch nicht hinreichender) Standard für die Achtbarkeit politisch-sozialer Institutionen illiberaler Gesellschaften betrachtet. Das ist durchaus ein neuer Gedanke: Rawls schreibt: „[i]ndem" die Menschenrechte diese Rolle spielen (*in doing so*), bestimmen sie welche Gesellschaften zu einer annehmbar gerechten Völkergesellschaft *gehören*. Und daraus folge (*hence*), dass die Menschenrechte nun, im Vergleich zum ersten Absatz, *drei* charakteristische Rollen haben. (Zu der vorherigen Behauptung fügt Rawls außerdem eine lange Fußnote hinzu, die zugleich seine direkteste Auseinandersetzung mit wichtigen Menschenrechtsdokumenten ausmacht – ich komme gesondert darauf zurück.) Wichtig ist hier festzulegen, dass die Funktionsbestimmung der Menschenrechte zum Teil aus dem Gedanken der Achtbarkeit entwickelt wird, auch wenn Rawls dies in aller Kürze äußert. Die drei Funktionen der Menschenrechte sind ‚1., wie am Anfang des § 10.2 bereits erwähnt, ihre Rolle als *notwendige* Bedingung der Achtbarkeit. 2. Wenn Menschenrechte erfüllt sind, sind sie eine *hinreichende* Bedingung, eine zwangsweise (*forceful*) Intervention auszuschließen, wobei Rawls unter dieser Intervention nicht nur militärische Eingriffe, sondern auch diplomatische und wirtschaftliche Sanktionen versteht. Da aber Rawls unter den Kriterien der Achtbarkeit den Menschenrechtrechten einen Sonderstatus beimisst (oben 1.7), lässt sich rückschließen, dass gewisse Menschenrechtsverletzungen für ihn auch *hinreichende* Bedingung zur Intervention ausmachen (vgl. RV, 237, Fn. 26). 3. Setzen Menschenrechte „dem Pluralismus unter Völkern Grenzen". Der Begriff des Pluralismus ist hier undeutlich, und Rawls bietet keinerlei Erläuterung an, außer einer Fußnote, in der er auf David Luban rekurriert (s. *The Law of Peoples*, 80, fn. 24; die deutsche Übersetzung lässt die Referenz zu Luban weg). Rawls folgt hier, allem Anschein nach, Lubans Kritik an Michael Walzers „anti-cosmopolitanism". Luban bemängelt, dass Walzer nicht anerkennt, dass Menschenrechte den Menschen unabhängig von dem Land, in dem sie leben, sowie von der Historie und den Traditionen zustehen: „If human rights exist at all, they set a moral limit to pluralism". Man könne nicht umgekehrt wie Walzer – so Luban – Pluralismus zum vorrangigen Wert (*overriding value*) machen, denn dies wäre von Anbeginn mit einer Theorie, welche die Menschenrechte als universale Rechte gewährt, inkompatibel (Luban 1980, 396). Luban richtet sich damit vor allem gegen Walzers Prämisse, dass das Hauptprinzip der internationalen Politik „pluralism" im Sinne von Respekt vor der Integrität der Nationen und deren Staaten wäre, insbesondere Respekt vor deren Recht „to choose political forms which from our point of view are morally deficient" (Luban 1980, 393). Wenn Rawls mit der dritten spezifischen Funktion der Menschenrechte tatsächlich dieser Argumentationslinie folgen würde, so ließe sich behaupten, dass er den Menschenrechten eine limitierende Rolle für die politische Selbstbestimmung anderer Nationen zuspricht. Ein politisches Regime, welches Menschenrechte verletzt, könnte sich nicht aufgrund innerer Legitimität, nämlich dass es von eigenen Gesellschaftsmitgliedern gewählt bzw. unterstützt wird, auf internationaler Ebene immunisieren. Es bleibt jedoch anhand des Textes von § 10 undeutlich, was die dritte Funktion der Menschenrechte zusätzlich zu den anderen zwei leistet (zur Kritik, dass auch

Rawls' funktionalistische Bestimmung der Menschenrechte verkürzt wäre, s. Beitz 2009, 101; aus anderer Perspektive s. Nickel 2006 und 2018, 152f.).

Die Fußnote 23 im zweiten Absatz des § 10.2 führt Rawls als eine Präzisierung seiner Behauptung an, dass die Funktion der Menschenrechte als Zulässigkeitseinschränkung der Mitglieder einer annehmbar gerechten Völkergesellschaft daraus folge, dass diese Rechte notwendige Bedingung der Achtbarkeit sind. Rawls' Behauptung wäre, so scheint seine Sorge zu sein, schlicht zu anspruchsvoll, würde allen Rechten, die in den prominenten Menschenrechtsdokumenten aufgelistet sind, eine so konzipierte Funktion zugeschrieben. Er trifft daher in der Fußnote Unterscheidungen zwischen den „Menschenrechten" in internationalen Dokumenten, explizit in der *Allgemeinen Erklärung der Menschenrechte* (AEMR 1948), und legt dabei sehr nahe, dass er manche dieser Rechte nicht aus tiefster Überzeugung als universal gültige *Menschenrechte* ansieht. So unterscheidet er zwischen vier Gruppen der Menschenrechte: 1. Die erste Klasse betrifft die Menschenrechte im engeren Sinn (*human rights proper*), wofür Rawls Artikel 3 (vgl. auch RV, § 8.2, 80; OA, 74), 5 und 18 der AEMR als Beispiel anführt. Dabei ist wichtig zu beachten, dass selbst Artikel 18, der die gleiche Gedanken-, Gewissens- und Religionsfreiheit betrifft, nach Rawls, je nachdem, ob in einer liberalen oder achtbaren Gesellschaft, weiter eingeschränkt werden kann (s. oben 1.5). 2. Die zweite Klasse der Menschenrechte, welche nach Rawls als eindeutige Implikationen (*obvious implications*) der ersten Klasse gelten, betreffen extreme Fälle, die zum Beispiel in Spezialkonventionen von Genozid (1948) und Apartheid (1973) beschrieben werden. Die Bezugnahme auf Apartheid legt nahe, dass Rawls – entgegen mancher Kritik (s. etwa Buchanan 2006, 151) – nicht alle Rechte gegen Diskriminierung aus der Liste genuiner Menschenrechte zu verbannen versucht. 3. Spricht Rawls etwas uneindeutig von Menschenrechten in anderen Dokumenten („[o]f the other declarations, some seem [...]"), welche besser als Ausdruck liberaler Hoffnungen (*liberal aspirations*) betrachtet werden, und führt den Artikel 1 der AEMR („Alle Menschen sind frei und gleich an Würde und Rechten geboren. Sie sind mit Vernunft und Gewissen begabt und sollen einander im Geiste der Brüderlichkeit begegnen") als Beispiel dafür an. Schließlich, 4., kommt noch eine andere Gruppe der Rechte in Betracht, welche bestimmte Arten von Institutionen zu ihrer Geltung und Realisierung zu benötigen „scheinen" (Rawls drückt sich hier, wie oft, zurückhaltend aus); Artikel 22 („Jeder hat als Mitglied der Gesellschaft das Recht auf soziale Sicherheit") und Artikel 23 (Das Recht auf gleiche Bezahlung für gleiche Arbeit) der AEMR sind Rawls' Beispiele hierfür – somit scheint er die sozio-ökonomischen Rechte, die man zum Beispiel in Artikeln 22 – 27 der AEMR antrifft, unter diese Gruppe einordnen zu wollen (RV, 236; in der *Oxford Amnesty* Vorlesung schreibt Rawls allerdings, Henry Shue nachfolgend, dass ein „Mindestmaß an ökonomischer Sicherheit" ein integraler Teil des

Menschenrechts auf Leben ist, OA, 99, Fn. 27; vgl. RV, 233, Fn. 1). Rawls macht in der Fußnote 23 relativ deutlich, und das scheint mir die wichtige Botschaft der Fußnote zu sein, dass *Das Recht der Völker* nur mit den ersten zwei Klassen der Rechte als genuinen *Menschenrechten* operiert.

§ 10.3 besteht aus zwei Absätzen. Der erste Absatz gibt eine Bestimmung dessen, wie die Universalität der Menschenrechte, so wie sie in *Das Recht der Völker* verstanden werden, zu deuten ist: obwohl sie *per definitionem* nur von liberalen und achtbaren Gesellschaften geachtet werden, haben sie eine politisch-moralische Kraft, die sich auf *alle* Gesellschaften erstreckt. Auswirkungen dieser Kraft auf Schurkenstaaten, welche die Menschenrechte verletzen, schlagen sich in deren Verurteilung bis hin zu zwangsmäßigen Sanktionen und Intervention seitens wohlgeordneter Gesellschaften nieder.

Der zweite Absatz von § 10.3 beantwortet die Frage, wann die wohlgeordneten Gesellschaften berechtigt sind, sich im Fall der Menschenrechtsverletzungen in die inneren Angelegenheiten der Schurkenstaaten einzumischen. Rawls betont hier noch einmal, dass er diese Rechtfertigungsfrage nicht auf der Grundlage einer bestimmten umfassenden Lehre beantwortet, sondern basierend darauf, wie er das Recht der Völker für wohlgeordnete Völker ausarbeitet und wie er politischen Liberalismus und Achtbarkeit begrifflich bestimmt. § 10.3 macht im Großen und Ganzen deutlich (man achte vor allem auf die Fußnote 26, RV, 237), dass, sofern ein Staat Menschenrechte verletzt, er allein dadurch als ein Schurkenstaat anzusehen ist (vgl. oben 1.7).

3

Rawls' spärlich entwickelte Menschenrechtskonzeption ist in mehrfacher Hinsicht einflussreich gewesen, insbesondere für eine Reihe unterschiedlicher philosophischer Theorien der Menschenrechte, welche oft als Politische Konzeption der Menschenrechte bezeichnet wird (etwa Raz 2010; Beitz 2009, Ch.5 – 6, der seine Konzeption „practical" nennt; vgl. Liao/Etinson 2012; Etinson 2018, Part II). Ähnlich wie Rawls siedelt die Politische Konzeption die Menschenrechte primär im Bereich des Völkerrechts an und sieht ihre Funktion hauptsächlich in zwischenstaatlichen Beziehungen erfüllt. Genau genommen funktionieren nach der Politischen Konzeption Menschenrechte (unter anderem) als anfechtbare, rechtfertigende Gründe für etwaige Sanktionen bzw. Intervention und somit als Einschränkung der Souveränität menschenrechtsverletzender Staaten, und diese Funktion ist ihre begriffliche *differentia specifica* innerhalb der Klasse der (moralischen) Rechte. Neben dieser funktional-legalen Begriffsbestimmung ist nach Varianten der Politischen Konzeption bewusst auf eine unmittelbare moralische

Rechtfertigung der Menschenrechte zu verzichten (s. exemplarisch Beitz 2007, 631–634). Sie halten diese für unnötig, unerwünscht, im Grunde nicht möglich oder angesichts des Pluralismus der Weltanschauungen für moralisch unerlaubt (vgl. Cohen 2004; Rawls OA, 92 f.).

Doch zumindest insofern, als Rawls als leitende Figur dieser Denkrichtung erachtet (wenn auch von dieser keineswegs unkritisch behandelt) wird, stellt sich die Frage, wie er selbst mit einer direkten moralischen Rechtfertigung der Menschenrechte umgeht bzw. umgehen soll. Es ließe sich nicht daran zweifeln, dass Menschenrechte bei Rawls moralischen Charakter haben. Auch wenn er den politischen Charakter seiner Theorie des Rechts der Völker immer wieder betont, ist zu beachten, dass *Das Recht der Völker* oder zumindest dessen *Idealtheorie*, Rawls' architektonischen Gedanken zufolge, zu einer „Moraltheorie" gehört (s. Rawls 1999 [1975], etwa 294). Außerdem ist es bemerkenswert, dass nach Rawls eine politische Gerechtigkeitskonzeption erstens „selbst eine *moralische* Konzeption [ist]; zweitens [...] *aus moralischen Gründen* bejaht" wird (PL, 236; Hv. R.M.). Es bedarf kaum der Erwähnung, dass das begriffliche Grundgerüst, das Rawls zur Entwicklung seines Rechts der Völker in Anspruch nimmt – etwa das soziale Kooperationssystem mit seinen Merkmalen; die Vernünftigkeit und Achtbarkeit – ebenso moralische Begriffe sind. Hinzu kommt, dass, wie oben dargestellt wurde, Menschenrechten, auch wenn es nicht auf den ersten Blick ersichtlich sein mag, ein exzeptioneller Stellenwert innerhalb Rawls' Theorie des Rechts der Völker zugewiesen wird: sie nehmen unter den Kriterien der Achtbarkeit einen zentralen Platz ein; allein deren Verletzung macht aus einem Staat einen Schurkenstaat, welcher in dieser Hinsicht kein Recht auf Verteidigung hat; und sie genießen unter den Grundsätzen der Gerechtigkeit zwischen wohlgeordneten Völkern einen Sonderstatus. Es wirkt daher überraschend, dass Rawls in seiner Theorie an keiner Stelle Äußerungen trifft, die darauf hinweisen, woher die universal-moralische Geltung der Menschenrechte herrührt. Vor allem Rawls' knapp gefasster Gedankengang in *Das Recht der Völker*, worin er daraus, dass Menschenrechte notwendige Bedingungen sozialer Kooperation sind (Kooperationsthese), darauf schließt, dass sie politisch neutral gegenüber einer Mehrzahl von Kulturen und Traditionen sind (Neutralitätsthese), verlangt angesichts der beiden Teilbehauptungen nach mehr moralischer Argumentation (vgl. etwa Buchanan 2006; Tasioulas 2002, 390–395). Stattdessen vermittelt Rawls permanent den Eindruck, dass er kein primäres Interesse an der moralischen Fundierung der Menschenrechte hegt.

Rawls' Theorie der Menschenrechte erfährt häufiger Kritik bzw. Optimierungsmaßnahmen, als dass sie vollständig übernommen wird. Recht unterschiedliche Kritikpunkte verdichten sich um seine verkürzte Liste der Menschenrechte. Eine Möglichkeit, Rawls' Theorie diesbezüglich zu entlasten, besteht in der Betonung, dass das Hauptinteresse von *Das Recht der Völker* weder in einer anspruchsvollen globalen Gerechtigkeit (Freeman 2003; Wenar 2006), noch in der Begründung der Menschenrechte liegt. Rawls' primärer Gegenstand wäre vielmehr die außenpolitische Verhaltensweise liberaler oder wohlgeordneter Völker (vgl. etwa RV, 8 f., 101, 104, 233, Fn. 4) und deren Toleranzgrenze gegenüber nicht achtbaren Gesellschaften zu klären, mit dem Ziel eines stabilen Friedens zwischen pluralistischen Gesellschaften (etwa RV, 103). Damit würden die Menschenrechte bei Rawls *ab ovo* aus dieser Sicht konzipiert und interpretiert. Er wäre einem solchen Ansatz zufolge kein *direkter* Theoretiker der Menschenrechte bzw. diese wären kein primärer Gegenstand seines Rechts der Völker (s. etwa *Oxford Amnesty* Vorlesung, wo Rawls betont, dass er „[die] zahlreichen Schwierigkeiten bei der Interpretation dieser Rechte [...] außer Acht lassen" möchte, OA, 61).

Der obigen Lesart der Hauptperspektive von *Das Recht der Völker* kann man zwar zustimmen, doch hinsichtlich des besonderen Status und der zentralen Rolle der Menschenrechte in Rawls' Recht der Völker kann sie Rawls trotzdem nicht von dem Einwand des Mangels an direkter moralischer Rechtfertigung der Menschenrechte sowie der möglichen Miteinbeziehung des Einflusses, den diese Rechtfertigung auf den *Zweiten Teil der Idealtheorie* gehabt haben könnte, befreien. Sollte man jedenfalls eine solche Rechtfertigung der Menschenrechte im Rahmen der Rawls'schen Theorie rekonstruieren, so scheint kein Weg daran vorbeizuführen, sie auf die beiden moralischen Vermögen des Gerechtigkeitssinns und der Bestimmung der eigenen Konzeption des Guten zu gründen (auch wenn Rawls behauptet: „das Recht der Völker sagt zum Beispiel nicht, dass menschliche Wesen [...] bestimmte moralische [...] Vermögen haben, die ihnen einen Anspruch auf diese [Menschen-]Rechte verleihen", RV, 83). Es wäre dann allerdings schwer einzusehen, wie es als Respekt gegenüber illiberalen Völkern gedeutet werden könnte, ihre moralischen Vermögen aus politisch-liberaler Kulturperspektive als unvollständig (vgl. 1.5) entwickelt und ausgeübt zu beurteilen.

Literatur

Beitz, Charles (2009): *The Idea of Human Rights.* Oxford: Oxford University Press.
Beitz, Charles (2007): „Human Rights". In: Goodin, Robert/Pettit, Philipp/Pogge, Thomas (Eds.): *A Companion to Contemporary Political Philosophy.* Malden: Blackwell Publishing, 628–637.
Beitz, Charles (2000): „Rawls's Law of Peoples". In: *Ethics* 110, 669–696.
Benhabib, Seyla (2012): „Is There a Human Right to Democracy? Beyond Interventionism and Indifference". In: Cordetti, Claudio (Ed.): *Philosophical Dimensions of Human Rights. Some Contemporary Views.* Dordrecht, Heidelberg, London, New York: Springer.

Brock, Gillian (2010): „Recent Work on Rawls's Law of Peoples: Critics versus Defenders". In: *American Philosophical Quarterly* 47, 85 – 101.

Buchanan, Allan (2006): „Taking the Human out of Human Rights". In: Martin, Rex/Reidy, David (Eds.): *Rawls's Law of Peoples: A Realistic Utopia?*. Malden: Blackwell Publishing, 150 – 168.

Cohen, Joshua (2004): „Minimalism about Human Rights: The Most We Can Hope For?". In: *Journal of Political Philosophy* 12, 190 – 213.

Donnelly, Jack (1989): *Universal Human Rights in Theory & Practice*. Ithaca: Cornell University Press.

Etinson, Adam (Ed.) (2018): *Human Rights: Moral or Political?*. Oxford: Oxford University Press.

Freeman, Samuel (2006): „The Law of Peoples, Social Cooperation, Human Rights, and Distributive Justice". In: *Social Philosophy and Policy* 23. No.1, 29 – 68.

Freeman, Samuel (2002): „Introduction: John Rawls – An Overview". In: Freeman, Samuel (Ed.): *The Cambridge Companion to Rawls*. Cambridge: Cambridge University Press, 1 – 61.

Griffin, James (2008): *On Human Rights*. Oxford: Oxford University Press.

Hahn, Henning (2013): „Human Rights as the Universal Language of Critique". In: *Zeitschrift für Menschenrechte* 8, 42 – 58.

Hinsch, Wilfried/Stepanians, Markus (2006): „Human Rights as Moral Claim Rights". In: Martin, Rex/Reidy, David (Eds.): *Rawls's Law of Peoples: A Realistic Utopia?*. Malden: Blackwell Publishing, 117 – 133.

Kant, Immanuel (1795): „Zum ewigen Frieden. Ein Philosophischer Entwurf". In: Gesammelte Schriften, hg. von der Königlichen Preußischen Akademie der Wissenschaften, AA Bd. 08, Berlin 1902 ff., 341 – 368.

Liao, Matthew/Etinson, Adam (2012): „Political and Naturalistic Conceptions of Human Rights: A False Polemic?". In: *Journal of Moral Philosophy* 9, 327 – 352.

Luban, David (1980): „The Romance of the Nation-State". In: *Philosophy & Public Affairs* 9, 392 – 397.

Nickel, James (2018): „Assigning Functions to Human Rights: Methodological Issues in Human Rights Theory". In: Etinson, Adam (Ed.): *Human Rights: Moral or Political?*. Oxford: Oxford University Press, 145 – 159.

Nickel, James (2006): „Are Human Rights Mainly Implemented by Intervention?". In: Martin, Rex/Reidy, David (Eds.): *Rawls's Law of Peoples: A realistic Utopia?*. Malden: Blackwell Publishing, 263 – 277.

Rawls, John (1999 [1975]): „The Independence of Moral Theory". In: Freeman, Samuel (Ed.): *John Rawls. Collected papers*. Cambridge: Harvard University Press, 286 – 302.

Raz, Joseph (2010): „Human Rights without Foundations". In: Tasioulas, John/Besson, Samantha (Eds.): *The Philosophy of International Law*. Oxford: Oxford University Press, 321 – 337.

Reidy, David (2006): „Political Authority and Human Rights". In: Martin, Rex/Reidy, David (Eds.): *Rawls's Law of Peoples*. Malden: Blackwell Publishing, 169 – 188.

Reidy, David (2004): „Rawls on International Justice: A Defense". In: *Political Theory* 32, 291 – 319.

Scanlon, Thomas (1979): „Human Rights as a Neutral Concern". In: Brown, Peter/MacLean, Douglas (Eds.): *Human Rights and U.S. Foreign Policy: Principles and Applications*. Lexington, Toronto: Lexington Books, 83 – 92.

Tasioulas, John (2002): „From Utopia to Kazanistan: John Rawls and the Law of Peoples". In: *Oxford Journal of Legal Studies* 22, 367 – 393.

Wenar, Leif (2006): „Why Rawls Is Not a Cosmopolitan Egalitarian". In: Martin, Rex/Reidy, David (Eds.): *Rawls's Law of Peoples: A Realistic Utopia?*. Malden: Blackwell Publishing, 95 – 113.

Katja Stoppenbrink

8 Schurkenstaaten und gerechter Krieg (§§ 13 – 14)

1 Übergang zur nichtidealen Theorie

In der idealen Theorie, Teil I und II von *Das Recht der Völker*, ordnen Völker Differenzen und Streitigkeiten auf kooperative, deliberative und friedliche Weise. In der nichtidealen Theorie kann dies nicht angenommen werden. Für Rawls erscheint es im Unterschied zum Entwurf einer gerechten Gesellschaft in *Eine Theorie der Gerechtigkeit* mit Blick auf die internationale Ebene nicht möglich, eine rein ideale Theorie der Weltgemeinschaft oder einen bloß kosmopolitisch-konstruktivistisch geprägten Entwurf einer gerechten Weltgesellschaft vorzulegen. Er führt in *Das Recht der Völker* einen „Teil III" einer „Nichtideale[n] Theorie" ein, der sich mit Fragen des Interessenausgleichs nichtkooperativer Mitglieder der Weltgemeinschaft befasst und Ausführungen zum Kriegsrecht enthält. Rawls stellt sich damit in die Traditionslinie theoretischer Überlegungen zum gerechten Krieg. Die §§ 13 und 14 bilden den Auftakt zur Darlegung der nichtidealen Theorie im Rahmen von *Das Recht der Völker* (S. 113 – 130). Rawls stellt hier Überlegungen zum „Recht, Krieg zu führen" (§ 13) sowie zur „Kriegführung" (§ 14) an. Er folgt damit der tradierten Unterscheidung eines für die Zulässigkeit eines *gerechten Krieges* maßgeblichen *iuris ad bellum*, welches die Rechtfertigung des Kriegs-grundes betrifft, sowie eines *iuris in bello*, welches auf die Art und Weise der Kriegführung im Rahmen eines gerechtfertigten Krieges abzielt. § 13 stellt die Frage nach der Rechtfertigung des *Ob* eines Krieges, § 14 fragt nach den legitimen Mitteln, dem *Wie* der gerechten Kriegführung. Die in § 14 behandelten Fragen stellen sich, wenn die in § 13 aufgeworfene Frage bejaht, ein Krieg im Grundsatz gerechtfertigt werden kann. Ich gehe im Folgenden auf die von Rawls vorge-schlagenen Inhalte des Kriegsrechts ein (2 und 3). Abschließend beurteile ich den theoretischen Entwurf von Rawls im Lichte aktueller politiktheoretischer und positivrechtlicher Entwicklungen (4).

https://doi.org/10.1515/9783110650631-010

2 „Die Theorie des gerechten Krieges: Das Recht, Krieg zu führen" (RV, § 13)

2.1 Die Aufgabe der nichtidealen Theorie (§ 13.1, 113 – 115)

Die erste Herausforderung, der sich Rawls zu Beginn von § 13 widmen muss, ist der Übergang von der idealen zur nichtidealen Theorie. Er muss rechtfertigen, warum er seinem Entwurf für ein Recht der Völker überhaupt einen nichtidealen Ansatz hinzufügt. Fasst man, wie dies in der politischen Theorie üblich ist, *Idealismus* und *Realismus* in den internationalen Beziehungen als Gegensatzpaar auf, so muss Rawls begründen, warum er statt von einer realistischen von einer *nichtidealen* Theorie spricht. Das Verhältnis von Rawls'scher nichtidealer Theorie und realistischen Ansätzen der Theorie internationaler Beziehungen ist klärungsbedürftig. Dies gilt insbesondere vor dem Hintergrund der Ausweisung von *Das Recht der Völker* als eine „realistische Utopie" in § 1. (Vgl. Valentini 2012 für eine weitere konzeptuelle Differenzierung idealer und nichtidealer Theorie: Danach ist nicht nur zwischen realistischen und utopischen Ansätzen, sondern auch zwischen Theorien vollständiger und teilweiser Rechtsbefolgung zu unterscheiden (*full compliance vs. partial compliance theory*), außerdem zwischen der theoretischen Konzentration auf das *telos* und auf die Transition zum Idealzustand (*end-state vs. transitional theory*). Rawls nutzt den Grad der Rechtsbefolgung zur definitorischen Unterscheidung unterschiedlicher Typen von Gesellschaften und versteht seine nichtideale Theorie v.a. als Orientierung für den Umgang mit stark devianten Staaten, den sog. Schurkenstaaten. (Zu diesen sogleich ausführlicher.) Den utopischen Endpunkt liefert ihm die ideale Theorie.)

Rawls stellt die Gründe seiner Wahl des Theorieansatzes keineswegs dem dritten Teil voran, sondern integriert die Transition in § 13, in dem es dem Titel nach um die Theorie des gerechten Kriegs gehen soll. In § 13.1 bestimmt er „Die Aufgabe der nichtidealen Theorie" (RV, 113 – 115). Systematisch hätte dieser Abschnitt besser als vor die Klammer gezogener *Allgemeiner Teil* der Ausarbeitung der *bellum iustum*-Theorie, der Bestimmung *belasteter Völker* (§ 15) und der Frage der Verteilungsgerechtigkeit zwischen Völkern (§ 16) vorangestellt werden sollen. Ausgangspunkt für die Aufgabenbestimmung der nichtidealen Theorie ist die Vorannahme (VA 1), dass es neben *wohlgeordneten Völkern* (Definition: RV, 2 und 78; gemeint sind *liberale* und *achtbare hierarchische Völker*) auch Völker gibt, die durch dieses Raster hindurchfallen. Sie sind nicht wohlgeordnet (vgl. zur Taxonomie Butler 2001).

Rawls sieht in § 13.1 eine Aufgabe der nichtidealen Theorie in der Übernahme der Scharnierfunktion zwischen der idealen Völkerrechtskonzeption und der realistischen – deskriptiv verstandenen – Auffassung internationaler Beziehungen *telles qu'elles sont*, so wie sie sind. Hier tut sich freilich eine konzeptionelle Spannung auf: So soll die zuvor entworfene Konzeption „die wohlgeordneten Völker in ihren wechselseitigen Beziehungen und bei der Gestaltung gemeinsamer Institutionen zu ihrem gegenseitigen Vorteil leiten" (RV, 113), zugleich soll sie aber den Umgang der wohlgeordneten Völker mit den nicht wohlgeordneten Gesellschaften gestalten. Damit wird der *idealen* Theorie auch diese aus dem Bereich der wohlgeordneten Völker hinausreichende Aufgabe zugewiesen. Dies widerspricht dem Anliegen des Abschnitts, der *nichtidealen* Theorie ihre Inhalte und Funktionen zuzuweisen.

Kurios ist, dass Rawls in § 13.1 primär von „Ungerechtigkeit" und „sozialen Übeln" spricht. Er nennt Probleme innerstaatlicher und globaler distributiver Gerechtigkeit – behandelt sodann aber mit der Theorie des gerechten Krieges in §§ 13.2 und 13.3 sowie in § 14 Fragen des Umgangs mit Aggressoren und Störenfrieden, Gesellschaften, welche als Gefahr für die internationale Friedensordnung wohlgeordneter Völker gedeutet werden können. Fragen der gerechten Wohlstandsverteilung und der Möglichkeit guten Lebens in allen Teilen der Welt sind analytisch von Fragen der zwischenstaatlichen Konfliktregelung zu trennen und werden von Rawls erst nachfolgend – rudimentär – behandelt.

Die zweite von Rawls vorausgesetzte Vorannahme (VA 2) lautet, dass wohlgeordnete Völker „in einer Welt leben möchten, in der alle Völker das (als Ideal verstandene) Recht der Völker akzeptieren und befolgen" (RV, 113). Diese Vorannahme lässt sich auf unterschiedliche Weisen verstehen, vereinfachend lassen sich diese als *stark* und *schwach* charakterisieren: So besagt die Vorannahme im Sinne einer schwachen Lesart zunächst nur, dass das Recht der Völker in der von Rawls konzipierten ideal-konstruktivistischen Ausprägung universalen Geltungsanspruch hat (VA 2.0). Grundlage dieses Anspruchs sind die liberalen Völker, die im Rahmen der idealen Theorie die „Gesellschaft liberaler Völker" (RV, § 6) bilden und die andere („achtbare", RV, 72) Völker tolerieren und in ihre Gesellschaft integrieren, sofern diese bestimmten Bedingungen genügen (vgl. Teil II der *Idealtheorie*; insbesondere RV, 71 f.). Es bleibt – dies ergibt sich bereits aus der o. g. ersten Vorannahme – ein Subsiduum, ein Rest von Gesellschaften in der Menge aller real existierenden Gesellschaften (hier als Oberbegriff von Staaten und Völkern zu verstehen), die weder liberal noch achtbar sind. Um diese Untermenge geht es in der nichtidealen Theorie.

In einer starken Lesart (VA 2.1) impliziert die zweite Vorannahme, dass die wohlgeordneten (liberalen und achtbaren) Völker das Recht der Völker auch gegenüber denjenigen Gesellschaften (Staaten, Völkern) durchsetzen, die seine Geltung nicht anerkennen. Hier ist das Recht der Völker nicht nur mit einem universalen Geltungs- sondern auch mit einem Anerkennungs- und Durchsetzungsanspruch gegenüber nicht wohlgeordneten Gesellschaften verbunden.

Es zeigt sich bereits auf der Ebene der Vorannahmen die Möglichkeit des Auseinanderfallens von normativem Geltungsanspruch des Rechts der Völker und faktischer Anerkennung desselben (als Norm). Die Handlungsmöglichkeiten und Konsequenzen, die sich aus diesem Auseinanderklaffen ergeben, behandelt die nichtideale Theorie. Rawls gibt damit zumindest einige Antworten auf die eingangs aufgeworfenen Fragen, indem er die Aufgabe der Transition zu einem idealen Recht der Völker explizit der nichtidealen Theorie zuweist, die „fragt, wie dieses langfristige Ziel [Anerkennung und Befolgung des RV durch alle Völker; K.S.] erreicht werden oder wie man sich ihm, vermutlich in kleinen Schritten, nähern könnte" (RV, 113). Er will die starke Variante der zweiten Vorannahme ausloten und untersucht im Rahmen der nichtidealen Theorie, welche Wege zur weltweiten Anerkennung des (idealen) Rechts der Völker „moralisch zulässig, politisch möglich und aller Wahrscheinlichkeit nach auch wirksam" sind (RV, 113). Freilich setzt *diese* Herangehensweise eine dritte Vorannahme (VA 3) voraus: Es *gibt* ein (ideales) Recht der Völker.

Die Rawls'sche nichtideale Theorie behandelt „Fragen des Übergangs: wie wir von einer Welt, in der es Schurkenstaaten gibt und Gesellschaften, die unter ungünstigen Bedingungen leiden, zu einer Welt gelangen, in der alle Gesellschaften schließlich das Recht der Völker akzeptieren und befolgen" (RV, 114). Hier beschreibt Rawls zwei Untergruppen in der Menge derjenigen Gesellschaften, die das ideale Recht der Völker wohlgeordneter Völker nicht für sich anerkennen: *erstens* Gesellschaften, die er „Schurkenstaaten" nennt, *zweitens* Gesellschaften, „die unter ungünstigen Bedingungen leiden" und von Rawls „belastete Gesellschaften" genannt werden (RV, 114). Für beide sieht Rawls eigene Ansätze der nichtidealen Theorie vor (vgl. auch bereits RV, *Einleitung*). §§ 13–14 behandeln die nichtideale Theorie, insofern sie den Umgang mit Schurkenstaaten betrifft. Auf die belasteten Gesellschaften geht insbesondere § 15 ein.

2.2 Definition des Schurkenstaates in § 13.1

Rawls weist eine bestimmte Gruppe von Gesellschaften, die das (ideale) Recht der Völker nicht anerkennen als Schurken*staaten* aus. Hier folgt seine Terminologie zwar der idiosynkratischen Unterscheidung des § 2, in dem Rawls motiviert, warum er für das ideale Recht der Völker von „Völkern" statt von „Staaten" ausgeht. Die dezidierten Schurken*staaten* erfüllen nicht die inhaltlich anspruchsvollen Bedingungen von *Völkern*, so dass Rawls insbesondere in der nichtidealen Theorie als sozialontologischen Oberbegriff den Ausdruck *Gesellschaften* verwendet und die Schurkenstaaten auch als *Regime* bezeichnet.

Schurkenstaaten sind Regime, die es „ablehnen, sich an ein vernünftiges Recht der Völker zu halten" (RV, 114) und den Krieg als *rationales* Instrument der Politik verstehen.[1] Nach dem Recht der Völker sind allenfalls Verteidigungskriege wohlgeordneter Gesellschaften zulässig (Rawls verweist in § 13.1 (RV, 114) auf den entsprechenden fünften Grundsatz der Gleichheit in § 4.1). Die divergierenden Auffassungen zur Frage des Krieges als Mittel der Politik bilden den entscheidenden Unterschied zwischen wohlgeordneten Völkern und Schurkenstaaten. Rawls hat damit motiviert, weshalb es sinnvoll ist, die Darstellung der nichtidealen Theorie mit Fragen der Kriegführung bzw. dem Recht, Krieg zu führen, zu beginnen. Im Unterschied zu Schurkenstaaten haben wohlgeordnete Völker nach Rawls nur dann ein Recht zur Kriegführung, „wenn sie aufrichtigerweise und begründetermaßen davon überzeugt sind, dass ihr Schutz und ihre Sicherheit durch die expansionistische Politik von Schurkenstaaten ernsthaft gefährdet sind" (RV, 114 f.).

2.3 „Bedingungen der Nichtbefolgung" in § 13.1

Für den Fall der Nichtbefolgung des Rechts der Völker durch Schurkenstaaten bieten sich aus Sicht der wohlgeordneten Gesellschaften, denen daran gelegen ist, die Anerkennung des Rechts der Völker durch alle Gesellschaften einschließlich derjenigen der Schurkenstaaten durchzusetzen, folgende drei Optionen (a, b und c), die als systematische Varianten im Anschluss an die starke Lesart der zweiten Vorannahme (VA 2.1) gedeutet werden können.

---

1 Rawls unterscheidet ausgehend von Kant *rational* (hypothetische Imperative) und *reasonable* (kategorischer Imperativ) – ausführlich erläutert in: Rawls (1999 [1980], 316 f.). Schurkenstaaten verstehen den Krieg als ein Mittel zur Verfolgung ihrer „rationalen (nicht vernünftigen) Interessen" (RV, 114). Es mag für den moralischen Egoisten zweckrational sein, die eigenen Interessen skrupellos zu verfolgen; für andere normativethische Ansätze heiligt der Zweck aber noch lange nicht die Mittel, ist es nicht vernünftig (*reasonable*), zur Verfolgung der eigenen Ziele buchstäblich über Leichen zu gehen.

VA 2.1a	Die Anerkennung des RV *kann* und *darf* auch mit kriegerischen Mitteln durchgesetzt werden.
VA 2.1b	Die Anerkennung des RV *kann*, *darf* aber *nicht* mit kriegerischen Mitteln durchgesetzt werden.
VA 2.1c	Die Anerkennung des RV *kann nicht* mit kriegerischen Mitteln durchgesetzt werden.

Abb. 1: 3 Fallvarianten von VA 2.1

Die Frage, ob es mit kriegerischen Mitteln durchgesetzt werden dürfte, stellt sich im Rahmen der Variante (c) nicht. Die Varianten (a) und (b) haben eine empirisch-praktische Bedingung („kann") und werfen die Frage nach der moralischen Legitimation des Einsatzes von Gewalt in den internationalen Beziehungen auf. Rawls schlägt eine Art von Verhältnismäßigkeitsprüfung vor, wenn er fragt, ob eine bestimmte Maßnahme X zur weltweiten Durchsetzung des Rechts der Völker „moralisch zulässig, politisch möglich und aller Wahrscheinlichkeit nach auch wirksam" ist (RV, 113).

2.4 Das Recht der wohlgeordneten Völker zur Kriegführung (§ 13.2, 115 – 117)

Nachdem Rawls sein Verständnis nichtidealer Theorie erläutert hat, erscheint die Konzentration auf die Frage legitimer Kriegführung durch wohlgeordnete Völker in § 13.2 weniger abwegig als auf den ersten Blick. Zwar hat er zunächst auch für die nichtideale Welt die Problematik von Ungerechtigkeit und „sozialen Übeln" (RV, 113) betont, doch folgt erst in § 16 die Behandlung globaler distributiver Fragen. Es geht Rawls noch vor der Schaffung gerechter materieller Verhältnisse um die Rechtsdurchsetzung, die globale Anerkennung des (idealen) Rechts der Völker.

Für die Frage des *iuris ad bellum* ist nun die Rawls'sche Unterscheidung von rational und vernünftig (*reasonable*) zentral (vgl. dazu Rawls (1999 [1980], 316 f.)). Kriegführung zur Verfolgung (bloß?) rationaler Interessen eines Staates ist danach verboten, Selbstverteidigungskriege hingegen sind moralisch zulässig, sofern es sich bei dem angegriffenen Staat um ein wohlgeordnetes Volk oder zumindest um eine Gesellschaft handelt, die „ein annehmbar gerechtes Recht der Völker achtet und befolgt" (RV, 115). Ein solches Recht der Völker, kann, muss aber nicht inhaltsgleich mit dem (idealen) Recht der Völker der liberalen Völker sein. Die Schwelle moralischer Zulässigkeit wird für Zwecke der Selbstverteidigung abgesenkt, auch Staaten, die weniger anspruchsvolle Völkerrechtsbestände anerkennen, werden in ihrem Recht auf Selbstverteidigung respektiert und toleriert.

2.5 Konditionalität des Selbstverteidigungsrechts

Die Frage nach den Mindestanforderungen der legitimen Ausübung eines Selbstverteidigungsrechts drängt sich auf. Rawls nennt zunächst die einzig legitimen Zwecke der Kriegführung *liberaler* Völker: Es geht um den Schutz der Freiheit der Bürger und der demokratischen politischen Institutionen. Nicht legitim sind Kriege um Wohlstand und Ressourcen, Eroberungs- und imperiale Kriege. Beute- oder Expansionskriege sind völkerrechtswidrig und machen nach der Rawls'schen Definition (Verfolgung rationaler Interessen im Unterschied zu vernünftigen Interessen) einen kriegführenden Staat zum Schurkenstaat (RV, 115). Danach wird zum Schurkenstaat, wer etwa einen Krieg für Öl führt. Kriegsdienst und die Einberufung zum Wehrdienst als extreme Eingriffe in die Freiheit der Bürger sind folglich in Staaten, die das Völkerrecht anerkennen, auch nur zur Verteidigung der Freiheit und der sie garantierenden Institutionen zulässig (RV, 115; vgl. TG, § 58).

Auch *achtbare* Völker, auf die in §§ 8 und 9 das Recht der Völker ausgeweitet wird, haben ein Recht auf (kriegerische) Selbstverteidigung. Diese Völker achten ebenfalls die Menschenrechte und erkennen, wie Rawls betont, „ein (vernünftiges) Recht der Völker" an. Sogar Gesellschaften, die lediglich einen „*wohlwollenden Absolutismus* verkörpern" (RV, 78), die Menschenrechte weitgehend achten, aber ihre Mitglieder nicht an der politischen Entscheidungsfindung beteiligen, können sich auf ein Verteidigungsrecht berufen (RV, 117). Detailfragen wie diejenige nach präemptiven Kampfhandlungen, die Aggressoren davon abhalten sollen, fremdes Territorium anzugreifen, lässt Rawls offen. Die Selbstverteidigung bleibt das Leitmotiv, daher darf man annehmen, dass auch schwierige Grenzfragen (zulässige extraterritoriale vorauseilende Selbstverteidigung vs. verbotener Angriffskrieg) mittels einer Verhältnismäßigkeitsprüfung geklärt würden. Nicht berücksichtigt werden zeitgenössische, asymmetrische Kriegführung, terroristische Mittel, extraterritoriale Einzelkampfhandlungen wie Drohnenangriffe usw. Rawls bleibt dem westfälischen Zeitalter souveräner Staaten verhaftet und legt insofern eine altmodische, rückwärtsgewandte Konzeption nichtidealer Theorie vor.

2.6 Das Recht der Völker als Richtschnur der Außenpolitik (§ 13.3, 117 f.)

Wie in § 13.2 vorweggenommen, ergibt sich das Selbstverteidigungsrecht der rechtschaffenen, d. h. ein angemessenes Völkerrecht respektierenden Gesellschaften aus der Priorität der Rechtsdurchsetzung. Der Anspruch des idealen Rechts der Völker ist universal, allein es erkennen nicht alle Staaten dieses Recht an. Die verbleibenden, sich selbst außerhalb des Rechts stellenden Staaten sind Schurkenstaaten. Aus der Binnenperspektive dieser Staaten sind sie im Wortsinn außerhalb der Rechtsgemeinschaft (so der amerikanische Ausdruck, den Rawls verwendet: *outlaw states*; vgl. Shue 2002). Sie stellen sich außerhalb des Rechts, erkennen es (zumindest: für sich) nicht an, sehen sich nicht als vom Recht und seinen Geltungsansprüchen erfasst an. In der Moral wäre eine analoge Figur der Amoralist. Die Probleme, die sich für die moralische Gemeinschaft mit dem Amoralisten auftun, verhalten sich strukturell analog zu den Problemen wohlgeordneter Gesellschaften mit den Schurkenstaaten, wenngleich aus der Perspektive der wohlgeordneten Gesellschaften der Geltungsbereich des Rechts der Völker sich dem Anspruch nach auch auf die Schurkenstaaten erstreckt, diese folglich weniger als Gesetzlose (*outlaws*) denn als Verbrecher (Schurken oder engl. *rogue states*) erscheinen. Von „rogue states" sprach daher auch die US-amerikanische Nationale Sicherheitsstrategie von 2002.[2] Nicht die Geltung des (idealen) Rechts der Völker bedarf der Ausweitung, sondern die Anerkennung und Durchsetzung dieses Rechts durch alle Staaten. Insofern wäre die Rede von rechtsfreien Räumen, die assoziativ mit der Verwendung des Terminus *outlaw* verbunden sein mag, irreführend. Ziel wohlgeordneter Völker im Rahmen der nichtidealen Theorie ist es, „alle Gesellschaften zu bewegen, das Recht der Völker zu achten und ordentliche Vollmitglieder einer Gesellschaft wohlgeordneter Völker zu werden" (RV, 117). Das ideale Recht der Völker – dies streicht Rawls nicht immer heraus – beinhaltet auch die Durchsetzung der Menschenrechte. Die Wege zur Rechtsdurchsetzung sind – anders als die Konzentration auf die Kriegführung im Rahmen von § 13 nahelegen mag – aber vielfältig. Auch wenn der Rawls'sche Vorschlag nichtidealer Theorie im Ergebnis zu einer Zunahme an Kriegen zur Rechtsdurchsetzung führen mag, gilt es zunächst, andere Wege zu Frieden und Rechtsanerkennung zu explorieren (vgl. Shue 2002, 310: Die wohlgeordneten Völker und die Schurkenstaaten wären „simply in a general state of war of all against all.").

---

2 Siehe die Nationale Sicherheitsstrategie von 2002 in den Archiven der Administration des Präsidenten George W. Bush: https://georgewbush-whitehouse.archives.gov/nsc/nss/2002/nss5.html (zuletzt abgerufen am 04.02.2019).

Doch nicht nur die kriegerische Intervention kommt vor. Rawls geht es auch um *politisches Geschick:* Er nennt Außenpolitik, Klugheit und Glück (im Sinne von *fortune*; Zufallsglück, das den Tüchtigen hold ist) des Staatsmannes und nimmt eine Selbstbeschränkung vor, da es sich um „Dinge handele, zu denen die Politische Philosophie nicht viel zu sagen" habe (RV, 117). Weitere Maßnahmen deutet Rawls an: „neue Institutionen und Praktiken" der wohlgeordneten Staaten sind erforderlich, „eine Art konföderatives Zentrum" (RV, 117) und „öffentliches Forum für ihre gemeinsame Meinung und Politik gegenüber nicht wohlgeordneten Regimen" (RV, 117 f.). Wir haben es mit denselben Institutionen zu tun, die Rawls im Rahmen der idealen Theorie entwirft, doch werden sie nun zu Instrumenten einer Politik, die, während sie nach dem Ideal streben sollte, sich mit den Unbilden der nichtidealen Wirklichkeit auseinanderzusetzen hat. Dies ist deutlich von einer realistischen Theorie internationaler Beziehungen abzugrenzen, da die Zielvorstellung der idealen Theorie niemals aufgegeben wird.

3 „Die Theorie des gerechten Krieges: Kriegführung" (RV, § 14, 119 – 130)

3.1 Grundsätze der Kriegführung (§ 14.1, 119 – 121)

Rawls formuliert sechs Grundsätze gerechter Kriegführung, für die er reklamiert, sie gehörten zum „traditionellen Gedankengut" im Zusammenhang mit einem *ius in bello*. Die historische These wird vorliegend nicht im Einzelnen geprüft.[3] Diese Grundsätze lauten wie folgt:

(i) Ziel eines gerechten Krieges ist ein gerechter und dauerhafter Frieden.[4]

(ii) Wohlgeordnete Völker führen nur Verteidigungskriege gegen nicht wohlgeordnete Staaten.

---

3 Für philosophiehistorisch-ideengeschichtliche Überblicke vgl. Kleemeier ([2]2017 [2013], 13 – 30) sowie die Beiträge in Kiesel und Ferrari (2018).

4 Hier zeigt sich, dass es sich bei diesem Grundsatz zwar im Kern um einen traditionellen *acquis* des Völkerrechts oder der Theorie des gerechten Krieges handeln mag, doch kann bereits der erste Grundsatz nur aus der Perspektive der spezifisch Rawls'schen Unterscheidungen gedeutet werden: Nur gerechte und wohlgeordnete Völker führen gerechte Kriege in Rawls' Sinne. Stellt man die von Rawls vorgeschlagene Taxonomie von Völkern und die Unterscheidung von Völkern und Staaten in Frage, so mag die Liste der Grundsätze noch so traditionell oder historisch bewährt sein – man wird sie mit Argumenten, die sich auf die theoretisch-klassifikatorischen Hintergrundannahmen beziehen, zurückweisen müssen. Es handelt sich um eine Adaptierung traditioneller Grundsätze vor dem Rahmen des RV.

Das heißt, wohlgeordnete Völker führen untereinander keine Kriege. Rawls verweist an dieser Stelle auf §§ 5 und 8 von *Das Recht der Völker*. Fraglich bleibt, auf was für eine Art von Konditionalität Rawls mit der Einschränkung auf Kriege gegen nicht wohlgeordnete Staaten, die Sicherheit und freie Institutionen gefährden und den Krieg verursachten, abzielt. Rawls sieht keine internationale Instanz zur Prüfung der Bedingungen vor; offenbar liegt die Verantwortlichkeit für Entscheidungen über Krieg und Frieden bei den potentiell betroffenen wohlgeordneten Völkern selbst. Das Kriegsrecht versteht Rawls als Ausprägung des Selbstverteidigungsrechts[5] der wohlgeordneten Völker. Wie (nur allzu erwartbare) Streitigkeiten über das Vorliegen der Bedingungen für den Verteidigungsfall entschieden werden können, lässt Rawls offen. Eine internationale Gerichtsbarkeit oder andere neutrale Schiedsinstanzen führt er nicht ein. Vage erinnern die von Rawls aufgeführten Bedingungen an Kapitel VII der UN-Charta, das „Maßnahmen bei Bedrohung oder Bruch des Friedens und bei Angriffshandlungen" vorsieht.[6] Die detaillierten Ausführungen zu den Maßnahmen, die der Sicherheitsrat der Vereinten Nationen nach Art. 41, 42 der UN-Charta beschließen kann, laufen in der gegenwärtigen Lage freilich zumeist wegen der Blockademöglichkeiten innerhalb dieses Gremiums ins Leere. Rawls' Vorschläge liegen näher an Art. 51 der UN-Charta, nach dem die Prärogative des Sicherheitsrats bis zum Tätigwerden desselben „im Falle eines bewaffneten Angriffs gegen ein Mitglied der Vereinten Nationen keineswegs das naturgegebene Recht zur individuellen oder kollektiven Selbstverteidigung" beeinträchtigt.

(iii) „Wohlgeordnete Völker müssen in der Kriegführung sorgfältig zwischen drei Gruppen unterscheiden: den Führern und Beamten eines Schurkenstaates, seinen Soldaten und seiner Zivilbevölkerung" (RV, 119).

Bei den nicht wohlgeordneten Völkern, die in den ersten beiden Grundsätzen explizit (in ii) und implizit (in i als „Feind") angesprochen werden, handelt es sich um die in § 13 terminologisch eingeführten *Schurkenstaaten*. Die Unterscheidung der drei Bevölkerungsgruppen eines Schurkenstaates (Administration/Regierung, Soldaten, Zivilbevölkerung) begründet Rawls in einer verquasten Formulierung wie folgt: „Da ein Schurkenstaat nicht wohlgeordnet ist, können diejenigen, die den Krieg organisiert und begonnen haben, nicht die zivilen Mitglieder der Gesellschaft sein" (RV, 119). Die Argumentation ist hier elliptisch verkürzt; es muss Folgendes hinzugedacht werden:

---

5 Vgl. den 5. Grundsatz des Rechts der Völker in §4 (RV, 41).
6 Deutsche Fassung: https://www.unric.org/html/german/pdf/charta.pdf (zuletzt abgerufen am 04.02.2019).

P1:	Eine liberale Gesellschaft ist eine annehmbar gerechte, demokratisch verfasste Gesellschaft. (Bedingung 1.2 des von Rawls in § 1 sog. „heimischen Falles"; RV, 14. Rawls spricht auch von „konstitutionellen Demokratien"; vgl. RV, 17, 20, 25 und *passim* sowie das erste Merkmal liberaler Völker in § 2.1, RV, 26.)
P2:	Ein liberales Volk handelt durch seine Regierung. (Erläuterung der Merkmale liberaler Völker in § 2.1, RV, 26)
P3:	Ein liberales Volk hat eine annehmbar gerechte konstitutionelle demokratische Regierung, d.h. „dass seine Regierung von ihm politisch und durch Wahlen wirksam kontrolliert wird und dass sie seine in einer [...] Verfassung festgelegten grundlegenden Interessen vertritt und schützt" (RV, 26).
ZK:	Das Regierungshandeln kann einem liberalen Volk zugerechnet werden. (Dies ergibt sich aus P2 und P3.)
P4:	Zurechenbarkeit ist notwendige (nicht hinreichende) Voraussetzung von Verantwortlichkeit.
K:	Ein liberales Volk ist für das Regierungshandeln verantwortlich.

Abb. 2: Argumentation zum dritten Grundsatz der Kriegführung nach § 14.1

§ 14 setzt die Ausweitung der Verantwortlichkeit des Volkes für das Handeln seiner Regierung auf achtbare hierarchische Völker (RV, § 8) voraus. Diese haben im Rawls'schen Regelfall eine „achtbare Konsultationshierarchie" (RV, 77). Weitere Typen sind denkbar, werden von Rawls aber nicht ausbuchstabiert (RV, 78); als notwendiges Merkmal müssen sie ihrer Bevölkerung eine „nennenswerte Rolle in der politischen Entscheidungsfindung zugestehen" (RV, 78). Tun sie dies nicht, können sie nicht zum Typus der achtbaren Völker gehören, doch müssen sie nicht notwendigerweise Schurkenstaaten sein. Rawls sieht als Residualkategorie auch „Gesellschaften, die eine Form des *wohlwollenden Absolutismus* verkörpern", vor" (RV, 78).[7]

P1 bis P3 gelten aber nicht für nicht wohlgeordnete Völker. ZK und K lassen sich nicht für die Bevölkerung von Schurkenstaaten behaupten: „Die zivile

---

7 In der Typologie nach RV, §8, 77 ff., werden als vierter Typus sog. „durch ungünstige Umstände belastete Gesellschaften" aufgeführt. Diese Kategorie ist besonders problematisch, da sie für Fragen globaler distributiver Gerechtigkeit den Dreh- und Angelpunkt darstellt, ein Problem, das – nach Meinung der meisten Kritiker – von Rawls vernachlässigt oder zumindest inadäquat behandelt worden ist. Solchermaßen belastete Gesellschaften könnten von der systematischen Anlage her mit einem der anderen vier Typen von Völkern oder Staaten zusammenfallen. Es handelt sich in *Das Recht der Völker* also nicht um eine vollständige (exhaustive) Klassifikation unterschiedlicher Klassen von Völkern oder Staaten, sondern um eine bloße Typologie, deren Einteilungen nicht mutuell exklusiv zu verstehen sind.

Bevölkerung [...] ist nicht verantwortlich" (RV, 119 unten). Die den Staatsapparat eines Schurkenstaates kontrollierenden *Eliten* „wollten den Krieg; [...] sind [...] Verbrecher" (RV, 119). Ein Krieg, der sich gegen die Zivilbevölkerung richtet, ist danach unrechtmäßig; Rawls ordnet z. B. die Atombombenabwürfe zum Ende des Zweiten Weltkriegs sowie die Brandbombenangriffe auf Tokio als „sehr schwere Vergehen" (RV, 120) ein. Ähnlich wie die Zivilbevölkerung sind nach Rawls in der Regel auch die (einfachen) Soldaten von Schurkenstaaten für das Regierungshandeln nicht verantwortlich, doch ist nach Rawls zu konstatieren, „dass wohlgeordneten Völkern keine andere Wahl bleibt", als gegen die Soldaten vorzugehen (RV, 120). Rawls untersucht die Systematik des Kriegs gegen einen schurkenstaatlichen Angreifer an dieser Stelle noch nicht detailliert. Doch wird bereits offensichtlich, dass die Schädigung von (für den Krieg nicht verantwortlichen) Mitgliedern der Zivilbevölkerung und sogar von Soldaten des Feindesstaats problematisch ist. Vom Notwehrrecht auf Selbstverteidigung gegen den Angreifer können die wohlgeordneten Völker im engeren Sinne nur gegen das Führungspersonal des Schurkenstaates Gebrauch machen. Soldaten und Zivilbevölkerung können aber unter Umständen im Sinne des Solidarprinzips eines rechtfertigenden Notstands herangezogen werden: Die angegriffenen wohlgeordneten Völker befinden sich in einer Notstandslage und nehmen die Soldaten des Angreiferstaates zur Beseitigung der Notstandslage in Anspruch. An anderer Stelle (§ 14.6) stellt Rawls explizit einen Vergleich mit der Lehre von der doppelten Wirkung an.

(iv) Die Menschenrechte der „Mitglieder der anderen Seite, sowohl der Zivilisten als auch der Soldaten [sind durch die (kriegführenden) wohlgeordneten Völker zu] achten" (RV, 120) – und zwar nicht nur, weil der Feindstatus des Schurkenstaats die Menschenrechte seiner Bevölkerung nicht etwa entfallen lässt, sondern auch, weil es darum geht „feindlichen Soldaten und Zivilisten den Inhalt dieser Rechte am Beispiel ihrer eigenen Behandlung zu lehren" (RV, 120).

Dies entspricht *grosso modo* den Maßgaben der US-Streitkräfte im Kampf gegen Nazi-Deutschland und spielt auf die *re-education*-Bemühungen gegenüber der deutschen Zivilbevölkerung an. Rawls vertritt eine deskriptive edukative These: „Auf diese Weise vermittelt man ihnen den Inhalt und die Bedeutung der Menschenrechte am besten." (RV, 120)

(v) Der fünfte Grundsatz betrifft das *ius post bellum*. Wohlgeordnete Völker sollen „durch ihre Handlungen [...] bereits während des Krieges im Voraus zu erkennen geben, welche Art von Frieden und welche von Art Beziehungen sie anstreben." (RV, 121)

Rawls folgt hier Kantischen Überlegungen zum Recht nach dem Kriege in *Zum ewigen Frieden:* Art und Weise von Austragung und Beendigung eines Krieges „leben im historischen Gedächtnis von Gesellschaften fort" (RV, 121) und können Nährboden neuer Kriege sein (vgl. zu Kant auch: Stoppenbrink 2004).

(vi) Der sechste Grundsatz schließlich betont die Funktion der Grundsätze als deontologische *side constraints,* so „darf das instrumentelle Zweckmittel-denken stets nur eine beschränkte Rolle bei der Beurteilung der Angemes-senheit einer Handlung [...] spielen" (RV, 121).

Freilich verweist Rawls bereits an dieser Stelle auf die „einzige Ausnahme", die „Situation des äußersten Notstandes" (RV, 121), die unter § 14.3 erneut aufgegrif-fen wird. Rawls befindet sich mit diesen Grundsätzen noch weitgehend auf dem Boden des westfälischen Zeitalters des Völkerrechts (vgl. Buchanan 2000). Staaten führen untereinander Krieg. Im Unterschied zu früheren Zeiten sind wohlgeordnete Völker lediglich zur Abwehr von Angriffskriegen legitimiert. Ein nichtaggressiver Schurkenstaat müsste nach Rawls' Modell mit den wohlgeord-neten Völkern koexistieren können. Die wohlgeordneten Völker dürften nicht aus eigenem Antrieb tätig werden und einen Schurkenstaaten ihrerseits angreifen, um Menschenrechte und Demokratie gewaltsam einzuführen und durchzusetzen (ähnlich auch Shue 2002 und Freeman 2006). Fraglich bleibt, wie mit einem Schurkenstaat zu verfahren ist, welcher den wohlgeordneten Völkern, salopp gesagt, nicht den Gefallen tut, anzugreifen. Wird dieser über die Zeit hinweg als *outlaw* koexistieren können? Es ist im Ergebnis unklar, ob es Rawls *in fine* um Frieden, Sicherheit und Stabilität geht oder das Ziel vielmehr lautet, die Bedin-gungen aller Individuen dahingehend zu verbessern, dass sie überall auf der Welt in den effektiven Genuss von Menschenrechten gelangen. Diese Ambivalenz der Zielsetzung des Rechts der Völker wird im Ergebnis nicht aufgelöst, doch besteht eine Präponderanz zugunsten von Frieden zwischen Völkern und Staaten (vgl. zu diesem Zielkonflikt Audard 2006). Auch die Rolle der Individuen auf der inter-nationalen Ebene ist in der Rawls'schen Konzeption nicht allzu ausgeprägt – mit Ausnahme der Figur des Staatsmannes (§ 14.2).

3.2 Das Ideal des Staatsmannes (§ 14.2, 121 – 123)

Rawls umreißt in § 14.2 in Analogie zu dem historischen Ideal eines *vir bonus,* eines tugendhaften Menschen, das Ideal eines *Staatsmannes* (RV, 122). Man könnte die Figur des Staatsmannes, der *per definitionem* nur in wohlgeordneten Gesellschaften vorkommt, für systemwidrig halten: Demokratisch verfasste Ge-sellschaften gehen vom Ideal der Volkssouveränität aus, sie hängen nicht von den tiefergehenden Einsichten und überragenden Geschicken Einzelner ab. Dennoch scheint Rawls es für notwendig zu halten, dass verantwortliche Amtsträger in wohlgeordneten Gesellschaften dem Ideal eines Staatsmannes nachstreben. Der Staatsmann verbindet situative Führungsqualitäten mit moralischen Überzeugungen und langfristigem Denken. Welthistorische Bedeutung reicht nicht: Rawls schreibt Lincoln und Washington (RV, 122) Staatsmannqualität zu, spricht sie Bismarck (RV, 122), Napoleon und Hitler (RV, 123) ab. Der Staatsmann tritt vor allem mit Blick auf das *ius post bellum* in den Vordergrund: Es ist seine Aufgabe, „deutlich [zu] machen, dass, sobald der Frieden sicher wiederhergestellt ist, der feindlichen Gesellschaft ein autonomes und wohlgeordnetes eigenes Regime gewährt wird" (RV, 122).

3.3 Die Ausnahme einer äußersten Notlage (§ 14.3, 123–124)

Der Zivilistenstatus verbietet Angriffe gegen die Zivilbevölkerung von Schurkenstaaten (vgl. den dritten Grundsatz in § 14.1). Diese ist nicht verantwortlich für die Machenschaften ihrer Führung, sie hat nach Rawls idealtypisch keinen Einfluss auf die Entscheidungen des Staatsapparates. Rawls diskutiert (ausschließlich) Beispiele aus dem Zweiten Weltkrieg, v. a. den britischen Bombenkrieg gegen Deutschland: Anfänglich, „[a]ls Großbritannien allein stand und über keine anderen Mittel verfügte, um die überlegene Macht Deutschlands zu brechen, mag die Bombardierung deutscher Städte gerechtfertigt gewesen sein" (RV, 123), doch später – Rawls erwähnt als Wendepunkt Stalingrad (RV, 123) – drehte sich die Lage, „[D]ie Bombardierung von Dresden im Februar 1945 [...] war klarerweise zu spät (RV, 123)."

Rawls kombiniert ein notwendiges *epistemisches* (i) und ein *konsequentialistisches* (ii) Kriterium für die Zulässigkeit von Kriegshandlungen gegen die Zivilbevölkerung und stellt die Abwägung zudem unter einen *Verhältnismäßigkeitsgrundsatz* (iii): Die zu erzielenden Vorteile dürfen (i) nicht zweifelhaft und (ii) nicht geringfügig sein; es dürfen (iii) nicht alternative Mittel zur Verfügung stehen, implizit ergibt sich auch noch die weitere Voraussetzung, dass (iv) das Ziel (Wiederherstellung des Friedens) langfristig erreicht werden muss (RV, 123). Dieser Abschnitt dürfte neben der Auseinandersetzung um die (ausbleibende) Transposition des Differenzprinzips der *Theorie der Gerechtigkeit* auf die globale Ebene zu den umstrittensten Passagen von *Das Recht der Völker* gehören. Es bleibt unklar, welchen Status Rawls der äußersten Notlage (*supreme emergency*) zuweist. Einerseits lässt sich behaupten, er fege mit einem Handstreich die in § 13 ausgefeilte nichtideale „Theorie des gerechten Krieges" und die in § 14.1 sorgsam formulierten Grundsätze der Kriegführung wieder hinweg, indem er die deontologischen Handlungsschranken im äußersten Notfall wieder aufhebt. Andererseits bietet § 14.3 genügend explizite sprachliche Hinweise und sachliche Grundlagen für eine sehr zurückhaltende Deutung der „Ausnahme einer äußersten Notlage" (vgl. die nachfolgende Abb. 3).

Seite	Stellenzitat (hier ohne Anführungszeichen)	Deutung (d. Verf.)
§ 14.3 RV, 123	gewisse besondere Umstände	Konditionalität (leider sehr vage; wäre genauer herauszuarbeiten)
	Wir müssen hier vorsichtig sein.	Indiz für evaluative Zurückhaltung
	strikte Geltung des Zivilistenstatus	Soll die *strikte* Geltung nicht in Frage gestellt werden, so ist der Ausnahmecharakter zu unterstreichen.
	... mag die Bombardierung deutscher Städte gerechtfertigt gewesen sein.	Indiz für evaluative Zurückhaltung
RV, 124	... weil der Nationalsozialismus ein nicht kalkulierbares moralisches und politisches Übel für das zivilisierte Leben überall auf der Welt bedeutete.	Es handelt sich hier um das einzige historische Beispiel, für das der Ausnahmecharakter bejaht wird. Das Bedrohungsszenario wird herausgestellt: Es war moralisch, politisch und universell.
	... stand die Natur und die Geschichte der konstitutionellen Demokratie auf dem Spiel.	Geltung, Qualität und Fortbestand dieser Regierungsform wurden radikal in Frage gestellt – das Bedrohungsszenario somit noch unterstrichen.
	Wir müssen das Besondere des Übels des Nationalsozialismus verstehen.	Besonderer Ausnahmecharakter!
	... kennzeichnend, dass er politische Beziehungen mit seinen Feinden für unmöglich hielt.	Nazideutschland erfüllt die Merkmale eines Schurkenstaates, der nicht in einer Gesellschaft wohlgeordneter Völker zu integrieren ist.
	Von Anfang an ... ein Krieg der Zerstörung und ... der vollständigen Vernichtung des slawischen Volkes ...	Es handelt sich um Grausamkeiten und Übel von ganz besonderer Qualität; der völkerstrafrechtliche Tatbestand des Genozids muss erst noch entwickelt werden.[8]
§ 14.4 RV, 124	Es ist ... offenkundig, dass die Ausnahme einer äußersten Notlage für die Vereinigten Staaten in ihrem Krieg mit Japan niemals vorlag.	Die Brandbomben auf Tokio waren nach Rawls klar ungerechtfertigt.

---

8 Wenngleich freilich das Verbrechen *avant la lettre* schon bekannt und verübt worden war. Vgl. in rechtlicher Hinsicht die UN-Völkermordkonvention vom 9. Dezember 1948, UN Doc. A/RES/3/260 (1948).

Fortsetzung

Seite	Stellenzitat (hier ohne Anführungszeichen)	Deutung (d. Verf.)
RV, 124 f.	… vor dem Abwurf der Atombomben … setzte sich das instrumentelle Zweckmittteldenken durch und überwog die Bedenken derjenigen, die spürten, dass Grenzen überschritten wurden.	Rawls bleibt bei seiner grundsätzlichen Ablehnung des Konsequentialismus.
RV, 125	[Es wurde behauptet, die Atombomben seien] gerechtfertigt, um die Beendigung des Krieges zu beschleunigen.	Bloße „Beschleunigung" des Kriegsendes ist nicht ausreichend für eine Ausnahme einer äußersten Notlage.
	[Man wollte mit den Atombombenabwürfen] das Leben amerikanischer Soldaten retten … japanische Soldaten und Zivilisten zählten offenbar weniger.	Dies widerspricht den deontologischen „side constraints", nach denen ein jedes Menschenleben gleichen Wert, gleiche Würde aufweist.
	Das Scheitern all dieser Gründe als Rechtfertigungen für die Verletzungen der Grundsätze der Kriegführung ist offenkundig.	Rawls geht eine Liste historischer Umstände des Endes des Zweiten Weltkrieges durch. Das Vorliegen einer Ausnahme einer äußersten Notlage bejaht er für bestimmte Zeiträume des Verhältnisses zwischen Großbritannien und Nazideutschland, lehnt es jedoch entschieden für alle Zeitpunkte des Verhältnisses zwischen den kriegführenden Vereinigten Staaten und Japan ab.

Abb. 3: Zur Ausnahmesituation einer äußersten Notlage (§ 14.3 und weiter § 14.4)

Bemerkenswert ist, dass Rawls zwar auf Kap. 16 von Michael Walzers *Just and Unjust Wars* (³2000 [1977]) verweist, dem er den Ausdruck „supreme emergency exception" (Ausnahme einer äußersten Notlage) entnimmt (RV, 123 Anm. 15), doch die philosophische Auseinandersetzung, die sich um Walzer entspann, an dieser Stelle gar nicht zur Kenntnis nimmt. Die irrtümliche Annahme einer äußersten Notlage gilt Rawls als „Versagen der Staatskunst" (vgl. Abschnitt 14.4).

3.4 Versagen der Staatskunst (§ 14.4, 124–126)

In diesem Abschnitt wird deutlich, dass das Ideal des Staatsmanns als Platzhalter für alle Regierungstugenden wohlgeordneter Völker dient. Gute Regierungsführung versteht Rawls auch als „Staatskunst" (RV, 125). Während sich das Recht der Völker im Übrigen als kontraktualistisch, konstruktivistisch und deontologisch charakterisieren lassen mag, schlägt Rawls hier eine tugendethische Volte. Er streicht damit die Relevanz von politischer Urteilskraft und Weitblick sowie eines angemessenen Umgangs mit Gefühlen in der Konfrontation mit Schurkenstaaten heraus. Der Staatsmann wird zur Chiffre für gute außenpolitische Regierungsführung insbesondere in Fragen von Krieg und Frieden.

Die Struktur dieses Abschnitts ist erstaunlich: Inmitten der Bestimmung von „Staatskunst" und „Staatsmann" findet sich ein Satz von genereller systematischer Bedeutung für den *ius post bellum*, das Recht nach dem Kriege, das Rawls im Anschluss an Kants *Zum ewigen Frieden* fordert und konkretisiert – und zwar bis hin zum Publizitätsgebot (vgl. TG, § 23), das gleichfalls bereits bei Kant firmiert: Ein Krieg muss öffentlich geführt werden (RV, 125). Kaum steht das Postulat im Raum, geht es bereits um die Dauerhaftigkeit des Friedens und – in bemerkenswert abrupter Weise – um weitere historische Überlegungen zur Rechtfertigung der Kriegführung der Vereinigen Staaten gegenüber Japan zum Ende des Zweiten Weltkrieges. Man könnte meinen, dieser Textaufbau von der historischen Empirie der Frage der äußersten Notlage über die Staatskunst hin zur Publizitätsforderung und zurück zur Empirie solle die aposteriorische Natur der Rawls'schen Ausführungen unterstreichen. Rawls hält für möglich, dass wir aus der Geschichte lernen. Doch bedarf es dazu einer entsprechend ausgeprägten politischen Kultur.

3.5 Die Bedeutung der politischen Kultur (§ 14.5, 126 – 128)

Rawls skizziert hier, dass es im Falle der amerikanischen Kriegführung vis-à-vis Japan schon „zu spät" (RV, 127) war, die Rechtmäßigkeit des Vorgehens gegen die Zivilbevölkerung zu diskutieren, denn zum relevanten „Zeitpunkt war die Bombardierung von Zivilisten bereits zu einer akzeptierten Kriegspraxis geworden. Reflexionen über den gerechten Krieg wären auf taube Ohren gestoßen" (RV, 127). Die Schlussfolgerung ist offenkundig: „Deshalb müssen diese Fragen schon vor einem Konflikt sorgfältig erwogen werden" (RV, 127). Rawls diskutiert erneut die Bedeutung politischer Kultur in historischer Dimension. Wenn er sagt, dass es während „der Bombardierungen des Zweiten Weltkrieges [...] kein hinreichendes Vorverständnis der großen Bedeutung der Grundsätze des gerechten Krieges [gab], so dass deren Betonung die wohlfeile Berufung auf Zweck-Mittel-Erwägungen hätte blockieren können" (RV, 127), so wird hier nochmals das Verständnis und der Status der Grundsätze als Konsequentialismusbremsen, als deontologische *side constraints* für bestimmte Handlungsweisen deutlich. Die Grundsätze gelten in dem Sinne *absolut*, dass sie nicht in die Abwägung einbezogen werden und bestimmte Handlungen (Folter, Versklavung von Feinden und Gefangenen usw.) von vornherein als moralisch ungerechtfertigt ausschließen.

Selten wird Rawls explizit und konkret in der Auseinandersetzung mit alternativen Theorieentwürfen. Doch zunächst weist er den amerikanischen Nordstaatengeneral während des Sezessionskriegs William T. Sherman (1820–1891), für den, wenn es um eine schnelle Kriegsbeendigung geht, der Zweck die Mittel heiligt, retrospektiv in die Schranken (RV, 127). Weiterhin wendet er sich gegen eine schuldegalitaristische Nivellierung, wie sie ebenfalls in der Literatur vorgenommen wird (Slogan: alle sind schuld). Diesen „nihilistische[n] Kriegstheorien" (RV, 127) begegnet Rawls unter Berufung auf Hannah Arendt (1963) auf normativethischer Ebene: „Es gibt keinen Zeitpunkt, an dem wir davon befreit wären, die feinteiligen Unterscheidungen moralischer und politischer Grundsätze und abgestufter Beschränkungen vorzunehmen" (RV 128).

3.6 Vergleich mit der christlichen Lehre (§ 14.6, 128–130)

Der letzte Punkt des Paragrafen 14 birgt nochmals Zündstoff, da es erneut um die Ausnahme der äußersten Notlage geht und Rawls nun die bislang vermissten Begründungsansätze nachzuliefern versucht. Rawls bezieht sich zu diesem Zweck explizit auf die sog. Lehre von der doppelten Wirkung (*doctrine of double effect*, „die katholische Lehre vom Doppeleffekt"; RV, 129). Eingebettet ist dies in einen weitergehenden „Vergleich" des Rechts der Völker mit „der vertrauten christlichen Naturrechtslehre des gerechten Krieges" (RV, 128). Eine Strukturanalogie besteht insofern, als beide das Ziel eines umfassenden Friedens auf internationaler Ebene für möglich halten und die Umsetzung anstreben. In der Folge stellt Rawls die Unterschiede heraus: Das Naturrecht gründet auf sozialontologischen Vorannahmen der (gottgegebenen) Gemeinschaft aller Menschen. Dies ist seine Geltungsgrundlage. Es folgt ein kurzer (arg oberflächlicher) Exkurs zu den Rechtsformen bei Thomas von Aquin, dessen systematische Funktion sich nicht recht erschließen mag, der womöglich lediglich als exemplarisch für die christliche Rechtstradition herangezogen werden soll (RV, 129). Das Recht der Völker ist Rawls zufolge kompatibel mit dieser Tradition, da es „durch die christliche Naturrechtslehre gestützt werden kann" (RV, 129), die als eine „vernünftige umfassende Lehre" (RV, 128) unter anderen gilt. Hier klingt der Rawls des *Politischen Liberalismus* an: Ausgehend vom faktischen (vernünftigen) Pluralismus prägt und trägt ein *overlapping consensus* die liberale Gesellschaft; umfassende Lehren des Guten (*comprehensive doctrines*) stehen dem nicht entgegen, sofern sie vernünftig sind und dem übergreifenden Konsens entsprechen.

Doch versteht sich „das Recht der Völker als eine politische Konzeption" (RV, 129). Unterschiede zur christlichen *bellum iustum*-Tradition sieht Rawls gerade in der Frage der äußersten Notlage. Die Position des Rechts der Völker kann als eine wohldefinierte Ausnahme vom Tötungsverbot, die auf Extremlagen beschränkte Rechtfertigung von ansonsten unrechtmäßigen Tötungshandlungen, verstanden werden, während die Lehre von der doppelten Wirkung „zivile Opfer [verbietet], außer wenn sie nicht beabsichtigt waren und sie das indirekte Ergebnis eines legitimen Angriffs auf ein militärisches Ziel sind" (RV, 129). Kommt es zu (zwar mitunter vorhergesehenen, aber) *unbeabsichtigten* Kollateralschäden als unerwünschte Nebenfolgen von legitimen (z. B. durch das Selbstverteidigungsrecht gerechtfertigten) militärischen Handlungen, so fallen diese selbst nicht gerechtfertigten Nebenfolgen als unbeabsichtigt (ohne direkten Vorsatz/*dolus directus*) evaluativ-moralisch nicht ins Gewicht. Die Lehre von der doppelten Wirkung ist damit in ihrem Rechtfertigungsskopus enger als „die Ausnahme der äußersten Notlage" (RV, 129 *in fine*). Rawls' Ausnahme der äußersten Notlage ermöglicht sehenden Auges die Inanspruchnahme unschuldiger Zivilisten, sofern die Umstände den Bedingungen der Ausnahmelage entsprechen. Werden Unschuldige bei einem solchen Einsatz getötet, so hat der Verantwortliche als Mitglied eines wohlgeordneten Volkes ein Unrecht verwirklicht, doch wird dieses Unrecht sogleich getilgt, sofern eine Ausnahme äußerster Notlage vorliegt und im Sinne eines rechtfertigenden Notstandes die Tat als unrechtmäßig, aber gerechtfertigt angesehen werden kann. Rawls zählt es sogar zu den „Pflichten der Staatskunst im politischen Liberalismus" (RV, 130), entsprechend zu agieren. Im Konfliktfall verlangt Rawls im Sinne öffentlichen Vernunftgebrauchs von einem Staatsmann, der zugleich einer umfassenden Lehre (z. B. der christlich-katholischen) anhängt, dass er bereit ist, „einen gerechten Krieg zur Verteidigung einer liberalen demokratischen Ordnung zu führen" – auch wenn die christlich-naturrechtliche Tradition inhaltlich entgegenstehen, etwa keine Ausnahme einer äußersten Notlage kennen mag:

> Der Staatsmann muss auf die politische Welt schauen und in Ausnahmesituationen in der Lage sein, zwischen den Interessen des wohlgeordneten Regimes, dem er oder sie [*sic!* Der Staats*mann* kann also auch eine Frau sein; K.S.] dient, und den Vorschriften der religiösen, philosophischen oder moralischen Lehre, nach der er oder sie persönlich lebt, zu unterscheiden. (RV, 130)

Dies steht in Einklang mit den Rawls'schen Ideen vom öffentlichen Vernunftgebrauch. Über die Praxistauglichkeit dieser nichtidealen „Theorie für Bedingungen mangelnder Regelbefolgung" (RV, § 15, 131), lässt sich insbesondere auf empirischer Grundlage vortrefflich streiten, doch mag das Recht der Völker schon in der Theorie nicht richtig sein: § 15 beschwört „das langfristige Ziel (vergleichsweise) wohlgeordneter Gesellschaften [...], Schurkenstaaten zu Mitgliedern einer Gesellschaft wohlgeordneter Völker werden zu lassen" (RV, 131). Nun stellt sich aber die Frage, ob es notwendiges (nicht hinreichendes) Merkmal von Schurkenstaaten ist, dass sie aggressiv-expansionistisch agieren. Tun sie dies nämlich nicht, so liefern sie den wohlgeordneten Völkern überhaupt keinen Ansatzpunkt für ein gerechtfertigtes militärisches Eingreifen. Zu dem erwünschten *regime change* wird es dann nicht kommen. Unklar bleibt zudem, welche Möglichkeiten das Rawls'-sche Recht der Völker außerhalb des Verteidigungskrieges gegen aggressive Schurkenstaaten zum Schutz von Menschenrechten individueller Personen, z. B. von zivilen Bewohnern des Schurkenstaates, vorsieht. Hier klafft eine Lücke, welche auch die Hinweise für den Umgang wohlgeordneter Völker mit soge-nannten *belasteten Gesellschaften* (§ 15), nicht zu schließen vermögen. Es zeigt sich das Grundproblem der typologischen Abgrenzung insbesondere im Bereich der nichtidealen Theorie.

4 Fazit

Nach dieser darstellend-rekonstruktiven Erörterung des Rawls'schen Entwurfs einer Theorie des gerechten Krieges, welche den Ausgangspunkt für Rawls' Aus-führungen zu einer nichtidealen Theorie internationaler Beziehungen bildet, sollen zumindest abschließend einige mögliche Einwände gegen Rawls' Auslas-sungen zum gerechten Krieg, zum Umgang mit Schurkenstaaten und zu seiner Schwerpunktsetzung im Rahmen der nichtidealen Theorie angerissen werden. Selbstverständlich ließe sich jeder dieser Einwände ausführlich behandeln und womöglich auch auf dem Boden der Rawls'schen Konzeption zurückweisen, doch sollen hier lediglich einige aus Sicht der Verfasserin besonders schwerwiegende Probleme zur Sprache kommen. Drei Punkte erscheinen besonders zentral.

4.1 Außerachtlassung der (Ansätze von) Institutionalisierung und Konstitutionalisierung der internationalen Ordnung

Gerade Vertreter idealer Theorieansätze betonen die vorhandenen Merkmale der Verrechtlichung, Institutionalisierung und gar – im Rahmen von globalen und transnationalen Mehrebenensystemen – der Konstitutionalisierung internatio-naler Beziehungen. Zur Ironie der Geschichte gehört es, dass sie sich hierin den Vertretern der realistischen Ansätze annähern – denn die empirisch-faktische Ordnung internationaler Beziehungen kommt nicht umhin, die vorhandenen in-stitutionellen Mechanismen als vorhanden anzuerkennen und in die Theorie-bildung zu integrieren. Rawls hingegen fällt mit seinen Ansätzen nichtidealer Theorie in machtdependente, intergouvernementale, anti-multilaterale Verhält-nisse zurück, die in der internationalen Wirklichkeit längst durch kooperative und deliberative Verhältnisse abgelöst worden sind – wenngleich deren Status prekär bleibt.

4.2 Außerachtlassung der Veränderungen im Bereich der Kriegführung: asymmetrische Kriegführung und Bedeutungsverlust des Kriegsvölkerrechts

Auch der zweite Punkt betrifft einen Kontrast zwischen der empirischen, realgeschichtlichen Entwicklung und nichtidealen Theoriebildung: Rawls hat bei Abfassung von *Das Recht der Völker* kaum die bereits vorhandenen Ansätze zur Herausbildung neuer Muster der Kriegführung berücksichtigt. Nun ist es müßig und wenig sinnvoll, ihm *ex post* und zumal posthum vorzuwerfen, er habe die Ereignisse des 11. September 2001 und die nachfolgenden symbolischen Verwendungen des Kriegsbegriffs nicht vorhergesehen. Doch waren in der zeitgenössischen politikwissenschaftlichen Theoriebildung bereits Ansätze vorhanden, neue Phänomene der Gewaltausübung auf internationaler Ebene wie asymmetrische Kriegführung, terroristische Anschläge, Drohnenangriffe bzw. -vergeltungsschläge und Kriegführung zum *regime change*, zu erfassen. Diese hat Rawls in der nichtidealen Theorie ignoriert. Im Zuge der aktuellen Entwicklungen hat das klassische Kriegsvölkerrecht, das auf die Begriffe von Souveränität und Staatlichkeit des westfälischen Zeitalters rekurriert, an Bedeutung verloren.

4.3 Außerachtlassung der deliberativen Ansätze zur Einbindung von illiberalen Außenseiterstaaten auf internationaler, sowohl bi- als auch multilateraler Ebene

Der Rekurs auf (gerechtfertigte) Kriegführung im Verhältnis zu *Schurken*staaten erscheint in theoretischer Hinsicht nicht ausreichend und hinter den Errungenschaften der Wirklichkeit zurückbleibend. So existieren z.B. dialogische Kommunikationsformen selbst im Verhältnis zu dem erklärten *rogue state* Nordkorea. Nicht einmal auf Grundlage bilateraler Diplomatie, zu deren Instrumenten im Rahmen machtorientierter realistischer Theorie auch Drohungen und unwahre Tatsachenbehauptungen gehören können, lässt sich die Ausgrenzung eines erklärten *Schurkenstaates* langfristig durchhalten. Eine große (tatsächlich viel größere?) Herausforderung stellen *failed* oder *failing states* dar.

Rawls behandelt in *Das Recht der Völker* vor allem den *worst case* der generellen Nichtanerkennung des global geltenden Rechts der Völker durch Schurkenstaaten; er hält unter bestimmten Bedingungen sogar Kriegführung gegen die Zivilbevölkerung solcher Staaten zur Rechtsdurchsetzung für legitim. Er unterlässt es hingegen, die Reaktionsmöglichkeiten wohlgeordneter Völker im Falle weniger gravierender (Menschen-)Rechtsverstöße und Ansätze zu Verrechtlichung und Institutionalisierung der internationalen Ebene zu konkretisieren. Seine nichtideale Theorie krankt an dieser Konzentration auf den Härtefall. *Hard cases make bad law.*

Literatur

Arendt, Hannah (1963): *Eichmann in Jerusalem*. New York: Viking Press.
Audard, Catherine (2006): „Peace or Justice? Some Remarks on Rawls's Law of Peoples". In: *Revue internationale de philosophie* 60, 301–326.
Buchanan, Allen (2000): „Rawls's Law of Peoples: Rules for a Vanished Westphalian World". In: *Ethics* 110, 697–721.
Butler, Brian E. (2001): „There are Peoples and There are Peoples: A Critique of Rawls' The Law of Peoples". In: *Florida Philosophical Review* 1. No. 2, 1–24.
Freeman, Samuel (2006): „The Law of Peoples, Social Cooperation, Human Rights, and Distributive Justice". In: *Social Philosophy and Policy* 23. No. 1, 29–68.
Kiesel, Dagmar/Ferrari, Cleophea (Hg.) (2018): *Gerechter Krieg?* Frankfurt/M: Klostermann.
Kleemeier, Ulrike (²2017 [2013]): „Krieg, Recht, Gerechtigkeit – Eine ideengeschichtliche Skizze". In: Janssen, Dieter/Quante, Michael (Hg.): *Gerechter Krieg*. Münster: Mentis, 13–30.
Rawls, John (1999 [1980]): „Kantian Constructivism in Moral Theory". In: Freeman, Samuel (Ed.): *Collected Papers*. Cambridge: Harvard University Press, 303–358.
Shue, Henry (2002): „Rawls and the Outlaws". In: *Politics, Philosophy and Economics* 1, 307–323.
Stoppenbrink, Katja (2004): „Kriege gegen Schurkenstaaten?". In: *Merkur* 58, 81–84.
Valentini, Laura (2012): „Ideal vs. Non-ideal Theory: A Conceptual Map". In: *Philosophy Compass* 7, 654–664.
Walzer, Michael (³2000 [1977]): *Just and Unjust Wars*. New York: Basic Books.

Corinna Mieth

9 Belastete Gesellschaften und distributive Gerechtigkeit zwischen Völkern (§§ 15 – 16)

1 Einleitung

Die hier zu behandelnden Paragraphen 15 und 16 von *Das Recht der Völker* fallen in den Bereich der nichtidealen Theorie. Dabei geht die nichtideale Theorie der Frage nach, wie man dem langfristigen Ziel einer Gesellschaft wohlgeordneter Völker unter den gegebenen nichtidealen Umständen „in kleinen Schritten" näherkommen kann. Während sich die Paragraphen 13 und 14 mit dem ersten Teil der nichtidealen Theorie, der Theorie der mangelnden Regelbefolgung (*partial compliance theory*), dem Umgang mit „Schurkenstaaten" und der Kriegsführung gegen diese befassen, wenden sich die nun folgenden Paragraphen „der zweiten Art der nichtidealen Theorie zu", nämlich der transitorischen Theorie (*transitional justice*), die sich mit „belasteten Gesellschaften" befasst.

Rawls' Vorannahme ist, dass das langfristige Ziel wohlgeordneter Gesellschaften (worunter er liberale und achtbare Völker zusammenfasst) darin besteht, Schurkenstaaten und belastete Gesellschaften zu Mitgliedern einer Gesellschaft wohlgeordneter Völker werden zu lassen (RV, 131 f.). Dabei geht es um die Ermöglichung politischer Partizipation (RV, 78) und die Etablierung grundlegender Menschenrechte, die nicht nur Abwehrrechte gegen den Staat sind, sondern auch die Deckung von Grundbedürfnissen (Subsistenz) umfassen. Dies kann, so Rawls' Überzeugung, nur in Staaten und nicht zwischen Staaten verwirklicht werden. Daher lehnt er ein globales Verteilungsprinzip ab. Sind alle Staaten in diesem Sinne wohlgeordnet, so sind auch die grundlegenden Menschenrechte aller Individuen abgedeckt. Rawls knüpft hier an eine Linie an, die von John Stuart Mill über Immanuel Kant bis zu Michael Walzer reicht und die von einem Selbstbestimmungsrecht der Völker ausgeht (vgl. Kant 2011 [AA 08]; Mill 2011; Walzer 1977). Diese Theoretiker vertreten die Ansicht, dass eine Verbesserung der Staatsformen und damit ein Menschenrechtsfortschritt nur durch interne Reformen erreicht werden kann und nicht durch (militärische) Interventionen von

Für hilfreiche Kommentare zum Manuskript danke ich besonders Thorben Knobloch, Henning Hahn und Reza Mosayebi. Für Kommentare zur Vortragsversion danke ich Katja Stoppenbrink, Annette Förster, Eilf Özmen, Jörg Schaub und Michael Reder.

https://doi.org/10.1515/9783110650631-011

außen. Krieg ist nur zur Selbstverteidigung gegenüber aggressiven und expansiven Schurkenstaaten erlaubt. Allerdings geht Rawls davon aus, dass das Selbstbestimmungsrecht der Völker Grenzen hat, die durch die Akzeptanz der Menschenrechte und politische Mitwirkungsmöglichkeiten abgesteckt werden (§ 10). Nur solche Gesellschaften sind wohlgeordnet. Gegenüber nicht wohlgeordneten, belasteten Gesellschaften besteht bei Rawls eine Unterstützungspflicht, die auf Hilfe zur Selbsthilfe hinauslaufen soll.

2 Zur Unterscheidung von „Schurkenstaaten" und „belasteten Gesellschaften"

Der erste Teil der nichtidealen Theorie bezieht sich auf Bedingungen mangelnder Regelbefolgung. Rawls' Beispiel sind „Schurkenstaaten" im Europa der frühen Neuzeit. Sie sind intern nicht wohlgeordnet, sichern also insbesondere grundlegende Menschenrechte nicht ab und zeichnen sich nach außen durch hegemoniale Bestrebungen, Expansion, Unterwerfung anderer Staaten und dem Wunsch nach Verbreitung der eigenen Religion und Kultur aus (vgl. RV, 237, Fn. 26 zu § 10; mehr dazu in Reza Mosayebis Beitrag in diesem Band). Beispiele für Schurkenstaaten sind die Habsburger, aber auch Hitler-Deutschland. Die Ursache für ihr aggressives Verhalten verortet Rawls „in ihren politischen Traditionen und ihren Institutionen des Rechts und des Eigentums sowie in ihrer Klassenstruktur, mitsamt den sie stützenden religiösen und moralischen Überzeugungen und der zugrunde liegenden Kultur." (RV, 131) Diese Dinge „[formen] den politischen Willen einer Gesellschaft" (RV, 131) und entsprechend müssen diese Dinge verändert werden, „bevor eine Gesellschaft ein vernünftiges Recht der Völker unterstützen kann." (RV, 131) Dies gilt auch für Gesellschaften, die durch ungünstige Umstände belastet sind. Diese sind im Unterschied zu Schurkenstaaten nicht expansionistisch und nicht aggressiv, aber auch intern nicht wohlgeordnet, „ihnen fehlen politische und kulturelle Traditionen, das Humankapital, das Know-How und oft auch die nötigen materiellen und technologischen Ressourcen, um wohlgeordnet zu sein." (RV, 131)

Aus dem langfristigen Ziel der Etablierung eines Rechts der Völker, das heißt, einer Gesellschaft wohlgeordneter Völker, folgt eine „Pflicht, belastete Gesellschaften zu unterstützen" (RV, 132). Ziel der Unterstützungspflicht ist dabei allein die Erreichung der Wohlgeordnetheit der belasteten Gesellschaften: Die Anerkennung und effektive Etablierung von grundlegenden Menschenrechten und politischen Mitsprachemöglichkeiten innerhalb belasteter Gesellschaften, so dass diese im Laufe der Zeit Mitglieder der Gemeinschaft der Völker werden können (RV, 78).

Während es zumindest aus der Geschichte relativ klar ist, welche Gesellschaften Rawls als Beispiele für Schurkenstaaten heranzieht, so ist nicht so eindeutig, welche Gesellschaften Rawls für belastet hält. Einen Anhaltspunkt gibt vielleicht die Verwendung des Terminus „Staaten", den er auf Schurkenstaaten („outlaw states") bezieht. Diese machen durch ihr aggressives Verhalten deutlich, dass sie sich jenseits der „Grundsätze des Rechts der Völker" (RV, § 4) stellen, indem sie Angriffskriege führen, die gegen die Grundsätze 1–4 und 6 verstoßen. Der Grundsatz 5 spricht wohlgeordneten Völkern dagegen das Recht auf Selbstverteidigung zu, während der Grundsatz 8 wohlgeordnete Völker verpflichtet, „anderen Völkern zu helfen, wenn diese unter ungünstigen Bedingungen leben, welche verhindern, dass sie eine gerechte oder achtbare politische und soziale Ordnung haben." (RV, 41)

Da Rawls im Grundsatz 8 (§ 4), davon spricht, dass Völker gegenüber anderen Völkern eine Hilfspflicht haben, fragt sich Förster (s. Beitrag in diesem Band), ob es zwei Arten der Unterstützungspflicht gibt: eine gegenüber anderen *Völkern* unter ungünstigen Bedingungen und eine gegenüber belasteten *Gesellschaften*. Im ersteren Fall ginge es darum, bei Belastungen durch äußere Umstände, wie z. B. Naturkatastrophen oder Zusammenbrüchen der Wirtschaft, zu helfen. Im zweiten Fall ginge es darum, bei der Reform von Institutionen zu helfen. Da dies einen Wandel der Hintergrundkultur voraussetzt, handelt es sich hierbei um ein weitaus schwierigeres Unterfangen. Die Alternative wäre, dass es nur eine Hilfspflicht und zwar die gegenüber belasteten Gesellschaften gibt und Rawls seine eigene Terminologie nicht konsistent anwendet, wenn er im Grundsatz 8 (§ 4) von Hilfspflichten gegenüber *Völkern* spricht.

Klar ist, dass Rawls die Begriffe „Völker" und „Gesellschaften" oft so verwendet, als seien Völker wohlgeordnet und Gesellschaften nicht notwendigerweise. Daher spricht er in § 15 (auf den er im Grundsatz 8 verweist) von „belasteten Gesellschaften" und nicht von „belasteten Völkern" oder „Völkern unter ungünstigen Bedingungen" wie im Grundsatz 8. In § 15 wird deutlich, dass Rawls mit „Gesellschaft" die politischen Traditionen, Institutionen und die dahinter liegenden „sie stützenden religiösen und moralischen Überzeugungen und [die] zugrunde liegende[...] Kultur" (RV, 131) meint. Will man bezüglich eines Rechts der Völker den Begriff „Völker" für wohlgeordnete Gesellschaften reservieren, so wäre ein Volk in diesem anspruchsvollen Sinne eine Gesellschaft, die sich aufgrund ihrer Kultur und der aus ihr hervorgehenden Institutionen als wohlgeordnet qualifiziert. In *Das Recht der Völker* zählen dazu bekanntlich auch wohlgeordnete hierarchische Gesellschaften, die nicht liberal sind, aber die Menschenrechte und das Recht der Völker achten. Belastete Gesellschaften, die

Unterstützung brauchen, um wohlgeordnet zu werden, sind also einerseits von Schurkenstaaten, die zwar auch nicht wohlgeordnet sind, sich aber durch ihr aggressives Verhalten gegenüber anderen Staaten als solche erkennbar geben, abzugrenzen. Andererseits sind sie von wohlgeordneten hierarchischen Gesellschaften, die auch nicht liberal und demokratisch, aber wohlgeordnet sind, zu unterscheiden.

Es gibt innerhalb von belasteten Gesellschaften kulturelle Bedingungen, die verhindern, dass diese wohlgeordnet sind (im Unterschied zu wohlgeordneten hierarchischen Gesellschaften), aber nicht gleich dazu führen, dass sie gegenüber anderen Völkern aggressiv sind (wie Schurkenstaaten). Aufgrund dessen scheint es mir möglich, dass zu belasteten Gesellschaften einerseits solche zählen können, die wohlgeordnet waren („Völker" waren), aber es aufgrund ungünstiger Bedingungen (die sie belasten) nicht mehr sind, wie etwa Demokratien, die sich zu totalitären Staaten entwickeln. Das träfe historisch auf Deutschland nach der Weimarer Republik zu, wäre aber auch eine derzeitige Gefahr etwa für die Türkei oder Brasilien. Andererseits könnten Gesellschaften gemeint sein wie Deutschland nach dem zweiten Weltkrieg, Spanien nach der Diktatur von Franco oder Brasilien nach der Militärdiktatur von 1964–1985. Fuller (2012) wiederum geht davon aus, dass sich die transitorische Theorie nicht (primär) auf die Situation nach Kriegen beziehe. Vielmehr seien Gesellschaften gemeint, die eben nicht expansiv, sondern intern mit massiven Ungerechtigkeitsproblemen konfrontiert sind, so dass sie der institutioneller Reformen bedürfen. (Zur Verwendung des Terminus „transitional theory" vgl. Sreenivasan 2012).

Unabhängig davon, was genau unter dem Begriff „belastete Gesellschaften" zu verstehen ist, würden nach Rawls jegliche Belastungen primär auf die politische Kultur und die zugrunde liegenden moralischen und religiösen Überzeugungen in diesen Ländern zurückgeführt. Das scheint allerdings zumindest historisch recht einseitig. Zwar ist die Demokratisierungshilfe für Westdeutschland nach dem zweiten Weltkrieg durch die Alliierten ein plausibles Beispiel für eine belastete Gesellschaft, die durch Hilfe wohlgeordnet geworden ist. Allerdings gibt es historisch auch gewichtige Beispiele für die Relevanz externer Einflüsse, wenn man an die Einwirkung anderer Staaten auf die genannten Militärdiktaturen denkt, also Hitler-Deutschland im Falle Francos und die Beteiligung der amerikanischen Außenpolitik durch die CIA im Falle der Diktaturen in Südamerika.

Darauf, dass die Staaten, von denen die Hilfe ausgehen soll, auch Teil des Problems sein können, weist Laura Valentini (2009, 348) hin. Insbesondere wenn es um globale Wirtschaftspolitik geht, stellt sich die Frage, ob diejenigen, die helfen sollten, nicht oftmals die Lage derjenigen, die belastet sind, noch verschlimmern. Problematisch ist, dass Rawls Völker als wirtschaftlich autarke und politisch homogene Gebilde betrachtet.

Bereits Alan Buchanan (2000, 721) beklagt, dass Rawls die wichtige Tatsache übersehe, „that the populations of states are not 'peoples' in Rawls's sense, but rather are collections of different groups, often with different and conflicting views concerning justice and the good, as well as conflicting positions on the legitimacy of the state itself." Rawls antworte daher zu wenig auf den Umgang mit innerstaatlichen Konflikten. Sein eigenes Schwanken zwischen den Bezeichnungen „Völker" und „Gesellschaften" zeigt, dass es hier in der Tat Probleme gibt. Gerade wenn, wie Rawls behauptet, soziale und kulturelle Faktoren entscheidend für die Wohlgeordnetheit einer Gesellschaft sind, so ist ernst zu nehmen, dass hier verschiedene Gruppen mit antagonistischen Überzeugungen am Werk sein können, was dazu führt, dass Gesellschaften sich gleichsam vor und zurück entwickeln. Allerdings können nur innerhalb von Demokratien alle mitbestimmen, wohin sich die Gesellschaft entwickelt. In Schurkenstaaten oder belasteten Gesellschaften ist es sehr wahrscheinlich, dass ganze Gruppen unterdrückt werden und sich nicht an Entscheidungen beteiligen dürfen. Sie dann für die Geschicke ihres Landes mit verantwortlich zu machen, erscheint problematisch.

3 Drei Leitsätze der Unterstützungspflicht

Rawls führt drei Leitsätze der Unterstützungspflicht an (RV, 132–138):
A. Wohlgeordnete Gesellschaften sind nicht notwendigerweise wohlhabend.
B. Ziel der Unterstützungspflicht ist die Änderung der politischen Kultur.
C. Ziel der Unterstützungspflicht ist die Hilfe zur Selbsthilfe.

Ad. A.) Wohlgeordnete Gesellschaften sind laut Rawls nicht notwendigerweise wohlhabend, da das Maß an Reichtum, das sie erwirtschaften, von ihren Entscheidungen und Prioritäten im Laufe der Zeit abhängt. Hier zieht er eine Parallele zum Grundsatz des gerechten Sparens in *Eine Theorie der Gerechtigkeit* § 44: Der Zweck des gerechten Sparens ist es, eine wohlgeordnete Gesellschaft zu etablieren. Sobald gerechte oder achtbare Institutionen etabliert sind, sind keine weiteren Sparmaßnahmen nötig. Dabei geht er ferner davon aus, dass kein großer Wohlstand nötig ist, um gerechte oder achtbare Institutionen zu etablieren. Eine Maximierung des Wohlstandes ist Rawls zufolge weder notwendig noch wünschenswert, sobald ein hinreichendes Subsistenzniveau erreicht ist. In der Tat müssen Subsistenzbedingungen erfüllt sein, damit eine Gesellschaft wohlgeordnet ist. Da dies von den institutionellen Regelungen in einer Gesellschaft abhängt und Rawls ausschließt, dass etwa Knappheit an Ressourcen Wohlgeordnetheit verhindert, kann es keine wohlgeordneten Gesellschaften geben, die auf die von ihm vorgeschlagene Unterstützungspflicht angewiesen sind. Sobald es also

gravierende Armutsprobleme gibt, ist andersherum die Gesellschaft nicht wohlgeordnet und bedarf der Hilfe. (Den Einwand, dass etwa angesichts des Klima-
wandels auch institutionell wohlgeordnete Gesellschaften plötzlich unter gravierenden Armutsproblemen leiden könnten, klammere ich hier aus. Eine
Antwort wäre, eben doch von zwei Arten von Hilfspflichten auszugehen (s.o.) und
diesen Fall als einen Fall der humanitären Hilfe zwischen wohlgeordneten Gesellschaften zu konzipieren.)

Welche Maßnahmen schlägt Rawls vor, falls es in belasteten Gesellschaften
massive Armutsprobleme gibt? Für Buchanan geht es hier um Transferleistungen:
„Rawls seems to envision transfers of goods, or funds, or perhaps technology, or
the provision of credit." (Buchanan 2000, 710) Da Rawls allerdings glaubt, dass
Armutsprobleme in der Regel auf institutionelles Versagen zurückgehen, hält er
reine Geldtransfers ohne begleitende institutionelle und kulturelle Veränderungen für nicht effektiv (was jedoch kein Argument gegen Geldtransfers an sich ist)
(RV, 134). Die von Peter Singer (1971) in der Debatte um das Weltarmutsproblem
vertretene These, dass die Reichen gegenüber allen, die von lebensbedrohlicher
Armut bedroht sind, starke individuelle Hilfspflichten haben, denen sie durch
Geldspenden nachkommen können, könnte Rawls mit dem Hinweis kritisieren,
dass dies die institutionellen Probleme nicht löst. Singer könnte antworten: Die
Leben stehen trotzdem jetzt auf dem Spiel und es ist moralisch geboten, so viele
wie möglich zu retten.

Nun geht es Rawls aber nicht um individuelle moralische Pflichten, sondern
um Prinzipien, die das Handeln von Staaten anleiten sollen. Wie stark und
effektiv ist diese Pflicht? Buchanan (2000) versteht Rawls' Unterstützungspflicht
als bloße Wohltätigkeitspflicht, auf die andere Staaten kein Anrecht haben. Falls
es eine globale Grundstruktur gibt, ist eine solche Hilfspflicht unangemessen, um
die gravierenden Gerechtigkeitsprobleme belasteter Gesellschaften zu lösen:
„there is no more reason to believe that discharging such a duty to aid burdened
societies will achieve justice than there is to believe that the inequities produced
by a domestic basic structure can be adequately offset by acts of charity." (Buchanan 2000, 710) Dagegen geht Samuel Freeman (2006, 248f.) davon aus, dass es
sich bei der Pflicht, den Armen bei der Erlangung von Subsistenz zu helfen, um
eine fundamentale Gerechtigkeitspflicht handle, der in wohlgeordneten liberalen
Gesellschaften Vorrang vor der Vergrößerung innerstaatlichen Wohlstands ge-
bühre. So lange andere Gesellschaften noch durch gravierende Armut belastet
sind, müssten also auch liberale Gesellschaften nicht notwendig wohlhabend
sein, sondern es könnte erst einmal gefordert sein, die Unterstützungspflicht zu
erfüllen.

Ad B.) Der zweite Leitsatz betrifft das Ziel der Unterstützungspflicht: die Änderung der politischen Kultur, damit die Gesellschaft Wohlgeordnetheit erreicht. Die implizite Annahme, die Rawls hier macht, ist folgende: wenn die politische Kultur stimmt, kann jede Gesellschaft wohlgeordnet werden. Ein Beispiel dafür ist Amartya Sens These, dass Gesellschaften, die die Menschenrechte achten (respektive demokratisch verfasst sind), Hungersnöte durch interne Maßnahmen bewältigen können (Sen 2002, Kap. 7). Da die Regierung aufgrund des Wahlrechts fürchten muss, nicht wiedergewählt zu werden, wenn sie gegen die Hungersnot nichts unternimmt, wird sie den internen Reichtum so umverteilen, dass den Menschen in den betreffenden Gebieten geholfen wird. Diese sind nicht wichtig als Käufer und Konsumenten, denn dann würden sie nur zählen, falls sie reich wären, sondern als Wählerinnen und Wähler, denn dann zählen sie auch und in dieser Situation gerade, wenn sie arm sind. Andersherum heißt das: Rawls führt Hungersnöte auf institutionelles Versagen zurück. Dazu bezieht sich Rawls auf Amartya Sens Beispiel des indischen Staates Kerala: Durch Beteiligung von Frauen an Bildung, der Arbeitswelt und der Politik ist das Bevölkerungswachstum zurückgegangen (Sen 2002, Kap. 8). Also bedarf es zur Regulierung des Bevölkerungswachstums keiner drastischen Maßnahmen zur Geburtenkontrolle, sondern wohlgeordneter Institutionen.

Die Maßnahmen wohlgeordneter Staaten gegenüber solchen, durch institutionelles Versagen belasteten Gesellschaften, sind Ratschläge, Wissenstransfer und Kredite. Die Etablierung von Menschen- und Frauenrechten und die Einführung von Geburtenkontrolle sollten Bedingungen für (monetäre) Hilfeleistungen sein. Für nicht effektiv hält Rawls, wie bereits erwähnt, finanzielle Hilfe ohne Änderung der Strukturen. Ausgeschlossen ist die Anwendung von Gewalt, da diese den in § 4 entwickelten Grundsätzen eines Rechts der Völker widersprechen würde. Hier treten wiederum mindestens zwei Probleme auf. Erstens ist es ein aus der Entwicklungshilfe bekanntes Problem, dass direkte Hilfe den Individuen nur zeitnah zukommen kann, wenn die Helfer mit autoritären Regimen kooperieren und gerade davon absehen, deren Macht zu schwächen, indem sie auf institutionelle Reformen und Regimewechsel drängen. Wie soll mit diesem Dilemma umgegangen werden? Zweitens ist fraglich, ob angesichts humanitärer Katastrophen, wie in Myanmar nach dem Tsunami von 2004, als die Regierung humanitäre Hilfe von außen ablehnte, eine humanitäre Intervention nicht doch rechtmäßig sein könnte. Auch die Antwort auf dieses Dilemma ist unklar.

Ad C.) Der dritte Leitsatz macht deutlich, dass Hilfe zur Selbsthilfe gemeint ist, die einen klaren Abbruchpunkt der Hilfsleistungen vorsieht: Belastete Gesellschaften sollen „ihre eigenen Angelegenheiten in vernünftiger und rationaler Weise selbst regeln können" (RV, 137), danach ist keine weitere Hilfe erforderlich.

Hier wird wieder deutlich, dass Rawls auf Selbstbestimmung und Selbstverantwortung von Gesellschaften setzt, wenn es letztlich darum geht, die politische Kultur zu verändern und damit die Voraussetzungen für institutionelle Reformen zu schaffen. Weder soll hier Paternalismus Raum haben noch sollen Abhängigkeitsverhältnisse geschaffen werden.

Die Gelingensbedingungen für den institutionellen Wandel innerhalb belasteter Gesellschaften, der durch wohlgeordnete Völker herbeigeführt werden soll, sind zum einen intern: etabliert werden müssen eine passende politische Kultur bzw. ein gemeinsamer Wandel der politischen Kultur. Zwischen Völkern ist es zum anderen „Aufgabe des Staatsmannes, den potenziellen Mangel an Affinität zwischen verschiedenen Völkern zu bekämpfen und seine möglichen Ursachen zu beseitigen." (RV, 139) Dabei beruft sich Rawls im Anschluss an Kant auf die Hoffnung, dass im Zuge der Kooperation von Völkern, diese Anteil aneinander nehmen „und die Affinität zwischen ihnen [...] stärker [wird]": sie „entwickeln die Bereitschaft, füreinander Opfer zu erbringen." (RV, 139) Schon bei Kant wird dies durch den Handel miteinander erreicht und innerhalb der Geschichte nach und nach bewirkt. Rawls spricht von einer „gegenseitige[n] Fürsorge" als „Ergebnis ihrer fruchtbaren kooperativen Anstrengungen und ihrer gemeinsamen Erfahrungen über eine beträchtliche Zeitspanne" (RV, 139).

Dieser Prozess entwickelt sich über mehrere Stufen: Aus dem Eigeninteresse und dem wechselseitigen Vorteil entwickelt sich ein *modus vivendi*, ein leben und leben lassen um der Handelsvorteile der Kooperation willen. Daraus entsteht nach und nach gegenseitige Fürsorge. Dies führt schließlich zur Verwirklichung der „Ideale und Grundsätze ihrer Zivilisation." (RV, 140) Rawls beruft sich hier auf den Terminus der realistischen Utopie. Die Utopie ist die Verwirklichung des Rechts der Völker, die Wohlgeordnetheit aller Gesellschaften nach und nach, zu der die Unterstützungspflicht ihren Beitrag leisten soll. Analog zu Kant in *Zum ewigen Frieden* geht Rawls von einem historischen Fortschritt der Menschheit aus, die er in der Abschaffung der Sklaverei, der Etablierung von Rechtsstaatlichkeit, und der völkerrechtlichen Ächtung des Krieges realisiert sieht. Daher spricht er von einer *realistischen* Utopie. Am Ende stehen die Menschenrechte als „Ideale und Grundsätze liberaler und achtbarer Zivilisationen und [...] Grundsätze des Rechts aller zivilisierten Völker." (RV, 140) Wie viel davon begründete Hoffnung und wie viel Teil genau welcher Hilfsmaßnahmen ist, bleibt allerdings weitgehend offen.

4 Innerstaatliche Ungleichheiten und distributive Gerechtigkeit zwischen Völkern (§ 16)

In § 16 setzt sich Rawls insbesondere mit Positionen innerhalb der philosophischen Debatte auseinander, die die These vertreten, dass es eine Umverteilungspflicht zwischen Völkern gebe (insbesondere mit Charles Beitz und Thomas Pogge). Er beginnt mit der Unterscheidung von zwei Thesen über Gleichheit:

Die *Identifikationsthese* von Gleichheit und Gerechtigkeit, die auf den Vorrang der Gleichheit hinausläuft: Gleichheit ist gerecht und an sich erstrebenswert (Ungleichheiten sind immer ungerecht).

Die *Vereinbarkeitsthese:* Gleichheit und Gerechtigkeit sind nicht identisch, sondern dann vereinbar, wenn Ungleichheiten gerechtfertigt werden können. Ungleichheiten sind nicht per se ungerecht, sondern rechtfertigungsbedürftig (im Hinblick auf ihre Auswirkungen auf die Grundstruktur der Gesellschaft der Völker).

Zentral hierfür ist ein Vergleich interner und globaler Ungleichheit. Rawls nennt zunächst drei Gründe für die Reduktion interner Ungleichheit:

Erstens: der Abbau interner Ungleichheit dient der „Erleichterung des Leidens und der Bedrängnis für die Armen." (RV, 141) Aber: dafür müssen nicht alle gleich wohlhabend sein.

Einschlägig sei hier das Kriterium der Reziprozität. In *Eine Theorie der Gerechtigkeit* und in *Politischer Liberalismus* ist die Idee, dass sich Menschen als moralisch gleichwertig betrachten, beziehungsweise, dass sie sich als freie und gleiche BürgerInnen betrachten, vereinbar damit, dass sie gleichwohl Unterschiede in Einkommen und Vermögen akzeptieren, nämlich dann, wenn diese mit Ämtern und Positionen verbunden sind, die allen offen stehen und wenn diese dem Wohl der Schlechtestgestellten in einer Gesellschaft dienen. Zentral ist für diese Schriften, dass Ungleichheiten dann und nur dann gerechtfertigt sind, wenn sie den Schlechtestgestellten in einer Gesellschaft „die bestmöglichen Aussichten" bringen (TG, 104).

In *Das Recht der Völker* beruft sich Rawls bezüglich des Wohlergehens der Ärmsten dagegen auf die schon erwähnte Subsistenzidee: die am wenigsten Begünstigten müssen „über ausreichende allgemein dienliche Mittel verfügen, um einen vernünftigen und wirksamen Gebrauch ihrer Freiheiten zu machen und um ein vernünftiges lebenswertes Leben zu leben. Sobald diese Situation gegeben ist, besteht keine weitere Notwendigkeit, den Abstand zu verringern." (RV, 141) Dasselbe gelte

> [...] für die Grundstruktur der Gesellschaft der Völker: Sobald die Unterstützungspflicht erfüllt wurde und alle Völker eine arbeitsfähige liberale oder achtbare Regierung haben, gibt es keinen Grund, den Abstand zwischen dem durchschnittlichen Wohlstand verschiedener Völker zu verringern. (RV, 141 f.)

Zweitens: Was bezüglich der internen Wohlgeordnetheit eines Volkes im Vordergrund steht, ist die Selbstachtung der BürgerInnen, also die Verhinderung von Stigmatisierung und Diskriminierung. Sobald die Subsistenzbedingung erfüllt ist, sind nach Rawls Gefühle der Minderwertigkeit unberechtigt. Hier greift die Selbstbestimmungsbedingung: „Denn jedes Volk bestimmt die Wichtigkeit und Bedeutung des Wohlstandes seiner eigenen Gesellschaft selbst." (RV, 142)

Drittens geht es um die zentrale Rolle „der Fairness im politischen Prozess der Grundstruktur einer Gesellschaft der Völker." (RV, 142) Innerstaatlich geht es um die Etablierung der fairen Chancengleichheit:

> Allgemein gesprochen sollen die sozialen Hintergrundbedingungen so sein, dass jeder Bürger bei gleichen Begabungen und gleicher Bereitschaft, es zu versuchen, unangesehen seiner Klasse oder Herkunft dieselben Chancen hat, begehrte soziale Positionen zu erreichen. (RV, 142 f.)

Faire Chancengleichheit zwischen den Völkern wird im zweiten Urzustand durch eine vergleichbare Repräsentation der Völker hinter dem Schleier des Nichtwissens erreicht. Eben das hieße, davon auszugehen, dass Völker ihr Selbstbestimmungsrecht und ihre Eigenverantwortung erhalten wollen. Faire Chancengleichheit würde daher nur darauf hinauslaufen, sich auf faire Handelsbedingungen und „Vorkehrungen zur gegenseitigen Unterstützung" zu einigen (RV, 143). Die Realisierung weiterer Umverteilungsprinzipien zwischen den Völkern analog zu ihrer Etablierung innerhalb einer Gesellschaft, wie dies in *Eine Theorie der Gerechtigkeit* entwickelt wird, würde hier das Selbstbestimmungsrecht in Frage stellen.

5 Drei Probleme

Rawls' Annahme ist es, dass aus dem zweiten Urzustand folgendes folgt: „Die Parteien [werden] Richtlinien für den Aufbau kooperativer Organisationen formulieren, und sie werden sich auf Standards eines fairen Handels ebenso einigen wie auf gewisse Vorkehrungen zur gegenseitigen Unterstützung." (RV, 143) Allerdings ist das Idealtheorie. Was, wenn die wohlgeordneten Völker keinen fairen Handel treiben, sondern andere massiv benachteiligen, z. B. durch Agrarexportsubventionen? Dass die wohlgeordneten Völker hier selbst das Problem sein könnten, kommt Rawls im Zusammenhang mit der entworfenen Unterstützungspflicht gar nicht in den Sinn. Hier ergeben sich mindestens drei Probleme:

A. Irreführende Idealisierungen?

Ein grundsätzlicherer Einwand ist, dass Rawls von idealisierten Annahmen ausgeht, die die Realität verzerren und so in der Anwendung zu falschen Ergebnissen führen (zur generellen Kritik an idealen Theorien vgl. Sen 2009; zur Debatte um ideale und nichtideale Theorie vgl. Stemplowska 2008). Seine Annahmen blenden zum Beispiel aus, dass diejenigen, von denen er erwartet, dass sie helfen sollen, selbst Teil des Problems sind. Auswirkungen der Wirtschaftspolitik, z. B. der EU (Agrarexportsubventionen), können die Lebensaussichten von Individuen in armen Ländern (z. B. in afrikanischen Ländern) negativ beeinflussen (vgl. Valentini 2009). Zu dieser Art Einwand gehört auch, dass „Rawls' internationaler Urzustand zu stark auf das Wohlgeordnetsein liberaler und achtbarer Gesellschaft zugeschnitten ist." (Pogge 2006, 96) Das führt zu drei weiteren Kritikpunkten: Die Interessen aller anderen Staaten und Gesellschaften und ihrer BürgerInnen bleiben unberücksichtigt, die „Interessen der Bürger bevölkerungsreicher Völker" kommen zu kurz und „wichtige Interessen der Mitglieder liberaler oder achtbarer Völker [werden] gar nicht berücksichtigt – etwa ihre Interessen daran, persönliche Armut zu vermeiden und nicht unfreiwillig weit hinter andere Gesellschaften zurückzufallen." (Pogge 2006, 96) Rawls entwerfe ferner, so Buchanan (2000), ein unzeitgemäßes, an der Westphälischen Ordnung orientiertes Modell von Container-Staaten, das nicht adäquat auf die Probleme des Multikulturalismus, der Interaktion, der Migration und der Menschenrechtsverletzungen innerhalb von Staaten eingehe. Die Bedürfnisse derjenigen, die innerhalb von nicht wohlgeordneten Staaten von gravierenden Ungerechtigkeiten betroffen sind, bleiben hier in Ermangelung anspruchsvollerer internationaler Menschenrechtsprinzipien zugunsten des Selbstbestimmungsrechts der Völker unterrepräsentiert.

B. Infragestellung der These der rein innerstaatlich verursachten Armut

Insbesondere Rawls' These der rein innerstaatlich verursachten Armut ist empirisch umstritten. Thomas Pogge hat diesen Punkt deutlich gemacht. Er geht davon aus, dass Armutsursachen nicht ausschließlich in den armen Ländern selbst liegen. Die Weltwirtschaftsordnung spielt dabei eine entscheidende Rolle. [...] Für diese ärmeren Länder ist es von größter Bedeutung, Zugang zu den Märkten der reichen Länder zu erhalten, in denen das Pro-Kopf-Einkommen im Durchschnitt 23 mal höher liegt. Diese Tatsache gibt unseren Regierungen eine enorm überlegene Verhandlungsmacht, die, durch ihren erheblichen Wissens- und Erfahrungs-vorsprung noch verstärkt, es ihnen ermöglicht, die verschiedenen Elemente der Weltord-nung so zu unserem Vorteil zu gestalten, dass uns ein Löwenanteil der Kooperationsgewinne aus Wirtschaftsbeziehungen gesichert ist. Auf diese Weise tendieren große Ungleichheiten dazu, sich mit der Zeit immer weiter zu verstärken. (Pogge 2006, 101)

Pogge zeigt insbesondere, wie problematisch das Rohstoff- und das Kreditprivi-leg sind, das die internationale Ordnung korrupten Herrschern einräumt. Diese werden international, wenn sie mit anderen Regierungen Geschäfte machen, behandelt, als ob sie legitime Eigentümer der Ressourcen wären, die sie verkau-fen. Allerdings werden die Erlöse nicht mit der armen Bevölkerung geteilt, son-dern zur persönlichen Bereicherung von korrupten Eliten verwendet (Rohstoff-privileg). Pogge vergleicht dies mit einer Räuberbande, die ein Kaufhaus besetzt und dann die Waren verkaufen und den Erlös behalten will. Was innerstaatlich wie eine groteske Verwechslung von Besitz und Eigentum aussieht, sei interna-tional eine gängige Praxis zu Lasten der BürgerInnen der ärmsten Länder. Das Kreditprivileg funktioniere ähnlich: die korrupten Herrscher bekommen von in-ternational agierenden Banken Kredite, mit denen sie sich Waffen kaufen, die wiederum der Unterdrückung der BürgerInnen und dem eigenen Machterhalt dienen (Pogge 2006). So sind in Pogges Darstellung die reichen und mächtigen Länder und die globale Ordnung, die sie implementieren, Komplizen der kor-rupten Herrscher und somit Teil des Problems.

Rawls selbst formuliert in Bezug auf die Prinzipien fairen Handels, auf die sich die Parteien im zweiten Urzustand einigen, eine Einschränkung: „Sollte sich zeigen, dass diese kooperativen Organisationen ungerechtfertigte distributive Auswirkungen haben, müssten diese in der Grundstruktur der Völker korrigiert werden." (RV, 143) Hier gibt Rawls schon zu, was Pogge später fordern wird, nämlich, dass die These der rein innerstaatlich verursachten Armut nicht unter allen empirischen Umständen richtig ist. Die Frage ist also eine empirische: ist die globale Grundstruktur gerecht? Falls ja, wäre Armut nach Rawls auf die politische Kultur zurückzuführen. Falls die globale Grundstruktur ungerecht ist, wie Pogge behauptet, insofern nämlich die von den reichen und mächtigen Nationen ge-prägte Weltwirtschaftsordnung mit dem Rohstoff- und Kreditprivileg ebenfalls eine Ursache für die mangelnde Wohlgeordnetheit der armen Länder sein kann, wäre auch Rawls dafür, sie zu Lasten der wohlgeordneten Völker zu ändern. Al-lerdings schätzt Pogge die Lage so ein, dass etwa Länder, die unter den Folgen von

Kolonialismus oder anderen Ungerechtigkeiten leiden, erst einmal für Schäden kompensiert werden müssten, bevor Hilfspflichten greifen können.

C. Warum kein globales Differenzprinzip?

Die Frage, die sich in Bezug auf Rawls' eigene, in seinen vorherigen Schriften entwickelte Position stellt, ist darüber hinaus folgende: was ist mit dem zweiten Teil des zweiten Grundsatzes aus *Eine Theorie der Gerechtigkeit* – dem sogenannten Differenzprinzip – passiert, der intern fordert, die Position der Schlechtestgestellten zu maximieren? Das Differenzprinzip oder Unterschiedsprinzip wird von Rawls in *Eine Theorie der Gerechtigkeit* entwickelt und stellt Unterschiede bei Einkommen und Vermögen unter Rechtfertigungszwang. Diese sind nur dann gerechtfertigt, wenn sie „den am wenigsten Begünstigten die bestmöglichen Aussichten bringen." (TG, 104; vgl. auch GF, 78).

Ungleichheiten sind also nach Rawls' Auffassung innerhalb einer wohlgeordneten Gesellschaft, die von Grundsätzen der Gerechtigkeit als Fairness bestimmt wird, nur dann gerechtfertigt, wenn sie sich zum Wohle der Schlechtestgestellten auswirken. Warum wird dieses Prinzip nicht global angewendet?

Innerhalb der Kommunitarismus-Liberalismus-Debatte in den 1980er Jahren wurde Rawls dafür kritisiert, dass er zu wenig Rücksicht auf die Abhängigkeit gerechter Institutionen von in Gesellschaften bereits vorhandenen Gerechtigkeitsvorstellungen nehme. Auf diese Kritik ist Rawls eingegangen, indem er seinen Ansatz immer mehr als abhängig von geteilten, historisch gewachsenen Gerechtigkeitsvorstellungen erklärt hat (vgl. z. B. Rawls 1985). Rawls scheint, nach der Kommunitarismus-Liberalismus-Debatte, zu glauben, dass das Differenzprinzip nur intern angewendet und verwirklicht werden kann und zwar auch nur dann, wenn es der geteilten Überzeugung der BürgerInnen entspricht, „Begabungen als gemeinsames Guthaben zu betrachten" (GF, 124). Er scheint sich mehr und mehr der These von Michael Walzer anzuschließen, dass Verteilungsgerechtigkeit oder soziale Gerechtigkeit eine innerstaatliche Angelegenheit ist, die von geteilten Überzeugungen abhängt (vgl. Walzer 1983). Dafür spricht auch, dass er in *Das Recht der Völker* davon ausgeht, dass die Anerkennung des Differenzprinzips kein Kriterium für die Wohlgeordnetheit einer Gesellschaft darstellt. Es kann auch libertäre wohlgeordnete Gesellschaften geben oder eben hierarchische wohlgeordnete Gesellschaften, die nicht einmal liberal sein müssen. Wenn es wohlgeordnete Gesellschaften ohne Differenzprinzip gibt, dann ist die Analogie zwischen dem Rawls'schen Urzustand in *Eine Theorie der Gerechtigkeit* und einem globalen Urzustand in dieser Hinsicht hinfällig. Denn Rawls gibt ja zu, dass das Differenzprinzip nur eine Art der wohlgeordneten Gesellschaft verwirklicht, die von der politischen Kultur abhängig ist. Wenn es andere Arten geben kann, dann wäre es paternalistisch, diese Art anderen vorzuschreiben, bzw. wäre der Anspruch unberechtigt, die Maximierung der schlechtestgestellten Position zu verlangen, wenn andere dieses Ideal nicht teilen.

6 Auseinandersetzung mit Theorien der globalen Verteilungsgerechtigkeit

Rawls geht zunächst davon aus, dass er mit Charles Beitz (1979) und Thomas Pogge (1989) die gleichen Ziele teilt: es gehe darum, liberale oder achtbare Institutionen zu verwirklichen, die Menschenrechte abzusichern und so die Grundbedürfnisse der BürgerInnen zu erfüllen und „die Lage der Armen der Welt zu verbessern" (RV, 147). Dennoch lehnt er die Grundsätze von Beitz und Pogge als Wege zur Verwirklichung der geteilten Ziele ab.

Beitz entwirft einen „globalen Verteilungsgrundsatz" und einen Grundsatz zur Umverteilung von Ressourcen. Er geht dabei von einem globalen Urzustand aus, in dem alle Gesellschaften repräsentiert sind. Insbesondere wird dabei angenommen, dass die ungleiche Verteilung natürlicher Ressourcen Gegenstand der Übereinkunft wäre, denn die Parteien müssten davon ausgehen, dass die natürlichen Ressourcen ungleich verteilt sind (Beitz 1979, 137). Sie müssten also damit rechnen, dass sie trotz aller Anstrengungen arm bleiben könnten. Hinter einem Schleier des Nichtwissens würden sie sich dagegen absichern wollen. Beitz geht ferner davon aus, dass Staaten sich in einem internationalen Kooperationszusammenhang befinden, der die Grundlage für Fragen der Verteilungsgerechtigkeit darstellt:

> States participate in complex international economic, political, and cultural relationships that suggest the existence of a global scheme of social cooperation. As Kant notes, international economic cooperation creates a new basis for international morality. If social cooperation is the foundation of distributive justice, then one might think that international economic interdependence lends support to a principle of global distributive justice similar to that which applies within domestic society. (Beitz 1979, 144)

Mehrere TheoretikerInnen haben sich der Argumentation angeschlossen, dass mit Bestehen einer globalen Grundstruktur, die über grundlegende Aussichten von Individuen entscheidet, auch globale Gerechtigkeitsprinzipien notwendig seien (Buchanan 2000). Dabei sieht Beitz vor allem die aus dem moralischen Blickwinkel willkürliche Verteilung natürlicher Ressourcen. In moralischer Hinsicht hat keiner verdient, in einer Gegend zu leben, die mit wenig Ressourcen ausgestattet ist, wie umgekehrt, die Menschen, die das Glück haben, in ressourcenreichen Ländern zu leben, dies in moralischer Hinsicht auch nicht verdient haben. Beitz argumentiert bezüglich der Verteilung der natürlichen Ressourcen sehr nahe an Rawls' Idee in *Eine Theorie der Gerechtigkeit*, dass natürliche Begabungen und Fähigkeiten in moralischer Hinsicht willkürlich verteilt sind. Daher sind im Rahmen der Theorie der Gerechtigkeit als Fairness Ungleichheiten nur zugelassen, wenn sie die Lage der Schlechtestgestellten verbessern. So wird ein Ausgleich zur moralischen Willkür der natürlichen Lotterie geschaffen.

> Like talents, resource endowments are arbitrary in the sense that they are not deserved. But unlike talents, resources are not naturally attached to persons. [...] Thus, while we might feel that the possession of talents confers a right to control and benefit from their use, we feel differently about resources. (Beitz 1979, 139)

Die Idee ist, dass für die Inbesitznahme von Ressourcen durch eine Partei die Nachteile der anderen, die diese Ressourcen nicht mehr nutzen können, ausgeglichen werden müssen. Wenn die Parteien im Urzustand wissen, dass Ressourcen knapp sind, dann müsste sich jeder, der sie verbraucht gegenüber den anderen, die er dabei ausschließt, rechtfertigen. Insbesondere bei Berücksichtigung zukünftiger Generationen und hinter dem Schleier des Nichtwissens würden die Parteien zu vermeiden versuchen, dass für sie keine Ressourcen mehr übrigbleiben. Daher geht Beitz davon aus, dass sich die Parteien durch den Ressourcenumverteilungsgrundsatz dagegen schützen würden.

Rawls' These dagegen ist, dass die Ziele, wohlgeordnete Institutionen zu etablieren und gravierende Armut abzuschaffen, durch die Unterstützungspflicht besser erreicht werden. Denn diese Unterstützungspflicht hat nicht nur ein klares Ziel, nämlich dass belastete Gesellschaften wohlgeordnet werden, sondern auch einen klaren Abbruchpunkt: wenn belastete Gesellschaften dieses Niveau erreicht haben, ist keine weitere Hilfe nötig. Rawls sieht darin den entscheidenden Vorteil seiner Überlegungen. Das geht wiederum auf Rawls' Behauptung zurück, dass unter der Bedingung der gerechten Grundstruktur der internationalen Gemeinschaft der Völker „der entscheidende Faktor für die Geschicke eines Landes seine politische Kultur ist – die politischen und bürgerlichen Tugenden seiner Mitglieder – und nicht der Umfang seiner Ressourcenausstattung." (RV, 145) Ist hier Wohlgeordnetheit erreicht, setzt die politische Autonomie ein. Unter dieser Prämisse wäre eine Maximierung der Position der Schlechtestgestellten „kontinuierlich und ohne Ende – ohne einen Zielpunkt, wie man sagen könnte [...] nachdem die Unterstützungspflicht vollkommen erfüllt wäre, fragwürdig." (RV, 145) Warum wäre das fragwürdig? Ein Argument wäre die ungerechtfertigte Belastung der Bessergestellten. Ein zweites Argument wäre der Eingriff in die

Autonomie der Schlechtergestellten. Rawls' Hauptidee ist, dass eine Gesellschaft ganz unabhängig von ihrer Ressourcenausstattung wohlgeordnet sein kann und dass diese Wohlgeordnetheit auch das einzige Ziel der Unterstützungspflicht innerhalb des Rechts der Völker ist. Unabhängig vom Differenzprinzip argumentiert schließlich Freeman (2006, 247 f.), dass internationale Umverteilungsprinzipien gegen die Idee autonomer Staaten selbst verstoßen, da deren Verfügung über Land und Ressourcen in Ermangelung einer globalen Grundstruktur nicht mit Eigentum gleichzusetzen sei. Ihm folgend ist die selbstbestimmte Verfügung über Land und Ressourcen die Bedingung der Möglichkeit dafür, dass Völker als politisch autonome und souveräne Einheiten überhaupt existieren können. Damit bliebe Rawls auch mit der Ablehnung eines globalen Umverteilungsprinzips seiner eingangs erwähnten Prämisse des Selbstbestimmungsrechts der Völker treu.

Gegen Rawls' Ablehnung einer Theorie der globalen Verteilung hat es viele Einwände gegeben. Ich greife nur einen heraus, der repräsentativ für den Zweifel daran steht, dass die Unterstützungspflicht für belastete Gesellschaften ein globales Verteilungsprinzip ersetzen kann. Rawls führt zwei Beispiele an, die zeigen sollen, dass Steuertransfers zwischen Gesellschaften über die Erreichung eines Subsistenzniveaus hinaus „inakzeptabel" erscheinen (RV, 146). Sehen wir uns zunächst seine zwei Beispiele an: In Beispiel 1 befinden sich zwei wohlgeordnete Länder „auf demselben Wohlstandsniveau [...] und haben die gleiche Bevölkerungsgröße." (RV, 145) Land A erhöht seine Sparquote, um sich zu industrialisieren, Land B ist zufrieden mit ländlichem Leben. Zwanzig Jahre später ist Land A „doppelt so wohlhabend" wie Land B. Da dies auf „ihre eigenen Entscheidungen" zurückgeht, die diese Völker „frei und selbstverantwortlich" getroffen haben, wäre zwischen ihnen, so Rawls, eine Umverteilung „inakzeptabel" (RV, 146). Ebenso im zweiten Fall: Hier ist die Wachstumsrate der Bevölkerungen der Gesellschaften C und D recht hoch. Gesellschaft C legt besonderen Wert darauf, „dass deren Frauen im politischen und wirtschaftlichen Leben erfolgreich sind. Infolgedessen sinkt das Bevölkerungswachstum allmählich" (RV, 146) und der Wohlstand erhöht sich. In Gesellschaft D ist dies nicht der Fall: dort werden „religiöse und soziale Werte" geteilt, die zu weiterem Bevölkerungswachstum führen. Wie im ersten Fall ist Gesellschaft C nach 20 Jahren doppelt so wohlhabend wie Gesellschaft D. Auch an dieser Stelle ist Rawls der Meinung, dass die Völker „ihre eigenen Entscheidungen treffen" und gewissermaßen mit den Konsequenzen leben müssen. Jedenfalls dürfen sie keinen Nachteilsausgleich anderen Völkern aufbürden. Wilfried Hinsch (2001) hat eingewendet, dass in diesem Zusammenhang intergenerationelle Gerechtigkeit völlig ausgeblendet wird. Die Endzustände, die die Gesellschaften jeweils nach 20 Jahren erreichen, sind für neue Generationen Ausgangszustände. Diese haben selbst an den Entscheidungen nicht mitgewirkt und können daher auch nicht für sie verantwortlich gemacht werden.

> Given the overlap of generations (children grow up with their parents or, at least, during the lifetime of their parents' generation, drawing on this generation's funds), there may be no way to treat children fairly other than by giving their parents more than they supposedly deserve. (Hinsch 2001, 76)

Es sei eine seltsame Auffassung von verantwortlichem Handeln, dass „children may be held responsible for decisions of their ancestors with which they may no longer want to be identified, merely because they belong to the same people." (Hinsch 2001, 77) Das scheint überzeugend, aber Rawls könnte einwenden, dass den Kindern in Gesellschaft D genau dann geholfen werden sollte, wenn sie durch die Entscheidungen ihrer Eltern unter das Subsistenzniveau fallen. Ihre Situation sollte jedoch nicht auf Kosten der Kinder über das Subsistenzniveau hinweg verbessert werden, für die die Eltern in Gesellschaft C gearbeitet und gespart haben.

7 Schluss

Mir scheint die größte Spannung in der Theorie von Rawls bereits im Terminus „realistische Utopie" angelegt. Einerseits führt der angestrebte Realismus dazu, Ideen der globalen Verteilungsgerechtigkeit und des moralischen Universalismus (Kosmopolitismus) abzulehnen. Da es keinen Weltstaat gebe, sei es unrealistisch, Menschenrechte und Verteilungsgerechtigkeit global realisieren zu wollen. Da es keine globale Übereinstimmung über Verteilungsgerechtigkeit gebe, sei diese eine innerstaatliche Angelegenheit und es sei paternalistisch, hier einzugreifen, solange die Gesellschaft wohlgeordnet ist. Insbesondere steht das Selbstbestimmungsrecht im Spannungsverhältnis zum menschenrechtlichen Universalismus der Kosmopoliten, die Menschenrechte nicht nur von innerstaatlichen Arrangements, sondern transnationalen Regelungen abgesichert sehen wollen. Andererseits hält Rawls an der Utopie einer Welt voller wohlgeordneter Staaten, in denen das Armutsproblem bewältigt ist und grundlegende Menschenrechte geschützt werden, fest. Der größte Unterschied zum kosmopolitischen Ansatz besteht wohl darin, dass letzterer einen direkten individualistischen moralischen Universalismus vertritt. Dadurch ist er sensibler gegenüber Menschenrechtsverletzungen innerhalb von Staaten. Auch wenn Staaten nicht aggressiv sind, können sie intern etwa bestimmte Gruppen systematisch massiv benachteiligen, diskriminieren, unterdrücken, verhungern lassen, politisch verfolgen und foltern.

Die Sorge ist einerseits, dass die Unterstützungspflicht von Rawls zu schwach ist, um darauf zu reagieren. Ferner ist die Sorge, dass er das Verhältnis von Selbstbestimmung von Gruppen und den Menschenrechten von Individuen zu schnell zugunsten des Selbstbestimmungsrechts auflöst. Andererseits sind Kosmopoliten mit den Einwänden konfrontiert, ihre Position sei unrealistisch (wie soll denn auf Menschenrechtsverletzungen in anderen Ländern effizient reagiert werden, solange es keinen Weltstaat gibt) oder gefährlich (da sie humanitäre Interventionen gestattet oder sogar gebietet, die die Lage innerhalb der betroffenen Staaten oft noch weiter gravierend verschlimmern können). Gleichwohl, und hier scheinen mir die Kritiker von Rawls im Recht, verweisen innerstaatliche Menschenrechtsverletzungen auf die Notwendigkeit supranationaler Regelungen, wenn man die moralische Gleichwertigkeit aller Individuen ernst nimmt. Dafür greift eine bloße Unterstützungspflicht zu kurz.

Literatur

Beitz, Charles (1979): *Political Theory and International Relations*. Princeton: Princeton University Press.

Buchanan, Alan (2000): „Rawls's Law of Peoples: Rules for a Vanished Westphalian World". In: *Ethics* 110, 697–721.

Freeman, Samuel (2006): „Distributive Justice and *The Law of Peoples*". In: Martin, Rex/Reidy, David (Eds.): *Rawls's Law of Peoples: A Realistic Utopia?*. Malden: Blackwell Publishing, 243–260.

Fuller, Lisa (2012): „Burdened Societies and Transitional Justice". In: *Ethical Theory and Moral Practice* 15, 369–386.

Hinsch, Wilfried (2001): „Global Distributive Justice". In: *Metaphilosophy* 32, 58–78.

Kant, Immanuel (1795): „Zum ewigen Frieden. Ein Philosophischer Entwurf". In: Gesammelte Schriften, hg. von der Königlichen Preußischen Akademie der Wissenschaften, AA Bd. 08, Berlin 1902ff., 341–381.

Mill, John Stuart (2011): *Über die Freiheit*. Hamburg: Meiner.

Pogge, Thomas (2006): „Globale Armut – Erklärung und Verantwortung". In: Koller, Peter (Hg.): *Die globale Frage*. Wien: Passagen, 95–130.

Pogge, Thomas (1989): *Realizing Rawls*. Ithaca: Cornell University Press.

Rawls, John (1985): „Justice as fairness: Political not metaphysical". In: *Philosophy & Public Affairs* 14, 223–251.

Sen, Amartya (2002): *Ökonomie für den Menschen: Wege zu Gerechtigkeit und Solidarität in der Marktwirtschaft*. München: dtv.

Sen, Amartya (2009): *The Idea of Justice*. London: Allen Lane/Penguin.

Singer, Peter (1972): „Famine, Affluence, and Morality". In: *Philosophy & Public Affairs* 1, 229–243.

Sreenivasan, Gopal (2012): „What is non-ideal theory?" In: Williams, Melissa/Nagy, Rosemary/Elster, Jon (Eds.): *Transitional Justice*. New York, London: New York University Press, 233–256.

Stemplowska, Zofia (2008): „What's ideal about ideal theory?". In: *Theory and Practice* 34, 319 – 340

Valentini, Laura (2009): „On the apparent paradox of ideal theory". In: *Journal of Political Philosophy* 17, 332 – 355.

Walzer, Michael (1977): *Just and Unjust Wars: A Moral Argument with Historical Illustrations.* New York: Basic Books.

Walzer, Michael (1992): *Sphären der Gerechtigkeit.* Frankfurt/M: Campus.

Andreas Niederberger

10 Die Idee öffentlicher Vernunft. *Nochmals: Die Idee der öffentlichen Vernunft;* Die Gesellschaft liberaler Völker: ihre öffentliche Vernunft (§ 6); Die öffentliche Vernunft der Völker (§ 17)

Zuweilen klingt es in der Gerechtigkeitstheorie so, als seien philosophisch gut begründete Gerechtigkeitsprinzipien als solche hinreichend, um die Ausübung politischer Herrschaft oder anderer Zwangsmaßnahmen auf ihrer Basis zu rechtfertigen. Für Rawls gilt das nicht: Schon in *Eine Theorie der Gerechtigkeit* argumentiert er, dass es ungerecht und freiheitseinschränkend wäre, wenn Herrschaft unabhängig von „Gesetzesherrschaft" (*rule of law*) ausgeübt würde (TG, 265–272). Er nimmt damit die wichtige Forderung des neuzeitlichen Republikanismus auf, dass Menschen keine Macht über Menschen zukommen, sondern es eine Herrschaft des Rechts geben sollte (Harrington 1992, 8). Zudem hält er mit psychologischen Überlegungen fest, dass Gerechtigkeitsprinzipien allgemeines Wissen und öffentlich anerkannt sein sollten, da dies wesentlich zu ihrer stabilen Befolgung beitrage (TG, 201–205). „Öffentliche Anerkennung" bedeutet dabei, dass Handelnde sich nicht auf „ihre" Gerechtigkeitstheorie beziehen, sondern vielmehr die Gründe für ihr Handeln aus allgemein bekannten und akzeptierten Prinzipien beziehen. Die Bekanntheits- und Akzeptanzbedingungen tragen zum Verständnis und idealerweise auch zur Unterstützung entsprechenden Handelns bei, sie stellen aber vor allem Grenzen des Zulässigen dar, wenn Handelnde sich nicht auf solche Prinzipien beziehen können. Die bloße Annahme, dass Prinzipien öffentlich und geteilt sein *würden*, wenn alle unvoreingenommen über Gerechtigkeitsprinzipien nachdächten, reicht nicht aus für die Erfüllung der Öffentlichkeitsbedingung.

Rawls vertieft diese Überlegungen zur Stabilität der gerechten Ordnung über deren Öffentlichkeit in seinen Dewey-Vorlesungen (Rawls 1992, 109–118), um schließlich in *Politischer Liberalismus* die Gesamtkonstruktion seiner Theorie auf die Idee der öffentlichen Vernunft als zentrale Voraussetzung für die Legitimität politisch-rechtlicher Ordnung umzustellen (RV, 217 f.). Im Folgenden wird zunächst rekonstruiert, wie öffentliche Vernunft Legitimität verbürgen soll, um dann nachzuzeichnen, wie die öffentliche Vernunft im Essay *Nochmals: Die Idee der öffentlichen Vernunft* (im Folgenden *Nochmals*), der sowohl in der deutschen als auch der englischen Ausgabe an *Das Recht der Völker* angehängt ist, in zwei

https://doi.org/10.1515/9783110650631-012

Hinsichten erweitert wird. Mit Blick auf die sich dadurch ergebende Legitimitätstheorie wird diskutiert, ob öffentliche Vernunft als Legitimitätsbedingung hinreicht, und abschließend kurz darauf geblickt, wie Rawls die Idee der öffentlichen Vernunft in das Recht der Völker überträgt.

1 Legitimität *qua* öffentlicher Vernunft

In *Politischer Liberalismus* bindet Rawls die Zulässigkeit von Zwang an die Erfüllung des „liberalen Legitimitätsprinzips". Dieses Prinzip fordert in einer präziseren Bestimmung der *rule of law* (der gegenüber die „Gesetzesherrschaft" von *Eine Theorie der Gerechtigkeit* als *rule by law* erscheint), dass die Ausübung von Herrschaft von einer Verfassung autorisiert und durch deren Bestimmungen begrenzt wird. Allerdings darf es sich nicht um eine beliebige Verfassung handeln. Sie muss vielmehr so beschaffen sein, dass alle, die dem Zwang unterworfen sind, sie „im Lichte der von ihnen bejahten Grundsätze und Ideale anerkennen" (PL, 317). Zwangsausübung kann folglich nur dann legitim sein, wenn sie letztlich nichts anderes als die Durchsetzung einer Selbstverpflichtung derjenigen ist, von denen etwas erzwungen wird. Bürger*innen haben sich auf eine Verfassung verständigt, und Zwang darf ihnen gegenüber angewandt werden, wenn sie dem zuwiderhandeln, was sie in der Verfassung anerkannt haben. Rawls schließt damit an die Gesellschaftsvertragstheorien der Frühen Neuzeit an, lässt jedoch zugleich offen, wie faktisch oder hypothetisch bzw. moralisch oder eigeninteressiert die Zustimmung zu denken ist. Das ist, wie Charles Larmore (2015, 136) zurecht konstatiert, überraschend und enttäuschend, zumal das liberale Legitimitätsprinzip immer wichtiger für die Rawls'sche Theorie und in *Gerechtigkeit als Fairness* sogar zur Grundlage des Urzustands und damit der Gerechtigkeitsprinzipien wird.

Nehmen wir aber einmal an, es gibt eine allgemein anerkannte Verfassung und sie gilt als verbindlicher Rahmen für Politik und Recht – ist damit das Legitimitätsprinzip bereits erfüllt? Würde die Gesellschaft auf einen direkten und in allen relevanten Hinsichten expliziten Vertragsschluss aller zurückgehen, die in ihr leben, dann wäre tatsächlich klar, worüber sie sich verständigt haben, und das Vertragsrecht würde gute Angebote machen, wie Verfahren aussehen könnten, in denen Vertragsbrüche verhandelt und behoben werden. Politische Verfassungen unterscheiden sich jedoch in wesentlichen Hinsichten von Verträgen: Sie umfassen zumeist keine unmittelbaren, auf präzise gemeinsame Ziele gerichteten Verpflichtungen, sondern sie enthalten allgemeine Rechtsgrundsätze, Grundrechte und legen vor allem fest, welche Instanzen es mit welchen Kompetenzen gibt (PL, 329). Sie stellen also Vereinbarungen dar, über die ein politisch-rechtliches System geschaffen und zugleich kontrolliert wird, in denen Regelungen für konkrete Handlungskontexte gefunden werden können. Verfassungen etablieren, wie Rawls im Anschluss an Bruce Ackerman (1991) erläutert, eine Unterscheidung zwischen „höherem" und „gewöhnlichem" Recht, wobei ersteres zweiteres bindet und anleitet, in vielen Hinsichten aber vor allem Entscheidungsräume und d. h. auch den politischen Wettkampf über jeweilige Entscheidungen eröffnet. Zwang mag zwar in Extremfällen auf der Ebene der Um- und Durchsetzung der Verfassung selbst relevant sein. Zumeist geht es in „konstitutionellen Demokratien", auf die sich Rawls zunächst konzentriert, jedoch um einzelne Rechtsregeln und deren Einhaltung, also um gewöhnliches Recht und jeweilige Interessen, die darüber befördert werden. Damit diese Zwangsausübung legitim sein kann, müssen die Rechtsregeln und deren Durchsetzung von den Instanzen ausgehen, die *qua* Verfassung dazu autorisiert wurden, und sie müssen im Einklang mit den allgemeinen Rechtsgrundsätzen bzw. Grundrechten stehen, die ebenfalls Teil der Verfassung sind.

Damit ergibt sich eine ganze Reihe von Stellen, an denen es zu Kontroversen kommen kann und die Legitimität jeweiliger Zwangsausübung bestreitbar wird. Angesichts des unumgehbaren Pluralismus moderner Gesellschaften ist es wahrscheinlich, dass es zu entsprechenden Auseinandersetzungen kommt. Wie schon Thomas Hobbes erkannt hat, halten Menschen gewöhnlich ihre eigenen Urteile für richtig und im Zweifelsfall für besser als die Urteile anderer. Es ist daher angesichts der „Bürden des Urteilens" nicht davon auszugehen und es sollte auch nicht von ihnen erwartet werden (PL, 324), dass sie grundsätzlich die Autorität anderer hinnehmen, in den fraglichen Kontroversen zu entscheiden. Zugleich ist auch nicht zu unterstellen, dass sich der Streit einfach in vermeintlich verfassungskonformen Verfahren aufheben lässt – ein Prozeduralismus, wie ihn etwa Hans Kelsen (1934) und in anderer Form Jürgen Habermas verteidigen, ist für Rawls äußerst voraussetzungsreich und daher nur in hochgradig wohlgeordneten Gesellschaften denkbar (vgl. Michael Reder in diesem Band). Die Lösung besteht für Rawls im öffentlichen Vernunftgebrauch, über den sichergestellt werden soll, dass Kernelemente der Verfassung sowie das eine Gesellschaft zusammenhaltende gemeinsame Projekt einer legitimen Ordnung auf jeden Fall Vorrang vor einfacher Gesetzgebung in ihrer notwendigen Parteilichkeit haben. Der öffentliche Vernunftgebrauch soll also verhindern, dass die ursprüngliche Entscheidung, sich eine Verfassung zu geben und darauf basierend eine legitime Ordnung zu etablieren, dahingehend umgekehrt wird, dass einige die Ordnung nutzen können, um andere zu zwingen, Regeln und Maßnahmen hinzunehmen, die im Widerspruch zur Verfassung stehen (PL, 325). Dies wäre ungerecht und würde die Bindungskraft der Ordnung und d. h. auch all der für sie fundamentalen Verfassungsprinzipien letztlich erodieren lassen. Illegitimer Zwang, selbst wenn er legal daherkommt, würde zu wenig mehr als bloßer Gewalt führen und daher keinen Grund bieten, ihm keinen Widerstand entgegenzusetzen.

Aufgrund der Bindung von Entscheidungen an die öffentliche Vernunft sollen alle ihnen Unterworfenen Gründe angeboten bekommen, warum es (auch) für sie vernünftig ist, die Entscheidungen anzuerkennen. Angesichts des Pluralismus werden sich nur selten von allen geteilte Gründe finden, die unmittelbar für jeweilige Entscheidungen im Bereich gewöhnlicher Politik sprechen. Die Gründe müssen sich daher aus einer „politischen Gerechtigkeitskonzeption" ergeben (PL, 324), also aus einer Konzeption des politischen Gesamtzusammenhangs vor dem Hintergrund des Pluralismus, von der anzunehmen ist, dass sie unabhängig von umfassenden Lehren, d. h. von den jeweiligen ethisch-weltanschaulichen Überzeugungen der Bürger*innen gilt und daher auch über diese Lehren hinweg als gerecht erachtet werden kann. Auch solche Konzeptionen werden in modernen Demokratien in unterschiedlichen Formen vertreten. Aber sie alle kennzeichnet, dass sie nicht von Wahrheitsansprüchen, sondern von den Bedingungen für ein friedliches und gerechtes Zusammenleben in einem Gemeinwesen her gedacht werden, das jedem einzelnen Autorität in grundlegenden ethischen und epistemischen Fragen zugesteht. Auseinandersetzungen über politische Gerechtigkeitskonzeptionen nehmen daher grundsätzlich einen anderen Charakter an als Kontroversen, die sich durch die grundlegenden Überzeugungen umfassender Lehren ergeben.

Im Kern von Konzeptionen politischer Gerechtigkeit stehen Reziprozitätsbedingungen (PL, 83), womit sie Grenzen für das jeweilige Verfolgen von Interessen und Zielen in der politischen Ordnung setzen. Entscheidungen betreffen, wie zuvor gesagt, immer auch Personen, die nicht notwendig mit ihnen einverstanden sind, und wenn nicht grundsätzlich auf sie verzichtet werden kann, sollte es nur Entscheidungen geben, für die erweisbar ist, dass sie grundsätzlich auch aus der Perspektive derjenigen, die gegen sie sind, getroffen werden könnten. Das schließt z. B. Entscheidungen aus, die einigen die Möglichkeit nehmen, bei weiteren Entscheidungen die Mehrheit zu bilden, die für eine Entscheidung erforderlich ist. Alle politischen Gerechtigkeitskonzeptionen müssen daher drei Elemente vorsehen, die zu gewähren sind, bevor gewöhnliche politische Maßnahmen ergriffen werden: erstens Grundrechte, Grundfreiheiten und Chancen für alle, zweitens der Vorrang dieser Rechte etc. nicht nur vor gewöhnlicher Politik, sondern auch vor dem Gemeinwohl, sowie drittens Möglichkeiten, die Freiheiten und Chancen auch tatsächlich nutzen zu können (PL, 324 f.). Politische Gerechtigkeitskonzeptionen explizieren also wesentlich, was das erste der beiden Rawls'schen Gerechtigkeitsprinzipien umfasst, bzw. das erste Gerechtigkeitsprinzip ergibt sich aus den Reziprozitätsbedingungen und dem liberalen Legitimitätsprinzip. Die Grenzen des öffentlichen Vernunftgebrauchs, die politische Gerechtigkeitskonzeptionen zum Ausdruck bringen, sind aber „keine rechtlichen oder gesetzlichen Grenzen" (PL, 361). Denn die öffentliche Vernunft kommt immer dann zum Tragen, wenn es Kontroversen darüber gibt, was die gemeinsame Verfassung für rechtliche und politische Entscheidungen bedeutet. Der Gebrauch dieser Vernunft soll auch beim Streit über das (verfassungs-)rechtlich Zulässige sicherstellen, dass weiterhin davon auszugehen ist, dass eine von allen als legitim erachtete Ordnung besteht. Es geht somit vor allem darum herauszufinden und auszuhandeln, wo Grenzen des politisch Entscheidbaren bestehen. Das *Ideal* des öffentlichen Vernunftgebrauchs, d. h. die Bindung derjenigen, die im politisch-rechtlichen System über die Anwendung von Zwang entscheiden, an die *Idee* der öffentlichen Vernunft lässt sich dennoch institutionell verankern, etwa in der Form eines Verfassungsgerichts. Es könnte bei Bedarf überprüfen, ob Entscheidungen in ihrer Genese, vor allem aber in ihrem Gehalt im Einklang mit der Verfassung stehen. Bürger*innen und eventuell auch Parlamentarier*innen, die über gewöhnliches Recht entscheiden, müssten sich mit einer solchen Institution nicht selbst auf öffentliche Vernunft beziehen. Alle könnten sich jedoch sicher sein, dass sie – falls erforderlich – eine Instanz anrufen können, die die Verfassungskonformität von Beschlüssen untersucht und selbst strikt an die öffentliche Vernunft gebunden ist (PL, 339).

Für Rawls bieten Entscheidungen von Verfassungsgerichten aber eher ein Modell, wie man sich öffentlichen Vernunftgebrauch vorstellen sollte. Ob Gerichte tatsächlich die beste Realisierung des Ideals sind, lässt er offen. Zentraler ist, dass es sich um einen Orientierungspunkt handelt, der mit dem „Ideal eines demokratischen Bürgers" (PL, 361) einhergeht. Er gibt an, wie Bürger*innen miteinander umgehen sollten, wenn wenigstens für einige grundlegende Fragen im Raum stehen, die ihr Verhältnis zum Gemeinwesen insgesamt betreffen. In diesen Fällen bestreiten letztere, dass Entscheidungen zulässig sind, weil sie die Basis für die Ko-Existenz in einer gemeinsamen Ordnung unterminieren würden. Käme es zu den Entscheidungen, wäre es für diejenigen, die sie bestreiten, nicht rational, entsprechenden rechtlichen Vorgaben zu folgen. Angesichts dessen legt es das Ideal demokratischer Bürger nahe, Gründe für die Entscheidungen oder deren Zulässigkeit anzubieten, die nicht in den Konflikt zwischen verschiedenen umfassenden Lehren, sondern vielmehr in den Bereich fallen, wo von geteilter Vernunft und d. h. dem geteilten Interesse am Weiterbestehen des Gemeinwesens auszugehen ist.

Die Grenzen des öffentlichen Vernunftgebrauchs sind also Grenzen, die sich Bürger*innen in solchen Situationen hinsichtlich der Gründe für ihre Entscheidungen auferlegen, d. h. eine Art „Selbstdisziplin" (Larmore 2015, 138). Sie sollen sicherstellen, dass diese Kontroversen lösbar werden und damit auch, falls notwendig, legitimerweise Zwang ausgeübt werden darf. Zu öffentlichem Vernunftgebrauch muss es dementsprechend nicht bei allen Fragen kommen, sondern nur bei solchen Fragen, die – zumindest in der Wahrnehmung einiger – den Kern des Gemeinwesens betreffen. Es muss dabei nicht unterstellt werden, dass die Kontroversen derart einvernehmlich gelöst werden, dass alle der entsprechenden Entscheidung zustimmen. Konsens muss lediglich sein, dass eine solche Entscheidung in der gemeinsamen Ordnung getroffen werden kann und die Verfahren, die zu ihr geführt haben, die relevanten Verfahren dafür sind.

2 Zwei Erweiterungen der öffentlichen Vernunft

Im Vorwort zur Taschenbuchausgabe von *Politischer Liberalismus* signalisiert Rawls, dass er seine bisherige Bestimmung der öffentlichen Vernunft für revisions- und ergänzungsbedürftig hält. Die Veränderungen, die der *Nochmals*-Essay systematisch entwickelt, führen dabei zu zwei Erweiterungen der öffentlichen Vernunft, die einerseits die Instanzen, für die die Idee als Ideal relevant ist, und andererseits die Arten von Gründen betreffen, die Teil öffentlicher Vernunft sein können.

Bereits mit den allgemeinen Bestimmungen der öffentlichen Vernunft in *Nochmals* verschiebt Rawls den Akzent gegenüber dem früheren Ansatz: Öffentlicher Vernunftgebrauch muss sich nicht in jeglicher politischen Auseinandersetzung über grundsätzliche Fragen finden, sondern nur in solchen, die im „öffentlichen politischen Forum" stattfinden (RV, 168). In einer Anmerkung erläutert Rawls, dass er mit einem unspezifischen Forumsbegriff operiert, um dann allerdings weiter festzuhalten, dass die Idee der öffentlichen Vernunft für drei Gruppen im politischen System als Ideal verbindlich sein sollte: für Richter*innen bzw. Verfassungsrichter*innen, Regierungsbeamte und Parlamentarier*innen sowie für Kandidat*innen für öffentliche Ämter und ihre Wahlkampfmanager*innen. Während es zuvor teilweise so verstanden werden konnte (und auch bis heute von einigen weiterhin so missverstanden wird), als solle die Referenz auf die öffentliche Vernunft das politische Interagieren in einer wohlgeordneten Gesellschaft insgesamt kennzeichnen, macht Rawls mit dieser Präzisierung klar, dass es insbesondere um die Instanzen und Personen geht, die entweder bereits direkt oder indirekt Zwang ausüben können oder Ämter und Mandate erreichen wollen, über die dies möglich sein wird.

Die öffentliche Vernunft bleibt somit eng an die Legitimitätsfrage gebunden und stellt kein Ideal bürgerschaftlichen Beratens insgesamt dar. Das unterscheidet Rawls nicht nur wesentlich von Habermas, sondern erlaubt es ihm auch, nur in einer Anmerkung eine ganze Reihe von Kritiken zurückzuweisen, die befürchten, dass diese Idee öffentlicher Vernunft den politischen Diskurs verkürzen und verarmen lassen würde. Wenn immer dieser Diskurs nicht mit der Berechtigung verbunden ist, Zwang auszuüben, können diejenigen, die miteinander streiten, dabei auch beliebige Argumente anführen, von denen sie denken, dass sie andere überzeugen. Kommt es allerdings auch auf der Ebene der Bürger*innen zur wenigstens vermittelten Legitimierung von Zwangsausübung, z. B. bei Wahlen oder Referenden, gilt auch hier das Ideal: Bürger*innen sollten dann ihr Handeln genau so rechtfertigen können, als würden sie zu den zuvor genannten Gruppen gehören (RV, 170). Stimmabgaben und Referendumsvoten stehen also unter öffentlichem Rechtfertigungsanspruch und sind keine privaten Akte. Schließlich sollten alle ständig und öffentlich darauf hinwirken, dass diejenigen, die für Zwangsausübung in irgendeiner Hinsicht relevant sind, darin an die öffentliche Vernunft gebunden sind und bleiben.

Diese Bestimmungen präzisieren, was bereits in *Politischer Liberalismus* stand. Gleiches gilt für Rawls' Erinnerung daran, dass die öffentliche Vernunft hinsichtlich ihres Gehalts in einer die Reziprozitätsbedingung ausformulierenden Konzeption politischer Gerechtigkeit besteht. Während diese Konzeption in *Politischer Liberalismus* aber vor allem mit dem Konstitutionalismus in Verbindung gebracht wurde, gibt Rawls ihr nun, wie schon die Gruppen nahelegten, die sich am Ideal der öffentlichen Vernunft orientieren sollten, eine demokratietheoretische Wendung und erweitert damit den Bereich, in dem der Bezug auf die öffentliche Vernunft zu erwarten ist. Der Konstitutionalismus konzentriert sich vor allem auf die Gründe, die politische Akteure auf der Basis der Verfassung für ihre Entscheidungen anführen können. Das wird oft so verstanden, als würden weitgehend kontingente, in einer Bevölkerung gerade Zustimmung findende demokratische Entscheidungen *ex post* hinsichtlich ihrer Begründbarkeit im Rahmen der Verfassung überprüft, weshalb auch die Verfassungsgerichtsbarkeit zur „exemplarischen Instanz" öffentlicher Vernunft wird. Demgegenüber hält Rawls in *Nochmals* fest, dass in einer konstitutionellen Demokratie Gründe auch im Bereich der demokratischen Entscheidungsfindung wesentlich sind und sie daher als „deliberative Demokratie" zu verstehen ist (RV, 173). Er greift damit Ansätze auf, wie sie im Kreis seiner Schüler*innen von Amy Gutmann und Dennis Thompson (1996) oder Joshua Cohen (1989) zuvor entwickelt wurden, und versteht die deliberative Demokratie so, dass mit ihr die öffentliche Vernunft zum Kennzeichen des gesamten politischen Systems von der legislativen Beratung und Entscheidung über das Wirken der Exekutive bis hin zur gerichtlichen Kontrolle von Gesetzgebung und Verwaltungshandeln wird (RV, 174).

Mit dieser demokratietheoretischen Erweiterung kann Rawls auch erklären, dass und wie eine politische Gerechtigkeitskonzeption „vollständig" sein kann (RV, 180 f.): Wenn politisch letztlich ausschlaggebendes Verhalten auf öffentlichen Gründen aufruhen soll, dann muss alles öffentliche Wirken auf solche Gründe beziehbar sein. Politische Gerechtigkeitskonzeptionen müssen freistehend sein, also nicht bloß deshalb und so lange gelten, wie sie in ihren Folgen mit dem übereinstimmen, wofür auch eine umfassende Lehre sprechen würde, und auf alle anfallenden Fragen eine Antwort erlauben. Bei jeder Fragmentierung wäre nicht auszuschließen, dass an wichtigen Schaltstellen Gründe aus umfassenden Lehren ins Spiel kommen, die den Begründungszusammenhang insgesamt in Frage stellen. Die Idee einer deliberativen Demokratie, verstanden als deliberatives Gesamtsystem (Parkinson/Mansbridge 2012), erlaubt es, sich einen durchgehenden Zusammenhang von Gesetzgebung auf der Basis öffentlicher Gründe, einer Umsetzung dieser Gesetzgebung, die auf deren Gründe zurückgeht und selbst öffentlich begründbar ist, sowie einer richterlichen Kontrolle vorzustellen, die wiederum mit öffentlichen Gründen problematisierte Begründungen untersucht.

Mit dieser demokratietheoretischen Erweiterung nimmt Rawls eine wichtige Veränderung des Ideals der öffentlichen Vernunft und darüber vermittelt auch der Idee derselben vor. Der demokratische Zusammenhang insgesamt wird nun in politischen Gerechtigkeitskonzeptionen reflektiert. Leider kommt die Erweiterung über eine Skizze in wenigen Sätzen nicht hinaus, und für die weiteren Ausführungen spielt die Auseinandersetzung mit demokratischen Beratungen oder Verfahren keine Rolle mehr. Bei dem meisten, was folgt, scheint es doch weiterhin eher um Arten verfassungsrechtlicher Normenkontrolle zu gehen. So bleibt unklar, wie eine demokratische Praxis öffentlichen Vernunftgebrauchs aussehen könnte und was die Ausdehnung der öffentlichen Vernunft über die Verfassung hinaus auf das gesamte politische System für die zuvor wichtigen Unterscheidungen zwischen höherem und gewöhnlichem Recht bzw. zwischen der allgemeinen politischen Öffentlichkeit im Habermas'schen Sinn, d. h. Rawls' „Hintergrundkultur", und dem politischen Entscheidungsprozess im Besonderen bedeuten würde. Wenn bereits in der Gesetzgebung öffentliche Vernunft ein wesentlicher Referenzpunkt ist, dann bleibt zu untersuchen, wie und wo die sich aus den grundlegenden Überzeugungen ergebenden Gründe in die öffentliche Vernunft übersetzt werden oder ob die Differenzierung zwischen öffentlichen und nicht-öffentlichen Gründen nicht insgesamt aufzugeben wäre (wie es Habermas (1996, 87–94) in seiner Kritik an Rawls vorschlägt).

In gewisser Weise reagiert Rawls mit seiner zweiten Erweiterung der öffentlichen Vernunft auf diese Punkte, wenn er sie auch nicht demokratietheoretisch begründet: Die Ausführungen in *Politischer Liberalismus* wurden mit einer Diskussion der Frage abgeschlossen, wie eng politisch-rechtliche Akteure bzw. Instanzen und Bürger*innen an politische Gerechtigkeitskonzeptionen gebunden sind. Dürfen sie in der öffentlichen Vernunft nur Gründe anführen, die mit solchen Konzeptionen vereinbar sind, oder ist es auch denkbar, dass sie Gründe aus umfassenden Lehren hinzuziehen? Rawls unterscheidet die beiden Auffassungen als „ausschließende" und „einschließende Sichtweise" (PL, 354) und kommt zu dem Schluss, dass in einer wohlgeordneten Gesellschaft die ausschließende Sichtweise, d. h. ein exklusiver Bezug auf Gründe verpflichtend ist, die sich aus politischen Gerechtigkeitskonzeptionen ergeben. Bei „nahezu wohlgeordneten Gesellschaften", die dadurch gekennzeichnet sind, dass Bürger*innen einander hinsichtlich der Akzeptanz einer politischen Gerechtigkeitskonzeption misstrauen, ist die Situation schon etwas anders. Hier kann es sinnvoll sein darzulegen, dass und wie jeweilige umfassende Lehren eine entsprechende Konzeption stützen (PL, 355f.). Die umfassenden Lehren generieren also nicht selbst Gründe, die andere überzeugen sollen, aber der Verweis auf sie plausibilisiert die Aussage, dass vorgebrachte Gründe genuin öffentliche und nicht bloß verhüllte partikulare Gründe sind – was es wiederum ermöglichen soll, Entscheidungen z. B. zur Auslegung grundlegender Verfassungsfragen zu treffen.

Wirklich herausfordernd sind für Rawls Situationen, in denen Teile der Gesellschaft gegen etablierte Interpretationsweisen der öffentlichen Vernunft Einspruch erheben wollen, etwa um die Zulässigkeit von Sklaverei zurückzuweisen. Offensichtlich kann es hierbei nur um Minderheiten gehen, weil es ansonsten unproblematisch wäre, der etablierten Interpretationsweise eine neue entgegenzusetzen. In diesen Fällen wurde historisch oft ausgehend von umfassenden Lehren für die Unmöglichkeit bestimmter gegebener oder vorgeschlagener politischer Gerechtigkeitskonzeptionen argumentiert. Rawls hält fest, dass dies zulässig war, wenn die entsprechenden Lehren und die Schlüsse, die aus ihnen gezogen wurden, „eindeutig" (PL, 357) für ein allgemein besseres Verständnis öffentlicher Vernunft sprachen. Der Rekurs auf die umfassende Lehre hatte dann lediglich die strategische Funktion, die politische Gerechtigkeitskonzeption zu stärken, auf die eigentlich abgezielt wurde (PL, 359), weshalb es baldmöglichst zu einer Argumentation allein auf der Grundlage öffentlicher Gründe kam. Es kann also eine einschließende Sichtweise zugelassen werden, bei der der Rekurs auf umfassende Lehren die politische Gerechtigkeitskonzeption nicht ersetzt oder ergänzt, sondern vielmehr dazu beiträgt, sie abzusichern oder zu verbessern. Maßstab für die Zulässigkeit der Gründe aus umfassenden Lehren bleibt somit die Reartikulierbarkeit der Gründe in einer politischen Gerechtigkeitskonzeption.

Im Vorwort zur Taschenbuchausgabe stellt Rawls fest, dass diese Gegenüberstellung eines ausschließenden und einschließenden Verständnisses der Grenzen öffentlicher Vernunft seiner inzwischen revidierten Ansicht nach zu kurz greift. Als Alternative bietet er eine „weite Sichtweise des öffentlichen Vernunftgebrauchs" (PL, 50f.) an. Im Zentrum steht dabei die Überlegung, dass bislang benachteiligte Gruppen unter Umständen auch mit einer umfassenden Lehre beginnen können, ohne dass bereits behauptet werden muss, dass sie ein besseres Verständnis öffentlicher Vernunft umfasst. Gründe aus umfassenden Lehren können also zur Kritik an bloß vermeintlichen politischen Gerechtigkeitskonzeptionen angeführt werden. Wenn jene nämlich aus entsprechenden umfassenden Lehren nicht nachvollziehbar sind, dann eignen sie sich nicht als Ausdruck öffentlicher Vernunft. Das kritische Moment der Zurückweisung politischer Gerechtigkeitskonzeptionen muss jedoch, fordert Rawls in der Aufnahme seiner früheren Argumentation, sukzessive in eine eigene, öffentliche Vernunft für sich reklamierende politische Gerechtigkeitskonzeption verwandelt werden. Denn auch in diesem Fall kann Legitimität nicht aus einer umfassenden Lehre gewonnen werden. Auch in der weiten Sicht bieten umfassende Lehren also keine Gründe, die selbst schon die Zulässigkeit rechtlicher Regelungen und damit einhergehender Zwangsmaßnahmen verbürgen würden. Die Berechtigung der kritischen Perspektive, die sich auf grundlegende Überzeugungen stützt, steht somit unter dem Vorbehalt (*proviso*, wie es im Original im Anschluss an eine berühmte Stelle bei John Locke heißt), dass die solcherart Kritisierenden letztlich bereit sein werden, in der Sprache einer politischen Gerechtigkeitskonzeption zu argumentieren.

Die Ausführungen auf den wenigen Seiten des Vorworts bleiben kursorisch, so dass Rawls den *Nochmals*-Essay nutzt, um die weite Sicht ausführlicher zu erläutern – und sie zugleich erneut zu verändern. Während nämlich im Vorwort, orientiert am Beispiel der Anti-Sklavereibewegung, noch die Kritik an etablierten, aber fragwürdigen politischen Gerechtigkeitskonzeptionen im Mittelpunkt steht, wird „der Vorbehalt" nun dazu genutzt, die Legitimitätstheorie um eine sozialphilosophische Dimension zu erweitern. Gerechte Gemeinwesen entstehen nicht von einem Tag auf den anderen, sondern sie ergeben sich aus komplexen historischen Prozessen und damit verbundenen Lernvorgängen. Ihren Ursprung haben diese Vorgänge zumindest für die westlichen Demokratien in den Religionskriegen der Frühen Neuzeit. Hier erwies sich, dass der Anspruch verschiedener Glaubenssysteme, auch für die jeweils anderen politisch verbindlich zu sein, notwendig in Gewalt endete. Daraus resultierten, wenn auch zunächst bloß strategisch zugestanden, Gewissensfreiheit und Toleranz als Grundprinzipien pluralistischer Ordnung (RV, 188). Ein *modus vivendi* über strategisches Hinnehmen ist jedoch dauerhaft instabil – und zwar nicht nur, weil immer wieder versucht wird, doch die andere Seite zu beherrschen, sondern auch, weil die Annahme, dass es zu solchen Versuchen kommen wird, dazu nötigt, ständig auf der Hut zu sein. Zu größerer Stabilität kommt es erst dann, wenn Bürger*innen mehr darüber wissen, welchen umfassenden Lehren andere anhängen, und davon ausgehen können, dass die Lehren, denen sie folgen, genuin für Prinzipien einer pluralistischen Ordnung und d.h. für Zugeständnisse an die anderen sprechen. Selbst wenn sich also die wohlgeordnete Gesellschaft letztlich nur im Medium der öffentlichen Vernunft steuert, so beruht das Vertrauen in die öffentliche Vernunft – und d. h. die Hintergrundkultur – ganz wesentlich auf dem „wechselseitigen Wissen der Bürger von ihren religiösen und nichtreligiösen Lehren" (RV, 190).

Es gibt also durchaus Gründe, die sich aus umfassenden Lehren ergeben und in der öffentlichen Vernunft angeführt werden können, nämlich solche Gründe, die belegen, dass und wie umfassende Lehren genuin mit einer pluralistischen Demokratie verbunden sind bzw. Grenzen eigener Ansprüche intern vorsehen und nicht nur als extern auferlegt wahrnehmen. Die Unterscheidung zwischen der ausschließenden und der einschließenden Sicht in *Politischer Liberalismus* griff zu kurz, weil sie, indem sie sich auf die Frage konzentrierte, wann Bedingungen für legitime Herrschaft erfüllt sind, nicht hinreichend berücksichtigte, dass die Konstitution der Legitimitätsbedingungen wohlgeordneter Gesellschaften nicht selbst schon unter diesen Bedingungen stattfinden muss. Der historische Prozess legt nahe, dass es im Lernvorgang, aus dem sich Demokratien ergeben haben, in denen Entscheidungen ausschließlich auf der Basis politischer Gerechtigkeitskonzeptionen gerechtfertigt werden (können), Situationen gab, in denen umfassende Lehren zum Ausdruck kamen und dabei nicht unmittelbar schon an die Gerechtigkeitskonzeptionen gekoppelt waren. Denn das, was jeweils andere Bürger*innen in diesen Situationen interessierte, war nicht die Konzeption politischer Gerechtigkeit, die eine umfassende Lehre favorisierte, sondern vielmehr die Gründe innerhalb der entsprechenden Konzeption, die für ein nicht-beherrschendes Verhältnis zu Anhänger*innen anderer umfassender Lehren sprechen.

Legitimität wird also in zwei Dimensionen erzeugt, womit sich auch die öffentliche Vernunft auf beide Dimensionen beziehen muss: Jeweils aktuelle Entscheidungen sind dann legitim, wenn für sie erwiesen werden kann, dass sie im Einklang mit der Verfassung (über die jetzt kaum mehr etwas gesagt wird) und einer freistehenden politischen Gerechtigkeitskonzeption zustande gekommen sind. Eine bloße Übereinstimmung reicht aber dann nicht hin, wenn es den Verdacht gibt, dass sie vorgeschoben ist und Gründe aus einer umfassenden Lehre verdeckt. In solchen Situationen dürfen oder müssen vielleicht sogar Gründe aus umfassenden Lehren angeführt werden, die erklären, dass und warum die umfassende Lehre in ihnen für ein Entscheiden auf der Basis einer politischen Gerechtigkeitskonzeption spricht. Hierbei – und das unterscheidet die Argumentation in *Nochmals* von *Politischer Liberalismus* und dem Vorwort zur Taschenbuchausgabe – ist es nicht wichtig, dass die Gründe selbst letztlich zu einer besseren politischen Gerechtigkeitskonzeption führen. Sie stellen vor allem heraus, dass eine solche Konzeption auch in der Perspektive der angeführten umfassenden Lehre notwendig für Legitimität ist.

Gerade im Bereich der Hintergrundkultur kann es somit für Rawls sogar „positive Gründe" (RV, 191) geben, umfassende Lehren bei Fragen öffentlicher

Vernunft anzuführen. Es mag wünschenswert sein, dass Verfassungsrichter*innen im Amt ihre religiösen Überzeugungen darlegen, wenn dies dem Zweck dient zu unterstreichen, dass diese Überzeugungen sie zu einem Selbstverständnis verpflichten, demzufolge ihre zwangsrelevanten Urteile ausschließlich auf einer politischen Gerechtigkeitskonzeption aufruhen. Diese Gründe für das jeweilige Urteilen dürfen aber nur angeführt werden – womit sich der Vorbehalt ergibt –, unter der Bedingung, dass sie letztlich tatsächlich in Begründungen auf der Basis allein der öffentlichen Vernunft übergehen. Anders als in der ersten Form der einschließenden Sichtweise in *Politischer Liberalismus* muss aber nicht unterstellt werden, dass es einen direkten Zusammenhang zwischen der umfassenden Lehre und einer bestimmten politischen Gerechtigkeitskonzeption gibt. Es reicht aus, dass etwas Interessantes zum Zusammenhang insgesamt gesagt wird. Anzuerkennen, dass es Situationen gibt, in denen im Kontext der öffentlichen Vernunft umfassende Lehren eingebracht werden können, heißt für Rawls dementsprechend auch, andere als argumentative und begründende Formen der Äußerung zuzugestehen: So können „Deklarationen" sinnvoll sein, mit denen einige ausdrücken, wofür sie mit ihrer umfassenden Lehre in einem gegebenen Fall stehen, oder es können umgekehrt Argumente entwickelt werden, die mit „Vermutungen" operieren, was andere gegeben ihre jeweiligen umfassenden Lehren akzeptieren oder ablehnen werden (RV, 192).

3 Öffentliche Vernunft als Lösung der Legitimitätsfrage?

Mit den vorgenommenen Veränderungen weitet Rawls die öffentliche Vernunft auf die gesamte demokratische Ordnung und die Voraussetzungen für die Anerkennung einer solchen geteilten Ordnung unter Bedingungen des gesellschaftlichen Pluralismus aus. Legitimität ergibt sich somit nicht nur durch den Rückgriff auf die Verfassung, mit dem zwangsbewehrte Regelungen gerechtfertigt werden, sondern auch durch den deliberativen Charakter politischer Entscheidungsfindung und gesellschaftliche Lernvorgänge. Ist, wenn all dies erfüllt ist, das Wirken der Ordnung legitim?

Die abschließenden Paragraphen von *Nochmals* machen deutlich, dass sich Kritiken an Rawls insbesondere gegen die vermeintlich zu engen Grenzen gerichtet haben, die die öffentliche Vernunft Bürger*innen auferlegt. Die „quälende Frage der Gegenwart" ist, ob „sich Demokratie und umfassende Lehren, seien sie nun religiös oder nicht-religiös, miteinander vereinbaren" lassen (RV, 213). Vor allem bei Fragen, die aus religiöser Perspektive bedeutsam sind, wie denjenigen der Bildungsformen und -inhalte oder der Abtreibung fordern einige, dass die öffentliche Vernunft offen sein müsste für religiöse Argumente. Rawls antwortet auf diese Einwände nicht mit Zugeständnissen oder Revisionen der Legitimitätsanforderungen, sondern weist sie weitgehend zurück (RV, 202–212). Die Kritiken bemängeln an der Idee der öffentlichen Vernunft, dass sie mit ihrer Bindung an politische Gerechtigkeitskonzeptionen zu restriktiv ist und vielen damit nicht erlaubt, die Argumente in die öffentliche Auseinandersetzung einzubringen, die ihnen wirklich wichtig sind. Wenn, so das Argument, die öffentliche Vernunft allgemeine Bindungswirkung von Gesetzen zur Folge haben soll, dann müssen diejenigen, die verpflichtet werden sollen, auch in der Lage sein, dasjenige einzubringen, was sie ver- oder entpflichtet.

Rawls weist diese Vorstellung eines gesamtgesellschaftlichen Verständigungs- und wechselseitigen Verpflichtungsprozesses zurück: In vernünftig pluralistischen Gemeinwesen ist nicht davon auszugehen, dass es in wesentlichen Streitfällen auf der Ebene von Gründen, die aus umfassenden Lehren stammen, einen Konsens oder auch nur Lösungen geben wird, die alle aus ihren Gründen für richtig halten (RV, 262, Fn. 93). Die zentrale Legitimitätsfrage – zumindest unter der Bedingung, dass ein Gemeinwesen bereits besteht und nicht neu gegründet wird (PL, 317) – ist also nicht, wie sichergestellt sein kann, dass sich alle mit ihren spezifischen Auffassungen in Entscheidungen wiederfinden. Es geht vielmehr darum, wie zu gewährleisten ist, dass niemand anderen Entscheidungen auf der Basis von Gründen, die sich aus umfassenden Lehren ergeben, einfach auferlegen kann. Es geht also darum, welche Gründe andere ersteren anbieten müssen, damit jene ihre Entscheidungen als legitim akzeptieren, und nicht, welche Gründe erstere einbringen dürfen sollten, die zu ihrem Selbstverständnis passen.

So verstanden würde die Verbreiterung zulässiger Gründe die Herrschaftsmöglichkeiten wesentlich erweitern und die Rechtfertigungspflichten jeweils Regierender gegenüber (derzeit) nicht Regierenden verringern. Es würde damit gerade das Anliegen, dass Benachteiligte oder Minderheiten ihren umfassenden Lehren größeres Gewicht zukommen lassen können, überhaupt nicht bedient. Der Preis, den alle dafür zahlen, nicht einfach partikularen Zielen und Gründen anderer unterworfen zu werden und das heißt, eigenen umfassenden Lehren in wichtigen Hinsichten folgen zu können, ist derjenige, darauf zu verzichten, solche Lehren bei wesentlichen Entscheidungen im politischen System zur Geltung bringen zu können. Vernünftige umfassende Lehren nehmen diesen Preis nicht nur als Last wahr, sondern tragen ihn bereitwillig durch ihre Anerkennung und Wertschätzung des Pluralismus (RV, 214). Die öffentliche Vernunft bleibt auch in ihrer revidierten Form an politische Gerechtigkeitskonzeptionen geknüpft, sie berücksichtigt jedoch, dass die Art und Tiefe dieser Verknüpfung selbst Gegenstand von Kontroversen werden und daher die Verbindung zwischen umfassenden Lehren und politischen Gerechtigkeitskonzeptionen selbst Gegenstand des Austauschs der öffentlichen Vernunft sein kann. Diejenigen, die mit einer politischen Gerechtigkeitskonzeption argumentieren, können also auf Gründe aus den von ihnen favorisierten umfassenden Lehren zurückgreifen, um damit anderen zu demonstrieren, dass sie es ernst mit den Argumenten meinen, aber nicht, um sich damit von entsprechenden Argumentationslasten zu befreien.

Diese Zurückweisung der letztlich identitätspolitischen Forderungen nach größerer Anerkennung (insbesondere religiöser) umfassender Lehren ist legitimitätstheoretisch unvermeidlich. Sie hat, wie Rawls in Auseinandersetzung mit feministischen Kritiken unterstreicht, auch für umfassende liberale Positionen Konsequenzen. Denn er gesteht zwar zu, dass auch Familien- und Geschlechterverhältnisse mit öffentlicher Vernunft zu erörtern sind, weil die Entscheidung darüber, was öffentlich und was privat ist, eng mit den jeweiligen politischen Gerechtigkeitskonzeptionen verbunden ist. Aber letztlich sollte jede Person selbst entscheiden können, in welche Beziehungen zu anderen sie tritt. Das Legitimitätsprinzip schließt aus, dass einige einfach entscheiden können, dass die Verhältnisse so bleiben, wie sie sind, aber auch, dass andere einfach entscheiden können, dass sie anders aussehen müssen. Es berücksichtigt allerdings, dass Freiheit von ökonomischen Voraussetzungen abhängen kann, und fordert daher, dass „soziale Bedingungen zu verwirklichen [sind], unter denen die weiterhin bestehende Arbeitsteilung freiwillig ist" (RV, 199).

Mit den demokratietheoretischen und sozialphilosophischen Erweiterungen seiner Theorie eröffnet Rawls sich die Möglichkeit, die Entwicklung und Veränderung grundlegender Überzeugungen zu dynamisieren und an den demokratischen Prozess zu binden – eine Möglichkeit, die er selbst nicht mehr ergriffen hat. Ein größeres Vertrauen in die rationalisierenden Vermögen des demokratischen Prozesses, wie sie in der Theorie der deliberativen Demokratie diskutiert werden, könnte die Zulässigkeit von Argumenten aus umfassenden Lehren sogar nochmals wesentlich erweitern, ohne dass damit Legitimitätserwartungen reduziert würden. Durch die demokratische Auseinandersetzung können sich Veränderungen selbst der tiefsten Überzeugungen ergeben, was letztlich auch Auswirkungen darauf hat, was überhaupt zum Gegenstand politischer Kontroversen wird.

Reicht dieses Navigieren zwischen umfassenden Vorstellungen guter politischer Ordnung durch deren Begrenzung auf eine teilbare Idee öffentlicher Vernunft aus für die Legitimität von Herrschaft? Am Ende von *Nochmals* verweist Rawls auf eine weitere Ebene wichtiger gesellschaftlicher Auseinandersetzungen. Er nennt Konflikte, „die sich aus Unterschieden des Staates, der Klassenposition, der Beschäftigung oder aus Unterschieden der ethnischen Herkunft, des Geschlechts oder der Rasse ergeben" (RV, 214), und greift mit der Unterscheidung zwischen umfassenden Lehren und Interessen, die an jeweiligen gesellschaftlichen Positionen und Kategorien hängen, Kritiken am Liberalismus auf, wie sie im Marxismus und von anderen sozialkritischen Ansätzen vorgebracht wurden. Rawls räumt ein, dass die öffentliche Vernunft nicht selbst schon eine plausible Antwort für den adäquaten Umgang mit diesen Konflikten bereithält. Wenn Legitimität und d. h. die rationale Bindungskraft politischer Ordnung letztlich auch daran hängt, dass diese Interessenskonflikte bewältigt werden – wofür viel spricht –, dann bietet die Bestimmung von Legitimität über öffentliche Vernunft keine vollständige Legitimitätstheorie. Zugleich besteht Rawls zurecht darauf, dass diese weitere Legitimitätsanforderung nicht gegen die von ihm entwickelte ausgespielt werden kann. Erst im Rahmen einer politischen Ordnung, die öffentliche Vernunft realisiert, lässt sich auch die weitere Legitimitätsbedingung legitim erfüllen.

4 Öffentliche Vernunft im Recht der Völker

Die Idee der öffentlichen Vernunft wird von Rawls vor allem mit Blick auf die Legitimitätsbedingungen wohlgeordneter Gesellschaften entwickelt. Da auch in der internationalen Ordnung Legitimität gesucht wird, wirft Rawls in *Das Recht der Völker* die Frage auf, ob hier einer öffentlichen Vernunft eine vergleichbare Funktion zugeschrieben werden könnte. In der idealen Theorie wird ein Recht für Völker entwickelt, die in ihrer jeweiligen Ordnung unterschiedliche Gerechtigkeitsprinzipien realisieren. Es ist deshalb nicht zu unterstellen, dass sich eines dieser Prinzipien besonders für die Gestaltung der Verhältnisse zwischen den Völkern eignet, so dass analog zum Pluralismus in Einzelgesellschaften ein mit dem Pluralismus vereinbares Recht zu finden ist. Die öffentliche Vernunft könnte wiederum die Legitimität der Rechts- und Zwangsausübung verbürgen, indem sie alle Akteure strikt an das Recht bindet (RV, 62). Aufgrund dieser strikten Bindung ergibt sich ein wesentlicher Unterschied zur einzelgesellschaftlichen Idee der öffentlichen Vernunft, denn sie dürfte inhaltlich nicht durch eine Gruppe politischer Gerechtigkeitskonzeptionen bestimmt, sondern müsste vielmehr in einer einzigen Konzeption des Rechts der Völker verkörpert sein. Diese Konzeption müsste eine Begrifflichkeit bereitstellen, „die von verschiedenen Völkern geteilt werden" kann (RV, 63). Völkerrechtlich relevante Akteure müssten somit die Außenpolitik der Länder, die sie vertreten, so begründen, dass sie auf die Prinzipien des Rechts zurückgeht und nicht auf ihre Weltordnungsperspektiven. Bürger*innen sollten ihre Außenpolitik ebenfalls so betrachten und bewerten, weil dies Mandatsträger*innen im entsprechenden Bereich in ihren Begründungen unterstützen würde und sie damit letztlich die „politische und soziale Basis des Friedens und der Verständigung zwischen Völkern" (RV, 65) bilden könnten.

Für Rawls ist die öffentliche Vernunft des Rechts der Völker mehr als eine Weise, Stabilität für dieses Recht erwartbar zu machen. Gerade liberale Völkerrechtstheorien stehen unter dem Verdacht, die Veränderung und Anpassung bislang noch nicht liberaler Gesellschaften anzustreben. Da das Ideal der öffentlichen Vernunft denjenigen, die möglicherweise mit Zwangsbefugnissen einhergehende Ansprüche aufstellen, abverlangt, jene Ansprüche in einer Weise zu begründen, der auch andere von den Zwangsbefugnissen Betroffene die Zustimmung nicht verweigern können, schließt es jedes Auferlegen von Ordnungsvorstellungen aus. Der erste Schritt einer liberalen Position besteht also in der Selbstzurücknahme und nicht in der Betonung des eigenen Vorrangs. Rawls kann damit zurecht für sich reklamieren, die „Beziehungen gegenseitiger Achtung zwischen Völkern" (RV, 154) zum Kern seiner Theorie zu machen.

Diese Geste der Selbstzurücknahme gerade von einem amerikanischen politischen Philosophen ist sicherlich in vielen Hinsichten zu begrüßen. Zugleich operiert diese Vorstellung öffentlicher Vernunft im inter- oder transnationalen Bereich doch zu stark mit einem neo-realistischen Verständnis internationaler Beziehungen, das die innere Verfassung von Nationalstaaten weitgehend von internationalen Verhältnissen abkoppelt. Konstruktivistische Ansätze in den internationalen Beziehungen, Konstitutionalisierungstendenzen des Völkerrechts, Untersuchungen zum Rechtspluralismus und die Globalisierungsforschung schlechthin unterstreichen, dass es hier eine viel größere Dynamik gibt, die offensichtlich auch entsprechender Institutionen und Formen normativer Reflexion bedarf. Es muss folglich eine komplexe Vorstellung öffentlicher Vernunft geben, mit der sie ihre Legitimitätsleistung dadurch erbringen kann, dass es unterschiedliche Vorschläge gibt, wie die verschiedenen rechtlichen Normen in ihrer Geltung zu verstehen sind, und es zugleich zu einer rationalen Diskussion dieser Vorschläge kommt.

Literatur

Ackerman, Bruce (1991): *We the People: Foundations*. Cambridge: Belknap Press of Harvard University Press.

Cohen, Joshua (1989): „Deliberation and Democratic Legitimacy". In: Hamlin, Alan/Petitt, Philip (Eds.): *The Good Polity*. Oxford: Blackwell, 1–34.

Gutmann, Amy/Thompson, Dennis (1996): *Democracy and Disagreement*. Cambridge: Belknap Press of Harvard University Press.

Habermas, Jürgen (1996): „Versöhnung durch öffentlichen Vernunftgebrauch". In: Habermas, Jürgen (Hg.): *Die Einbeziehung des Anderen*. Frankfurt/M: Suhrkamp, 65–94.

Harrington, James (1992): *The Commonwealth of Oceana and A System of Politics*. Cambridge: Cambridge University Press.

Kelsen, Hans (1934): *Reine Rechtslehre*. Leipzig, Wien: Deuticke.

Larmore, Charles (2015): „Grundlagen und Grenzen der öffentlichen Vernunft (Vorlesung VI)“. In: Höffe, Otfried (Hg.): *John Rawls: Politischer Liberalismus*. Berlin, München, Boston: De Gruyter, 131–146.

Parkinson, John/Mansbridge, Jane (Eds.) (2012): *Deliberative Systems: Deliberative Democracies at the Large Scale*. Cambridge: Cambridge University Press.

Rawls, John (1992): *Die Idee des politischen Liberalismus. Aufsätze 1978–1989*. Hinsch, Wilfried (Hg.). Frankfurt/M: Suhrkamp.

Jörg Schaub

11 John Rawls' Projekt(e) der Versöhnung (§ 18)

1 Einleitung

In diesem Kapitel wird zum einen zum ersten Mal ein vollständiger Überblick über die verschiedenen (zum Teil inkompatiblen) Versöhnungsprojekte gegeben, die John Rawls im Rahmen seiner politischen Philosophie verfolgt. Zum anderen werden diese einer immanenten Kritik unterzogen, die einige Probleme, mit denen sie behaftet sind, hervortreten lässt.

Obwohl Rawls sich explizit zur „Versöhnung" als einer grundlegenden „Aufgabe" (GF, 22) der politischen Philosophie bekennt und erklärt, sich im Zusammenhang mit seiner nationalen und internationalen Gerechtigkeitstheorie „in mehreren Hinsichten" mit der „Rolle" (GF, 22; RV, § 18) der Versöhnung zu befassen, hat dieser Aspekt in der ausufernden Literatur zu Rawls' Werk bislang kaum Beachtung gefunden. Da Rawls seine Versöhnungsprojekte nicht systematisch ausgearbeitet hat, sind zunächst eine Reihe von Verständnisfragen zu klären: Was ist mit Versöhnung gemeint? Wer soll mit was warum auf welche Weise versöhnt werden? Welches Verhältnis besteht zwischen Rawls' Versöhnungsprojekten und seiner Gerechtigkeitstheorie? Wie wirken sich Rawls' Versöhnungsprojekte auf seine Unterscheidung zwischen idealer Theorie (die die Prinzipien einer gerechten liberalen Demokratie bzw. eines gerechten Rechts der Völker konstruiert) einerseits und einer nichtidealen Theorie (die uns darüber aufklären soll, wie dieses „langfristige Ziel" einer gerechten Ordnung „erreicht werden" (RV, 113) kann) andererseits aus? Zudem müssen wir uns fragen, ob Rawls' Versöhnungsprojekte ihre Ziele erreichen und ob es Gründe gibt, sie als (politisch) problematisch, unkritisch oder einseitig anzusehen.

Um meiner Rekonstruktion Struktur zu geben, unterscheide ich zwischen partiellen und generellen Versöhnungsprojekten. Rawls' partielles Versöhnungsprojekt (2) besitzt selbst wiederum zwei Varianten. Ziel der ersten Variante partieller Versöhnung ist es, uns mit bestimmten *vermeidbaren* sozialen Konflikten zu versöhnen, die durch Ungerechtigkeiten geschürt werden (2.1). Die zweite Variante partieller Versöhnung soll uns entweder mit vermeidbaren sozialen Fakten (wie Schurkenstaaten) versöhnen, indem aufgezeigt wird, dass es mit der Gerechtigkeit kompatible Wege gibt, diese zu überwinden, oder uns davon überzeugen, dass bestimmte soziale Phänomene, die auch unter gerechten Verhältnissen bestehen bleiben und Konfliktpotential bergen (wie etwa der ver-

https://doi.org/10.1515/9783110650631-013

nünftige Pluralismus), Versöhnung nicht unmöglich machen (2.2). Das ambitioniertere generelle Versöhnungsprojekt soll uns demgegenüber mit der sozialen „Welt als ganzer" (RV, 162) versöhnen (3). Mit Blick auf Rawls' generelles Versöhnungsprojekt schlage ich vor, zwischen einem eher von Hegel (3.1) und einem eher von Kant (3.2) geprägtem Projekt zu unterscheiden. Rawls beruft sich auf beide Autoren als Inspirationsquellen für sein generelles Versöhnungsprojekt, löst das Spannungsverhältnis, das zwischen einem hegelianischen und einem kantianischen Ansatz besteht, jedoch nicht auf.

2 Rawls' partielles Versöhnungsprojekt: Soziale Konflikte und Fakten

Rawls betrachtet „Versöhnung" als eine grundlegende „Aufgabe" der „politischen Philosophie" (GF, 22). Ziel von Versöhnungsprojekten ist es, Individuen dazu zu bringen, ihre soziale Welt (oder Aspekte derselben), die sie zunächst als negativ erleben, „in positiver Form" zu „bejahen" (GF, 22), indem man ihnen zeigt, dass ihre soziale Welt, wenn man sie „von einem philosophischen Blickpunkt" aus betrachtet, „vernünftig" (RV, 160) ist. Der Begriff der Versöhnung ist somit dadurch definiert, dass Individuen durch Einsicht in die Vernünftigkeit der sozialen Welt (oder Aspekte derselben) eine negative „Einstellung" (RV, 162) zu dieser, etwa „Enttäuschung", „Zorn" (GF, 22) oder Resignation (GM, 428), in eine affirmative verwandeln. Bei einer Versöhnungsvorstellung handelt es sich dann um „eine Ausdeutung dieser Funktion" (TG, 27). Rawls selbst spricht ganz verschiedene Versöhnungsvorstellungen an, die es zu bestimmen, voneinander abzugrenzen und zu bewerten gilt.

2.1 Rawls' partielles Versöhnungsprojekt I: Vermeidbare soziale Konflikte

Die erste Variante von Rawls' partiellem Versöhnungsprojekt soll soziale Konflikte verschiedener Art „zur Versöhnung" (PL, 61) führen. Rawls denkt an Konflikte, die sich aus Ungerechtigkeit zwischen BürgerInnen oder Völkern ergeben. Diese lassen sich durch Reformen der nationalen oder internationalen Grundstruktur entweder auflösen oder derart abschwächen, dass sie nicht mehr als negativ erfahren werden. Die Versöhnung vermeidbarer sozialer Konflikte erfolgt somit durch Gerechtigkeit: Entweder man etabliert eine „konstitutionellen Ordnung", die die höherrangigen moralischen Interessen aller BürgerInnen fair berücksichtigt (RV, 6, 56 f.), oder ein vernünftiges Recht der Völker, das den Status aller Völker als freier und gleicher garantiert und ihre „grundlegenden Interessen" (RV, 22, 38 f.) – wie „politische Unabhängigkeit", „Sicherheit" und „territoriale Integrität" (RV, 38) – angemessen beachtet (Weithman 2009, 113; RV, 52–55).

Es stellt sich allerdings die Frage, *wer* hier eigentlich durch den Nachweis versöhnt werden soll, dass derartige soziale Konflikte in einer gerechten Welt überwunden oder eingedämmt wären. Denn für uns, die wir in einer Welt leben, in der sowohl die internationale Ordnung als auch „*tatsächlich* existierende Demokratien [...] durch beträchtliche Ungerechtigkeiten" (RV, 55, 113) gekennzeichnet sind, ändert die Einsicht, dass die Konflikte, die wir um uns herum erleben, in einer gerechten Welt vermieden würden, nichts daran, dass sie für uns *noch nicht* (vollständig) „zur Versöhnung" (PL, 61) gebracht worden sind. Daher bleiben wir mit diesen Konflikten unversöhnt. Für die imaginierten BewohnerInnen einer gerechten Welt wäre Rawls' Versöhnungsargument nutzlos, da sie diese Konflikte überhaupt nicht erleben und daher kein Bedürfnis nach Versöhnung entwickeln würden. Rawls' Argumentation versöhnt uns hier und heute daher nicht mit noch bestehenden, durch Ungerechtigkeiten angefachten Konflikten, sondern spornt uns allenfalls an, eine gerechtere Welt zu schaffen, in der diese Konflikte überwunden wären.

2.2 Rawls' partielles Versöhnungsprojekt II: Soziale Fakten

Neben der Versöhnung mit vermeidbaren sozialen Konflikten bemüht sich Rawls, uns mit unterschiedlichen sozialen Fakten zu versöhnen, die uns aus der „Geschichte" und unserer „politische[n] Erfahrung" (RV, 157) bekannt sind. Ich werde mich zunächst mit sozialen Fakten befassen, mit denen wir uns versöhnen können, weil es mit den Ansprüchen der Gerechtigkeit vereinbare Wege gibt, sie aus der Welt zu schaffen, bevor ich mich sozialen Fakten zuwende, die auch in einer gerechten Welt vorherrschen würden.

Im Zusammenhang mit seinen Ausführungen zur Versöhnung erwähnt Rawls sogenannte Schurkenstaaten und belastete Gesellschaften (RV, 159). Ich nehme an, er tut dies, um darauf hinzuweisen, dass die Existenz von Staaten, die sich nach außen und innen aggressiv verhalten, kein unüberwindliches Hindernis für die Versöhnung darstellt. Denn gegen Schurkenstaaten lassen sich *gerechte* Kriege führen, durch die sie neutralisiert werden können (RV, §§ 13 – 14). Bei belasteten Gesellschaften, die (aus historisch-politischen Gründen oder aufgrund von Naturkatastrophen) aus eigener Kraft nicht in der Lage sind, sich in wohlgeordnete Gesellschaften zu entwickeln und die Rolle vollgültiger Mitglieder einer achtbaren Gesellschaft der Völker zu spielen, handelt es sich um ein weiteres soziales Faktum, das aus der Perspektive der Versöhnung kein unüberwindliches Hindernis darstellt. Denn die Gemeinschaft bereits wohlgeordneter Gesellschaften besitzt eine Gerechtigkeitspflicht, belasteten Gesellschaften diejenige Unterstützung zukommen zu lassen, die sie benötigen, um sich aus ihrer misslichen Lage zu befreien (RV, 159, § 15).

Selbst wenn man Rawls' Sicht der Dinge teilt, ergibt sich mit Blick auf die Versöhnung erneut die Frage, ob es (solange Menschen noch unter Schurkenstaaten und belasteten Gesellschaften leiden) für die Versöhnung mit solchen sozialen Fakten hinreicht, dass man einsieht, dass es mit der Gerechtigkeit kompatible Wege gibt, diese zu überwinden.

Von den bislang erörterten sozialen Fakten sind diejenigen zu unterscheiden, die ein Bedürfnis nach Versöhnung hervorbringen, aber selbst in einer vollständig gerechten Welt nicht vermieden werden können. Mit diesen kann man sich versöhnen, wenn man sie „als vernünftig [...] anerkennt" (RV, 160; Meek Lange 2014). Rawls verweist in diesem Zusammenhang etwa darauf, dass eine „politische Gesellschaft [...] kein Verband" sein könne, denn wir „treten ihr nicht freiwillig bei" (GF, 23). Dieser Umstand könnte Mitglieder liberaler Demokratien dazu verleiten, ihre „Anwesenheit" in ihrer politischen Gesellschaft als „nicht frei" (GF, 23) anzusehen. Da wir nicht nur in eine politische Gesellschaft, sondern auch in eine internationale Ordnung hineingeboren werden, in die unsere eigene Gesellschaft eingebunden ist, wiederholt sich dieses Problem auf der transnationalen Ebene. Die Versöhnungsstrategie, die Rawls diesbezüglich verfolgt, besteht darin, uns davon zu überzeugen, dass die Unfreiheit, die dieses Faktum impliziert, durch eine andere Form der Freiheit – die politische Autonomie – vollumfänglich kompensiert werden kann (Meek Lange 2014, 319–320). Wir können uns „ohne Anmaßung und Schwindel" als „tatsächlich frei" (GF, 23) betrachten, wenn wir in einer angemessen gerechten liberalen Gesellschaft leben, die ihrerseits Teil einer angemessen gerechten Gesellschaft der Völker ist. Mit Blick auf die Versöhnung ergibt sich jedoch erneut das Problem, dass die tatsächlich bestehenden Verhältnisse sowohl auf der nationalen als auch internationalen Ebene gravierende Defizite im Hinblick auf die politische Autonomie aufweisen. *Für uns* bleibt die Substitution der frei gewählten Anwesenheit durch die politische Autonomie deshalb zumindest unvollständig. Die Einsicht, dass BürgerInnen und Völker in einer gerechten Welt ihre politische Autonomie verwirklichen würden, reicht *für uns* hier und jetzt somit für eine vollständige Versöhnung nicht aus. Rawls' Argumentation zeigt vielmehr, dass es sich auch um unserer Freiheit willen lohnt, für eine gerechte Welt zu kämpfen.

Ein weiteres unvermeidliches Faktum, mit dem wir uns „versöhnen sollen" (RV, 14), besteht darin, dass „eine demokratische Gesellschaft keine Gemeinschaft" (GF, 22, § 11) sein kann. Rawls spricht diesbezüglich auch vom „Faktum des vernünftigen Pluralismus" (RV, 14, 157). Mit einer Gemeinschaft hätten wir es zu tun, wenn alle BürgerInnen ein und dieselbe umfassende religiöse oder säkulare Lehre bejahen würden. Rawls nimmt an, dass viele Mitglieder pluralistischer Gesellschaften eine Gemeinschaft „vorziehen" (RV, 157) würden. Sie erleben ihre pluralistische Gesellschaft als eine Welt „sozialer Zersplitterung" und „falscher Lehren" (RV, 160). Zudem erschwert der Pluralismus die politische Einigung (man denke etwa an Auseinandersetzungen zwischen gläubigen KatholikInnen und säkularen Gruppierungen über die Abtreibung). Erneut gibt es auf der internationalen Ebene eine Entsprechung zum vernünftigen Pluralismus umfassender Lehren. Denn Völker besitzen ihre je „eigenen religiösen und nicht-religiösen Kulturen und geistigen Traditionen" (RV, 14) sowie „Institutionen und Sprachen" (RV, 62).

Mit Blick auf die Versöhnung mit dem vernünftigen Pluralismus bringt Rawls eine neue argumentative Strategie in Anschlag. Er versucht uns mit diesem Faktum zu versöhnen, indem er nachweist, dass wir etwas anderes, woran uns noch mehr liegt, nämlich freiheitliche Institutionen, nur um den Preis des vernünftigen Pluralismus haben können. Zu diesem Zweck argumentiert er zunächst, dass der vernünftige Pluralismus das normale Ergebnis des freien Gebrauchs der Vernunft darstelle, weshalb dieses Faktum notwendig mit unseren freiheitlich verfassten Institutionen verknüpft sei (RV, 222, Fn. 8). Durch diese Einsicht sollen BürgerInnen liberaler Demokratien dazu gebracht werden, den vernünftigen Pluralismus als einen vernünftigen Preis zu betrachten, den sie für ihre freiheitliche Institutionen zu entrichten haben (Meek Lange 2014, 319). Rawls setzt hier jedoch einfach voraus, dass Mitgliedern liberaler Demokratien freiheitliche Institutionen in der Regel wichtiger sind als doktrinäre Einheit. Rawls argumentative Strategie, uns über ein Abwägungsargument zu versöhnen, verpflichtet ihn zudem darauf, alle Vorteile und Nachteile, die sich aus dem vernünftigen Pluralismus ergeben könnten, in Betracht zu ziehen. So führt er etwa an, der vernünftige Pluralismus sei „nutzbringend" (GF, 23), da „die Pluralität von Sekten [...] die beste Versicherung der gleichen Freiheit für" (RV, 157) alle weltanschaulichen Gemeinschaften darstelle. Denn aufgrund dieser Vielfalt sollte sich immer eine Mehrheit gegen den Versuch bestimmter weltanschaulicher Gruppierungen finden, sich gegenüber anderen intolerant zu gebärden. Rawls' gravierendste Sorge bezüglich des vernünftigen Pluralismus betrifft jedoch die Frage, ob dieser eine „demokratische [...] Einheit in Vielheit" (RV, 158) unmöglich macht: Kann man die Integrität einer liberal-demokratischen Gesellschaft bewahren, wenn ihre Mitglieder nicht ein und dieselbe „religiöse oder nichtreligiöse umfassende Lehre" (RV, 158) bejahen? Bleibt eine „öffentliche [...] Verständigung" (RV, 158) über grundlegende politische Fragen möglich? Unterminiert der auf der transnationalen Ebene bestehende Pluralismus politischer und religiöser Traditionen und Kulturen die

Möglichkeit der Verständigung auf ein vernünftiges Recht der Völker? Ich komme weiter unten auf diese Fragen, die sich aus den „Bürden des Urteilens" (PL, 61) unter freiheitlichen Institutionen ergeben, zurück.

An dieser Stelle möchte ich meine Ausführungen zu den verschiedenen von Rawls verfolgten partikularen Versöhnungsprojekten mit dem Hinweis darauf abschließen, dass diese eine Tendenz besitzen, sich in generelle Versöhnungsprojekte auszuweiten, bei denen es um die Versöhnung mit der sozialen Welt als ganzer geht. Denn die Versöhnung aller sozialen Konflikte wäre erst in einer hinreichend gerechten sozialen Welt erreicht, und eine vollständige Substituierung der Freiheit als Beitrittsfreiheit durch Freiheit als politische Autonomie würde ebenfalls eine gerechte Welt voraussetzen. Zuletzt verlangt die Versöhnung mit dem vernünftigen Pluralismus den Nachweis, dass dieses Faktum die Verständigung über grundlegende politische Fragen und politische Einheit nicht unmöglich macht.

3 Rawls' generelles Versöhnungsprojekt: Versöhnung mit der sozialen Welt als ganzer

Bei Rawls' generellen Versöhnungsvorstellungen, die jetzt rekonstruiert werden sollen, geht es darum, BürgerInnen existierender liberaler Demokratien mit der sozialen Welt im Ganzen zu versöhnen. Dieses Unterfangen sieht sich zum einen mit dem Problem konfrontiert, dass Rawls seine generellen Versöhnungsprojekte nicht systematisch ausgearbeitet hat (woraus man aber nicht vorschnell folgern sollte, dass es sich bei diesen Versöhnungsvorstellungen nicht um einen für seine politische Philosophie wesentlichen Aspekt handelt). Zum anderen beruft sich Rawls manchmal auf Hegel (GF, 22) und manchmal auf Kant (RV, 160) als das für seine Versöhnungsvorstellung prägende Vorbild. Hieraus ergeben sich Spannungen und Ambivalenzen. Im Folgenden werde ich daher die hegelianische Variante von Rawls' generellem Versöhnungsprojekt von der kantischen Variante abgrenzen, die Implikationen beider Varianten für andere Aspekte von Rawls' Gerechtigkeitstheorie benennen und sie einer immanenten Kritik unterziehen.

Die sozio-politische Welt, mit der uns Rawls' umfassendes Projekt zu versöhnen gedenkt, umfasst dabei zwei Ebenen. Bei der ersten handelt es sich um die etablierten, nationalstaatlich verfassten liberal-demokratischen Gesellschaften, auf zweiten um die internationale Ebene der „Gesellschaft der Völker" (RV, 157). Ein Prozess der Versöhnung, der sich auf eine der beiden Dimensionen beschränkt, hat somit als unvollständig zu gelten. Bei den primären AdressatInnen von Rawls' Projekten handelt es sich um die Mitglieder bestehender liberal-demokratischer Gesellschaften. Und als Anlass für dieses Projekt nennt Rawls generell „die großen Übel der menschlichen Geschichte", wozu er „ungerechte Kriege, Unterdrückung, religiöse Verfolgung, Sklaverei" und andere Formen der „politischen Ungerechtigkeit mit ihren Grausamkeiten und ihrer Hartherzigkeit" (RV, 160, 4 f., 22 – 25) zählt. Von besonderer Bedeutung für BewohnerInnen zeitgenössischer Demokratien seien jedoch die beiden Weltkriege mit ihrer „extremen Grausamkeit und zunehmenden Destruktivität", dem „Zusammenbruch" einer demokratischen Gesellschaft wie „der Weimarer Republik", der im Nazismus mündete, sowie der „Wahnsinn des Bösen des Holocausts" (PL, 63, auch 3; Weithman 2009, 113, 125). Denn diese Aspekte der Geschichte des 20. Jahrhunderts legten es für Mitglieder liberaler Demokratien nahe, in „Resignation und Zynismus" (RV, 162) zu verfallen und mit „Zorn" und „Enttäuschung" auf ihre Gesellschaft und deren „Geschichte" (PL, 63) zu blicken. Rawls' umfassendes Versöhnungsprojekt ist von der Sorge getrieben, die Mitglieder liberaler Demokratien könnten zu dem Schluss gelangen, dass Menschen „unheilbar zynisch und egoistisch" (PL, 63) seien, weswegen „die politischen Beziehungen" zwischen ihnen „nur durch Macht und Gewalt geregelt werden" (PL, 63) könnten.

Die „Gefahren" (RV, 162), die Rawls mit dieser Einstellung zur sozialen Welt im Allgemeinen und zur Politik im Besonderen assoziiert, verleihen seinem Versöhnungsprojekt seine Dringlichkeit und politische Bedeutsamkeit. Denn diese Einstellungen beeinflussen, so nimmt Rawls an, ob und wie BürgerInnen „in die aktuelle Politik eintreten" (RV, 162): ob sie wählen gehen, gravierendem Unrecht mit zivilem Ungehorsam begegnen, empfänglich sind für autoritäre politische Parteien etc. Rawls' mahnendes Beispiel ist diesbezüglich der „Zusammenbruch" der „Weimarer Republik", den er unter anderem darauf zurückführt, dass die „traditionellen Eliten in Deutschland" nicht mehr „glaubten [...], daß eine sittlich akzeptable liberale parlamentarische Ordnung möglich sei" (PL, 63). Angesichts der weithin diagnostizierten Tendenz zur Dekonsolidierung selbst etablierter liberaler Demokratien (Foa/Mounk 2016) erscheint die Sorge, die Rawls umtreibt, womöglich gegenwärtig noch berechtigter als zu irgendeinem anderen Zeitpunkt der Nachkriegsgeschichte (woraus natürlich nicht folgt, dass Rawls' Versöhnungsprojekt auch eine angemessene Antwort auf das ausgemachte Problem darstellt).

3.1 Rawls' generelles Versöhnungsprojekt I: Die hegelianische Variante

Mit Blick auf die „Aufgabe" der „Versöhnung" verweist Rawls explizit auf Hegels *Grundlinien der Philosophie des Rechts* (1821) (GF, 22; GM, 427 – 434; Hardimon

1994) als die sein Denken prägende historische Quelle. Von Hegel übernimmt er die Auffassung, dass es bei der Versöhnung um eine bestimmte „Einstellung" (RV, 162) gegenüber der sozialen Welt geht. Hegel will seinen ZeitgenossInnen helfen, ihre negativen Einstellungen zu überwinden und sie dazu bringen, ihre soziale Welt „in positiver Form" zu „bejahen" (GF, 22), indem er ihnen zeigt, dass diese, „von einem philosophischen Blickpunkt" (GF, 22) aus betrachtet, bereits eine „vernünftige Form" (GF, 22) besitzt. In diesem Abschnitt werde ich Rawls' Versöhnungsprojekt als ein von Hegel inspiriertes interpretieren, Parallelen, die zwischen Rawls' und Hegels Projekten bestehen, herausarbeiten und die Modifikationen hervorheben, die Rawls an Hegels Projekt vorgenommen hat (Cohen 1994, 1507–1509).

Gemäß der hegelianischen Variante des generellen Versöhnungsprojekts hat diese die „bestehende", „vor aller Augen liegende Welt" (GM, 428) zum Gegenstand: im Falle Hegels sind dies moderne westliche Staaten wie Preußen, im Falle Rawls' die westlichen liberalen Demokratien. Für Rawls stellt die sozio-politische Welt den alleinigen Gegenstand seines Versöhnungsprojektes dar, wohingegen Hegels Projekt Teil eines philosophischen Systems ist, das es mit „der Welt als ganzer" (GM, 431) einschließlich ihrer (natur-)geschichtlichen Entwicklung zu tun hat. Mit Blick auf die sozio-politische Welt besteht zwischen Hegel und Rawls weitgehende Übereinstimmung bezüglich der Grenzen der Versöhnung. Beide betonen, dass eine soziale Welt, mit der wir uns versöhnen können, weil wir ihre institutionelle Grundstruktur als vernünftig begreifen, „keineswegs eine *vollkommene* Welt ist" (GM, 433), die jedermanns Glückseligkeit verbürgt. Denn trotz Versöhnung kann es weiterhin „menschliches Unglück und Leid" (GM, 433) geben, verursacht etwa durch Krankheit, unerwiderte Liebe oder Verwirrung „durch spirituelle Lehre[n]" (RV, 161). Hegel selbst vertritt sogar die fast anstößig anmutende Position, Versöhnung sei mit sozialen Phänomenen wie „Armut" und „Krieg" (GM, 433; Hardimon 1994, 228–250) vereinbar. Für ihn gehören zum Beispiel Frieden und Krieg gleichermaßen und dauerhaft zu einer politischen Welt, die von selbstbestimmten, souveränen Staaten geprägt ist. Versöhnung mit *dieser* Welt kann nach Hegel daher nur gelingen, wenn man einsieht und akzeptiert, dass Kriege zum politischen Leben gehören (Hardimon 1994, 231). Hegel und Rawls weisen zudem darauf hin, dass eine soziale Welt, mit der wir uns versöhnen können, das in ihrer Grundstruktur bereits angelegte vernünftige Potential womöglich nicht vollumfänglich realisiert. Vor diesem Hintergrund spricht Hegel davon, dass es bei der Versöhnung darum gehe, die „Vernunft als die Rose im Kreuze der Gegenwart zu erkennen und damit dieser sich zu erfreuen", denn „diese vernünftige Einsicht" sei „die *Versöhnung* mit der Wirklichkeit, welche die Philosophie denen gewährt, an die einmal die innere Anforderung ergangen ist, zu begreifen" (Hegel 1970, 26 f.; GM, 433).

Rawls' Versöhnungstheorie besitzt verglichen mit der Hegels nicht nur eine geringere Reichweite, sondern auch einen anderen Status. Wie bereits erwähnt, gehört Hegels sozio-politisches Versöhnungsprojekt zu einem metaphysischen System (Cohen 1994, 1508; Meek Lange 2014, 319), das die Welt als ganze als eine geistige Welt der Freiheit auffasst (GM, 431). Für Rawls handelt es sich bei Hegels Versöhnungstheorie daher um eine umfassende philosophische Lehre. Rawls hält dies für problematisch, weil er vernünftige Meinungsverschiedenheiten über umfassende Lehren für das unvermeidliche und normale Ergebnis des Vernunftgebrauchs im Rahmen freiheitlicher Institutionen hält. Eine bestimmte umfassende Lehre kann somit nicht als Grundlage für die Versöhnung *aller* BürgerInnen einer vom vernünftigen Pluralismus gekennzeichneten freiheitlichen Gesellschaft dienen. Diese Einsicht hat Rawls in der Mitte der 1980er Jahre zu seiner vieldiskutierten politischen Wende motiviert (vgl. den Artikel von Tamara Jugov in diesem Band). Seither präsentiert er seine Gerechtigkeitskonzeption für liberale Demokratien und sein Recht der Völker als von umfassenden Lehren freistehende *politische* Konzeptionen. Diese sind politisch, weil sie ausschließlich auf politische Ideen und Werte zurückgreifen. Auf der nationalen Ebene beruft er sich etwa auf die höherrangigen moralischen Interessen freier und gleicher BürgerInnen, auf der internationalen auf die grundlegenden Interessen freier und gleicher Völker (RV, 38–39). Politische Ideen wie die Idee der BürgerIn oder des Volks gehören zur politischen Kultur und sind auf einer anderen Ebene angesiedelt als die mit Wahrheitsansprüchen verknüpften Vorstellungen, die zu umfassenden Lehren gehören. Aufgrund dieses Umstands wird es für BürgerInnen und Völker (zumindest im Prinzip) möglich, sich trotz des vernünftigen Pluralismus an umfassenden Lehren auf vernünftige politische Gerechtigkeitsgrundsätze zu einigen. Wobei Rawls von einem „überlappenden Konsens" spricht, wenn BürgerInnen oder Völker von ihren umfassenden Lehren nicht daran gehindert werden, eine vernünftige politische Konzeption zu bejahen (RV, 158, vi, 62–67, 153–156).

Rawls' Bruch mit Hegel mit Blick auf den Status von Versöhnungs- und Gerechtigkeitstheorien ist somit vom Anliegen der Versöhnung selbst motiviert. Für Rawls stellt der Pluralismus umfassender Lehren (zu denen auch Hegels philosophisches System zählt) selbst ein vernünftiges und dauerhaftes Phänomen dar. Eine Einigung auf eine umfassende Lehre kann daher weder von den BürgerInnen liberaler Demokratien noch von den Völkern, die zu den Vereinten Nationen gehören, erwartet werden. Unter diesen Vorzeichen kann politische Einheit nur über eine vernünftige *politische* Konzeption hergestellt werden, da eine solche Konzeption von VertreterInnen unterschiedlicher umfassender Lehren als vernünftig anerkannt werden kann. Für Rawls ist es an sich nicht problematisch, wenn PhilosophInnen umfassende philosophische Systeme entwickelt, er betont lediglich, dass solche umfassenden Lehren nicht in der Lage seien, generelle Versöhnungsprojekte zu untermauern, da diese sich an alle Mitglieder freiheitlicher (und damit pluralistischer) Gesellschaften richten müssten. Zugleich wird deutlich, dass Rawls dem Anliegen der Versöhnung in dem Sinne einen Vorrang einräumt, als dieses Anliegen den Status seiner Gerechtigkeitstheorie bedingt (RV, 20 f.). Das Ziel der Versöhnung beeinflusst wie wir Gerechtigkeitstheorien auffassen sollten, nämlich als politische Konzeptionen: „Versöhnung erfordert die Anerkennung des Faktums eines vernünftigen Pluralismus innerhalb liberaler und achtbarer Gesellschaften und auch in ihren Beziehungen untereinander. Darüber hinaus muss auch anerkannt werden, dass sich dieser Pluralismus mit vernünftigen umfassenden religiösen und säkularen Lehren vereinbaren lässt" (RV, 160, 185 – 189).

Interpretiert man Rawls' Versöhnungsprojekt als ein von Hegel inspiriertes, hat dies auch Folgen für das Verständnis idealer Theorie. Für Hegel ist, wie Rawls in seinen Vorlesungen zur *Geschichte der Moralphilosophie* ausführt, der Gegenstand der Versöhnung die „bestehende" „soziale Welt" (GM, 428). Und in dieser Welt wird „die Freiheit der Bürger [bereits] verwirklicht" (GM, 428), weil „das angemessenste Institutionengerüst zur Äußerung der Freiheit bereits existiert" (GM, 427). Folglich sieht Hegel die „Aufgabe der Philosophie" darin, das, „was ist zu begreifen" (Hegel 1970, 26). Denn wenn sich die bestehenden Verhältnisse als im Grunde vernünftig ausweisen lassen, dann werden diejenigen, die diese Einsicht mitvollziehen, durch diese Einsicht mit ihrer sozialen Welt versöhnt (GM, 428, 430). Es gehört somit zu den Voraussetzungen von Hegels Versöhnungsprojekt, dass er – im Unterschied etwa zu Marx – annimmt, BürgerInnen moderner Staaten seien lediglich „subjektiv entfremdet" (GM, 433). Denn nur unter diesen Vorzeichen kann der Nachweis gelingen, dass die BürgerInnen bereits „jetzt objektiv frei" seien, da „ihre Freiheit [...] durch die politischen und sozialen Institutionen des Staats garantiert" werden. Eine an Hegel orientierte Versöhnungstheorie umfasst somit allenfalls in dem Sinne eine Idealtheorie, als sie es sich zur Aufgabe macht, ein möglichst *vernünftiges Bild der tatsächlich bestehenden Verhältnisse* zu zeichnen, d. h. ein Bild, das verdeutlicht, inwiefern die bestehenden Verhältnisse bereits im Grunde vernünftig sind. Demgegenüber kann Hegel einer idealen „Theorie", die „sich eine Welt" imaginiert, „*wie sie sein soll*" (Hegel 1970, 26), nichts abgewinnen. Für ihn gleitet ein solches Denken entweder ins „Beliebige" (Hegel 1970, 26) ab, da diesem Theoretisieren nichts Halt zu geben vermag, oder man befasst sich letztlich doch mit den uns bekannten „Mängeln unserer wirklichen sozialen Welt", indem wir diese negieren, obwohl wir doch eigentlich den Anspruch haben, „über eine ideale soziale Welt nachdenken" (GM, 431) zu wollen. Für Hegel kann die Aufgabe der „Philosophie" daher in nichts anderem bestehen als *„ihre Zeit in Gedanken"* zu erfassen, da wir schlicht nicht fähig sind, einfach über unsere „Zeit [...] hinaus[zuspringen]" (Hegel 1970, 26).

Rawls beschreibt Hegels Kritik des idealen Theoretisierens in seinen Vorlesungen zur *Geschichte der Moralphilosophie* eindrücklich. Wenn er sich dennoch auf Hegel als Inspirationsquelle für sein eigenes Versöhnungsprojekt beruft, müssen wir die Möglichkeit in Betracht ziehen, dass Rawls seine eigene Idealtheorie im oben skizzierten, hegelianischen Sinne versteht. Trifft dies zu, wäre es verfehlt, Rawls' ideale Theorie als eine zu charakterisieren, bei der es schlicht darum geht, Prinzipien der Gerechtigkeit für eine nationale und internationale Ordnung unter der Voraussetzung zu konstruieren, dass die Verhältnisse so günstig sind, wie sie es realistischerweise überhaupt sein können. Eine so verstandene ideale Theorie würde ausschließlich durch Umstände (wie Naturgesetze und die menschliche Natur) beschränkt, die sich nicht ändern lassen bzw. nicht besser ausfallen könnten (GF, 36; RV, 114; Meek Lange 2014, 319). Demgegenüber wäre es die Aufgabe einer hegelianischen Idealtheorie, ein vernünftiges Bild der *tatsächlich bestehenden* Verhältnisse zu zeichnen. Ein hegelianischer Ansatz wäre somit methodologisch darauf beschränkt, diejenigen Normen zu rekonstruieren, die dem bestehenden nationalen und internationalen Institutionengefüge bereits zugrunde liegen. Es handelt sich also um eine Vorgehensweise, die man mit Axel Honneth (2011, 14–31) als „normative Rekonstruktion" bezeichnen kann. Und in der Tat beschreibt Rawls seine Methode und Idealtheorie seit seiner politischen Wende auf diese Weise (Hahn 2017). Er stellt klar, dass er im heimischen Fall von der liberal-demokratischen „öffentlichen politischen Kultur einer demokratischen Gesellschaft" (PL, 79) ausgeht. D. h. er bezieht sich aus normativer Perspektive auf die „politischen Institutionen einer verfassungsmäßigen Ordnung" sowie auf diese Ordnung prägende „allgemein bekannte historische Texte und Dokumente" (PL, 79). Auf diese Weise identifiziert er einen „Fundus implizit anerkannter [politischer] Ideen und Grundsätze", die es „klar genug zu formulieren" und in eine vernünftige „Konzeption politischer Gerechtigkeit" (PL 73; RV 17; James 2005) zu integrieren gilt.

Auch Rawls' Charakterisierung seiner Vorgehensweise auf der internationalen Ebene entspricht einer normativ-rekonstruktiv vorgehenden Idealtheorie: „Das Recht der Völker beginnt mit der internationalen politischen Welt, so wie sie sich uns darstellt" (RV, 101). D. h. Rawls geht von einer nationalstaatlich organisierten internationalen Ordnung aus und rekonstruiert „vertraute und traditionelle" (RV, 41) Grundsätze des Völkerrechts, von denen er behauptet, sie informierten bereits die „Geschichte" und die „Gewohnheiten des internationalen Rechts und der internationalen Praxis" (RV, 46). Vor diesem Hintergrund ist die von Rawls behauptete Übereinstimmungen zwischen seiner Idealtheorie und empirisch vorgehenden Darstellungen der „Grundsätze des internationalen Rechts" (RV, 229,

Fn. 42) wenig überraschend. Auch mit Blick auf die institutionelle Dimension beschränkt sich Rawls weitgehend darauf, bereits existierende Institutionen wie die „Vereinten Nationen" (RV, 40) oder die „Weltbank" (RV, 230, Fn. 51) „idealtypisch" (RV, 40) zu verstehen und zu bewerten. D. h. er präsentiert sie als Institutionen, die die ihnen zugrunde liegenden Normen noch nicht vollumfänglich realisieren. Seine ideale Theorie schaut – wie andere normativ-rekonstruktiv vorgehende Ansätze – folglich nur „knapp über den Horizont der existierenden" (Honneth 2011, 27) Verhältnisse hinaus. Dies erlaubt es ihm, auf progressive Tendenzen und Potentiale zu verweisen, die in dem bestehenden Institutionengefüge bereits angelegt, jedoch noch nicht voll ausgeschöpft worden sind.

Von einer solchen normativ-rekonstruktiven Idealtheorie, die uns ein vernünftiges Bild der existierenden sozialen Welt zeichnet, kann man mit Fug und Recht behaupten, sie generiere eine realistische Utopie, da die Normen und Institutionen, die sie umfasst, bereits soziale Geltung besitzen. Zugleich leistet eine so verstandene realistische Utopie mehr als eine Beschreibung des *Status quo*, denn sie eröffnet eine kritische Perspektive. Wenn Rawls sagt, dass „*tatsächlich existierende Demokratien*" sowie die gegenwärtige internationale Ordnung „durch beträchtliche Ungerechtigkeiten" (RV, 55; 113) gekennzeichnet sind, dann meint er damit, dass die bestehenden Institutionen die Normen, die ihnen zugrunde liegen, nicht so „umfassend" oder „vollständig" realisieren, wie es bereits möglich wäre (Honneth 2011, 27–30). Folglich kann ein Individuum, das mit der bestehenden sozialen Welt versöhnt ist, weiterhin für politische Reformen eintreten, die darauf abzielen, dass existierende Institutionen die Normen, die ihnen zugrunde liegen, „noch besser, vollständiger oder umfassender [...] repräsentieren" (Honneth 2011, 28).

Die soeben rekonstruierte hegelianische Variante von Rawls' umfassendem Versöhnungsprojekt gibt Anlass für kritische Rückfragen. Beispielsweise würde man gerne wissen, wie sich Rawls gegen den Vorwurf verteidigen könnte, seine Versöhnungstheorie sei gegenüber dem *Status quo* zu unkritisch, womöglich sogar „ideologisch", denn man kann ja nicht einfach von vorne herein ausschließen, dass es sich bei den „Grundideen", die dem bestehenden Institutionengefüge zugrunde liegen, nicht um „ungerechte [...] und unwürdige" (GF, 22; McKean 2017) handelt. Aus diesem Grund sieht sich etwa Honneth genötigt, seinen normativ-rekonstruktiven Ansatz durch eine Geschichtsphilosophie oder Fortschrittstheorie zu ergänzen, die die gegenwärtige Ordnung als (zumindest vorläufigen) Endpunkt eines teleologisch-geschichtlichen Prozesses darstellt, „in dem die vernünftige Freiheit schrittweise verwirklicht" (Honneth 2011, 111; GM, 431) worden ist.

Rawls' politische Gerechtigkeits- und Versöhnungstheorie umfasst jedoch keine ausgearbeitete Fortschrittstheorie, obwohl er sich, wie ich weiter unten ausführen werde, der Notwendigkeit einer Theorie des Übergangs durchaus bewusst ist. Will Rawls an der Annahme, die bestehende institutionelle Grundstruktur sei im Grunde vernünftig, festhalten, muss er darlegen, wie er diese Annahme zu untermauern gedenkt – und dies auf eine Weise, die die engen Grenzen, die einer politischen Konzeption gesetzt sind, nicht verletzt. Er müsste auch erläutern, warum es nicht problematisch ist, dass seine *Methode* von vorne herein keinen Raum für radikale Kritik zulässt, d. h. für eine kritische Auseinandersetzung mit den Normen, die den bestehenden Institutionen zugrunde liegen (Schaub 2015). Denn im Rahmen der Methode der normativen Rekonstruktion erschöpft sich Kritik darin, auf die vollumfänglichere Realisierung von Normen zu pochen, die bestehende Institutionen bereits informieren. Ferner stellt sich die Frage, wie sich die Methode der normativen Rekonstruktion zu anderen Aspekten von Rawls' politischer Philosophie verhält. Man denke etwa an die Methode des Überlegungsgleichgewichts, die gemeinhin als Rawls' grundlegende Rechtfertigungsmethode angesehen wird (Scanlon 2003), obwohl sie (aus hegelianischer Perspektive) nicht als hinreichend mit der institutionellen Realität vermittelt erscheint, da sie sich lediglich auf Überzeugungen über Gerechtigkeit stützt.

3.2 Rawls' generelles Versöhnungsprojekt II: Die kantianische Variante

Die zweite Weise Rawls' umfassendes Versöhnungsprojekt zu verstehen, geht auf Kant zurück. Dieser Variante zufolge können wir uns dann mit unserer sozialen Welt versöhnen, wenn die „Verteidigung eines vernünftigen Glaubens an die Realisierbarkeit eines gerechten Verfassungsstaates" (Rawls 1994, 332) als Teil einer friedlichen und angemessen gerechten Gesellschaft der Völker gelingt (RV, 160; Weithman 2009, 115). Im Unterschied zu der hegelianischen Variante setzt die kantische nicht voraus, dass das existierende nationale und internationale Institutionengerüst bereits im Grunde vernünftig ist. Gemäß der kantischen Variante reicht es für die Versöhnung mit der sozialen „Welt als ganzer" (RV, 162) bereits aus, dass man einsieht, dass diese gegenüber der *Möglichkeit*, eine angemessen gerechte soziale Ordnung zu etablieren, zumindest nicht feindselig ist (unabhängig davon, wie ungerecht die bestehenden Institutionen momentan auch sein mögen). Entsprechend verwandelt sich die Auffassung idealer Theorie. Deren Aufgabe besteht nun darin, eine realistische Utopie zu generieren, die „die Grenzen des praktisch Durchsetzbaren ermittelt" (GF, 24), ohne sich dabei – wie etwa die hegelianische Variante – durch die bereits bestehende Ordnung beschränken zu lassen. Die Vorstellung von einer idealen Theorie, die eine im Prinzip „realisierbare soziale Welt" der Gerechtigkeit „im Inneren und Äußeren"

(RV, 4) generiert und dabei von „günstigen historischen Bedingungen" ausgeht und lediglich unveränderliche „soziale [...] Gesetzmäßigkeiten und Tendenzen" (RV, 13) als Beschränkungen anerkennt, gehört folglich zur kantianischen Variante des umfassenden Versöhnungsprojekts: „Die Idee einer realistischen Utopie versöhnt uns mit unserer sozialen Welt, indem sie uns zeigt, dass es *möglich* ist, dass eine annehmbar gerechte konstitutionelle Demokratie als Mitglied einer annehmbar gerechten Gesellschaft der Völker existiert." (RV, 161 f., 25) Dabei wird weder vorausgesetzt, dass die realistische Utopie bereits „irgendwo" existiert noch dass sie einmal „existieren muss oder existieren wird" (RV, 162). Allein der Nachweis der „Möglichkeit einer solchen [vernünftigen] sozialen Ordnung selbst" soll „uns mit unserer sozialen Welt versöhnen" (RV, 162).

Rawls räumt jedoch ein, dass dieser Versöhnungseffekt nur eintritt, wenn es sich bei dieser „Möglichkeit" um „keine bloß logische" (RV, 162), sondern um eine praktische handelt. Aus diesem Grund ist Kant selbst zum einen bemüht zu zeigen, dass die „Naturordnung Kräfte und Tendenzen" umfasst, die hinreichen, um eine gerechte Ordnung, wenn sie einmal besteht, „zu unterstützen" (GM, 414). Rawls folgert hieraus für sein eigenes Versöhnungsprojekt, dass die es tragende ideale Theorie (verstanden als realistische Utopie) ein Stabilitätsargument umfassen muss, d.h. einen Nachweis, dass eine gerechte nationale und internationale Ordnung die zu ihrer eigenen Reproduktion erforderliche Unterstützung zu generieren vermag. Zum anderen entwickelt Kant eine Fortschrittstheorie, die die „Tendenzen" identifiziert, „die längerfristig" eine angemessen gerechte Ordnung „zum Vorschein [...] bringen" (GM, 414). Auch diesen Gedanken greift Rawls auf, jedoch ohne ins Detail zu gehen und nicht auf der Ebene der idealen Theorie. Mit „Fragen des Überganges" (RV, 114) zu einer gerechten Welt beschäftigt sich Rawls im Rahmen seiner nichtidealen Theorie. Deren Aufgabe ist es, die Maßnahmen zu bestimmen, die mit Blick auf die Etablierung einer gerechten nationalen und internationalen Ordnung „moralisch zulässig, politisch möglich und aller Wahrscheinlichkeit nach wirksam sind" (RV, 113). Doch selbst wenn die nichtideale Theorie diese Aufgabe erfüllen würde, wäre damit weder eine Tendenz noch ein Mechanismus identifiziert, der erklären würde, warum wir begründeter Hoffnung sein können, dass eine gerechte Welt einmal existieren wird.

Daher wirft auch die kantianische Variante von Rawls' generellem Versöhnungsprojekt Fragen auf. Zum Beispiel könnte man im Anschluss an Hegels Kritik der (kantianischen Variante der) idealen Theorie argumentieren, dass es alles andere als ausgemacht ist, dass Rawls auf eine Methode rekurriert, die sicherstellt, dass unser Denken über ideale Gerechtigkeit nicht in problematischer Weise von den bestehenden Verhältnissen verzerrt wird. Womöglich bringen wir lediglich zum Ausdruck, „was wir" – als vom (ungerechten) *Status quo* geprägte Individuen – „hier und jetzt [...] als faire Bedingungen betrachten" (RV, 36; Freyenhagen/Schaub 2010). Ein weiterer Vorbehalt gegen diese Variante idealer Theorie ergibt sich aus dem Umstand, dass wir bei der Bestimmung des praktisch Möglichen auf „Vermutungen und Spekulationen angewiesen" (RV, 14) bleiben und lediglich auf unsere beschränkten historischen Erfahrungen zurückgreifen können.

Zudem könnte man die Behauptung bezweifeln, dass eine realistische Utopie für sich genommen *hinreicht*, um uns mit unserer sozialen Welt zu versöhnen. Man könnte diese Sichtweise sogar für zynisch erachten, da sie suggeriert, Opfer andauernder Gräuel (z. B. kriegsbedingte Massenvergewaltigungen oder Internierung in Arbeits- und Todeslagern) wären mit ihrer sozialen Welt versöhnt, solange sie nur einsehen, dass eine hinreichend gerechte Welt, die zu bewohnen ihnen leider verwehrt geblieben ist, im Prinzip eine praktische Möglichkeit darstellt. Vielleicht waren es Implikationen wie diese, die Rawls dazu bewogen haben, in *Das Recht der Völker* (inkonsistenterweise) mitunter vorsichtigere Formulierungen zu verwenden. Dort spricht er davon, dass „eine ‚realistische Utopie'" eine soziale „Welt" bezeichne, „in der […] gerechte (oder zumindest achtbare) grundlegende Institutionen durch liberale und achtbare Völker, die das Recht der Völker achten, etabliert worden sind" (RV, 160). Im Gegensatz zu Kant und im Einklang mit Hegel wäre „Versöhnung mit einer sozialen Welt" dann nur möglich, wenn „die Vorstellung einer realistischen Utopie [bereits hinreichend] verwirklicht wird" (RV, 161).

Angriffspunkte für Kritik bieten auch die Weisen, auf die Rawls zu zeigen versucht, dass eine Ordnung, die seine realistische Utopie verwirklicht, nicht nur eine „bloß logische", sondern eine „mit den tief gehenden Strömungen und Tendenzen der sozialen Welt verbundene" (RV, 162) Möglichkeit darstellt. Auf der Ebene der idealen Theorie soll das Stabilitätsargument zeigen, dass eine hinreichend gerechte soziale Welt „aus den richtigen Gründen" (RV, 18, 221, Fn. 2, 49) „Bestand hat" (RV, 5, 18). Rawls geht zum Beispiel davon aus, dass Individuen, die in einer hinreichend gerechten Ordnung sozialisiert wurden, in der Regel bereit wären, sich von der herrschenden Auffassung des „Gerechten […]" motivieren zu lassen" (PL, 64; RV, 50). Analog behauptet er, Völker, die in eine hinreichend gerechte internationale Ordnung integriert seien, würden „im Laufe der Zeit geneigt" sein, die Grundsätze des Völkerrechts als „Ideal des eigenen Handelns zu akzeptieren" (RV, 50). Selbst wenn man diese Annahmen nicht für allzu anspruchsvoll erachtet (Weithman 2009, 119), bleibt es doch dabei, dass sich Rawls hier „[o]ffenkundig" auf „Vermutung[en]" stützt, die noch „durch die tatsächlichen historischen Ereignisse bestätigt werden" (RV, 51) müssen. Dieser Umstand wird jedoch durch eine pseudo-empirische Sprechweise verschleiert. Rawls redet so, als würde er das Verhalten und die Dispositionen von BewohnerInnen einer imaginierten gerechten Welt beobachten – und aus diesen Be-

obachtungen Rückschlüsse auf die Stabilität einer angemessen gerechten Ordnung ziehen. Er behauptet, dass von liberalen und achtbaren Völkern (die er mehr
oder weniger erfunden bzw. idealtypisch beschrieben hat) das „Recht der Völker
[...] doch meistens geachtet würde" und somit die „Beziehungen zwischen ihnen
wirksam regulier[t]" würden (RV, 159).

Ferner setzt sowohl ein überzeugendes Stabilitätsargument als auch eine
überzeugende Übergangstheorie voraus, dass es gelingt, das Rechte (d.h. die
Ansprüche der politischen Gerechtigkeit) mit dem Guten (das Rawls mit dem
vernünftigen Pluralismus umfassender Lehren verknüpft) zu versöhnen (Cohen
1994, 1508–1509; Weithman 2009, 125). Um einen überlappenden Konsens als
eine *praktische* Möglichkeit auszuweisen, reicht es nicht aus, die Prinzipien nationaler und internationaler Gerechtigkeit als Teil einer politischen Konzeption zu
präsentierten. Rawls muss ferner zeigen, dass wir gute Gründe haben anzunehmen, dass mit der Zeit immer mehr BürgerInnen und Völker (dauerhaft) umfassende Lehren vertreten werden, die mit der Anerkennung einer vernünftigen
politischen Konzeption vereinbar sind (oder sich zumindest bereit zeigen, dieser
politischen Konzeption im Konfliktfall den Vorrang einzuräumen) (Freyenhagen
2011; Schaub 2009, 230–239). Doch Rawls bleibt auffallend stumm hinsichtlich
der Benennung der „tief gehenden Strömungen und Tendenzen" (RV, 162), die
eine solche Vereinbarkeit des Rechten mit dem Guten befördern könnten. Auch
erklärt er nicht, warum der Pluralismus an politischen Kulturen die Einigung auf
vernünftige politische Konzeptionen nicht zu unterminieren droht. In beiden
Fällen könnte dies mit den Beschränkungen zu tun haben, die sich Rawls im Zuge
seiner politischen Wende selbst auferlegt hat. Denn bereits die Behauptung, dass
politischen Werten im Konfliktfall ein Vorrang vor umfassenden zukommt, impliziert, dass man eine Auffassung zum Verhältnis von politischen zu umfassenden Werten vertritt, die nicht mehr Teil einer politischen Konzeption wäre,
sondern zu einer umfassenden Lehre gehören würde.

Es gibt noch weitere Probleme bezüglich des zweiten Schrittes, der auf der
Ebene der nichtidealen Theorie angesiedelt ist und eine realistische Utopie als
eine praktische Möglichkeit ausweisen soll. Können wir begründeter Hoffnung
sein, dass eine realistische Utopie eines Tages realisiert wird? Rawls zeigt, dass
Kant sich in diesem Zusammenhang etwa auf die „soziale[...] Ungeselligkeit"
(GM, 414) des Menschen beruft. Diese führe zwar immer wieder „zu Widerstreit
und Rivalität, ja sogar zu scheinbar endlosen Kriegen und Eroberungen", dennoch sei es nicht unvernünftig in dieser sozialen Ungeselligkeit den „Plan der
Natur" oder einen Motor zu erkennen, der „die Menschheit", gewissermaßen
hinter ihrem Rücken, dazu bringe, zuletzt „einen Bund konstitutioneller demokratischer Staaten zu bilden, der sodann den ewigen Frieden sicher[t]" (GM, 414;
Kant 1793; Kant 1795) werde. Zudem schreibt Rawls Kant die Auffassung zu, dass

sich ohne eine solche Fortschrittstheorie kaum vermeiden ließe, dass „Abscheu an unserer eigenen Gattung aufkomm[t]" (GM, 414) und wir hinsichtlich unserer politischen Partizipation in „Zynismus und [...] Verzweiflung" (GM, 416; Honneth 2007) verfallen. Für Kant darf der „vernünftige politische Glaube" nicht aufgegeben werden, eine „friedliche internationale Völkergemeinschaft sei möglich", da die „Natur" diesem Ziel „nicht unfreundlich gegenübersteht, sondern eher förderlich ist" – denn diesen „Glauben preisgeben hieße: Frieden und Demokratie aufgeben" (GM, 415). Obwohl sich Rawls der Bedeutung, die eine solche Fortschrittstheorie oder Theorie des Übergangs für den Erfolg der kantischen Variante (s)eines generellen Versöhnungsprojekts besitzt, bewusst sein muss, findet sich bei Rawls selbst kein Äquivalent zu den geschichtsphilosophischen Spekulationen, die Kant in seinen politischen Schriften entwickelt. Mehr noch, es stellt sich die Frage, ob sich im engen Rahmen, der von einer politischen Konzeption gesetzt ist, überhaupt eine überzeugende Theorie des Übergangs ausarbeiten lässt, die ohne Rückgriffe auf Elemente einer umfassenden „Philosophie der Geschichte" (GM, 431) auskommt.

4 Schluss

Dieses Kapitel gibt einen Überblick über die verschiedenen (zum Teil unvereinbaren) Versöhnungsprojekte, die Rawls verfolgt, und unterzieht diese einer immanenten Kritik. Dabei wird zwischen partiellen Versöhnungsprojekten, die uns mit bestimmten sozialen Konflikten oder sozialen Fakten versöhnen sollen, und generellen Versöhnungsprojekten unterschieden, die BürgerInnen liberaler Demokratien mit ihrer sozialen Welt im ganzen – zu welcher auch die internationale Ebene gehört – versöhnen sollen. Es wurde gezeigt, dass partielle Versöhnungsprojekte eine Tendenz besitzen, sich zu generellen auszuweiten. Mit Blick auf generelle Versöhnungsprojekte wurde eine unaufgelöste Spannung zwischen einer hegelianischen und einer kantischen Variante diagnostiziert und auf Probleme mit beiden verwiesen. Trotz der Vielfalt an partiellen und generellen Varianten bleibt Rawls' Behandlung der Versöhnungsthematik oft versatzstückartig und in dem Sinne einseitig, als es ihm letztlich immer darum geht, etwas als vernünftig anzuerkennen oder zu rechtfertigen, was bislang als negativ empfunden worden ist. Was dabei unter den Tisch fällt, sind etwa all jene Fälle, in denen es gerade deswegen der Versöhnung bedarf, weil ein Unrecht vorgefallen ist oder noch andauert, dass sich nicht rechtfertigen oder mit philosophischen Mitteln als letztlich doch vernünftig ausweisen lässt (Geuss 2017, 172). Man denke in diesem Zusammenhang etwa an diejenigen Geschehnisse, die zum Gegenstand von Wahrheits- und Versöhnungskommissionen gemacht worden sind. Wie sich eine

Versöhnungstheorie auf die unzähligen Fälle nicht rechtfertigbaren Unrechts beziehen könnte, lässt Rawls offen. Auch findet man bei ihm keine Antwort auf die Frage, welche Bedeutung die (ausbleibende) Versöhnung mit geschehenem, nicht rechtfertigbarem Unrecht für die Haltung von BürgerInnen zur Politik, für ihr politisches Verhalten und damit für die politische Einheit generell besitzt.

5 Literatur

Cohen, Joshua (1994): „A More Democratic Liberalism". In: *Michigan Law Review* 92, 1503–1546.

Foa, Roberto/Mounk, Yascha (2016): „The Danger of Deconsolidation: The Democratic Disconnect". In: *Journal of Democracy* 27, 5–17.

Freyenhagen, Fabian (2011): „Taking reasonable pluralism seriously: an internal critique of political liberalism". In: *Politics, Philosophy & Economics* 10, 323–342.

Freyenhagen, Fabian/Schaub, Jörg (2010): „Hat hier jemand gesagt, der Kaiser sei nackt? Eine Verteidigung der Geussschen Kritik an Rawls' idealtheoretischem Ansatz". In: *Deutsche Zeitschrift für Philosophie* 58, 457–477.

Geuss, Raymond (2017): *Changing the Subject: Philosophy from Socrates to Adorno*. Cambridge: Harvard University Press.

Hahn, Henning (2017): *Politischer Kosmopolitismus. Praktikabilität, Verantwortung, Menschenrechte*. Berlin, Boston: De Gruyter.

Hardimon, Michael (1994): *Hegel's Social Philosophy: The Project of Reconciliation*. Cambridge: Cambridge University Press.

Hegel, Georg Wilhelm Friedrich (1970): *Grundlinien der Philosophie des Rechts oder Naturrecht und Staatswissenschaft im Grundrisse*. Michel, Karl/Moldenhauer, Eva (Hg.). Frankfurt/M: Suhrkamp.

Honneth, Axel (2011): *Das Recht der Freiheit. Grundriß einer demokratischen Sittlichkeit*. Berlin: Suhrkamp.

Honneth, Axel (2007): „Die Unhintergehbarkeit des Fortschritts. Kants Bestimmung des Verhältnisses von Moral und Geschichte". In: *Pathologien der Vernunft. Geschichte und Gegenwart der Kritischen Theorie*. Frankfurt/M: Suhrkamp.

James, Aaron (2005): „Constructing Justice for Existing Practice: Rawls and the Status Quo". In: *Philosophy & Public Affairs* 33, 281–316.

Kant, Immanuel (1795): „Zum ewigen Frieden. Ein Philosophischer Entwurf". In: Gesammelte Schriften, hg. von der Königlichen Preußischen Akademie der Wissenschaften, AA Bd. 08, Berlin 1902 ff., 341–368.

Kant, Immanuel (1793): „Über den Gemeinspruch: Das mag in der Theorie richtig sein, taugt aber nicht für die Praxis". In: Gesammelte Schriften, hg. von der Königlichen Preußischen Akademie der Wissenschaften, AA Bd. 08, Berlin 1902 ff., 273–314.

Kant, Immanuel (1784): „Beantwortung der Frage: Was ist Aufklärung?". In: Gesammelte Schriften, hg. von der Königlichen Preußischen Akademie der Wissenschaften, AA Bd. 08, Berlin 1902 ff., 33–42.

McKean, Benjamin (2017): „Ideal Theory after Auschwitz? The Practical Uses and Ideological Abuses of Political Theory as Reconciliation". In: *The Journal of Politics* 79, 1177–1190.

Meek Lange, Margaret (2014): „Reconciliation Arguments in John Rawls's Political Philosophy".
In: *Critical Horizons* 15, 306–324.

Rawls, John (1994): „Der Gedanke eines übergreifenden Konsenses". In: *Die Idee des politischen Liberalismus. Aufsätze 1978–1989.* Hinsch, Wilfried (Hg.). Frankfurt/M: Suhrkamp.

Scanlon, Thomas M. (2003): „Rawls on Justification". In: Freeman, Samuel (Ed.): *The Cambridge Companion to Rawls.* Cambridge: Cambridge University Press, 139–167.

Schaub, Jörg (2015): „Misdevelopments, Pathologies, and Normative Revolutions: Normative Reconstruction as Method of Critical Theory". In: *Critical Horizons* 16, 107–130.

Schaub, Jörg (2009): *Gerechtigkeit als Versöhnung. John Rawls' politischer Liberalismus.* Frankfurt/M, New York: Campus.

Weithman, Paul (2009): „John Rawls and the Task of Political Philosophy". In: *Review of Politics* 71, 113–125.

Michael Reder

12 Anhang: John Rawls' „Erwiderung auf Habermas"

1 Einleitung

John Rawls und Jürgen Habermas gehören zweifelsohne zu den prägendsten Philosophen der zweiten Hälfte des 20. Jahrhunderts. Beide entwerfen vor dem Hintergrund liberaler Gesellschaften Theorien, die in normativer wie politischer Hinsicht die Grundlagen des Zusammenlebens klären und argumentativ begründen wollen. Rawls schlägt hierzu mit *Eine Theorie der Gerechtigkeit* (TG) einen Weg ein, der sich stärker in die vertragstheoretische Tradition liberaler Provenienz einreiht und die Frage nach dem Politischen und seinen Institutionen vom Begriff der Gerechtigkeit aus beantwortet. Habermas geht demgegenüber von der Tradition der Kritischen Theorie und des Pragmatismus aus und fragt in der *Theorie des kommunikativen Handelns* (1981) sowohl nach sprachphilosophischen wie gesellschaftstheoretischen Grundlagen moderner Gesellschaften. Daraus entwickelt er einen diskursethischen Ansatz, den er selbst als eine intersubjektiv gewendete Ethikkonzeption in der Tradition Kants beschreibt.

Habermas nimmt bereits in den 1980er Jahren immer wieder auf Rawls Bezug. Dabei hebt er die gemeinsamen Referenzen auf die Kantische Philosophie hervor, betont aber auch die intersubjektive Wendung seiner Theorie. Diese zeigt sich für ihn insbesondere bei der Art der Rechtfertigung von Normen. „Rawls operationalisiert, wie Kant, den Standpunkt der Unparteilichkeit so, dass jeder Einzelne den Versuch der Rechtfertigung von Grundnormen *für sich alleine* unternehmen kann" (Habermas 1983, 76; Hv. M.R.). Deswegen deutet er dessen Philosophie als eine monologisch und seine als eine diskursiv ausgerichtete Konzeption.

Die Auseinandersetzung der beiden Autoren war in den 1980er Jahren jedoch noch nicht systematisch angelegt. Rawls ging in dieser Zeit nur kursorisch auf Habermas ein. Theoriegeschichtlich ist zudem wichtig, dass sich ihre Forschungsinteressen gegen Ende der 1980er Jahre noch einmal verschieben. Dies lässt sich besonders an den beiden Werken *Politischer Liberalismus* und *Faktizität und Geltung* (1992) ablesen. Denn in diesen Werken wird die normative Grundlegung auf die politische und rechtliche Gestaltung von pluralen Gesellschaften ausgerichtet. Dabei spielen Fragen des Umgangs mit weltanschaulichem Pluralismus oder globale Verflechtungen eine immer größere Bedeutung.

Diese theoriegeschichtlichen Hintergründe sind wichtig, um die Debatte zwischen Rawls und Habermas zu verstehen, die sie Mitte der 1990er Jahre über

https://doi.org/10.1515/9783110650631-014

grundlegende Implikationen ihrer Theorien führten. Ausgangspunkt der Debatte ist ein Artikel von Habermas, der 1995 unter dem englischen Titel *Reconciliation Through the Public Use of Reason: Remarks on John Rawls's Political Liberalism* (deutscher Titel: *Versöhnung durch öffentlichen Vernunftgebrauch* (1997)) im *Journal of Philosophy* erschienen ist. An gleicher Stelle antwortet Rawls auf die kritischen Anmerkungen von Habermas zu seiner Theorie des Liberalismus unter dem Titel *Political Liberalism: Reply to Habermas* (1995); der Beitrag erscheint ein Jahr später zudem in der erweiterten (englischen) Fassung *Politischer Liberalismus* (1996), auf Deutsch dann 1997.

Insbesondere Habermas formuliert bis heute vielfache Anmerkungen zu dessen politisch-philosophischer Konzeption, die als eine Fortführung dieser Debatte verstanden werden können. Zu nennen sind beispielsweise die Beiträge *Vernünftig versus Wahr oder die Moral der Weltbilder* (1996), einige Beiträge in *Zwischen Naturalismus und Religion* (2005) und *Rawls' Politischer Liberalismus* (2012). In diesen Überlegungen nimmt die Frage nach umfassenden Lehren im Allgemeinen bzw. der Religion im Besonderen eine wichtige Bedeutung ein.

Außerdem wurde für beide gegen Ende der 1990er Jahre die Frage immer wichtiger, ob und wie die beiden theoretischen Narrative in normativer wie politischer Hinsicht in Zeiten der Zunahme weltweiter Verflechtungen auf die globale Ebene übertragen werden können. In Bezug auf globale Themen spielt in einer sozialanalytischen wie gesellschaftstheoretischen Hinsicht im Denken von Habermas die Überlegung zur *Postnationalen Konstellation* (1998) eine zentrale Rolle, in politisch-philosophischer Hinsicht die Auseinandersetzung mit Kants Überlegungen zum föderalen Staatenbund (2002). Rawls wiederum spitzt seine Überlegungen in *Das Recht der Völker* (englische Ausgabe 1999) zu. Die Debatte aus dem Jahr 1995 ist eine wichtige Hintergrundfolie für die Deutung dieser Vorschläge einer politischen Philosophie in globaler Perspektive. Zudem greift Rawls in *Das Recht der Völker* mit dem Kapitel *Nochmals: Die Idee der öffentlichen Vernunft* (2002, 165–207) explizit auf Argumente dieser Debatte zurück, was ein weiterer Grund für die Kommentierung dieser Debatte in dem vorliegenden Band ist.

Damit ist ein knapper Überblick über die theoriegeschichtlichen Entwicklungsphasen der Auseinandersetzungen zwischen Rawls und Habermas skizziert. Vor diesem Hintergrund soll nun ein detaillierter Blick auf die Debatte aus dem Jahr 1995 geworfen werden. Dazu werden zuerst die kritischen Anmerkungen von Habermas kurz vorgestellt, um in einem zweiten Schritt die Erwiderungen von Rawls zu rekonstruieren und interpretativ einzuordnen. In einem dritten und letzten Schritt wird diese Debatte in den größeren Kontext der politischen Philosophie gestellt, und zwar einerseits in systematischer Hinsicht sowie anderseits mit Blick auf die Beispielfelder des religiösen Pluralismus und der Globalisierung.

2 Der Ausgangspunkt: Die Kritik von Habermas

Schon die ersten Sätze des Beitrages von Habermas markieren den freundlichen Ton der Debatte. Habermas betont die vielen Gemeinsamkeiten zwischen ihm und Rawls, und dass sich seine Anmerkungen lediglich „in den engen Grenzen eines Familienstreits" (Habermas 1997, 170) bewegen. Innerhalb dieses Rahmens will er sich mit den Grundlagen der Rawls'schen Theorie auseinandersetzen und einige diskursethisch motivierte Einsprüche formulieren. Hintergrund dafür sind vor allem, und dies zeigt sich auch in der Erwiderung von Rawls, die Überlegungen, die Habermas in *Faktizität und Geltung* zu den politischen wie rechtlichen Grundlagen liberaler Gesellschaften angestellt hatte. Die Kritik von Habermas betrifft dabei besonders drei Themenfelder: das Design des Urzustandes, die Idee des übergreifenden Konsensus (*overlapping consensus*) und das Verhältnis von privater und öffentlicher Autonomie.

In einem ersten Teilschritt setzt sich Habermas kritisch mit dem Design des Urzustandes auseinander. Im Kern geht es ihm dabei um den Aufweis theoretischer Spannungen, die seiner Ansicht nach in der Argumentationsfigur des Urzustandes strukturell angelegt sind. Habermas bezweifelt insbesondere, dass diese Argumentationsfigur geeignet ist, „um den Gesichtspunkt der unparteilichen Beurteilung von deontologisch verstandenen Gerechtigkeitsprinzipien zu erklären und zu sichern" (Habermas 1997, 170). Dieses Problem drückt sich für Habermas in unterschiedlichen Hinsichten aus.

Erstens konstatiert Habermas eine grundlegende Spannung zwischen den autonomen Bürger*innen und den Parteien, die sie im Urzustand vertreten. Habermas fragt vor allem an, ob die Parteien die Belange der autonomen Bürger*innen hinreichend vertreten können. Seiner Ansicht nach deutet Rawls die Parteien im Urzustand so, dass sie im Gegensatz zu Bürger*innen keine Konzeption des Guten im engeren Sinne ausbilden. Rawls möchte die Parteien von dieser Eigenschaft entlasten. „Gleichwohl sollen sie die ‚highest order interests' der Bürger, die sich aus diesen Eigenschaften ergeben, verstehen und angemessen berücksichtigen können" (Habermas 1997, 172f.). Dadurch werden sie für Habermas allerdings selbst zu autonomen Bürger*innen. Wenn Parteien aber als autonome (moralische) Personen interpretiert werden, lässt sich die Unterscheidung zwischen der subjektiven Rationalität der Bürger*innen und den objektiven Beschränkungen, die mit den Parteien aus argumentativen Gründen eingeführt wurden, nicht mehr theoretisch halten. Die zweite Spannung bezieht sich auf das Verhältnis von Normen und Werten und die Frage, ob sich Grundrechte als Grundgüter qualifizieren lassen.

All diese Einwände laufen darauf hinaus, dass Habermas die Plausibilität der Argumentationsfigur des Urzustandes bezweifelt. Nach seiner Einschätzung überlastet Rawls dieses Begründungsnarrativ, insofern er die Parteien einerseits hinter den Schleier des Nichtwissens versetzt und ihnen damit alle notwendigen Informationen über die Kontexte von Güterverteilungen vorenthält; der Schleier des Nichtwissens soll ein unparteiliches Urteil jenseits aller partikularen Interessen sichern. Andererseits darf sich dieser Schleier „aber *nur* auf solche normativen Gehalte erstrecken, die von vornherein als Kandidaten für das von freien und gleichen Bürgern zu akzeptierende gemeinsame Gute ausscheiden dürfen" (Habermas 1997, 179). Habermas sieht darin eine Überforderung der theoretischen Argumentationsfigur, insofern sie scheinbar Unparteilichkeit sichert, aber gleichzeitig implizit doch alle möglichen praktischen Probleme (und partikularen Interessen) des politischen Alltags vorwegzunehmen scheint. Die Loslösung des Urzustandes von der sozialen Wirklichkeit bringt nach Habermas deshalb für den Philosophen mehr Probleme als Möglichkeiten mit sich, denn „auf den Theoretiker selbst fällt die Last der Informationsverarbeitung zurück, die er den Parteien im Urzustand abnimmt!" (Habermas 1997, 179).

Die zweite Gruppe von Anmerkungen bezieht sich auf die Konzeptualisierung des Konsenses innerhalb der Rawls'schen Argumentation. Insbesondere fragt Habermas an, ob diesem „eine kognitive oder nur eine instrumentelle Rolle" (Habermas 1997, 180) zukomme. Diese Frage schließt an die Anmerkung zum Verhältnis des Urzustandes zu den realen politischen Diskussionen in einer pluralen Gesellschaft an. Habermas wendet wiederum gegen Rawls ein, dass im Urzustand solche realen politischen Diskussionen gewissermaßen vorweggenommen werden müssen, damit die Schlussfolgerungen innerhalb der Theorie des Liberalismus Bestand haben können. Dem übergreifenden Konsens in den realen politischen Debatten kommt deswegen nach Habermas dann nur ein funktionaler, stabilisierender Beitrag zu, er „wäre dann nur noch ein Symptom für die Brauchbarkeit, nicht mehr eine Bestätigung der Richtigkeit der Theorie." (Habermas 1997, 183) Im überlappenden Konsens zeigt sich dann aber nur noch ein instrumenteller Beitrag, „den die Theorie der Gerechtigkeit zur gewaltlosen Institutionalisierung gesellschaftlicher Kooperation leisten kann" (Habermas 1997, 183).

Habermas sieht das damit verbundene, grundlegende Problem darin, dass Rawls einerseits eine funktionale Deutung der Gerechtigkeit als Fairness ausschließt, sich andererseits aber auch dagegen wehrt, ihr einen epistemischen Status zuzusprechen, weil diese nur einen politischen Charakter habe. Gerechtigkeit ist deswegen mehr als eine formal anwendbare Funktion liberaler Gesellschaften. Und trotzdem kann sie nicht in einem endgültigen Sinne begründet oder als wahr ausgewiesen werden. Aus Sicht des Diskursethikers ist diese Ablehnung der Wahrheitsfähigkeit zu problematisieren. Habermas macht diese Frage vor allem an dem Begriff „vernünftig" fest. Habermas hält es für unplausibel, dass von Rawls den umfassenden Lehren die Möglichkeit zugestanden wird, als wahr qualifiziert zu werden, er den Liberalismus aber nur als eine freistehende politische Theorie ohne einen solchen Wahrheitsanspruch interpretiert. Die von Habermas vorgetragenen Einwände laufen auf das Argument hinaus, dass Rawls aus der Perspektive der Diskursethik letztlich Geltungs- und Akzeptanzfragen vermische und von daher sowohl die politische Dimension des Liberalismus als auch den epistemischen Charakter umfassender Lehren zu stark betone.

Das dritte Diskussionsfeld, das Habermas eröffnet, ist das Verhältnis von privater und öffentlicher Autonomie. Private Autonomie meint die Freiheit des Einzelnen zur individuellen Gestaltung seiner Handlungen ohne Zwang; bei der öffentlichen Autonomie geht es um die gemeinsame Gestaltung gesellschaftlicher Angelegenheiten. In *Faktizität und Geltung* hatte Habermas bereits für eine Gleichursprünglichkeit von beiden plädiert, d. h. beide sind so eng miteinander verwoben, dass es in liberal-demokratischen Gesellschaften keine ohne die andere geben kann. Habermas kritisiert nun im vorliegenden Beitrag, dass Rawls die Gleichursprünglichkeit zugunsten einer Überbetonung privater Autonomie aufhebe, indem er „die liberalen Grundrechte dem demokratischen Legitimationsprinzip überordnet" (Habermas 1997, 171).

Habermas wendet damit abermals gegen Rawls ein, dass seine Theorie eine Lücke zwischen dem Urzustand, in dem grundlegende Normen abgesichert werden, und dem realen gesellschaftlichen Leben des öffentlichen Diskurses aufweise. Habermas befürchtet im Zuge dessen, dass die Bürger „den radikaldemokratischen Glutkern des Urzustandes im realen Leben ihrer Gesellschaft nicht entfachen [können; M.R.], denn aus ihrer Sicht sind alle wesentlichen Legitimationsdiskurse schon innerhalb der Theorie geführt worden" (Habermas 1997, 191). Im Vergleich dazu hält Habermas seine prozedurale Theorie für bescheidener, weil sie dem Diskurs kein normatives Fundament vorlagert und deshalb auch die Legitimität der politischen Institutionen aus dem Diskurs selbst heraus begründen kann. Eine solche rekonstruierende, die Bedingungen rationaler Diskurse und politischer Verfahren nur *klärende* politische Philosophie, hält er gegenüber Rawls für plausibler.

3 Die Erwiderung von Rawls

Die Erwiderung von Rawls auf Habermas' Einwände ist in einem gleichermaßen freundlichen und konstruktiven Ton verfasst; sie reiht sich in den von Habermas eröffneten Familienstreit ein. Rawls betont außerdem, dass die Überlegungen von

Habermas ihm sehr geholfen hätten, Missverständnisse in seinen bisherigen Argumentationen auszuräumen, um die Theorie des politischen Liberalismus noch überzeugender gegen Einsprüche verteidigen zu können. Die Erwiderung von Rawls ist in dieser Hinsicht deshalb weniger die Eröffnung eines neuen Diskussionsfeldes als die Präzisierung der eigenen theoretischen Position.

In einem ersten Teil arbeitet Rawls diesem Duktus folgend Gemeinsamkeiten und Unterschiede zwischen seinem Verständnis eines politischen Liberalismus und dem von Habermas heraus, um dann in den drei darauffolgenden Kapiteln auf die kritischen Anmerkungen von Habermas reagieren zu können. Zuerst betont Rawls, dass es sich bei seiner Konzeption um eine politische und gleichzeitig vernünftige handele, die eine freistehende Konzeption von Gerechtigkeit impliziere, die nicht von umfassenden Lehren abhängig sei. Vernünftig meint in diesem Zusammenhang erstens, dass alle Bürger*innen unabhängig von den umfassenden Lehren, die sie für wahr halten, bereit sind, „faire Bedingungen sozialer Kooperation vorzuschlagen, denen andere als Freie und Gleiche ebenfalls zustimmen können", und zweitens die „Bürden des Urteilens" (Rawls 1997, 198) im politischen Alltag anzuerkennen.

Der Gegenstand des politischen Liberalismus ist (analog zu TG) die Grundstruktur einer Gesellschaft, nicht die Überzeugungen eines Individuums oder einer Gruppe von Individuen. Habermas' Ansatz interpretiert Rawls demgegenüber als eine umfassende Lehre, da sie alle Begriffe mit Bezug auf eine universale Deutung des Menschen und seiner Sprachfähigkeit formuliert, wobei Habermas allen anderen „höheren oder tieferen Lehren jede eigenständige logische Kraft abspricht" (Rawls 1997, 200). Deswegen deutet Rawls ihn als einen Hegelianer, der alle Grundbegriffe des Normativen und Politischen durch *eine* Theorie – nämlich die des kommunikativen Handelns bzw. der Diskursethik – begründen will. Dieser Argumentationslinie folgend, bezeichnet Rawls den Urzustand lediglich als ein „analytisches Hilfsmittel, um eine Hypothese zu formulieren" (Rawls 1997, 203), während die ideale Sprechsituation, die Habermas in seiner Diskursethik als theoretischen Ankerpunkt entwirft, scheinbar *alle* Fragen der Wahrheitsfähigkeit und Geltung in einem umfassenden Sinne zu beantworten versucht.

Vor diesem Hintergrund zeichnet sich eine erste Erwiderung von Rawls ab. Er sieht nämlich keine Spannung oder gar argumentative Lücke zwischen dem Urzustand und dem faktischen Diskurs in der Öffentlichkeit. Vielmehr betont er, dass die Gerechtigkeit als Fairness explizit alle Fragen auf das Politische beschränkt, wodurch sich seine Theorie im Letzten auch als bescheidener als die von Habermas erweist. Rawls denkt Gerechtigkeit als Fairness nicht als ein für alle Zeit durch den Urzustand festgelegtes inhaltliches normatives Kriterium, sondern als eines, das immer auf den Diskurs der Zivilgesellschaft angewiesen ist. Die Vorstellung der Gerechtigkeit als Fairness ist gleichzeitig mit der Hoffnung verbunden, die im zivilgesellschaftlichen Diskurs formulierten unterschiedlichen Fassungen von Gerechtigkeit „zu einer vernünftigen und vollständigen Konzeption politischer Gerechtigkeit für die Grundstruktur einer konstitutionellen Demokratie zu verbinden" (Rawls 1997, 205). Rawls interpretiert damit seine Theorie letztlich als ein (gut begründetes) Deutungsangebot, das im öffentlichen Raum diskutiert und inhaltlich immer wieder neu gefüllt wird.

Wichtiger erscheint Rawls allerdings noch der zweite Teil der Kritik von Habermas, die sich auf die Konzeption des *overlapping consensus* bezieht. Besonders geht es Rawls in seiner Erwiderung um die Frage, welche Bedeutung den im Konsens eingeschlossenen Lehren zukommt, wenn der Konsens letztlich als von diesen unabhängig interpretiert wird. Damit verbunden ist wiederum die Frage, was genau unter der Zuschreibung der Vernünftigkeit zu verstehen ist.

Für seine Erwiderung unterscheidet Rawls zwischen verschiedene Formen der Begründung. Die erste Form der Begründung (*pro tanto*) bezieht sich nur auf den öffentlichen Vernunftgebrauch zur Klärung aller gerechtigkeitstheoretisch relevanten Verfahren. Daneben versteht sich die vollständige Begründung als eine auf den einzelnen Bürger als Mitglied einer Zivilgesellschaft, und schließlich die öffentliche Begründung als eine auf die politische Gesellschaft und deren konkrete Abwägungsprozesse bezogene. Aber „nur dann, wenn ein vernünftiger übergreifender Konsens besteht, kann die politische Gerechtigkeitskonzeption einer politischen Gesellschaft öffentlich (wenn auch niemals abschließend) begründet sein" (Rawls 1997, 208) – so fasst Rawls diese drei Formen der Begründung zusammen.

Rawls hält es für den Vorzug seiner Theorie, zeigen zu können, dass in einer pluralen Gesellschaft einerseits Bürger*innen eigene Positionen für wahr halten können, und es andererseits trotzdem vernünftige Gründe für eine faire und gerechte Kooperation geben kann, die allen Bürger*innen zugänglich sind, ohne von *einer* umfassenden Theorie abhängig zu sein. Seine Theorie vermag seiner Ansicht nach genau dies zu leisten. Sie zeigt nämlich, dass es für Menschen unterschiedlichster Hintergründe vernünftig ist, „Gerechtigkeit als Fairness als regulativ-wirksame politische Konzeption anzuerkennen" (Rawls 1997, 210). Vor diesem Hintergrund erkennen Bürger*innen auch die Notwendigkeit einer institutionellen Verfassung an, die im Konfliktfall eine Abwägung möglich macht. In diesen Konfliktfällen kann es zu Situationen kommen, in denen sich Bürger*innen gegen Entscheidungen aufgrund ihrer umfassenden Lehren stellen, aber trotzdem die liberale Institutionalisierung von Freiheit und Gerechtigkeit als Ganze für vernünftig erachten. Genau dies vermag nach Rawls die Theorie des übergreifenden Konsenses zu zeigen.

Der zweite Abschnitt dieses Kapitels bezieht sich auf die dritte Gruppe von Einsprüchen von Habermas und damit auf das Verhältnis von privater und öffentlicher Autonomie. Habermas verkenne, so Rawls, dabei wiederum den Charakter des politischen Liberalismus. Dieser mache bei ihm eine Zweistufigkeit in der Argumentation aus, die in einer theoretischen wie praktischen Vorordnung des hypothetischen Urzustandes vor dem gesellschaftlichen Diskurs resultiere. Damit unterstelle er ihm, so Rawls, eine Vorordnung der liberalen Freiheitsrechte, die im ersten Prinzip der Gerechtigkeit paradigmatisch grundgelegt würden, vor den Legitimitätsfragen des politischen Gemeinwesens. Rawls betont jedoch, dass diese Deutung auf einem Missverständnis beruhe.

Zur Erklärung zeigt Rawls, dass der Vier-Stufen-Gang von TG „weder einen faktischen politischen Prozess, noch einen theoretischen" (1997, 216) beschreibt. Die Urzustandsüberlegung darf deshalb nicht in dem Sinne missverstanden werden, dass auf der theoretischen Ebene universale Normen für alle Zeiten festgelegt werden (könnten), die dann nur noch an die untere Ebene des praktisch-politischen Diskurses zur Plausibilisierung weiter gereicht würden. Diese Deutung übersieht nach Rawls, „dass wir uns innerhalb einer Zivilgesellschaft befinden, und dass die philosophische Gerechtigkeitskonzeption [...] einer fortwährenden kritischen Überprüfung durch unsere reflektierten und wohlerwogenen Überzeugungen unterworfen ist" (Rawls 1997, 218).

Dieses Missverständnis versucht Rawls auch am Begriff der Autonomie aufzuklären. Denn Autonomie bedeutet im Liberalismus immer politische und nicht moralische Autonomie. Vor diesem Hintergrund ist es für Rawls auch nicht verständlich, wieso Habermas meint, der „Glutkern des Urzustandes" (Habermas 1997, 191) ließe sich nicht in realen gesellschaftlichen Diskursen entfachen. Gerechte Institutionen sind vielmehr niemals ein für alle Mal gegeben, sondern sind immer etwas, auf das neu hingearbeitet werden muss. Dafür sind auch innerhalb der liberalen Theorie sich engagiert einsetzende reale Bürger*innen notwendig. Deswegen darf seiner Ansicht nach weder der öffentliche Vernunftgebrauch auf die Erhaltung von Stabilität reduziert noch die private Autonomie des Einzelnen von der öffentlichen Autonomie der Volkssouveränität getrennt werden. Dem liegt nach Rawls vielmehr ein falsch verstandenes Konzept der privaten Autonomie zugrunde, das die Bürger*innen des Urzustandes von dem der Zivilgesellschaft fälschlicherweise abtrennt. Deswegen will Rawls den Urzustand auch nicht als eine Argumentationsfigur zur Begründung von liberalen Freiheitsrechten in einem vor-politischen Raum interpretiert wissen. Rawls' Argument läuft deshalb auf die Erwiderung hinaus, „dass vom Standpunkt einer politischen Gerechtigkeitskonzeption aus die Freiheiten der Moderne dem konstitutiven Willen des Volkes keine [...] vorgängigen Beschränkungen auferlegen" (Rawls 1997, 224).

Rawls illustriert dies an drei konkreten Perioden der US-amerikanischen Geschichte, in denen die Institutionen grundlegend weiterentwickelt wurden, und zwar der Gründungsphase der USA, der Zeit nach dem Bürgerkrieg und schließlich dem *New Deal.* Damit will er auch herausarbeiten, dass er kein „Konkurrenzverhältnis" (Rawls 1997, 229) zwischen privater und öffentlicher Autonomie annimmt, wie Habermas ihm unterstellt. Vielmehr zeigt Rawls, wie auch innerhalb der Konzeption des politischen Liberalismus beide „ebenfalls gleichursprünglich und gleichwertig sind" (Rawls 1997, 229). So wie Habermas die Gleichursprünglichkeit von privater und öffentlicher Autonomie in der diskurstheoretischen Begründung von Legitimität zusammenbindet, so werden in der Theorie des politischen Liberalismus also beide Formen in dem Ideal eines „fairen Systems sozialer Kooperation" (Rawls 1997, 233) zusammengeführt. Dies deutet Rawls als eine Parallele, was sich auch in der Konsequenz ausdrückt, dass beide Theorien eine normative Konzeption von Demokratie implizieren. Während Habermas diese jedoch in einem umfassenden Sinne diskursethisch begründet, beschränkt sich Rawls seiner eigenen Ansicht nach auf die Sphäre des Politischen.

Jedoch betont Rawls in diesem Zusammenhang auch, dass zwischen privater und öffentlicher Autonomie trotz Gleichursprünglichkeit immer eine grundlegende Spannung besteht, die in gewisser Weise konstitutiv für jedes liberale politische Gemeinwesen ist. Denn es ist seiner Ansicht nach keine institutionelle Verfasstheit der Gesellschaft vorstellbar, „die garantieren könnte, dass nur legitime (oder gerechte) Gesetze gegeben werden und dass alle gerechten Gesetze immer geachtet werden" (Rawls 1997, 233).

Der letzte Schritt der Erwiderung auf die Einwände von Habermas bezieht sich noch einmal auf die Konzeption der Gerechtigkeit und die Kritik, dass Rawls eine substanzielle und keine prozedurale Konzeption entwickle. Die Verteidigung des Liberalismus von Rawls läuft im Wesentlichen darauf hinaus, dass jede prozedurale Konzeption notwendig auf einen substanziellen Kern verwiesen ist und deshalb auch die Konzeption von Habermas als eine substanzielle Konzeption gedeutet werden muss. Zur Begründung dieser These argumentiert er, dass die Gerechtigkeit eines Verfahrens und dessen inhaltliche Ergebnisse immer aufeinander bezogen sind. Prozedurale und substanzielle Gerechtigkeit sind deshalb immer voneinander abhängig.

Habermas selbst argumentiert jedoch, so Rawls, dass die Diskursethik lediglich einen moralischen Standpunkt zur Analyse und Klärung des Verfahrens bereitstellt und deshalb keine substanziellen Elemente argumentativ voraussetzt. Rawls wendet dagegen ein, dass die Diskursethik sehr wohl auf substanziellen Voraussetzungen beruhe. Dies sind für Rawls Verfahrenswerte wie beispielsweise „Unparteilichkeit und Gleichheit, Offenheit [...], Abwesenheit von Zwang und Einstimmigkeit" (Rawls 1997, 241). Habermas selbst deutet diese nicht als materiale Grundlagen der prozedural angelegten Theorie, sondern nur als formale Regeln des Diskurses. Allerdings trifft dies nach Rawls nicht ihren Charakter, denn mit diesen werden in das Verfahren substanzielle Kriterien eingeführt, die sich nicht aus der Struktur der Sprache herleiten ließen. Für Rawls unterstellt Habermas mit diesen Annahmen „eine Vorstellung von Vernünftigkeit zur Beurteilung dieser Ergebnisse und vertritt so eine substanzielle Auffassung. Es ist ein verbreiteter Irrtum […] zu glauben, dass prozedurale Legitimität (oder Gerechtigkeit) auf weniger ziele und für sich genommen ohne substanzielle Gerechtigkeit auskomme. Dies ist nicht der Fall" (Rawls 1997, 241 f.).

Allerdings räumt Rawls auch ein, dass Habermas sich in gewisser Hinsicht sehr wohl auf den prozeduralen Aspekt beschränke, nämlich insofern er weniger von Gerechtigkeit als von Legitimität spreche. Legitime Herrschaft muss aber nicht automatisch Gerechtigkeit in einem substanziellen Sinne fördern. Darin zeigt sich der prozedurale Fokus der Habermas'schen Theorie, so Rawls. Legitimität ist dabei „schwächer als Gerechtigkeit und legt dem, was getan werden kann, schwächere Beschränkungen auf. Sie ist außerdem institutionell definiert" (Rawls 1997, 243 f.). Prozedurale Legitimität im institutionell verstandenen Sinne von Habermas besteht dann darin, dass ein faires und transparentes Verfahren die bestmöglichen Resultate in einer liberalen Demokratie sichert, ganz unabhängig davon, wie diese aus der Perspektive einer Gerechtigkeitstheorie zu beurteilen sind. Dies bedeutet, dass am Ende eines legitimen Verfahrens politische Entscheidungen stehen können, die aus der normativen Sicht der Gerechtigkeitstheorie problematisch und trotzdem legitim sind.

Allerdings setzt ein solches prozedurales Verständnis von Legitimität eine einigermaßen wohlgeordnete Gesellschaft voraus, so schlussfolgert Rawls am Ende seines Beitrags. Diese Überlegungen führen ihn deshalb zu der Anfrage an Habermas, ob dieser (vielleicht) etwas anderes intendiere, wenn er substanziell und prozedural als Abgrenzungskriterien zwischen den Theorien von Rawls und ihm anführe. Denn sie scheinen sich nach Rawls weniger auf die Gehalte der Gerechtigkeit zu beziehen, als vielmehr auf das Verhältnis von umfassenden Lehren zu politischen Institutionen. Habermas, so interpretiert Rawls weiter, will um jeden Preis eine Verbindung der beiden vermeiden. Deswegen müssen sich alle Gehalte dieser umfassenden Lehren in der liberalen Sprache der säkularen Vernunft formulieren lassen, denen alle beteiligten Bürger*innen sinnvollerweise zustimmen können (Habermas 2005). In diesem Sinne zeigt sich noch einmal der umfassende Anspruch der Theorie von Habermas, der sich insbesondere in seiner Konzeption kommunikativer Vernunft ausdrückt. Die Gerechtigkeitstheorie von Rawls „will sich nicht an einer umfassenden Konzeption der Form und Struktur der Bedingungen des Denkens und Handelns beteiligen. Sie bemüht sich vielmehr […] diese Lehren so zu lassen, wie sie sind, und kritisiert sie nur dann, wenn sie politisch gesehen unvernünftig sind" (Rawls 1997, 248).

4 Ausblick: Ordnungsfunktion der Debatte und Konsequenzen für *Das Recht der Völker*

Die Positionen von Rawls und Habermas sind bis heute wegweisend für die politische Philosophie, und die markante Debatte von 1995 hat sicherlich dazu beigetragen. Sie fungierte dabei in den Folgejahren (teilweise) als Weichenstellung für viele philosophische Diskussionen. Die Fragen, ob liberale Theorien einen epistemischen oder politischen Charakter aufweisen oder ob private und öffentliche Autonomie gleichursprünglich sind, wurden zu Markern, auf welcher Seite Philosoph*innen stehen. Beide Theorien, so fasst Jørgen Pedersen (2012) die Debatte zusammen, stehen seither für zwei unterschiedliche Konzeptionen politischer Legitimität und der metaethischen Grundlegung demokratischer Institutionen.

Wie James Gordon Finlayson und Fabian Freyenhagen in ihrer Einleitung zu einem ausführlichen Band über die Debatte der beiden Philosophen im Jahr 2011 schreiben, war diese zwar einerseits für weitere Diskussionen der politischen Philosophie sehr anregend, andererseits allerdings auch in gewisser Hinsicht unbefriedigend. Denn Rawls wie Habermas scheinen viel argumentative Energie in die Verteidigung der eigenen Konzeption zu investieren, ohne den anderen in eine wirklich offene Diskussion zu verwickeln. Umgekehrt hat genau dies zu wichtigen Weiterentwicklungen der beiden Theorien, aber auch zu einer Strukturierung grundlegender Positionen in der politischen Philosophie geführt. „Not only do their objections hit the mark, they call for and give rise to crucial developments in their respective theories. Moreover, as we have shown, these criticisms have significant implications for political philosophy as a whole. It is no surprise, then, that these developments are still ongoing" (Finlayson/Freyenhagen 2011, 21).

Diese starke Fokussierung auf Präzisierungen (und damit auch Immunisierungen) beider Theorien spiegelt sich auch in der Sekundärdebatte der Folgejahre wider. Viele Autor*innen arbeiten sich an einzelnen Aspekten und Detailfragen der Debatte ab, um sich dann selbst auf der einen oder anderen Seite zu positionieren. Einige Philosoph*innen beschäftigen sich beispielsweise mit den (ihrer Ansicht nach) missverständlichen Rawls-Deutungen von Habermas. So argumentiert Jørgen Pedersen (2012), dass Rawls weder in seiner Deutung von Rechten eine naturrechtliche Schlagseite habe, noch im strengen Sinne als ein Vertreter des Konstitutionalismus gedeutet werden könne, wie Habermas ihm unterstelle. In einer ähnlichen Linie wird von anderen Autor*innen Habermas' Deutung des Rawls'schen Verhältnisses von privater und öffentlicher Autonomie kritisiert. Andere wiederum argumentieren, dass es Habermas' Verdienst war, einige grundlegende Defizite in der Theorie von Rawls aufgedeckt zu haben (Hedrick 2010).

Ein weiterer zentraler Aspekt der Folgedebatte ist die Frage nach dem Verhältnis von prozeduraler und substanzieller Theorie von Gerechtigkeit, die Rawls in seiner Erwiderung auf Habermas argumentativ ins Zentrum stellt. So argumentiert beispielsweise Pablo Gilabert, dass die Diskursethik nicht als ein reiner Formalismus gedeutet werden kann, sondern in ihrem Verständnis von kommunikativer Vernünftigkeit sehr wohl materielle Aspekte eines Gerechtigkeitsbegriffes impliziere (Gilabert 2005). In einer stärker epistemologischen Perspektive argumentiert Cristina Lafont (2003) in eine ähnliche Richtung. Hinter all diesen Beiträgen steht die grundlegende Frage nach der Konzeption von Normativität, die den beiden Ansätzen zu Grunde liegt. Und hier zeigt sich trotz der Familienähnlichkeit der beiden Theorien doch ein erheblicher Unterschied. Denn während Habermas für einen moralischen Kognitivismus argumentiert und hierfür eindeutige Bedingungen formuliert (Habermas 1983, 53–125), favorisiert Rawls eine konstruktivistische Konzeption von Normativität, die er eng an das Argumentationsmodell von Kant anlehnt (Rawls 1994, 80–158). Diese Differenz spielt auch für die Deutung von *Das Recht der Völker* aus diskursethischer Perspektive eine zentrale Rolle.

Eine weitere viel diskutierte und für die politische Philosophie grundlegende Frage in diesem Zusammenhang ist, ob Habermas wirklich eine umfassende Theorie vorschlägt, wie Rawls dies zu unterstellen scheint. Denn letztlich ist auch die Konzeption von Habermas ja eine politische, weil sie sich als nachmetaphysisch versteht (Heath 2011). Im Gegensatz zur Theorie des Liberalismus ist sie dabei allerdings weniger auf vorliegende Werte einer (wohlgeordneten) liberalen Gesellschaft angewiesen und kann daher das begründungstheoretische Argument grundlegender ansetzen. In diesem Kontext sind zuletzt auch die Überlegungen von Rainer Forst (1999) ein wichtiger Beitrag für die Debatte, insofern er einen Brückenschlag zwischen beiden Theoriesträngen versucht. Er folgt einerseits Habermas' Kritik, dass Rawls keine angemessene Grundlegung seiner Theorie des Urzustandes und des überlappenden Konsens gelingt. Andererseits stimmt er Rawls zu, dass der Liberalismus sehr wohl die Gleichursprünglichkeit von privater und öffentlicher Autonomie zusammen denken kann.

Die kurze Skizze dieser Folgedebatte zeigt, dass viele Beiträge den Familienstreit fortsetzen und sich deshalb ihre Anmerkungen meist innerhalb eines eng gesteckten Rahmens liberaler Theoriebildung bewegen. Dies führt die Debatte einerseits auf ein sehr hohes Abstraktionsniveau, andererseits werden alternative Vorschläge innerhalb des philosophischen Diskurses oftmals nur am Rande beachtet. Ein Beispiel hierfür ist die die poststrukturalistische Deutung des Politischen im Allgemeinen und des Verhältnisses von privater und öffentlicher Autonomie im Besonderen. Philosoph*innen wie Chantal Mouffe (2008) betonen beispielsweise, dass es sich hierbei um ein paradoxes Verhältnis handelt, das grundsätzlich nicht aufgelöst werden kann. Auch wenn Rawls dies ebenfalls als ein Dilemma beschreibt, so werden die Implikationen dieser Annahme von ihm nur andiskutiert. Ob und, wenn ja, welches alternative Verständnis des Politischen sich aus dieser grundlegenden Spannung begründen ließe, das weniger auf die Vernünftigkeit abstellt als vielmehr auf den politischen Streit um Positionen als Motor liberaler Gesellschaften, bleibt in der Debatte zwischen Rawls und Habermas jedenfalls unberührt. Mit dieser Kritik geht auch eine Betonung von Emotionen im Feld des Politischen einher, die beispielsweise von Michael Walzer (1999) in den Auseinandersetzungen mit Rawls und Habermas eingefordert wird.

Es ist hier nicht der Ort, diese Einsprüche abschließend zu bewerten. Es soll lediglich gezeigt werden, dass die Art der Debatte zwischen Rawls und Habermas nach innen zu einer immer größeren Differenzierung von Argumenten geführt hat, die gleichzeitig nach außen mit einer Art Immunisierung gegenüber alternativen philosophischen Deutungen von Gerechtigkeit und Liberalismus einhergeht. Diese Trennung bestimmter Debattenfelder prägt bis heute die politische Philosophie als Ganze.

Dies zeigt sich beispielsweise auch bei der Diskussion über das Verhältnis umfassender Lehren zum liberalen politischen Gemeinwesen, die seit Mitte der 1990er Jahre immer intensiver geführt wird (Habermas 2005; Reder 2014) und für welche die Debatte aus dem Jahr 1995 ebenfalls grundlegend ist. Es ist auffällig, dass sich diese verstärkte Aufmerksamkeit gegenüber der Religion bereits hier andeutet. Während Habermas umfassenden Lehren (und er denkt dabei vor allem an metaphysische und religiöse Lehren) keinen Wahrheitsanspruch zugesteht, um die öffentliche Vernunft davor zu bewahren, „ins Schwärmen" (Habermas 2005, 252) zu geraten, gesteht Rawls den Lehren diese Wahrheitsfähigkeit zu. Gleichzeitig betont er, dass diese Frage für den Liberalismus letztlich unerheblich sei, weil dieser den überlappenden Konsens als Ausdruck der Vernünftigkeit betone und sich damit als eine genuin politische Theorie erweise.

Habermas betont demgegenüber stärker die Bedeutung der umfassenden Lehren für das politische Gemeinwesen und plädiert für eine Integration ihrer semantischen Gehalte. Für dieses Vorgehen findet sich bei Rawls keine Parallele. Allerdings beharrt Habermas auf dem Übersetzungsvorbehalt und tendiert deshalb, wohl stärker als Rawls, zu einem Ausschluss religiöser Äußerungen aus dem formalen politischen Diskurs. Im politischen Diskurs fokussieren beide dennoch (trotz aller Unterschiede) auf ein liberal-säkulares Sprachspiel als Grundlage für die Deliberation über die (politischen) Grundsätze des Zusammenlebens.

Auch hinsichtlich dieses Themenfeldes bleibt allerdings fraglich, ob die Diskussion zwischen beiden nicht noch mehr hätte geweitet werden können.

Denn beide blicken letztlich aus der historisch geprägten Perspektive westlicher Gesellschaften auf Religion als politische Akteure. Zwar erkennen beide (in unterschiedlichen Akzentuierungen) die Bedeutung von Religionen in der Herausbildung dieser Gesellschaften und ihrer politischen Strukturen an. Jedoch betonen beide auch die Notwendigkeit einer liberal-säkularen Formation des überlappenden Konsensus. Genau diese Annahme führt jedoch in einer globalisierten (Welt-)Gesellschaft, in der viele Menschen ihre religiösen Ansichten wieder vermehrt in politische Diskurse einbringen, zu einem gewissen Spannungsverhältnis. Es scheint erstens, als wären umfassende Lehren (wie Religionen) nur noch funktionale Ressourcen für liberale Gesellschaften (wobei dieser Vorwurf stärker auf Habermas als auf Rawls zutrifft), und zweitens, dass es nur *eine* Form ihrer Einbindung in demokratische Gesellschaften gebe. Es lässt sich deswegen sehr wohl anfragen, ob die Debatte nicht zu enggeführt ist und ob nicht alternative Traditionen, wie beispielsweise pragmatische Konzeptionen, die in der Entwicklung der Habermas'schen Gesellschaftstheorie bereits eine wichtige Rolle gespielt haben, auch in diesem Kontext eine sinnvolle Ergänzung sein könnten, um das Verhältnis von umfassenden Lehren und Liberalismus aus einer anderen Perspektive zu beleuchten (Reder 2014).

Schließlich sei ein kurzer Blick auf die globalen Implikationen der Debatte geworfen. Denn in vielerlei Hinsicht ist der Familienstreit zwischen Habermas und Rawls auch instruktiv für ihre Deutungen globaler Zusammenhänge, mit denen sie sich in den Folgejahren in anderen Schriften beschäftigt haben (Habermas 1998 und 2004; Rawls 2002) – vor allem auch in *Das Recht der Völker*. In Rawls' Erwiderung zeigt sich bereits, dass er den politischen Liberalismus letztlich eng an eine (nationalstaatlich) verfasste Gemeinschaft bindet, auch wenn er dies in seiner Erwiderung auf Habermas nicht expliziert. Denn seine Verteidigung impliziert, dass die Begründung des überlappenden Konsenses nicht über die jeweilige Gesellschaft hinaus ausgedehnt werden kann und sich deswegen die Frage nach globaler Kooperation anders stellt als in nationalstaatlich verfassten Gesellschaften. Sie ist weder eine Frage des Urzustandes noch des überlappenden Konsens, sondern eine der Kooperation zwischen Staaten. Die Überlegungen, die Rawls in *Das Recht der Völker* anstellt, sind die konsequente Weiterführung dieser Deutung des Liberalismus und sie spiegeln auch ein politisches Bild wider, das stärker an dem nationalstaatlich orientierten Modell des Westfälischen Friedens orientiert ist als an den realen, hoch komplexen und dynamischen globalen Problemkonstellationen des 21. Jahrhunderts. Die Überlegungen von Habermas zur Globalisierung und postnationalen Konstellation erscheinen in diesem Zusammenhang empirisch informierter zu sein, was auch seine Verarbeitung vielfacher (sozial- und kulturwissenschaftlicher) Studien zu diesem Themenfeld belegt.

Habermas macht in seiner Debatte mit Rawls vor diesem Hintergrund bereits auf ein grundlegendes argumentatives Problem aufmerksam, das gerade bei der Diskussion globaler Problemlagen an Bedeutung gewinnt (Flynn 2011). „In his debate with Rawls, Habermas showed why a functional account of an overlapping consensus cannot replace a normative and procedural account of democratic legitimacy. This limitation is especially manifest in Rawls's Law of Peoples." (Bohman 2011, 280) In der Fokussierung auf den prozeduralen Aspekt der Diskursethik ist die Ausgangslage für Habermas argumentativ eine andere als für Rawls, was sich exemplarisch an den Deutungen der Menschenrechte ablesen lässt.

Dabei spielt auch eine wichtige Rolle, dass Habermas im Gegensatz zu Rawls eine nichtideale Theorie vorlegt. Auch wenn die Debatte zwischen idealer und nichtidealer Theorie erst einige Jahre nach der Auseinandersetzung zwischen Rawls und Habermas aufgekommen ist, so zeigen ihre Überlegungen bereits sehr deutlich die jeweiligen Vor- und Nachteile der beiden Paradigmen. Und es gibt gute Gründe einer nichtidealen Theorie gerade mit Blick auf die theoretische Verarbeitung globaler Problemlagen den Vorzug zu geben, weil sie geeigneter erscheint, die faktischen globalen Problemlagen theoretisch zu verarbeiten. In diesem Sinne muss Habermas beispielsweise weniger eine Trennung von wohlgeordneter Gesellschaft vom Rest der Welt voraussetzen, sondern vielmehr fragt er in einem pragmatistischen Sinn nach möglichen transnationalen Diskurspraktiken, die dem Ideal eines friedlichen Zusammenlebens der Weltgemeinschaft dienlich sind (Habermas 1998). Ob Habermas damit der globalisierten Weltgesellschaft allerdings immer besser gerecht wird, steht auf einem anderen Blatt (Reder 2009).

Literatur

Bohman, James (2011): „Beyond Overlapping Consensus: Rawls and Habermas on the Limits of Cosmopolitanism". In: Finlayson, James/Freyenhagen, Fabian (Eds.): *Habermas and Rawls: Disputing the Political.* London, New York: Routledge, 265–280.

Finlayson, James/Freyenhagen, Fabian (2011): „Introduction". In: Finlayson, James/Freyenhagen, Fabian (Eds.): *Habermas and Rawls: Disputing the Political.* London, New York: Routledge, 1–21.

Flynn, Jeffrey (2011): „Two Models of Human Rights: Extending the Rawls-Habermas Debate". In: Finlayson, James/Freyenhagen, Fabian (Eds.): *Habermas and Rawls: Disputing the Political.* London, New York: Routledge, 247–265.

Forst, Rainer (1999): „Die Rechtfertigung der Gerechtigkeit. Rawls Politischer Liberalismus und Habermas' Diskurstheorie in der Diskussion". In: Brunkhorst, Hauke/Niesen, Peter (Hg.): *Das Recht der Republik.* Frankfurt/M: Suhrkamp, 105–168.

Gilabert, Pablo (2005): „The Substantive Dimension of Deliberative Practical Rationality". In: *Philosophy & Social Criticism* 31, 185–210.

Habermas, Jürgen (2012): „Rawls' Politischer Liberalismus". In: Habermas, Jürgen (Hg.): *Nachmetaphysisches Denken II.* Frankfurt/M: Suhrkamp. 277–307.

Habermas, Jürgen (2005): *Zwischen Naturalismus und Religion.* Frankfurt/M: Suhrkamp.

Habermas, Jürgen (2004): *Der gespaltene Westen. Kleine politische Schriften X.* Frankfurt/M: Suhrkamp.

Habermas, Jürgen (2001): *Glauben und Wissen. Ansprachen aus Anlass der Verleihung des Friedenspreises des deutschen Buchhandels.* Frankfurt/M: Suhrkamp.

Habermas, Jürgen (1998): *Die postnationale Konstellation. Politische Essays.* Frankfurt/M: Suhrkamp.

Habermas, Jürgen (1997): „Versöhnung durch öffentlichen Vernunftgebrauch". In: Philosophische Gesellschaft Bad Homburg/Hinsch, Wilfried (Hg.): *Zur Idee des politischen Liberalismus.* Frankfurt/M: Suhrkamp, 169–195.

Habermas, Jürgen (1996): „Vernünftig versus Wahr oder die Moral der Weltbilder". In: Habermas, Jürgen (Hg.): *Die Einbeziehung des Anderen. Studien zur politischen Philosophie.* Frankfurt/M: Suhrkamp, 95–127.

Habermas, Jürgen (1995): „Reconciliation through the Public use of Reason: Remarks on John Rawls's Political Liberalism". In: *Journal of Philosophy* 92, 109–131.

Habermas, Jürgen (1992): *Faktizität und Geltung. Beiträge zur Diskurstheorie des Rechts und des demokratischen Rechtsstaats.* Frankfurt/M: Suhrkamp.

Habermas, Jürgen (1983): *Moralbewusstsein und kommunikatives Handeln.* Frankfurt/M: Suhrkamp.

Habermas, Jürgen (1981): *Theorie des kommunikativen Handelns* (2 Bände). Frankfurt/M Suhrkamp.

Heath, Joseph (2011): „Justice: Transcendental not Metaphysical". In: Finlayson, James/Freyenhagen, Fabian (Eds.): *Habermas and Rawls: Disputing the Political.* London, New York: Routledge, 117–134.

Hedrick, Todd (2010): *Rawls and Habermas: Reason, Pluralism, and the Claims of Political Philosophy.* Stanford: Stanford University Press.

Lafont, Cristina (2003): „Procedural Justice? Implications of the Rawls-Habermas Debate for Discourse Ethics". In: *Philosophy & Social Criticism* 29, 163–181.

Mouffe, Chantal (2008): *Das demokratische Paradox.* Wien: Turia + Kant.

Pedersen, Jørgen (2012): „Justification and Application: The Revival of the Rawls-Habermas Debate". In: *Philosophy of the Social Sciences* 42, 399–432.

Rawls, John (1997): „Erwiderung auf Habermas". In: Philosophische Gesellschaft Bad Homburg. Hinsch, Wilfried (Hg.): *Zur Idee des politischen Liberalismus.* Frankfurt/M, 196–262.

Rawls, John (1995): „Political Liberalism: Reply to Habermas". In: *Journal of Philosophy* 23, 132–180; reprinted in: (1996) *Political Liberalism.* New York: Columbia University Press.

Rawls, John (1994): *Die Idee des politischen Liberalismus. Aufsätze 1978–1989.* In: Hinsch, Wilfried (Hg.). Frankfurt/M: Suhrkamp.

Reder, Michael (2014): *Religion in säkularer Gesellschaft: Über die neue Aufmerksamkeit für Religion in der politischen Philosophie.* Freiburg: Alber.

Reder, Michael (2009): *Globalisierung und Philosophie. Eine Einführung.* Darmstadt: WBG.

Walzer, Michael (1999): *Vernunft, Politik und Leidenschaft. Defizite liberaler Theorie.* Frankfurt/M: Fischer.

Henning Hahn, Reza Mosayebi

13 Ausblick: Was bleibt von Rawls' *Das Recht der Völker?*

John Rawls' *Das Recht der Völker* (RV) ist eine kurze Schrift. Ihre Grundthesen sind umstritten und früh ist moniert worden, dass sie dem Stand der Diskussion zu globaler Gerechtigkeit hinterherhinkt. Rawls' erstes Hauptwerk, *Eine Theorie der Gerechtigkeit* (1971, ²1999), ist zweifellos ein Klassiker (s. Höffe (Hg.) ²2006, Klassiker Auslegen Bd. 15). Auch Rawls' zweite große Monographie, *Politischer Liberalismus* (1993, ²1996), gesellt sich aufgrund ihrer Fülle methodischer und inhaltlicher Innovationen schon jetzt zu den Klassikern der liberalen Ideenge-schichte (s. Höffe (Hg.) 2015, Klassiker Auslegen Bd. 49). RV schließlich, *prima facie* bloß eine ergänzende Spätschrift, zeigt sich nun aus dem Abstand von 20 Jahren zumindest als ein fester Referenzpunkt in der internationalen Ethik und Gerechtigkeitstheorie – und zwar ebenso als Referenzpunkt kosmopolitischer wie nationalistischer Kritik.

Unsere Einschätzung, dass RV in vielen Bereichen eine diskursstrukturie-rende Wirkung entfaltet hat, wird durch die Beiträge dieses Bandes untermauert. Die Bilanz fiel aber lange Zeit, etwa aus dem Abstand von zehn Jahren (so Brock 2010), sehr viel ernüchternder aus. Das gilt insbesondere für das kosmopolitische Camp, in dem Rawls' vertragstheoretischer Ansatz auf die Konstruktion globaler Gerechtigkeitsgrundsätze übertragen wurde (Beitz 1979; Pogge 1989). Aus deren Perspektive war RV eine Enttäuschung; die Schrift erschien wie eine zögerliche Verteidigung des Status Quo, die mit dem progressiven und egalitären Geist seiner Gerechtigkeitstheorie bricht und kaum Antworten für die drängenden Fragen unserer post-nationalen Konstellation (vgl. Habermas 1998) anbietet. Rawls ver-söhne uns lediglich mit einer untergehenden Zeit (Hahn 2017), indem er, so hat es Allen Buchanan auf den Punkt gebracht, „Rules for a Vanished Westphalian World" (2000) aufstelle.

In der Tat legt Rawls in RV selbst nahe, dass er statt nach globalen Gerech-tigkeitsprinzipien nach den Grundsätzen „der Außenpolitik eines annehmbar gerechten liberalen Volkes" fragt (etwa RV, 8). Statt globale Demokratie und Verteilungsgerechtigkeit zu fordern, konstruiert er eine „realistische Utopie", die fest in der nach dem 2. Weltkrieg entstandenen Staatenordnung verankert bleibt. Und statt globale Herrschaft, Ausbeutung, Entfremdung oder Klimawandel als die großen Gerechtigkeitsprobleme des ausgehenden 20. sowie des 21. Jahrhunderts in den Blick zu nehmen, will er eine Völkerrechtsordnung verteidigen, die sich auf

https://doi.org/10.1515/9783110650631-015

die Begrenzung von Kriegen und schwerster Menschenrechtsverletzungen beschränkt.

Die Kritik aus dem kosmopolitischen Lager wurde seither immer wieder in methodischer, empirischer und inhaltlicher Hinsicht erneuert. In methodischer Hinsicht wurden Inkohärenzen zwischen Rawls' innerstaatlichem und seinem internationalen Kontraktualismus herausgearbeitet (Pogge 2004 und 2006). Vor allem sei es nicht nachzuvollziehen, dass globale Gerechtigkeitsprinzipien aus Sicht ganzer Völker, statt gegenüber einzelnen Individuen gerechtfertigt würden. Zudem konstruiere Rawls in seiner Völkerrechtstheorie gar keine Prinzipien zur Beurteilung alternativer politischer Organisationsformen jenseits der Staatenwelt, sondern setze am realen Problem an, wie wir – Angehörige liberaler Völker und ihre politischen Repräsentant*innen – mit illiberalen Gesellschaften umgehen sollen. Dazu konstruiere er eine *realistische* Utopie, die „praktikabel [...] und auf bestehende politische und soziale Einrichtungen angewendet" (RV, 15) bleiben soll. In der Konsequenz bleibe sein Ansatz konservativ statt visionär, rekonstruktiv statt kritisch und staatsbasiert statt universalistisch.

Dabei übersehe Rawls, so der zweite, empirisch ansetzende Einwand, dass sich im Zuge der politischen und wirtschaftlichen Globalisierung Formen globaler Beherrschung und Gefährdungen, aber auch Formen sozialer Kooperation herausgebildet haben, die in seiner Beschreibung ignoriert werden. Rawls' Ideal einer völkerrechtlich integrierten Gemeinschaft weitgehend autarker Staaten bietet für diese Gerechtigkeitsprobleme keine Lösungen an, was sich, drittens, in einer Vielzahl inhaltlicher Defizite ausdrückt: So toleriere Rawls erhebliche Ungerechtigkeiten gegenüber Minderheiten oder Frauen in illiberalen Gesellschaften, streiche gut die Hälfte der in der *Allgemeinen Erklärung der Menschenrechte* (1948) deklarierten Rechte aus seinem Menschenrechtskatalog heraus (Benhabib 2010), und übersehe die Tatsache, dass sich soziale Ungerechtigkeiten vor dem Hintergrund globaler Herrschaft (Pogge 2011) oder globaler struktureller Ungerechtigkeit (Young 2013) ereignen – und auch nur auf dieser Ebene entschärft werden können. Auf den ersten Blick wurde RV daher nicht zu Unrecht skeptisch aufgenommen, nämlich als eine zögerliche Schrift, durch die die wichtigen Debatten um globale Gerechtigkeit eher ignoriert als bereichert wurden.

Diese Einschätzung, so meinen wir, muss aus dem Abstand von 20 Jahren ein Stück weit revidiert oder zumindest differenzierter betrachtet werden. Erstens wirkt Rawls' realistische Utopie einer internationalen Rechts- und Menschenrechtsordnung heute viel anspruchsvoller, als es vor dem Hintergrund des vermeintlichen Sieges des Liberalismus in den 1990ern erschien. Gewissermaßen wurde es erst nach dem ‚Ende des Endes der Geschichte' möglich, Rawls' Ansatz positiver zu bilanzieren. In dieser Neubilanzierung zeigt sich die Attraktivität seines politischen Realismus und einer philosophischen Position insgesamt, die für empirische Theorien internationaler Beziehungen anschlussfähig bleibt. Es zeigt sich auch, dass die Schrift eine ganze Reihe von beachtenswerten methodischen und substantiellen Ideen aufweist, die es nach wie vor lohnend machen, sie zu erschließen und systematisch auszuarbeiten. Dazu sind zu zählen: a) Rawls' Idee einer realistischen Utopie, b) seine Methode des politischen Konstruktivismus, c) sein bahnbrechender Beitrag zum internationalen Kontraktualismus, d) seine Bestimmung der Grenzen internationaler Toleranz anhand e) einer politischen Konzeption der Menschenrechte, f) seine Einteilung in ideale und nichtideale Theorie und in letzterer seine Überlegungen zu globalen Hilfspflichten und gerechtfertigten Interventionen, sowie seine noch zu wenig gewürdigten Beiträge zu g) politischer Versöhnung und h) öffentlicher Vernunft.

a) Realistische Utopie: Rawls' Theorie des Völkerrechts muss als ein Vermittlungsversuch zwischen der Tradition der Politischen Philosophie des Liberalismus und dem Realismus in den politischen Beziehungen gelesen werden. Sie reiht sich ein bzw. bildet den Auftakt für einen neuen politischen Realismus in der Politischen Philosophie. Die darin ausgetragene Spannung zwischen Normativität und Sein will Rawls im Begriff der realistischen Utopie aufheben. Konstruiert wird eine Idealtheorie, die einerseits realistisch ist, indem sie uns mit unserer vorgefundenen sozialen Welt versöhnt (RV, 161), andererseits aber auch utopisch wirkt, indem sie „die Grenzen dessen, was wir gewöhnlich für praktisch-politisch möglich halten, ausdehnt" (RV, 4). Dieser Vermittlungsversuch wird in Elif Özmens Kommentar der *Einleitung* des Buches kritisch rekonstruiert. Darin zeigt sie, dass mit dem Begriff der realistischen Utopie bereits die Weichen gestellt werden für eine Theorie, die resonant für realpolitische Erfordernisse bleiben will, dadurch aber blind für Forderungen globaler sozialer und politischer Gerechtigkeit werden musste.

b) Politischer Konstruktivismus: In diesem Band widmen sich Carola von Villiez und Tamara Jugov Rawls' konstruktivistischer Methode und betten sie in Rawls' Theorieentwicklung und den Methodenstreit um den politischen Realismus ein. Rawls konstruiert in RV eben kein Wolkenkuckucksheim, sondern, so formuliert es etwa Aaron James, „Gerechtigkeit für die existierende Praxis" (2005). Es lässt sich sogar sagen, dass die in *Politischer Liberalismus* vollzogene methodische Wende hin zum politischen Konstruktivismus in RV zur Reife gebracht wird. Entscheidend ist, dass der politische Konstruktivismus die beiden methodologischen Kernfragen in der globalen Gerechtigkeitstheorie zu beantworten verspricht, nämlich: Wie lassen sich globale Gerechtigkeitsprinzipien mit den Erfordernissen politischer Machbarkeit vereinbaren und wie lassen sie sich vor dem Hintergrund kulturell divergierender Moralvorstellungen rechtfertigen?

c) Internationaler Kontraktualismus: zu den wichtigsten philosophischen Leistungen Rawls' zählt fraglos, die Politische Philosophie des Kontraktualismus in seinen Werken erneuert zu haben. Wie Annette Förster in ihrem Beitrag „Die Charta des Rechts der Völker als Schlüssel zum Frieden (§§ 4 – 5)" zeigt, enthält RV eine direkte Übertragung der kontraktualistischen Methode auf die internationale Arena – allerdings mit dem wichtigen Unterschied, dass es hier Repräsentant*innen von Völkern sind, die über eine konkrete Liste an Rechten (die Charta des Rechts der Völker) statt über Prinzipien abstimmen, die einzelnen Rechten zugrunde liegen. Entscheidend ist, dass Rawls' kontraktualistische Darstellung keine direkte Rechtfertigungsaufgabe erfüllt, sondern als eine Explikation vorhandener Gerechtigkeitsvorstellungen liberaler Völker begriffen werden muss, welche über ihre Interessen in außenpolitischen Angelegenheiten aufgeklärt wird.

d) Internationale Toleranz: Der Toleranzbegriff gehört zu den interessantesten und wichtigsten Ingredienzien des politischen Denkens, weil darin eine Sache als begründetermaßen abzulehnen, aber ebenso begründeterweise hinnehmbar erklärt wird. Es ist diese liberale Urtugend, die Rawls auch in den internationalen Beziehungen zwischen liberalen und nichtliberalen Gesellschaften einfordert und deren Grenzen bestimmt. Henning Hahns Kommentar der Abschnitte zur Toleranz gegenüber nichtliberalen Gesellschaften (§§ 7 – 9) zeigt, dass Rawls in dieser drängenden Frage einen umstrittenen wie beachtenswerten Beitrag leistet. Der Grund für internationale Toleranz ist einerseits die politische Toleranzkultur in liberalen Gesellschaften, an die Rawls erst wieder zu Recht erinnert. Auf der anderen Seite hängt sie aber auch an der grundsätzlichen internen Legitimität achtbarer Gesellschaften, die sich vor allem daraus ergeben soll, dass sie die Menschenrechte achten und Möglichkeiten der politischen Mitbestimmung eröffnen. Deswegen ist abzusehen, dass sich Theorien der Tolerierung illiberaler Gesellschaften oder der Selbstbestimmung autokratischer Staaten weiter an Rawls abarbeiten werden.

e) Politische Konzeption der Menschenrechte: Eine weitere Innovation, die von RV ausgeht, ist eine zwar spärlich entwickelte aber enorm einflussreiche Konzeption der Menschenrechte. Menschenrechte sind in RV notwendige Bedingungen sozialer Kooperation und deshalb neutral gegenüber einer Mehrzahl von Kulturen und Traditionen (RV, § 8.2). Nach Rawls differieren Menschenrechte von anderen Klassen moralischer Rechte durch bestimmte Funktionen, die sie in der internationalen Arena erfüllen; vor allem haben sie die Funktion, Bedingungen festzuschreiben, unter der die Souveränität eines Staates eingeschränkt werden kann (RV, § 10). Eine Reihe von unterschiedlichen Theorien, die in der Nachfolge von Rawls diese souveränitätseinschränkende Funktion als notwendige Konstituente des Begriffs der Menschenrechte erachtet, bezeichnet man heute oft als die politische Konzeption der Menschenrechte (etwa Beitz 2009, Ch.5 – 6; Raz 2010). Reza Mosayebis Kommentar bietet eine ausführliche Analyse von Rawls' Menschenrechtskonzeption an und stellt sie in den Kontext einer an ihn ansetzenden und fortlaufenden Theorieentwicklung, nach der Menschenrechte rechtfertigende Gründe für Sanktionen bzw. Interventionen internationaler Akteure darstellen.

f) Nichtideale Theorie: Bedeutsam, wenn auch durchaus kritisierbar, sind auch Rawls' Ausführungen zu nichtidealen Fragen in der internationalen Ethik. Das beginnt damit, dass die wirkmächtige Unterscheidung in ideale und nichtideale Theorie ohnehin auf Rawls zurückgeht, in RV noch einmal geklärt wird und den Aufbau der Schrift auch strikter als in *Eine Theorie der Gerechtigkeit* und *Politischer Liberalismus* bestimmt (vgl. Mills 1997 und 2005; Phillips 1985; Robeyns 2008; Schaub 2010; Simmons 2010; Stemplowska 2008, Valentini 2012; Ypi 2010). Während insbesondere Amartya Sen (2006) und Raimund Geuss (2008) gefordert haben, dass sich die (analytische) Politische Philosophie stärker politischen Machtfragen stellen muss, statt ein Glasperlenspiel um wünschenswerte Ideale zu betreiben, insistieren andere darauf, dass ohne ex- oder implizite ideale Grundlagen die nichtidealen Fragen nicht anzugehen sind (s. etwa Shelby 2013). Wie ein Gerechtigkeitsideal angesichts konkreter Ungerechtigkeiten und unter ungünstigen Voraussetzungen handlungsleitend werden kann, ist jedenfalls in der globalen Gerechtigkeitstheorie noch einmal fraglicher als in heimischen Idealen. In RV wird das Verhältnis zwischen idealer und nichtidealer Theorie ausgiebig reflektiert und gegenüber Vorarbeiten verdeutlicht. Der nichtideale Theorieteil macht dabei auch machtpolitisch anschlussfähige Vorschläge zur rechtlichen Eindämmung internationaler Konflikte und zur entwicklungspolitischen Bekämpfung der Weltarmut. Katja Stoppenbrink widmet sich diesbezüglich den Abschnitten zu „Schurkenstaaten und gerechter Krieg" (§§ 13 – 14) und Corinna Mieth den Abschnitten „Belastete Gesellschaften und Distributive Gerechtigkeit zwischen Völkern (§ 15 – 16)". Sie betten Rawls' Überlegungen zum einen in die Theorien des gerechten Krieges, zum anderen in die Debatte zu globalen Hilfspflichten ein, wobei sie auch auf Inkonsistenzen und Defizite in seiner Argumentation aufmerksam machen.

g) Versöhnungsphilosophie: Obwohl Rawls „Versöhnung" explizit und grundlegend als die „Aufgabe" (GF, 22) der Politischen Philosophie bezeichnet, wird dieser Gedanke in der anwachsenden Rawls-Literatur immer noch weitgehend ignoriert. Jörg Schaub legt in seinem Beitrag einen umfassenden Überblick über Rawls' Gerechtigkeitstheorie als Versöhnungsphilosophie vor. Mit Blick auf zentrale Textstellen in RV zeigt Schaub, wie vielfältig und fundamental das Versöhnungsprojekt bei Rawls zu verstehen ist. Die Möglichkeit, eine realistische Utopie internationaler Gerechtigkeit aufzuzeigen, reiche, so Rawls, hin, um uns mit unserer politischen Welt zu versöhnen, politisches Handeln zu motivieren und Zynismus zu überwinden (RV, 162).

h) Öffentliche Vernunft: Eine der wichtigsten Grundelemente von Rawls' Methode – die Idee des öffentlichen Vernunftgebrauchs – wird in RV erstmals genauer erläutert. Deswegen haben wir auch Auslegungen zweier, eng mit RV und der sich darin vollendenden Theorieentwicklung verbundener Schriften in die Kommentare hineingenommen: Zum einen Rawls' Aufsatz *Nochmals: Die Idee der öffentlichen Vernunft* (*The Idea of Public Reason Revisited*), der sowohl in der deutschen als auch in der englischen Ausgabe als Anhang zu RV veröffentlicht worden ist, zum anderen die in der zweiten englischen Auflage von *Politischer Liberalismus* erschienene IX. Vorlesung „Erwiderung auf Habermas" (s. Habermas 1995), welche sich als äußerst instruktiv für das Verständnis der Idee der öffentlichen Vernunft erweist. Der von Andreas Niederberger kommentierte Aufsatz „Nochmals: Die Idee der öffentlichen Vernunft" enthält Rawls' detaillierteste Behandlung dieser wirkungsvollen Idee. Niederberger zeigt von da aus, wie die Idee öffentlicher Vernunft in RV aufgegriffen wird und ihr eine begründungstragende Rolle zuwächst. Zudem hat Michael Reder die „Erwiderung auf Habermas" kommentiert. Dieser ursprünglich 1995 im *Journal of Philosophy* erschienene Text komplettiert Rawls' Auseinandersetzung mit der Idee der öffentlichen Vernunft in RV und legt noch einmal den Theoriehintergrund, aber auch eine Flanke für Kritik aus Sicht deliberativer Ansätze des Rawls'schen Liberalismus insgesamt offen.

Dass RV also, zumindest als Ergänzung und Abschluss des Rawls'schen Gedankengebäudes, durchaus zu den Klassikern zählt, lässt sich zusammenfassend sowohl mit ihrer anhaltenden politischen Relevanz als auch mit ihrer bleibenden philosophischen Bedeutung begründen. Rawls' internationale Gerechtigkeitstheorie ist nicht nur ein Korrektiv zum kosmopolitischen Mainstream in der Politischen Philosophie. Sie enthält auch anhaltend diskutierte Beiträge zu wichtigen Einzelthemen. Nicht ausgeschlossen ist darum, dass es sich mit Rawls' RV ähnlich wie mit Kants *Zum ewigen Frieden* (1795) verhält, nämlich dass eine kleine Spätschrift zu globaler Verrechtlichung eine Wirkung entfaltet und Relevanz für sich beanspruchen kann, aufgrund derer sie neben die großen systematischen Hauptwerke eines der wichtigsten Denker im 20. und 21. Jahrhundert gestellt werden kann.

Literatur

Beitz, Charles (2009): *The Idea of Human Rights*. Oxford: Oxford University Press.
Beitz, Charles (1979): *Political Theory and International Relations*. Princeton (NJ): Princeton University Press.

Benhabib, Seyla (2010): „Gibt es ein Menschenrecht auf Demokratie? Jenseits von
  Interventionspolitik und Gleichgültigkeit". In: Broszies, Christoph/Hahn, Henning (Hg.):
  Globale Gerechtigkeit. Frankfurt/M: Suhrkamp, 404–438.
Brock, Gillian (2010): „Recent Works on Rawls's Law of Peoples: Critics versus Defenders". In:
  American Philosophy Quarterly 47, 85–101.
Buchanan, Allan (2000): „Rawls's Law of Peoples: Rules for a Vanished Westphalian World".
  In: *Ethics* 110, 697–721.
Geuss, Raymond (2008): *Philosophy and Real Politics*. Princeton: Princeton University Press.
Gooding, Robert E. (1995): „Political Ideals and Political Practice". In: *British Journal of
  Political Science* 25, 37–56.
Habermas, Jürgen (1998): *Die post-nationalen Konstellation. Politische Essays*. Frankfurt/M:
  Suhrkamp.
Habermas, Jürgen (1995): „Reconciliation through the Public Use of Reason: Remarks on John
  Rawls's Political Liberalism". In: *Journal of Philosophy* 92 (3), 109–131.
Hahn, Henning (2017): *Politischer Kosmopolitismus: Praktikabilität, Verantwortung,
  Menschenrechte*. Berlin, Boston: De Gruyter.
Höffe, Otfried (Hg.) (^{2}2006): *John Rawls: Eine Theorie der Gerechtigkeit*. Klassiker Auslegen
  Bd. 15. Berlin: Akademie Verlag.
Höffe, Otfried (Hg.) (2015): *John Rawls: Politischer Liberalismus*. Klassiker Auslegen Bd. 49.
  Berlin: De Gruyter.
James, Aaron (2005): „Constructing Justice for Existing Practice: Rawls and the Status Quo". In:
  Philosophy and Public Affairs 33, 281–316.
Mills, Charles (2005): „Ideal Theory as Ideology". In: *Hypatia*, 20, 165–184.
Mills, Charles (1997): *The Racial Contract*. Ithaca/London: Cornell University Press.
Phillips, Michael (1985): „Reflections on the Transition From Ideal to Non-Ideal Theory". In:
  Noûs 19, 551–570.
Pogge, Thomas (2011): *Weltarmut und Menschenrechte. Kosmopolitische Verantwortung und
  Reformen*. Berlin: De Gruyter.
Pogge, Thomas (2006): „Do Rawls's Two Theories of Justice Fit Together?" In: Martin,
  Rex/Reidy, David (Ed.): *Rawls's Law of Peoples*. Oxford: Blackwell, 206–25.
Pogge, Thomas (2004): „The Incoherences Between Rawls's Theories of Justice". In: *Fordham
  Law Review* 72, 101–121.
Pogge, Thomas (1989): *Realizing Rawls*. Ithaca: Cornell University Press.
Raz, Joseph (2010): „Human Rights without Foundations". In: Besson, Samantha/Tasioulas,
  John (Eds.): *The Philosophy of International Law*. Oxford: Oxford University Press,
  321–337.
Robeyns, Ingrid (2008): „Ideal Theory in Theory and Practice". In: *Social Theory and Practice*
  34, 341–62.
Schaub, Jörg (2010): „Ideale und/oder nicht-ideale Theorie – oder weder noch?" In: *Zeitschrift
  für philosophische Forschung* 4, 393–409.
Shelby, Tommie (2013). „Racial Realities and Corrective Justice A Reply to Charles Mills". In:
  Critical Philosophy of Race 1/2, 145–162.
Sen, Amartya (2006): „What do We Want from a Theory of Justice?" In: *The Journal of
  Philosophy* 5, 215–238.
Simmons, John A. (2010): „Ideal and Nonideal Theory". In: *Philosophy and Public Affairs* 38,
  5–36.

Stemplowska, Zofia (2008): „What is Ideal about Ideal Theory?" In: *Social Theory and Practice* 34, 363–387.
Valentini, Laura (2012): „Ideal vs. Non-ideal Theory: A Conceptual Map". In: *Philosophy Compass* 7/9, 654–664.
Young, Iris Marion (2013): *Responsibility for Justice.* New York: Oxford University Press.
Ypi, Lea (2010): „On the Confusion between Ideal and Non-ideal in Recent Debates on Global Justice". In: *Political Studies* 58, 536–555.

Auswahlbibliographie

I. John Rawls über das Recht der Völker

Rawls, John (1993): „The Law of Peoples". In: *Critical Inquiry* 20, 36–68.

Rawls, John (1993): „The Law of Peoples". In: Shute, Stephen/Hurley, Susan (Eds.): *On Human Rights: The Oxford Amnesty Lectures 1993*. New York: Basic Books, 41–82.

Rawls, John (1996): „Das Völkerrecht". In: Shute, Stephen/Hurley, Susan (Hg.): *Die Idee der Menschenrechte*. The Oxford Amnesty Lectures 1993. Frankfurt/M.: Fischer, 53–103.

Rawls, John (1999): *The Law of Peoples*. Cambridge: Harvard University Press.

Rawls, John (2002): *Das Recht der Völker. Enthält: „Nochmals: Die Idee der öffentlichen Vernunft"*. Berlin, New York: De Gruyter.

Rawls, John/van Parijs, Philippe (2003): „Three letters on *The Law of Peoples* and the European Union". In: *Autour de Rawls, special issue of Revue de philosophie économique* 7, 7–20.

II. Monographien

Allen, Michael (2017): *Civil Disobedience in Global Perspective: Decency and Dissent over Borders, Inequities, and Government Secrecy*. Dordrecht: Springer Netherlands.

Audard, Catherine (2007): *John Rawls*. Montreal: McGill-Queens University Press.

Beitz, Charles (1979): *Political Theory and International Relations*. Princeton: Princeton University Press.

Bock, Andreas (2008): *Rawls' „Recht der Völker": Menschenrechtsminimalismus statt globaler Gerechtigkeit?* München: Utz.

Bock, Andreas (2013): *Von der Theorie der Gerechtigkeit zum Recht der Völker: John Rawls und das Problem globaler Gerechtigkeit*. Wiesbaden: Springer.

Brock, Gillian (2009): *Global Justice: A Cosmopolitan Account*. Oxford: Oxford University Press.

Buchanan, Allan (2004): *Justice, Legitimacy, and Self-Determination*. Oxford: Oxford University Press.

Buchanan, Allen (2010): *Human Rights, Legitimacy, and the Use of Force*. Oxford: Oxford University Press.

Caney, Simon (2005): *Justice Beyond Borders: A Global Political Theory*. Oxford: Oxford University Press.

Donnelly, Jack (1989): *Universal Human Rights in Theory & Practice*. Ithaca: Cornell University Press.

Förster, Annette (2014): *Peace, Justice and International Order: Decent Peace in John Rawls' The Law of Peoples*. Basingstoke: Palgrave Macmillan.

Freeman, Samuel (2007): *Rawls*. London, New York: Routledge.

Geuss, Raymond (2008): *Philosophy and Real Politics*. Princeton: Princeton University Press.

Gray, John (1995): *Enlightenment's Wake: Politics and Culture at the Close of the Modern Age*. London, New York: Routledge.

Griffin, James (2008): *On Human Rights*. Oxford: Oxford University Press.

https://doi.org/10.1515/9783110650631-016

Habermas, Jürgen (1998): *Die postnationale Konstellation. Politische Essays.* Frankfurt/M.: Suhrkamp.

Hahn, Henning (2009): *Globale Gerechtigkeit: Eine philosophische Einführung.* Frankfurt/M., New York: Campus.

Hahn, Henning (2017): *Politischer Kosmopolitismus: Praktikabilität, Verantwortung, Menschenrechte.* Berlin, Boston: De Gruyter.

Hayden, Patrick (2002): *John Rawls: Towards a Just World Order.* Cardiff: University of Wales Press.

Maffettone, Sebastiano (2010): *Rawls: An Introduction.* Cambridge: Polity Press.

Moellendorf, Darrel (2002): *Cosmopolitan Justice.* London, New York: Routledge.

Moon, Donald (2014): *John Rawls: Liberalism and the Challenges of Late Modernity.* Lanham: Rowman & Littlefield.

Morss, John (2013): *International Law as the Law of Collectives: Toward a Law of People.* London, New York: Routledge.

Naticchia, Chris (2017): *A Law of Peoples for Recognizing States: On Rawls, the Social Contract, and Membership in the International Community.* Lanham, Boulder, New York, London: Lexington Books.

Pogge, Thomas (1989): *Realizing Rawls.* Ithaca: Cornell University Press.

Pogge, Thomas (1994): *John Rawls.* München: Beck.

Pogge, Thomas (2002): *World Poverty and Human Rights: Cosmopolitan Responsibilities and Reforms.* Cambridge: Polity Press.

Schaub, Jörg (2009): *Gerechtigkeit als Versöhnung: John Rawls' politischer Liberalismus.* Frankfurt/M., New York: Campus.

Tan, Kok-Chor (2000): *Toleration, Diversity, and Global Justice.* University Park: Pennsylvania State University Press.

Tesón, Fernando (1998): *A Philosophy of International Law.* Boulder: Westview Press.

Villiez, Carola von (2005): *Grenzen der Rechtfertigung? Internationale Gerechtigkeit durch transnationale Legitimation.* Paderborn: Mentis.

Voice, Paul (2011): *Rawls Explained: From Fairness to Utopia.* Chicago: Open Court.

Williams, Huw (2011): *On Rawls, Development and Global Justice: The Freedom of Peoples.* Basingstoke: Palgrave Macmillan.

Young, Iris (2013): *Responsibility for Justice.* Oxford: Oxford University Press.

III. Sammelbände

Aurélio, Diogo/Angelis, Gabriele de/Queiroz, Regina (Eds.) (2010): *Sovereign Justice: Global Justice in a World of Nations.* Berlin, New York: De Gruyter.

Becchi, Paolo (Hg.) (2007): *Nationen und Gerechtigkeit.* Frankfurt/M., New York: Peter Lang.

Becker, Michael (Hg.) (2013): *Politischer Liberalismus und wohlgeordnete Gesellschaften: John Rawls und der Verfassungsstaat.* Baden-Baden: Nomos.

Blocker, Gene./Smith, Elizabeth (Eds.) (1980): *John Rawls' Theory of Social Justice: An Introduction.* Athens: Ohio University Press.

Bohman, James/Lutz-Bachmann, Matthias (Eds.) (1997): *Perpetual Peace: Essays on Kant's Cosmopolitan Ideal.* Cambridge: MIT Press.

Brock, Gillian/Brighouse, Harry (Eds.) (2005): *The Political Philosophy of Cosmopolitanism.* Cambridge: Cambridge University Press.

Broszies, Christoph/Hahn, Henning (Hg.) (2010): *Globale Gerechtigkeit. Schlüsseltexte zur Debatte zwischen Kosmopolitismus und Partikularismus.* Frankfurt/M.: Suhrkamp.

Brown, Peter/MacLean, Douglas (Eds.) (1979): *Human Rights and U.S. Foreign Policy.* Lexington: Lexington Books.

Cremer, Hans-Joachim/Giegerich, Thomas/Richter, Dagmar/Zimmermann, Andreas (Hg.) (2002): *Tradition und Weltoffenheit des Rechts: Festschrift für Helmut Steinberger.* Berlin: Springer.

Cronin, Ciaran/Greiff, Pablo de (Eds.) (2002): *Global Justice and Transnational Politics: Essays on the Moral and Political Challenges of Globalization.* Cambridge: MIT Press.

Davion, Victoria/Wolf, Clark (Eds.) (2000): *The Idea of a Political Liberalism: Essays on Rawls.* Lanham: Rowman & Littlefield Publishers.

Ebeling, Klaus/Werkner, Ines-Jacqueline (Hg.) (2017): *Handbuch Friedensethik.* Wiesbaden: Springer VS.

Etinson, Adam (Ed.) (2018): *Human Rights: Moral or Political?* Oxford: Oxford University Press.

Finlayson, James/Freyenhagen, Fabian (Eds.) (2011): *Habermas and Rawls: Disputing the Political.* London, New York: Routledge.

Freeman, Samuel (Ed.) (2002): *The Cambridge Companion to Rawls.* Cambridge: Cambridge University Press.

Freeman, Samuel (Ed.) (2007): *Justice and the Social Contract: Essays on Rawlsian Political Philosophy.* Oxford: Oxford University Press.

Hinton, Timothy (Ed.) (2015): *The Original Position.* Cambridge: Cambridge University Press.

Höffe, Otfried (Hg.): *John Rawls: Politischer Liberalismus.* Berlin, München, Boston: De Gruyter.

Young, Shaun (Ed.) (2016): *Reflections on Rawls: An Assessment of his Legacy.* London, New York: Routledge.

Knoll, Manuel/Snyder, Stephen/Şimşek, Nurdane (Eds.) (2018): *New Perspectives on Distributive Justice: Deep Disagreements, Pluralism, and the Problem of Consensus.* Berlin: De Gruyter.

Koller, Peter/Puhl, Klaus (Hg.) (1997): *Aktuelle Fragen politischer Philosophie: Gerechtigkeit in Gesellschaft und Weltordnung.* Wien: Hölder-Pichler-Tempsky.

Lebow, Richard/Schouten, Peer/Suganami, Hidemi (Eds.) (2016): *The Return of the Theorists: Dialogues with Great Thinkers in International Relations.* Basingstoke: Palgrave Macmillan.

MacKenzie, Iain/O'Neill, Shane (Eds.) (1999): *Reconstituting Social Criticism: Political Morality in an Age of Scepticism.* Basingstoke: Palgrave Macmillan.

Maliks, Reidar/Schaffer, Johan (Eds.) (2017): *Moral and Political Conceptions of Human Rights: Implications for Theory and Practice.* Cambridge: Cambridge University Press.

Mandle, Jon/Reidy, David (Eds.) (2014): *A Companion to Rawls.* Malden, Oxford, Chichester: Wiley Blackwell.

Martin, Rex/Reidy, David (Eds.) (2006): *Rawls's Law of Peoples: A Realistic Utopia?* Malden: Blackwell Publishing.

Richardson, Henry/Weithman Paul J. (Eds.) (1999): *The Philosophy of John Rawls: A Collection of Essays.* New York: Garland.

Shute, Stephen/Hurley, Susan (Eds.) (1993): *On Human Rights: The Oxford Amnesty Lectures 1993.* New York: BasicBooks.

Tasioulas, John/Besson, Samantha (Eds.) (2010): *The Philosophy of International Law*. Oxford: Oxford University Press.

IV. Aufsätze in Fachzeitschriften

Abdel-Nour, Farid (1999): „From Arm's Length to Intrusion: Rawls's „Law of Peoples" and the Challenge of Stability". In: *The Journal of Politics* 61, 313–330.

Abizadeh, Arash (2007): „Cooperation, Pervasive Impact, and Coercion: On the Scope (not Site) of Distributive Justice". In: *Philosophy & Public Affairs* 35, 318–358.

Amdur, Robert (1977): „Rawls' Theory of Justice: Domestic and International Perspectives". In: *World Politics* 29, 438–461.

Armstrong, Chris (2009): „Defending the Duty of Assistance?". In: *Social Theory & Practice* 35, 461–482.

Audard, Catherine (2006): „Peace or Justice? Some Remarks on Rawls's Law of Peoples". In: *Revue internationale de philosophie* 60, 301–326.

Avila, Mitchell (2007): „Defending a Law of Peoples: Political Liberalism and Decent Peoples". In: *The Journal of Ethics* 11, 87–124.

Baynes, Kenneth (2009): „Toward a Political Conception of Human Rights". In: *Philosophy & Social Criticism* 35, 371–390.

Beitz, Charles (2000): „Rawls's Law of Peoples". In: *Ethics* 110, 669–696.

Benhabib, Seyla (2004): „The Law of Peoples, Distributive Justice, and Migrations". In: *Fordham Law Review* 72, 1761–1787.

Benhabib, Seyla (2008): „The legitimacy of human rights". In: *Daedalus* 137. No. 3, 94–104.

Bernstein, Alyssa (2007): „Human Rights, Global Justice, and Disaggregated States: John Rawls, Onora O'Neill and Anne-Marie Slaughter". In: *The American Journal of Economics and Sociology* 66, 87–111.

Brilmayer, Lea (2000): „What Use is John Rawls' Theory of Justice to Public International Law?". In: *International Legal Theory* 6, 36–39.

Brincat, Shannon (2015): „Global Climate Change Justice: From Rawls' Law of Peoples to Honneth's Conditions of Freedom". In: *Environmental Ethics* 37. No. 3, 277–305.

Brock, Gillian (2010): „Recent Works on Rawls's Law of Peoples: Critics versus Defenders". In: *American Philosophical Quarterly* 47, 85–101.

Brown, Chris (2000): „John Rawls, „The Law of Peoples," and International Political Theory". In: *Ethics & International Affairs* 14, 125–132.

Brown, Chris (2002): „The Construction of a 'Realistic Utopia': John Rawls and International Political Theory". In: *Review of International Studies* 28, 5–21.

Buchanan, Allen (2000): „Rawls's Law of Peoples: Rules for a Vanished Westphalian World". In: *Ethics* 110, 697–721.

Buchanan, Allen (2010): „The Egalitarianism of Human Rights". In: *Ethics* 120, 679–710.

Butler, Brian (2001): „There are Peoples and There are Peoples: A Critique of Rawls' Law of Peoples". In: *Florida Philosophical Review* 1. No. 2, 1–24.

Cabrera, Luis (2001): „Toleration and Tyranny in Rawls's „Law of Peoples"". In: *Polity* 34, 163–179.

Caney, Simon (2002): „Cosmopolitanism and the Law of Peoples". In: *Journal of Political Philosophy* 10, 95–123.

Cavallero, Eric (2003): „Popular Sovereignty and the Law of Peoples". In: *Legal Theory* 9, 181–200.

Chartier, Gary (2004): „Peoples or Persons? Revising Rawls on Global Justice". In: *Boston College International and Comparative Law Review* 27, 1–97.

Christiano, Thomas (2011): „An Instrumental Argument for a Human Right to Democracy". In: *Philosophy & Public Affairs* 39, 142–176.

Chwaszcza, Christine (2010): „The Concept of Rights in Contemporary Human Rights Discourse". In: *Ratio Juris* 23, 333–364.

Clarke, Stephen (2013): „Defense of Rawls: Response to Brock". In: *Res Cogitans* 4, 181–188.

Cline, Eugene (2002): „John Rawls' Law of Peoples: Some of the Important Themes and Issues Raised". In: *Essays in Philosophy* 3. No. 3, 1–12.

Cohen, Joshua (2004): „Minimalism About Human Rights: The Most We Can Hope For?". In: *Journal of Political Philosophy* 12, 190–213.

Cohen, Joshua/Sabel, Charles (2006): „Extra Rempublicam Nulla Justitia?". In: *Philosophy & Public Affairs* 34, 147–175.

Costa, Maria (2005): „Human Rights and the Global Original Position Argument in *The Law of Peoples*". In: *Journal of Social Philosophy* 36, 49–61.

Dallmayr, Fred (2004): *The Law of Peoples* and the Laws of War". In: *Peace Review* 16, 269–277.

Demarco, Joseph (1981): „International Application of the Theory of Justice". In: *Pacific Philosophical Quarterly* 62, 393–402.

Doyle, Michael (2006): „One World, Many Peoples: International Justice in John Rawls's *The Law of Peoples*". In: *Perspectives on Politics* 4, 109–120.

Doyle, Thomas (2015): „When liberal peoples turn into outlaw states": John Rawls' *Law of Peoples* and liberal nuclearism. In: *Journal of International Political Theory* 11, 257–273.

Eckert, Amy (2006): „Peoples and Persons: Moral Standing, Power, and the Equality of States". In: *International Studies Quarterly* 50, 841–860.

Edmundson, William/Schrepfer, Matthew (2019): „Neoliberalism Versus Distributional Autonomy: The Skipped Step In Rawls's *The Law of Peoples*". In: *Canadian Journal of Philosophy* 49, 169–181.

Fabre, Cécile/Miller, David (2003): „Justice and Culture: Rawls, Sen, Nussbaum and O'Neill". In: *Political Studies Review* 1, 4–17.

Fagelson, David (2001): „Two Concepts of Sovereignty: From Westphalia to the Law of Peoples?". In: *International Politics* 38, 499–514.

Ferrara, Alessandro (2003): „Two Notions of Humanity and the Judgment Argument for Human Rights". In: *Political Theory* 31, 392–420.

Flaherty, Martin (2004): „Rights, Reality, and Utopia". In: *Fordham Law Review* 72, 1789–1810.

Forst, Rainer (2001): „Towards a Critical Theory of Transnational Justice". In: *Metaphilosophy* 32, 160–179.

Förster, Annette (2016): „Probing the Limits of Rawls's Realistic Utopia". In: *Social Philosophy and Policy* 33. No. 1–2, 334–353.

Freeman, Samuel (2006): „The Law of Peoples, Social Cooperation, Human Rights, and Distributive Justice". In: *Social Philosophy and Policy* 23. No. 1, 29–68.

Fuller, Lisa (2012): „Burdened Societies and Transitional Justice". In: *Ethical Theory and Moral Practice* 15, 369–386.

Glover, Robert (2011): „Eyes Wide Shut: The Curious Silence of *The Law of Peoples* on Questions of Immigration and Citizenship". In: *Eidos*. No. 14, 10–49.

Gooding, Robert (1995): „Political Ideals and Political Practice". In: *British Journal of Political Science* 25, 37–56.

Habermas, Jürgen (1995): „Reconciliation Through the Public Use of Reason: Remarks on John Rawls's Political Liberalism". In: *The Journal of Philosophy* 93, 109–131.

Hatzenberger, Antoine (2013): „Kazanistan: John Rawls's Oriental Utopia". In: *Utopian Studies* 24, 105–118.

Hayfa, Tarek (2004): „The Idea of Public Justification in Rawls's Law of Peoples". In: *Res Publica* 10, 233–246.

Heath, Joseph (2005): „Rawls on Global Distributive Justice: A Defence". In: *Canadian Journal of Philosophy* 35, 193–226.

Herrera, Hugo (2005): „Die Suche nach einem formal-gerechten Weltfrieden – Das Recht der Völker von John Rawls". In: *Zeitschrift für Politik* 52, 335–348.

Hindess, Barry (2002): „Neo-liberal Citizenship". In: *Citizenship Studies* 6, 127–143.

Hinsch, Wilfried (2001): „Global Distributive Justice". In: *Metaphilosophy* 32, 58–78.

Hrubec, Marek (2010): „The Law of Peoples and Global Justice: Beyond the Liberal Nationalism of John Rawls". In: *Human Affairs* 20, 135–150.

Hsieh, Nien-hê (2004): „The Obligations of Transnational Corporations: Rawlsian Justice and the Duty of Assistance". In: *Business Ethics Quarterly* 14, 643–661.

Huseby, Robert (2013): „John Rawls and Climate Justice: An Amendment to the Law of Peoples". In: *Environmental Ethics* 35. No. 2, 227–243.

Huseby, Robert (2018): „In or Out? On Benevolent Absolutisms in *The Law of Peoples*". In: *Journal of Ethics and Social Philosophy* 13, 154–178.

James, Aaron (2005): „Constructing Justice for Existing Practice: Rawls and the Status Quo". In: *Philosophy & Public Affairs* 33, 281–316.

Julius, A. (2003): „Basic Structure and the Value of Equality". In: *Philosophy & Public Affairs* 31, 321–355.

Kang, Hye (2016): „Can Rawls's Nonideal Theory Save his Ideal Theory?". In: *Social Theory and Practice* 42, 32–56.

Kaufman, Alexander (2013): „Political Liberalism, Constructivism, and Global Justice". In: *Journal of Moral Philosophy* 10, 621–644.

Kelly, Erin/McPherson, Lionel (2001): „On Tolerating the Unreasonable". In: *Journal of Political Philosophy* 9, 38–55.

Kim, Hyunseop (2015): „A Stability Interpretation of Rawls's *The Law of Peoples*". In: *Political Theory* 43, 473–499.

Kreide, Regina (2009): „Preventing Military Humanitarian Intervention? John Rawls and Jürgen Habermas on a Just Global Order". In: *German Law Journal* 10, 93–114.

Kuper, Andrew (2000): „Rawlsian Global Justice: Beyond *The Law of Peoples* to a Cosmopolitan Law of Persons". In: *Political Theory* 28, 640–674.

Ladwig, Bernd (2012): „Global justice, cosmopolitanism and moral path dependency". In: *Philosophy & Social Criticism* 39, 3–20.

Liao, Matthew/Etinson, Adam (2012): „Political and Naturalistic Conceptions of Human Rights: A False Polemic?". In: *Journal of Moral Philosophy* 9, 327–352.

Loriaux, Sylvie (2009): „Why, After All, Should we Assist Burdened Societies?". In: *Tijdschrift voor Filosofie* 71, 577–606.

Macedo, Stephen (2004): „What Self-Governing Peoples Owe to One Another: Universalism, Diversity, and the Law of Peoples". In: *Fordham Law Review* 72, 1721–1738.

Maffettone, Pietro (2011): „The Law of Peoples: Beyond Incoherence and Apology". In: *Journal of International Political Theory* 7, 190–211.

Maffettone, Pietro (2015): „Toleration, decency and self-determination in *The Law of Peoples*". In: *Philosophy & Social Criticism* 41, 537–556.

Maffettone, Pietro (2016): „Benevolent Absolutisms, Incentives, and Rawls' *The Law of Peoples*". In: *Politics, Philosophy & Economics* 15, 379–404.

Maffettone, Pietro (2016): „Should We Tolerate Benevolent Absolutisms?". In: *Social Theory and Practice* 42, 525–554.

Maffettone, Pietro (2017): „Rawls' Duty of Assistance: A Defence and Re-Elaboration". In: *Etica & Politica/Ethics & Politics* 19, 353–376.

Martin, Rex (2015): „Rawls on International Economic Justice in *The Law of Peoples*". In: *Journal of Business Ethics* 127, 743–759.

Mertens, Thomas (2002): „From 'Perpetual Peace' to 'The Law of Peoples': Kant, Habermas and Rawls on International Relations". In: *Kantian Review* 6, 60–84.

Mills, Charles (2005): „ 'Ideal Theory' as Ideology". In: *Hypatia* 20, 165–184.

Moellendorf, Darrel (1996): „Constructing the Law of Peoples". In: *Pacific Philosophical Quarterly* 77, 132–154.

Mouffe, Chantal (2005): „The Limits of John Rawls's Pluralism". In: *Politics, Philosophy & Economics* 4, 221–231.

Nagel, Thomas (2005): „The Problem of Global Justice". In: *Philosophy & Public Affairs* 33, 113–147.

Naticchia, Chris (1998): „Human Rights, Liberalism, and Rawls's Law of Peoples". In: *Social Theory & Practice* 24, 345–374.

Naticchia, Chris (2005): „The Law of Peoples: The Old and the New". In: *Journal of Moral Philosophy* 2, 353–369.

Neufeld, Blain (2005): „Civic respect, political liberalism, and non-liberal societies". In: *Politics, Philosophy & Economics* 4, 275–299.

Nussbaum, Martha (2002): „Women and the Law of Peoples". In: *Politics, Philosophy & Economics* 1, 283–306.

Paden, Roger (1997): „Reconstructing Rawls's Law of Peoples". In: *Ethics & International Affairs* 11, 215–232.

Pettit, Philip (2010): „A Republican Law of Peoples". In: *European Journal of Political Theory* 9, 70–94.

Phillips, Michael (1985): „Reflections on the Transition from Ideal to Non-Ideal Theory". In: *Noûs* 19, 551–570.

Pogge, Thomas (1994): „An Egalitarian Law of Peoples". In: *Philosophy & Public Affairs* 23, 195–224.

Pogge, Thomas (2001): „Rawls on International Justice". In: *The Philosophical Quarterly* 51, 246–253.

Pogge, Thomas (2002): „Moral Universalism and Global Economic Justice". In: *Politics, Philosophy & Economics* 1, 29–58.

Pogge, Thomas (2004): „The Incoherence Between Rawls's Theories of Justice". In: *Fordham Law Review* 72, 1739–1759.

Porter, Thomas (2012): „Rawls, reasonableness, and international toleration". In: *Politics, Philosophy & Economics* 11, 382–414.

Rasmussen, David (2017): „From the moral to the political: The question of political legitimacy in non-western societies". In: *Philosophy & Social Criticism* 43, 430–441.

Reidy, David (2004): „Rawls on International Justice: A Defense". In: *Political Theory* 32, 291–319.

Reidy, David (2006): „Three Human Rights Agendas". In: *Canadian Journal of Law & Jurisprudence* 19, 237–254.

Reidy, David (2007): „A Just Global Economy: In Defense of Rawls". In: *The Journal of Ethics* 11, 193–236.

Reidy, David (2007): „Reciprocity and Reasonable Disagreement: From Liberal to Democratic Legitimacy". In: *Philosophical Studies* 132, 243–291.

Reidy, David (2010): „Human Rights and Liberal Toleration". In: *Canadian Journal of Law and Jurisprudence* 23, 287–317.

Reidy, David (2017): „Moral Psychology, Stability and *The Law of Peoples*". In: *Canadian Journal of Law & Jurisprudence* 30, 363–397.

Riker, Walter (2009): „The Democratic Peace is Not Democratic: On Behalf of Rawls' Decent Societies". In: *Political Studies* 57, 617–638.

Risse, Mathias (2005): „What We Owe to the Global Poor". In: *The Journal of Ethics* 9, 81–117.

Roberts, Peri (2018): „War and Peace in *The Law of Peoples*: Rawls, Kant and the Use of Force". In: *Kantian Review* 23, 661–680.

Robeyns, Ingrid (2008): „Ideal Theory in Theory and Practice". In: *Social Theory & Practice* 34, 341–362.

Sangiovanni, Andrea (2007): „Global Justice, Reciprocity, and the State". In: *Philosophy & Public Affairs* 35, 3–39.

Schaub, Jörg (2010): „Ideale und/oder nicht-ideale Theorie – oder weder noch? Ein Literaturbericht zum neuesten Methodenstreit in der politischen Philosophie". In: *Zeitschrift für Philosophische Forschung* 64, 393–409.

Schrepfer, Matthew (2019): „A Rawlsian Case for Economic Nationalism: Globalisation and Distributional Autonomy in the Law of Peoples". In: *Journal of Applied Philosophy* 36, 155–163.

Sen, Amartya (2006): „What Do We Want from a Theory of Justice?". In: *The Journal of Philosophy* 103, 215–238.

Shue, Henry (2002): „Rawls and the Outlaws". In: *Politics, Philosophy & Economics* 1, 307–323.

Simmons, Alan (2010): „Ideal and Nonideal Theory". In: *Philosophy & Public Affairs* 38, 5–36.

Soniewicka, Marta (2008): „The Problem of Global Distributive Justice in Rawls's *The Law of Peoples*". In: *Diametros* 17, 45–59.

Sørensen, Asger (2015): „*The Law of Peoples* in the Age of Empire: The Post-Modern Resurgence of the Ideology of Just War". In: *Journal of the Philosophy of International Law* 6, 19–37.

Steinhoff, Uwe (2012): „Unsavory Implications of *A Theory of Justice* and *The Law of Peoples*: The Denial of Human Rights and the Justification of Slavery". In: *The Philosophical Forum* 43, 175–196.

Stemplowska, Zofia (2008): „What is Ideal about Ideal Theory?". In: *Social Theory & Practice* 34, 363–387.

Tan, Kok-Chor (1998): „Liberal Toleration in Rawls's Law of Peoples". In: *Ethics* 108, 276–295.
Tan, Kok-Chor (2001): „Critical Notice: John Rawls, *The Law of Peoples: With 'The Idea of Public Reason Revisited'*". In: *Canadian Journal of Philosophy* 31, 113–132.
Tan, Kok-Chor (2005): „International Toleration: Rawlsian versus Cosmopolitan". In: *Leiden Journal of International Law* 18, 685–710.
Tasioulas, John (2002): „From Utopia to Kazanistan: John Rawls and the Law of Peoples". In: *Oxford Journal of Legal Studies* 22, 367–396.
Tasioulas, John (2005): „Global Justice without End?". In: *Metaphilosophy* 36, 3–29.
Tasioulas, John (2009): „Are Human Rights Essentially Triggers for Intervention?". In: *Philosophy Compass* 4. No. 6, 938–950.
Tesón, Fernando (1994): „Some Observations on John Rawls's *The Law of Peoples*". In: *Proceedings of the Annual Meeting (American Society of International Law)* 88, 18–22.
Tesón, Fernando (1995): „The Rawlsian Theory of International Law". In: *Ethics & International Affairs* 9, 79–99.
Valentini, Laura (2009): „On the Apparent Paradox of Ideal Theory". In: *Journal of Political Philosophy* 17, 332–355.
Valentini, Laura (2012): „Ideal vs. Non-ideal Theory: A Conceptual Map". In: *Philosophy Compass* 7, 654–664.
Vandevelde, Toon (2005): „What do we owe the world's poor? International justice in an era of globalisation". In: *Ethical Perspectives* 12, 481–496.
Walden, Alec (2000): „The Significance of Rawls's Law of Peoples: A Response to Lea Brilmayer". In: *International Legal Theory* 6, 51–57.
Walton, Andrew (2015): „Global Democracy in a Society of Peoples". In: *Critical Review of International Social and Political Philosophy* 18, 577–598.
Wellman, Christopher (2012): „Reinterpreting Rawls's *The Law of Peoples*". In: *Social Philosophy and Policy* 29. No. 1, 213–232.
Wenar, Leif (2001): „Contractualism and Global Economic Justice". In: *Metaphilosophy* 32, 79–94.
Wenar, Leif (2004): „The Unity of Rawls's Work". In: *Journal of Moral Philosophy* 1, 265–275.
Wenar, Leif/Milanovic, Branko (2009): „Are Liberal Peoples Peaceful?". In: *Journal of Political Philosophy* 17, 462–486.
Wilkins, Burleigh (2007): „Rawls on Human Rights: A Review Essay". In: *The Journal of Ethics* 12, 105–122.
Wilkins, Burleigh (2007): „Principles for The Law of Peoples". In: *The Journal of Ethics* 11, 161–175.
Ypi, Lea (2010): „On the Confusion between Ideal and Non-ideal in Recent Debates on Global Justice". In: *Political Studies* 58, 536–555.

V. Beiträge in Sammelbänden

Audard, Catherine (2006): „Cultural Imperialism and'Democratic Peace'". In: Martin, Rex/Reidy, David (Eds.): *Rawls's Law of Peoples: A Realistic Utopia?* Malden: Blackwell Publishing, 59–75.
Becker, Michael (2013): „Von der Gerechtigkeitstheorie über den Politischen Liberalismus zum Völkerrecht – Stationen der politischen Philosophie von John Rawls". In: Becker, Michael

(Hg.): *Politischer Liberalismus und wohlgeordnete Gesellschaften: John Rawls und der Verfassungsstaat*. Baden-Baden: Nomos, 11–32.

Benhabib, Seyla (2010): „Gibt es ein Menschenrecht auf Demokratie? Jenseits von Interventionspolitik und Gleichgültigkeit". In: Broszies, Christoph/Hahn, Henning (Hg.): *Globale Gerechtigkeit*. Frankfurt/M.: Suhrkamp, 404–438.

Bernstein, Alyssa (2006): „A Human Right to Democracy? Legitimacy and Intervention". In: Martin, Rex/Reidy, David (Eds.): *Rawls's Law of Peoples: A Realistic Utopia?* Malden: Blackwell Publishing, 278–298.

Bock, Andreas (2017): „John Rawls und „Das Recht der Völker"". In: Ebeling, Klaus/Werkner, Ines-Jacqueline (Hg.): *Handbuch Friedensethik*. Wiesbaden: Springer VS, 517–532.

Bohman, James (2011): „Beyond Overlapping Consensus: Rawls and Habermas on the Limits of Cosmopolitanism". In: Finlayson, James/Freyenhagen, Fabian (Eds.): *Habermas and Rawls: Disputing the Political*. London, New York: Routledge, 265–283.

Boucher, David (2006): „Uniting What Right Permits with What Interest Prescribes: Rawls's Law of Peoples in Context". In: Martin, Rex/Reidy, David (Eds.): *Rawls's Law of Peoples: A Realistic Utopia?* Malden: Blackwell Publishing, 19–37.

Brock, Gillian (2014): „Human Rights". In: Mandle, Jon/Reidy, David (Eds.): *A Companion to Rawls*. Malden, Oxford, Chichester: Wiley Blackwell, 346–360.

Brock, Gillian (2015): „The original position in *The Law of Peoples*". In: Hinton, Timothy (Ed.): *The Original Position*. Cambridge: Cambridge University Press, 247–265.

Buchanan, Allen (2000): „Justice, Legitimacy, and Human Rights". In: Davion, Victoria/Wolf, Clark (Eds.): *The Idea of a Political Liberalism: Essays on Rawls*. Lanham: Rowman & Littlefield Publishers, 73–89.

Buchanan, Allen (2006): „Taking the Human out of Human Rights". In: Martin, Rex/Reidy, David (Eds.): *Rawls's Law of Peoples: A Realistic Utopia?* Malden: Blackwell Publishing, 150–168.

Cremer, Hans-Joachim (2002): „John Rawls' „The Law of Peoples" – Ein tauglicher Ansatz für eine Theorie der internationalen Beziehungen?". In: Cremer, Hans-Joachim/Giegerich, Thomas/Richter, Dagmar/Zimmermann, Andreas (Hg.): *Tradition und Weltoffenheit des Rechts: Festschrift für Helmut Steinberger*. Berlin: Springer, 97–126.

Crisp, Roger/Jamieson, Dale (2000): „Egalitarianism and a Global Resources Tax: Pogge on Rawls". In: Davion, Victoria/Wolf, Clark (Eds.): *The Idea of a Political Liberalism: Essays on Rawls*. Lanham: Rowman & Littlefield Publishers, 90–101.

Føllesdal, Andreas (1997): „The standing of illiberal states: Stability and toleration in John Rawls' „Law of Peoples"". In: Koller, Peter/Puhl, Klaus (Eds.): *Aktuelle Fragen politischer Philosophie: Gerechtigkeit in Gesellschaft und Weltordnung*. Wien: Hölder-Pichler-Tempsky, 165–174.

Føllesdal, Andreas (2006): „Justice, Stability, and Toleration in a Federation of Well-Ordered Peoples". In: Martin, Rex/Reidy, David (Eds.): *Rawls's Law of Peoples: A Realistic Utopia?* Malden: Blackwell Publishing, 299–317.

Förster, Annette (2018): „Assistance, Emergency Relief and the Duty Not to Harm – Rawls' and Cosmopolitan Approaches to Distributive Justice Combined". In: Knoll, Manuel/Snyder, Stephen/Şimşek, Nurdane (Eds.): *New Perspectives on Distributive Justice: Deep Disagreements, Pluralism, and the Problem of Consensus*. Berlin: De Gruyter, 329–344.

Freeman, Samuel (2002): „Introduction: John Rawls – An Overview". In: Freeman, Samuel (Ed.): *The Cambridge Companion to Rawls*. Cambridge: Cambridge University Press, 1–61.

Freeman, Samuel (2006): „Distributive Justice and *The Law of Peoples*". In: Martin, Rex/Reidy, David (Eds.): *Rawls's Law of Peoples: A Realistic Utopia?* Malden: Blackwell Publishing, 243–260.

Hinsch, Wilfried/Stepanians, Markus (2006): „Human Rights as Moral Claim Rights". In: Martin, Rex/Reidy, David (Eds.): *Rawls's Law of Peoples: A Realistic Utopia?* Malden: Blackwell Publishing, 117–133.

Höffe, Otfried: „Ausblick: *Das Recht der Völker*". In: Höffe, Otfried (Hg.): *John Rawls: Politischer Liberalismus*. Berlin, München, Boston: De Gruyter, 179–191.

Llanque, Marcus (2013): „Rawls' Volksbegriff in „Law of Peoples"". In: Becker, Michael (Hg.): *Politischer Liberalismus und wohlgeordnete Gesellschaften: John Rawls und der Verfassungsstaat*. Baden-Baden: Nomos, 165–184.

Williams, Huw (2014): „The Law of Peoples". In: Mandle, Jon/Reidy, David (Eds.): *A Companion to Rawls*. Malden, Oxford, Chichester: Wiley Blackwell, 325–345.

Williams, Huw (2016): „John Rawls (1921–2002)". In: Lebow, Richard/Schouten, Peer/Suganami, Hidemi (Eds.): *The Return of the Theorists: Dialogues with Great Thinkers in International Relations*. Basingstoke: Palgrave Macmillan, 293–301.

Macleod, Alistair (2006): „Rawls's Narrow Doctrine of Human Rights". In: Martin, Rex/Reidy, David (Eds.): *Rawls's Law of Peoples: A Realistic Utopia?* Malden: Blackwell Publishing, 134–149.

Mandle, Jon (2005): „Tolerating injustice". In: Brock, Gillian/Brighouse, Harry (Eds.): *The Political Philosophy of Cosmopolitanism*. Cambridge: Cambridge University Press, 219–233.

Martin, Rex (2006): „Rawls on International Distributive Economic Justice: Taking a Closer Look". In: Martin, Rex/Reidy, David (Eds.): *Rawls's Law of Peoples: A Realistic Utopia?* Malden: Blackwell Publishing, 226–242.

Martin, Rex (2016): „Political Toleration and Coercive Intervention in the International Sphere". In: Young, Shaun (Ed.): *Reflections on Rawls: An Assessment of his Legacy*. London, New York: Routledge, 177–198.

Martin, Rex/Reidy, David (2006): „Introduction: Reading Rawls's *The Law of Peoples*". In: Martin, Rex/Reidy, David (Eds.): *Rawls's Law of Peoples: A Realistic Utopia?* Malden: Blackwell Publishing, 3–18.

McCarthy, Thomas (1997): „On the Idea of a Reasonable Law of Peoples". In: Bohman, James/Lutz-Bachmann, Matthias (Eds.): *Perpetual Peace: Essays on Kant's Cosmopolitan Ideal*. Cambridge: MIT Press, 201–218.

McCarthy, Thomas (1999): „Two Conceptions of Cosmopolitan Justice". In: MacKenzie, Iain/O'Neill, Shane (Eds.): *Reconstituting Social Criticism: Political Morality in an Age of Scepticism*. Basingstoke: Palgrave Macmillan, 191–214.

Miller, David (2006): „Collective Responsibility and International Inequality in *The Law of Peoples*". In: Martin, Rex/Reidy, David (Eds.): *Rawls's Law of Peoples: A Realistic Utopia?* Malden: Blackwell Publishing, 191–205.

Miller, Richard (2014): „Global Poverty and Global Inequality". In: Mandle, Jon/Reidy, David (Eds.): *A Companion to Rawls*. Malden, Oxford, Chichester: Wiley Blackwell, 361–377.

Moellendorf, Darrel (2014): „Just War". In: Mandle, Jon/Reidy, David (Eds.): *A Companion to Rawls*. Malden, Oxford, Chichester: Wiley Blackwell, 378–393.

Müller, Luise (2017): „Rawls's Relational Conception of Human Rights". In: Maliks, Reidar/Schaffer, Johan (Eds.): *Moral and Political Conceptions of Human Rights: Implications for Theory and Practice.* Cambridge: Cambridge University Press, 58 – 76.

Nickel, James (2006): „Are Human Rights Mainly Implemented by Intervention?". In: Martin, Rex/Reidy, David (Eds.): *Rawls's Law of Peoples: A Realistic Utopia?* Malden: Blackwell Publishing, 263 – 277.

Niederberger, Andreas (2013): „Liberales Tolerieren statt globaler Gerechtigkeit. John Rawls' Konzeption eines Rechts der Völker". In: Becker, Michael (Hg.): *Politischer Liberalismus und wohlgeordnete Gesellschaften: John Rawls und der Verfassungsstaat.* Baden-Baden: Nomos, 131 – 164.

Pettit, Philip (2006): „Rawls's Peoples". In: Martin, Rex/Reidy, David (Eds.): *Rawls's Law of Peoples: A Realistic Utopia?* Malden: Blackwell Publishing, 38 – 55.

Pogge, Thomas (2006): „Do Rawls's Two Theories of Justice Fit Together?". In: Martin, Rex/Reidy, David (Eds.): *Rawls's Law of Peoples: A Realistic Utopia?* Malden: Blackwell Publishing, 206 – 225.

Raz, Joseph (2010): „Human Rights without Foundations". In: Tasioulas, John/Besson, Samantha (Eds.): *The Philosophy of International Law.* Oxford: Oxford University Press, 321 – 338.

Reidy, David (2006): „Political Authority and Human Rights". In: Martin, Rex/Reidy, David (Eds.): *Rawls's Law of Peoples: A Realistic Utopia?* Malden: Blackwell Publishing, 169 – 188.

Scanlon, Thomas (1979): „Human Rights as a Neutral Concern". In: Brown, Peter/MacLean, Douglas (Eds.) (1979): *Human Rights and U.S. Foreign Policy.* Lexington: Lexington Books, 83 – 92.

Schefczyk, Michael (2007): „Rawls und die Verantwortung von Nationen". In: Becchi, Paolo (Hg.): *Nationen und Gerechtigkeit.* Frankfurt/M., New York: Peter Lang, 7 – 31.

Shugarman, David (2016): „Rawls's Priority of Rights: Quandaries and Implications for International Relations and the Issue of Intervention". In: Young, Shaun (Ed.): *Reflections on Rawls: An Assessment of his Legacy.* London, New York: Routledge, 199 – 212.

Tan, Kok-Chor (2006): „The Problem of Decent Peoples". In: Martin, Rex/Reidy, David (Eds.): *Rawls's Law of Peoples: A Realistic Utopia?* Malden: Blackwell Publishing, 76 – 94.

Tasioulas, John (2006): „Are Human Rights Mainly Implemented by Intervention?". In: Martin, Rex/Reidy, David (Eds.): *Rawls's Law of Peoples: A Realistic Utopia?* Malden: Blackwell Publishing, 263 – 277.

Trifunovic, Milica (2010): „Rawls's *The Law of Peoples* as a Guideline for the World as We Know It". In: Aurélio, Diogo/Angelis, Gabriele de/Queiroz, Regina (Eds.): *Sovereign Justice: Global Justice in a World of Nations.* Berlin, New York: De Gruyter, 207 – 220.

Tunhas, Paulo (2010): „Rawls' *via media:* Between Realism and Utopianism". In: Aurélio, Diogo/Angelis, Gabriele de/Queiroz, Regina (Eds.): *Sovereign Justice: Global Justice in a World of Nations.* Berlin, New York: De Gruyter, 197 – 206.

Waldron, Jeremy (2018): „Human Rights: A Critique of the Raz/Rawls Approach". In: Etinson, Adam (Ed.): *Human Rights: Moral or Political?* Oxford: Oxford University Press, 117 – 138.

Wenar, Leif (2002): „The Legitimacy of Peoples". In: Cronin, Ciaran/Greiff, Pablo de (Eds.): *Global Justice and Transnational Politics: Essays on the Moral and Political Challenges of Globalization.* Cambridge: MIT Press, 53 – 76.

Wenar, Leif (2006): „Why Rawls is Not a Cosmopolitan Egalitarian". In: Martin, Rex/Reidy, David (Eds.): *Rawls's Law of Peoples: A Realistic Utopia?* Malden: Blackwell Publishing, 95–113.

Wicclair, Mark (1980): „Rawls and the Principle of Non-Intervention". In: Blocker, H./Smith, Elizabeth (Eds.): *John Rawls' Theory of Social Justice: An Introduction.* Athens: Ohio University Press, 289–308.

Williams, Huw (2016): „John Rawls (1921–2002)". In: Lebow, Richard/Schouten, Peer/Suganami, Hidemi (Eds.): *The Return of the Theorists: Dialogues with Great Thinkers in International Relations.* Basingstoke: Palgrave Macmillan, 293–301.

VI. Symposien

Beitz, Charles/Buchanan, Allen (2000): „Symposium on John Rawls's *Law of Peoples*". In: *Ethics* 110, 669–721.

Fleming, James (Ed.) (2004): „Symposium: Rawls and the Law". In: *Fordham Law Review* 72, 1381–2175.

VII. Lexika

Mandle, Jon/Reidy, David (Eds.) (2014): *The Cambridge Rawls Lexicon.* Cambridge: Cambridge University Press.

Personenregister

Sachregister

Hinweise zu den Autorinnen und Autoren

Dr. Annette Förster ist wissenschaftliche Mitarbeiterin am Institut für Politische Wissenschaft der RWTH Aachen. Sie promovierte an der London School of Economics and Political Science. Ihre Forschungsschwerpunkte liegen in den Bereichen der Internationalen Politischen Theorie, der Menschenrechte, der Gerechtigkeits- und Demokratietheorie sowie der Legitimation staatlicher Gewalt. Buchveröffentlichung: *Peace, Justice and International Order* (2014). Artikel (Auswahl): „Assistance, Emergency Relief, and the Duty not to Harm – Rawls' and Cosmopolitan Approaches to International Distributive Justice Combined" (2019); „Probing the Limits of Rawls's Realistic Utopia" (2017). Herausgeberin: *Die Grenzen der Demokratie* (mit M. Lemke, 2017).

Prof. Dr. Carola Freiin von Villiez war Professorin für Rechts- und Sozialphilosophie an der Universität Duisburg-Essen, leitete das Ethikprogramm der Universität Oslo und ist derzeit Professorin an der Universität Bergen (N). Ihre Forschungsschwerpunkte sind Rechtsphilosophie, Politische Philosophie, Moralphilosophie der Aufklärung. Buchveröffentlichungen (Auswahl): *Grenzen der Rechtfertigung? Internationale Gerechtigkeit durch transnationale Legitimation* (2005). Herausgeberin (Auswahl): *Kants Metaphysik der Sitten: Der Zusammenhang von Rechts- und Tugendlehre* (im Erscheinen). Artikel (Auswahl): „Staatliche Souveränität und Selbstbestimmungsrecht der Völker bei Kant und im Völkerrecht (im Erscheinen); „Adam Smith's story of moral progress" (2011); „Double-standard – naturally! Smith and Rawls: A Comparison of Methods" (2006).

Dr. habil. Henning Hahn ist Gastprofessor für Praktische Philosophie an der Freien Universität Berlin. Als Mitarbeiter am Forschungszentrum Ethik der Globalisierung (Kassel) und als Visiting Scholar an der Yale University und der Graduate Faculty of Social and Political Research (NY) hat er einen Schwerpunkt in globaler Ethik und Gerechtigkeit entwickelt. Buchveröffentlichungen: *Moralische Selbstachtung* (2007); *Politischer Kosmopolitismus* (2017). Artikel: „Political Reconciliation at the Level of Global Governance" (2018); „The Right to Exclude" (2016); „Human Rights as the Universal Language of Critique" (2013); „Justifying Feasibility Constraints of Social Human Rights" (2012). Herausgeber: *Dimensions of Poverty* (mit V. Beck/ R. Lepenies, 2019); *Globale Gerechtigkeit* (mit C. Broszies, 2010).

Prof. Dr. Dr. hc. mult. Otfried Höffe ist Professor (em.) und Leiter der Forschungsstelle Politische Philosophie an der Universität Tübingen. Seine Schwerpunkte liegen in den Bereichen der Politischen Philosophie, der Rechtsphilosophie und Moralphilosophie, sowie Aristoteles' und und Kants Philosophie. Buchveröffentlichungen (Auswahl): *Praktische Philosophie. Das Modell des Aristoteles* (1971, ³2008); *Immanuel Kant* (1983, ⁸2014); Politische Gerechtigkeit (1987, ⁴2003); *Kategorische Rechtsprinzipien. Ein Kontrapunkt der Moderne* (1990, ³1995); Aristoteles (1996, ⁴2014); *Demokratie im Zeitalter der Globalisierung* (1999, ²2002); *Kants Kritik der praktischen Vernunft. Eine Philosophie der Freiheit* (2012); *Kritik der Freiheit. Das Grundproblem der Moderne* (2015); *Geschichte des politischen Denkens* (2016). Herausgeber (Auswahl): der Reihe „Denker" und „Klassiker Auslegen".

Prof. Dr. Tamara Jugov ist Juniorprofessorin für Politische Philosophie und angewandte Gerechtigkeit mit dem Schwerpunkt Geschlechtergerechtigkeit. Ihre Forschungsschwerpunkte liegen im Bereich der Politischen Philosophie und Sozialphilosophie. Buchveröffentlichung: *Geltungsgründe globaler Gerechtigkeit* (im Erscheinen). Artikel (Auswahl): „Systemic Domination as Ground of Justice" (2017); „Individuelle Verantwortung für globale strukturelle Ungerechtigkeit: Eine machttheoretische Konzeption" (2017); „Structural Injustice, Epistemic Opacity and the Responsibilities of the Oppressed" (mit L. Ypi, 2019).

Prof. Dr. Corinna Mieth ist Professorin für Praktische Philosophie unter besonderer Berücksichtigung der Politischen Philosophie und der Rechtsphilosophie an der Ruhr-Universität Bochum. Ihre Forschungsschwerpunkte liegen in den Bereichen der Globalen Gerechtigkeit und Positiven Pflichten. Buchveröffentlichung: *Positive Pflichten. Über das Verhältnis von Hilfe und Gerechtigkeit in Bezug auf das Weltarmutsproblem* (2012). Herausgeberin: *Handbuch Gerechtigkeit* (mit A. Goppel/C. Neuhäuser, 2016). Buchbeiträge (Auswahl): „Kant, soziale Menschenrechte und korrespondierende Pflichten" (mit C. Bambauer, in: Mosayebi, R. (Hg.): *Kant und Menschenrechte*, 2018). „Hard Cases Make Bad Law. Über tickende Bomben und das Menschenrecht nicht gefoltert zu werden" (in: Reder, M./Cojocaru, M.-D. (Hg.): *Zur Praxis der Menschenrechte. Formen, Potenziale und Widersprüche*, 2015); „The Double Foundation of Human Rights in Human Nature" (in: Albers, M./Hoffmann, T./Reinhardt, J. (Eds.): *Human Rights and Human Nature*, 2014).

Dr. Reza Mosayebi ist Akademischer Rat am Institut für Philosophie der Ruhr-Universität Bochum. Seine Forschungsschwerpunkte liegen in den Bereichen der Politischen Philosophie, Rechtsphilosophie, Metaethik und Kants Praktische Philosophie. Buchveröffentlichung: *Das Minimum der reinen praktischen Vernunft* (2013). Herausgeber: *Kant und Menschenrechte* (2018). Buchbeiträge (Auswahl): „A Semi-Kantian Account of Dignity. Passing the Buck whilst Regulating Reasons for Human Rights" (in: Kato, Y./Schönrich, G. (Eds.): *Kant's Concept of Dignity*, im Erscheinen); „Über reduktive Darstellungen der Moraltheorie der Menschenrechte" (in: Ringkamp, D./Widdau, C. (Hg.): *Philosophie der Menschenrechte*, im Erscheinen); „Die Behauptung eigener Menschenrechte als Selbstforderung" (in: Mosayebi, R. (Hg.): *Kant und Menschenrechte*, 2018)

Prof. Dr. Andreas Niederberger ist Professor für Praktische Philosophie an der Universität Duisburg-Essen. Seine Forschungsschwerpunkte liegen in den Bereichen der internationalen politischen Theorie sowie der Theorie der Normativität. Buchveröffentlichungen (Auswahl): *Demokratie unter Bedingungen der Weltgesellschaft? Normative Grundlagen legitimer Herrschaft in einer globalen politischen Ordnung* (2009). Herausgeber (Auswahl): *Internationale Politische Theorie* (mit R. Kreide, 2016); *Republican Democracy. Liberty, Law and Politics* (mit P. Schink, 2013). Artikel und Buchbeiträge (Auswahl): „Was gebieten Menschenrechte unter nicht-idealen Bedingungen?" (2017); „Are Human Rights Moral Rights?" (in: Nascimento, A./Lutz-Bachmann, M. (Hg.): *Human Dignity, Human Rights and the Cosmopolitan Idea*, 2014).

Prof. Dr. Elif Özmen ist Professorin für Praktische Philosophie an der Justus-Liebig-Universität Gießen. Ihre Forschungsschwerpunkte liegen in den Bereichen der Politischen Philosophie, theoretischen Ethik und Wissenschaftsphilosophie. Buchveröffentlichungen (Auswahl): *Was ist Liberalismus (nicht)?* (im Erscheinen); *Politische Philosophie zur Einführung* (2013); *Moral, Rationalität und gelungenes Leben* (2005). Herausgeberin (Auswahl): *Hans Kelsens Politische*

Philosophie (2017); *Über Menschliches. Anthropologie zwischen Natur und Utopie* (2016). Artikel und Buchbeiträge (Auswahl): „Liberalismus als Verfassung der Freiheit" (in: Nida-Rümeln, J. et al. (Hg.): *Internationale Gerechtigkeit und demokratische Legitimation*, 2019); „Democracy within Pluralism. Hans Kelsen on Civil Society and Civic Friendship" (in: Bryan, I. et al. (Eds.): *The Reconstruction of the Juridico-Political*, 2016); „Wahrheit und Kritik. Über die Tugenden der Demokratie" (2015).

Prof. Dr. Michael Reder ist Professor für Praktische Philosophie an der Hochschule für Philosophie und Leiter des dortigen Instituts für Ethik und Sozialphilosophie. Seine Forschungsschwerpunkte sind Grundlagenfragen der Sozial- und Politischen Philosophie, Philosophie der Globalisierung, Demokratietheorie, zukünftigen Generationen und Solidarität. Buchveröffentlichung (Auswahl): *Philosophie pluraler Gesellschaften. 18 umstrittene Felder der Sozialphilosophie* (2018). Herausgeber (Auswahl): *Global Common Good. Intercultural Perspectives on a Just and Ecological Transformation* (mit V. Risse/K. Hirschbrunn/G. Stoll, 2015). Artikel und Buchbeiträge (Auswahl): „Is Democracy Ready for Globalisation? Pathways to a Globalised Demos" (2018). „Global Governance vs. Global Government. Political Philosophy in Times of Globalisation" (in: Justenhoven, H.-G./O'Conell, M.E. (Eds.): *Peace through Law*, 2016).

Dr. Jörg Schaub ist Senior Lecturer in Philosophy an der School of Philosophy and Art History der University of Essex (Vereinigtes Königreich). Seine Forschungsschwerpunkte liegen in Bereichen der Politischen Philosophie, Sozialphilosophie, kritischen Theorie und Ästhetik. Buchveröffentlichung: *Gerechtigkeit als Versöhnung. John Rawls' Politischer Liberalismus* (2009). Herausgeber: Essex Studies in Contemporary Critical Theory (mit P. Dews/L. Finlayson/F. Freyenhagen/S. Gormley/T. Jütten). Artikel (Auswahl): „Aesthetic Freedom and Democratic Ethical Life: A Hegelian Account of the Relationship between Aesthetics and Democratic Politics" (2019); „Expanding the Taxonomy of (Mis-)Recognition in the Economic Sphere" (mit I.M. Odigbo, 2019); „Misdevelopments, Pathologies, and Normative Revolutions: Normative Reconstruction as Method of Critical Theory" (2015); „The Incompleteness of Ideal Theory" (2014).

Dr. Katja Stoppenbrink, LL.M. (Köln/Paris 1), Maître en Droit, vertritt derzeit die Professur von Michael Quante am Philosophischen Seminar der Westfälischen Wilhelms-Universität Münster. Ihre Forschungsschwerpunkte liegen in den Bereichen der Ethik, der philosophischen Handlungstheorie, der Politischen Philosophie sowie der Rechts- und Sozialphilosophie. Buchveröffentlichung: *Verantwortung für unabsichtliches Handeln. Rechtsphilosophische und handlungstheoretische Grundlagen der Fahrlässigkeit* (2016). Herausgeberin: *Join, Or Die. Philosophical Foundations of Federalism* (mit D. Heidemann, 2016). Artikel und Buchbeiträge (Auswahl): „Zwischen allen Stühlen – oder besonders berechtigt? Demenz und das Recht auf Inklusion nach der UN-Behindertenrechtskonvention" (in: Schmidhuber, M./Frewer, A./Klotz, S./Bielefeldt, H. (Hg.): *Menschenrechte für Personen mit Demenz*, 2019); „Inklusion und Gerechtigkeit" (in: Quante, M./Wiedebusch, S./Wulfekühler, H. (Hg.): *Ethische Dimensionen Inklusiver Bildung*, 2018); „Persönlich bedeutsam, intrinsisch wertvoll und objektiv gut? Entwurf einer hybriden Theorie des ‚Sinns im Leben'" (2018).

www.ingramcontent.com/pod-product-compliance
Lightning Source LLC
Chambersburg PA
CBHW071737270326
41928CB00013B/2709